金融精准扶贫：
政策、实践和经验

潘功胜　编著

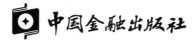

中国金融出版社

责任编辑：童祎薇

责任校对：潘　洁

责任印制：裴　刚

图书在版编目（CIP）数据

金融精准扶贫：政策、实践和经验 / 潘功胜编著 . —北京：中国金融出版社，2019.5

ISBN 978 - 7 - 5220 - 0081 - 7

Ⅰ.①金…　Ⅱ.①潘…　Ⅲ.①金融—扶贫—研究—中国　Ⅳ.①F832.3

中国版本图书馆 CIP 数据核字（2019）第 079285 号

金融精准扶贫：政策、实践和经验

Jinrong Jingzhun Fupin：Zhengce Shijian he Jingyan

出版
发行　　**中国金融出版社**

社址　北京市丰台区益泽路 2 号

市场开发部　（010）63266347，63805472，63439533（传真）

网 上 书 店　http：/ / www. chinafph. com

　　　　　　（010）63286832，63365686（传真）

读者服务部　（010）66070833，62568380

邮编　100071

经销　新华书店

印刷　保利达印务有限公司

尺寸　169 毫米 × 239 毫米

印张　26.5

字数　390 千

版次　2019 年 5 月第 1 版

印次　2019 年 5 月第 1 次印刷

定价　62.00 元

ISBN 978 - 7 - 5220 - 0081 - 7

如出现印装错误本社负责调换　联系电话（010）63263947

本书编委会

主　　　编：潘功胜

副　主　编：朱鹤新

执行副主编：纪志宏　马贱阳

编委会成员：（以姓氏笔画为序）

丁树成	王　青	王　勇	王凯明	王瑞林
车士义	尹　久	古　旻	邝希聪	朱　锦
向秋芳	闫丽娟	许朝阳	邱彦华	张志东
冼海钧	赵　婧	赵小虎	赵永红	赵继鸿
贺　成	贾丽均	徐剑波	曹增和	曾　好
雷一忠	管公明	廖鹤琳	霍成义	戴　俊

序　言

　　党的十八大以来，以习近平同志为核心的党中央，把脱贫攻坚摆到治国理政突出位置，举全党全国全社会之力，全面打响脱贫攻坚战。2015年中央扶贫开发会议作出打赢脱贫攻坚战的决定，习近平总书记在会上强调，要做好金融扶贫这篇文章，加快农村金融改革创新步伐。党的十九大提出将精准脱贫作为全面建成小康社会必须打好的三大攻坚战之一，对脱贫攻坚作出新的部署。2018年，国家出台关于打赢脱贫攻坚战三年行动的指导意见，对脱贫攻坚工作进行整体部署安排，并明确提出"加大金融扶贫支持力度"的要求。

　　金融扶贫作为我国脱贫攻坚的重要组成部分，在支持贫困地区基础设施建设、特色产业发展、贫困群众就业就学等方面发挥了积极作用。金融系统深入贯彻落实党中央、国务院关于打赢打好脱贫攻坚战的决策部署，坚持以习近平新时代中国特色社会主义思想为指导，增强金融扶贫政治自觉、思想自觉和行动自觉，充分认识到打好精准脱贫攻坚战的艰巨性，积极履行金融扶贫和中央金融单位定点扶贫工作牵头职责，不断完善政策体系，加大货币政策工具支持力度，推动金融扶贫产品和服务创新，拓宽贫困地区融资渠道，优化贫困地区金融生态环境，调动全金融系统力量集中攻坚，鼓励金融机构加大对脱贫攻坚的金融资源投入，切实做到真扶贫、扶真贫，坚持问题导向和目标导向相统一，抓好各项政策措施的落实落地，改进服务方式和手段，提高金融扶贫的精准度和可持续性，为打赢打好脱贫攻坚战提供有力支撑。

　　人民银行联合银保监会、证监会等部门出台金融助推脱贫攻坚、金融支持深度贫困地区脱贫攻坚等文件，明确金融扶贫目标任务、政策措施以及工作重点，完善金融扶贫政策支持体系和安排，建立金融精准扶贫信息对接共享机制，开发、完善金融精准扶贫信息系统，加强金融扶贫信息精准比对和采集，实现金融扶贫信息和扶贫基础信息的精准对接、动态共享。各金融机构充分发挥作用，认真落实金融扶贫主体责任，聚焦贫困地区和贫困群众的发展需求，加大资源投入倾斜，形成金融系统整体合力，健全工作机制、完善管理流程，结合各自职能定位和业务范围，重点支持易地扶贫搬迁、农村基础设施建设和特色产业，金融扶贫工作取得阶段性成效。目前，金融精准扶贫信贷投入不断增加，贫困人口金融服务受益面不断扩大，金融精准扶贫产品和服务不断丰富，贫困地区基础金融服务水平不断提升，金融扶贫工作多次得到党中央、国务院领导的充分肯定，各级党委和政府也给予高度评价。

金融扶贫既是金融系统积极践行服务实体经济、服务国家战略、服务国民经济发展短板的充分体现，也是现阶段金融工作的重大亮点。为进一步推动金融扶贫工作发展完善，我们本着理论指导实践的原则编写了此书，对产品创新、监管政策、融资渠道、风险保障、财政税收、金融生态环境建设等方面的政策理论和相关实践经验进行了广泛借鉴和探讨研究，在此基础上对金融精准扶贫相关政策进行理论解读，并梳理总结了开展金融精准扶贫的典型经验做法，为下一步做好金融精准扶贫工作提供借鉴。仅借此书抛砖引玉，为相关政府部门和学者及对政策感兴趣的各界人士提供参考，希望本书能给读者以启发和帮助。

目　录

上篇　金融精准扶贫相关政策

下篇　金融精准扶贫实践和经验

附录　全国金融精准扶贫主要专项政策汇编

上篇
金融精准扶贫相关政策

第一章 金融扶贫政策体系

党的十八大以来，我国扶贫开发工作进入新的历史时期，中央将精准扶贫、精准脱贫作为打赢脱贫攻坚战的重要方略。金融精准扶贫作为我国扶贫开发的重要组成部分，是在国家脱贫攻坚规划、"精准扶贫、精准脱贫"方略等顶层设计的引领下，将金融资源定向、精准地配置到贫困地区和贫困人口的过程，是促进贫困地区经济社会发展、贫困人口脱贫致富，助力打赢脱贫攻坚战的重要支撑。

党中央、国务院高度重视金融精准扶贫工作，先后出台多项政策措施，构建了日臻完善的金融精准扶贫政策体系，鼓励和引导全国金融系统加大对脱贫攻坚的支持力度，全面改进和提升脱贫攻坚金融服务的精准性和有效性。

2013 年 11 月，习近平总书记在湖南湘西考察时首次提出"精准扶贫"思想，中共中央办公厅、国务院办公厅随即印发了《关于创新机制扎实推进农村扶贫开发工作的意见》（中办发〔2013〕25 号），正式提出建立精准扶贫机制，为我们做好新时期扶贫工作指明了方向。在此背景下，人民银行等七部门联合出台了《关于全面做好扶贫开发金融服务工作的指导意见》（银发〔2014〕65 号），针对 832 个国定贫困县提出做好扶贫开发金融服务工作的总体要求、重点支持领域、十项重点工作、保障政策措施、加强组织领导等五方面内容。这也成为新时期全面做好扶贫开发金融服务的指导性文件，也是我国首个全面系统的关于金融扶贫的政策体系。

习近平总书记先后赴福建、贵州等多地开展扶贫调研，并在 2015 年减贫与发展高层论坛、部分省（自治区、直辖市）党委主要负责同志座谈会等多个场合强调精准扶贫。2015 年 11 月，中央召开了扶贫开发工作会议，深入分析了全面建成小康社会进入决胜阶段脱贫攻坚面临的形势和任务。习近平总书记在会上系统阐述了精准扶贫精准脱贫方略，提出了"五个一批""六个精准"的一系列战略思想，强调"要加大扶贫资金整合力度，做好金融扶贫这篇文章"。会后，《中共中央　国务院关于打赢脱贫攻坚战的决定》（中发〔2015〕34号）颁布实施，全党全社会共同参与的脱贫攻坚战正式拉开大幕。该文件把"加大金融扶贫力度"作为脱贫攻坚政策保障和支撑体系进行安排部署，提出鼓励和引导各类金融机构加大对扶贫开发的金融支持、设立扶贫再贷款、发行政策性金融债筹资专项用于易地扶贫搬迁等举措。

为贯彻落实好中央扶贫开发工作会议精神、中发〔2015〕34号文件要求以及中央领导同志关于扶贫开发工作的系列重要指示精神，人民银行等七部门于2015年12月召开了全国扶贫开发金融服务工作电视电话会议，研究部署新时期金融扶贫工作重点任务。2016年3月，人民银行会同相关部门联合印发了《关于金融助推脱贫攻坚的实施意见》（银发〔2016〕84号），从六大方面提出22项金融扶贫政策措施，突出了"精准"二字，为全国金融系统做好金融精准扶贫工作明确了重点、强化了保障。一是准确把握精准扶贫要求。坚持精准支持与整体带动结合，坚持金融政策与扶贫政策协调，坚持创新发展与风险防范统筹，以发展普惠金融为根基，全力推动贫困地区金融服务到村到户到人，努力让每一个符合条件的贫困人口都能按需求便捷获得贷款，让每一个需要金融服务的贫困人口都能便捷享受到现代化金融服务。二是精准对接融资需求。精准对接贫困地区发展规划，找准金融支持的切入点。精准对接特色产业、贫困人口就业就学、易地扶贫搬迁、重点项目和重点地区等领域的金融服务需求，增强贫困户自我发展能力。三是推进普惠金融发展。深化农村支付服务环境建设，加强农村信用体系建设，加强金融消费者教育和权益保护，优化金融生态环境。四是发挥各类金融机构主体作用。引导政策性、开发性、商业性、合作性金融机构根据各自定位，有针对性地推进金融扶贫工作。五是完善保障措施。设立扶贫再贷款，引导地方法人金融机构加大对贫困地区的支持力度。加强金融与财税政策协调配合，引导金融资源倾斜配置。实施差异化监管政策，适度提高贫困地区不良贷款容忍度。六是完善工作机制。建立和完善人民银行、银监、证监、保监、发展改革、扶贫、财政、金融机构等参与的脱贫攻坚金融服务工作联动机制。切实发挥人民银行各级分支机构在脱贫攻坚金融服务工作中的组织引导作用。建立和完善脱贫攻坚金融服务专项统计监测制度，开展专项评估，加强总结宣传，增强金融精准扶贫政策的实施效果。国务院还于2016年6月专门召开了全国金融扶贫工作电视电话会议，汪洋副总理出席会议并强调"金融扶贫是增加扶贫投入的重要渠道，是脱贫攻坚的关键举措"，要求"加大金融扶贫力度"。

为指导全国金融系统全面贯彻落实好中央扶贫开发战略以及中发〔2015〕34号文件、银发〔2016〕84号文件要求，更好地投入脱贫攻坚，人民银行、金融监管部门等相继出台具体意见。一是资金保障方面。人民银行创设扶贫再贷款，利率在正常支农再贷款利率基础上下调1个百分点，专门用于支持全国832个国定贫困县和未纳入上述范围的省级扶贫开发工作重点县扩大信贷投放，降低融资成本。人民银行印发《易地扶贫搬迁信贷资金筹措方案》（银发〔2016〕90号），并联合国家发展改革委等相关部门出台相关政策规定，提出由国家开发银行和中国农业发展银行通过在银行间债券市场发行易地扶贫搬迁专项金融债券筹资用于发放贫困地区易地扶贫搬迁贷款，并规范相关事项。二是专项领域指导意见方面。2016年以来，银监会、保监会、证监会先后印发了有关银行业、保险业、资本市场领域做好金融扶贫工作的指导意见，指导银行业金融机构实施信贷倾斜支持政策、探索有效服务模式、实施差异化监管制度等；指导保险机构精准对接农业、健康、民生、产业脱贫、教育脱贫等保险服务需求，努力实现贫困地区保险服务到村到户到人；明确为全国592个贫困县首次公开发行股票、新三板挂牌等开辟绿色通道，支持贫困地区利用资本市场资源拓宽融资渠道。三是金融产品创新方面。为建档立卡贫困户量身定制"5万元以下、3年以内、免担保免抵押、基准利率放贷、财政贴息、县建风险补偿基金"的精准扶贫信贷产品，支持有贷款意愿、有就业创业潜质、有技能素质和一定还款能力的建档立卡贫困户发展扶贫特色优势增收产业项目。原银监会等部门还专门印发《关于促进扶贫小额信贷健康发展的通知》（银监发〔2017〕42号），进一步明确扶贫小额信贷有关政策要点，指导各地在投放扶贫小额信贷过程中坚持精准扶贫、依法合规、发展生产，切实提高贫困户脱贫内生发展动力。2016年，人民银行、财政部、人力资源和社会保障部联合出台了《关于实施创业担保贷款支持创业就业工作的通知》（银发〔2017〕202号），将小额担保贷款政策调整为创业担保贷款政策，支持建档立卡贫困人口、返乡创业农民工、复员转业退役军人等9类人群创业就业。四是金融扶贫信息对接方面。为做好金融精准扶贫工作，推进扶贫信息共享，及时、准确、完整地反映金融精准扶贫政策落实情况，人民银行会同相关金融监管部门、扶贫办建立了金融精准扶贫信息共享机制，印发《关于加强金融精准扶贫信息对接共享工作的指导意见》（银发〔2016〕155号），推动实现建档立卡贫困户信息、带动脱贫重点项目信息、金融扶贫信息等对接共享。建立了扶贫贷款专项统计制度，印发了《关于建立金融精准扶贫贷款专项统计制度的通知》（银发〔2016〕185号），从多维度对个人扶贫贷款、产业扶贫贷款和项目扶贫贷款进行监测，并配套建设了金融精准扶贫信息系统，运用信息化手段辅助开展统计监测。建立了专项评估制度，印发了《关于开展金融精准扶贫政策效果评估的通知》（银发〔2017〕19号），按照金融精准扶贫政策执行情况，将各贫困地区、金融机构评为优秀、良好、中等、勉励四个档次，通过实施奖优惩劣的激励政策，督促金融精准扶贫政策的有效落实。

随着"精准扶贫、精准脱贫"方略的深入实施，习近平总书记提出了新的、更加精准的工作要求，在中共中央政治局第三十九次集体学习时提出"七个强化"；在"两会"期间提出"绣花式"精准扶贫思想；在中共十九大报告中强调要动员全党全国全社会力量，坚持精准扶贫、精准脱贫，坚决打赢脱贫攻坚战。2017年6月，习近平总书记还在山西太原组织召开全国深度贫困地区脱贫攻坚座谈会，专门研究破解深度贫困问题之策，提出从八个方面加大力度推进深度贫困地区脱贫攻坚的任务和要求。中共中央办公厅、国务院办公厅随即印发了《关于支持深度贫困地区脱贫攻坚的实施意见》（厅字〔2017〕41号），提出新增脱贫攻坚资金、项目、举措主要用于深度贫困地区，强调"加大金融扶贫支持力度"，要求金融系统制定差异化信贷支持政策、加快审核符合条件的企业首次公开发行股票、提高保险服务水平等。这为金融支持深度贫困地区指明了方向，是新形势下金融部门深入做好金融精准扶贫工作的行动指南。

为贯彻落实好习近平总书记在深度贫困地区脱贫攻坚座谈会上的讲话精神，人民银行召开了金融支持深度贫困地区脱贫攻坚座谈会，要求金融机构采取更加有效的举措和开展更加有力的工作，聚焦深度贫困地区，积极做好深度贫困地区各项金融服务工作，包括加大政策攻坚运用和信贷政策指导，发挥金融机构主体作用，加强产业政策、财税政策与金融政策协调配合等。2017年12月，为深入贯彻落实党的十九大精神，根据厅字〔2017〕41号文件要求，人民银行会同相关金融监管部门印发了《关于金融支持深度贫困地区脱贫攻坚的意见》（银发〔2017〕286号），从强化责任、综合运用货币政策工具、改进完善差异化信贷管理、加强易地扶贫搬迁贷款资金筹措管理、拓宽直接融资渠道、创新发展保险产品、下沉金融网点、推进信用体系建设、提升国库服务水平、加强金融生态环境建设、优化银行业金融机构监管考核、发挥财税对金融资源的撬动作用、完善监测考核评价机制等十三个方面，着力改进和做好深度贫困地区金融服务。这也为全国金融系统进一步聚焦深度贫困地区脱贫攻坚强化了政策保障，为金融支持打好精准脱贫攻坚战指明了方向、明确了措施。

2018 年 2 月，习近平总书记在成都组织召开打好精准脱贫攻坚战座谈会，对下一步脱贫攻坚工作作出了重要部署，提出了明确要求，强调要提高脱贫质量，聚焦深度贫困地区，扎扎实实把脱贫攻坚推向前进。为了贯彻落实打好精准脱贫攻坚战成都座谈会精神，5 月 16－17 日，人民银行在四川省阿坝藏族羌族自治州理县召开金融精准扶贫经验交流暨工作推进会，总结交流金融精准扶贫工作的新进展、新成效，从加大货币信贷政策支持力度、健全金融支持产业扶贫机制、聚焦深度贫困地区增加金融资源和服务、完善易地扶贫搬迁金融服务、坚持金融支持与风险防范两手抓等方面对今后三年金融精准扶贫工作进行了安排部署，大力推动金融精准扶贫政策落实落地。

目前，按照中央关于打赢打好脱贫攻坚战的精神要求，人民银行牵头出台了金融助推脱贫攻坚、金融支持深度贫困地区脱贫攻坚、易地扶贫搬迁信贷资金筹措方案等政策文件，在货币政策工具运用、差别化信贷管理、拓宽直接融资渠道、下沉金融服务网点、建立健全信用体系等方面明确了政策举措，并通过建立金融精准扶贫信息对接共享机制、开展金融精准扶贫政策效果评估等配套措施为金融精准扶贫政策的有效落实提供了保障。下一步，做好金融支持脱贫攻坚的重点和关键在于充分发挥现有举措作用，用好用足现有政策，确保政策落到实处、见到实效，切实为我国脱贫攻坚提供积极支撑。

第二章　金融扶贫组织体系

自 1978 年改革开放以来，我国金融业开始了从计划经济体制向市场经济体制的深刻变革。1978 年以前，我国执行与计划经济体制相适应的高度集中的、单一的国家银行体制[①]。1978 年，党的十一届三中全会开启了我国金融体制改革开放的历史序幕。1979 年后，我国逐步建立或恢复了中国农业银行、中国银行、中国建设银行、中国工商银行，设立了一批全国性和区域性股份制商业银行，以及其他各类金融机构。1984 年，中国人民银行开始专门行使中央银行职能，专注于宏观调控、金融监管和为银行提供支付清算等金融服务。1993 年，党的十四届三中全会明确提出加快金融体制改革。到20 世纪末，我国初步建立了与社会主义市场经济相适应的现代金融组织体系。

新世纪以来，在党中央、国务院的正确领导下，我国金融体系持续深化改革，探索解决金融组织体系中存在的问题，改革工作取得了一系列重大进展。大型商业银行成功股改上市，农村信用社改革全面深化，证券公司规范发展，大型国有保险公司基本完成改制，我国基本建立起以商业银行为主体、多种金融机构并存的金融组织体系，为实体经济发展提供了重要支撑。

近年来，以习近平同志为核心的党中央把脱贫攻坚摆在治国理政的突出位置，把贫困人口脱贫作为全面建成小康社会的底线任务和标志性指标，高位强力推进精准扶贫、精准脱贫。金融扶贫作为脱贫攻坚战略体系的重要组成部分，人民银行积极发挥金融扶贫牵头作用，联合相关金融监管部门，组织银行业、证券业、保险业等金融机构立足自身机构和业务特点，发挥主体作用，精准、有效地开展金融扶贫，为促进贫困地区脱贫攻坚和贫困群众脱贫致富提供

[①] 陆磊. 金融机构改革的道路抉择［M］. 北京：中国金融出版社，2018：2 - 3.

有效金融支撑。

一、开发性、政策性银行业金融机构

我国的开发性、政策性银行业金融机构设立和改革的初衷，就是服务国家战略、推动实现政府发展目标、加大对重点领域和薄弱环节的支持力度，在商业性金融资源配置失灵的领域提供更多更有效的支持。因此，开发性、政策性银行在开展金融扶贫中具有天然的优势和责任。近年来，国家开发银行和中国农业发展银行将金融扶贫的重心放在支持扶贫开发重点领域和重要项目上，对于支持贫困地区基础设施建设、易地扶贫搬迁、产业项目发展等发挥着积极的作用。2016年，国家开发银行和中国农业发展银行先后设立"扶贫金融事业部"，通过实施精准支持措施、精准管理手段、精准信贷服务，更集中、更专业地开展脱贫攻坚金融服务。"扶贫金融事业部"下设若干职能部门，在22个扶贫任务较重的省份分支机构设立扶贫业务处（事业部分部），按照"政策支撑、市场运作、专项管理、单独核算、保本微利"原则，主要负责组织开展支持建档立卡贫困村、贫困人口的易地扶贫搬迁、特色产业、教育医疗及交通、水利、电力、农村危房改造和人居环境整治等贫困地区基础设施建设的相关业务。其中，中国农业发展银行将"扶贫金融事业部"触角延伸到832个国家级贫困县，基本实现贫困地区政策性金融服务全覆盖。此外，"扶贫金融事业部"从事涉农贷款等与金融扶贫密切相关的业务时，依法享受相关税收优惠。

二、商业性银行业金融机构

商业银行是我国金融业的主体[1]，是我国资金的主要筹集者、供给者和金融服务的主要提供者。目前，我国商业银行体系主要由国有大型商业银行、邮政储蓄银行、股份制商业银行及城市商业银行等组成。在金融扶贫工作中，国有大型商业银行充分发挥自身信贷资金充足、金融科技先进和管理经验丰富的优势，不断简化业务流程、下沉服务重心、延伸服务半径，大力发展订单、仓单质押等产业链、供应链金融服务，加大对贫困地区龙头企业、农民专业合作社等经营主体的支持，重点做好贫困地区特色产业发展和基础设施建设等的金

---

① 陆磊．金融机构改革的道路抉择［M］．北京：中国金融出版社，2018：33－34．

融服务工作，推动贫困地区经济发展和产业结构升级，有效带动建档立卡贫困人口脱贫增收。其中，农业银行继续深化三农金融事业部改革，强化县级事业部经营能力；邮政储蓄银行设立三农金融事业部，逐步扩大涉农业务范围，加大对扶贫重点领域的支持力度。股份制商业银行和城市商业银行发挥自身业务优势，针对贫困地区实际需求，改进贷款营销模式，通过委托贷款、批发贷款等方式向贫困县（市、区）增加有效信贷投放。

三、农村中小金融机构

农村中小金融机构主要包括农村信用合作联社、农村商业银行、农村合作银行和村镇银行等农村法人金融机构，其拥有独立法人地位，管理半径小、决策路径短、服务效率高，能够将金融资源精准及时地配置给"三农"经济，更好地满足弱势群体差异化、个性化的金融服务需求，是农业农村金融服务主力军。金融扶贫工作中，农村信用合作联社、农村商业银行依托网点多、覆盖广、业务灵活的优势，扎根贫困地区，针对产业发展、贫困人口需求特点，发放扶贫小额信贷、开展"两权"抵押贷款试点业务等，满足贫困地区扶贫产业经营主体和建档立卡贫困人口发展生产资金需要。同时，通过建立"金融扶贫综合服务站""农村金融综合服务站""贫困村金融服务点"，开展"金融夜校"等金融消费者教育活动，推动金融服务、金融知识进村入户。村镇银行不断提高集约化管理和专业化服务水平，积极开展普惠金融业务，为贫困地区各类经营主体和贫困人口提供信贷和服务支持，有效填补了贫困农村地区金融服务的空白，加大了对农业农村金融支持力度，提高了贫困地区和贫困人口金融服务的可获得性。

四、证券业金融机构

证券业金融机构是发挥资本市场助推脱贫攻坚作用的重要主体。近年来，证券业金融机构积极发挥行业优势，在拓宽贫困地区融资渠道的同时，发挥资本市场功能，帮助贫困地区培育内生发展动力。一方面，大力加强对贫困地区企业的上市辅导培育和孵化，根据地方资源优势和产业特色，完善上市企业后备库；支持上市公司对贫困地区的企业开展并购重组，对涉及贫困地区的上市公司并购重组项目，优先安排加快审核，对符合条件的农业产业化龙头企业的并购重组项目，重点支持加快审核。另一方面，积极支持贫困地区企业利用多层次资本市场融资，对注册地和主要生产经营地均在贫困地区且开展生产经营满三年、缴纳所得税满三年的企业，或者注册地在贫困地区、最近一年在贫困地区缴纳所得税不低于 2000 万元且承诺上市后三年内不变更注册地的企业，申请首次公开发行股票并上市的，适用"即报即审、审过即发"政策；对注册地在贫困地区的企业申请在全国中小企业股份转让系统挂牌的，实行"专人对接、专项审核"，适用"即报即审、审过即挂"政策，减免挂牌初费；对注册地在贫困地区的企业发行公司债、资产支持证券的，实行"专人对接、专项审核"，适用"即报即审"政策。此外，证券机构还积极开展专业帮扶行动，通过组建金融扶贫工作站等方式结对帮扶贫困县，与当地政府建立长效帮扶机制，帮助县域内企业规范公司治理，提高贫困地区利用资本市场促进经济发展的能力。

五、保险业金融机构

保险是扶危济困的行业，在防止贫困群众因灾因病返贫致贫、优化扶贫资源配置、促进贫困地区产业发展等方面有着独特的优势，保险业金融机构与扶贫具有天然的内在联系。在金融扶贫工作中，保险机构积极发挥对贫困地区产业发展和贫困人口生产生活的保障和增信作用，通过发展农业保险、大病保险、民生保险和创新保险资金运用等全力推动保险精准扶贫。一是发展农业保险，针对贫困地区产业发展特点，开发多样化农业保险产品，并对贫困农户实行普惠基础上的特惠政策，对贫困地区农业生产者在从事种植业、林业、畜牧业和渔业生产过程中，遭受自然灾害、意外事故、疫病等保险事故所造成的经济损失提供保障，有效降低了贫困人口因灾返贫的可能。二是扩大大病保险覆盖面。针对建档立卡贫困人口，开发推广贫困户主要劳动力意外伤害、疾病和医疗等扶贫保险产品，提高贫困人口医疗费用报销比例，加强基本医保、大病保险、商业健康保险、医疗救助、疾病应急救助和社会慈善等衔接，最大程度提升对贫困人群的医疗保障水平，防止"因病致贫、因病返贫"。三是扩大农房保险覆盖面，支持贫困地区开展巨灾保险试点，兜住贫困群体生产生活风险底线。四是发挥保险的融资增信功能。发展农业保险保单质押、小额贷款保证保险和保险资金直接投资，为建档立卡贫困户融资提供增信支持，缓解贫困群体贷款难、贷款贵问题。此外，保险机构还创新保险资金运用，通过设立保险业产业扶贫投资基金等积极助推产业脱贫。目前，我国保险扶贫已初步形成以农业保险、大病保险为代表的保险保障体系，以农险保单质押、小额信贷保证保险为代表的融资增信体系和以中国保险业产业扶贫投资基金为代表的险资直投体系。

第三章 货币政策工具

货币政策工具是人民银行为达到货币政策目标而采取的手段。其中，结构性货币政策工具通过提高金融机构资金可得性和放贷意愿，引导资金流向经济发展中的重点领域和薄弱环节，从而疏通货币政策传导机制。脱贫攻坚战打响以来，人民银行综合运用再贷款、再贴现、差别化准备金率等多种货币政策工具，有针对性地增加贫困地区地方法人金融机构资金来源，撬动金融机构扩大扶贫信贷投放，降低贫困地区和贫困群众融资成本，为打赢脱贫攻坚战提供有力金融支撑。

一、扶贫再贷款

为全面贯彻落实《中共中央 国务院关于打赢脱贫攻坚战的决定》作出的"设立扶贫再贷款并实行比支农再贷款更优惠的利率，重点支持贫困地区发展特色产业和贫困人口就业创业"部署，人民银行于 2016 年 3 月创设扶贫再贷款，专项用于支持贫困地区地方法人金融机构扩大涉农信贷投放。

发放对象方面。扶贫再贷款发放对象为 832 个贫困县和未纳入上述范围的省级扶贫工作重点县行政区域内的农村商业银行、农村合作银行、农村信用社和村镇银行四类地方法人金融机构。

投向用途方面。地方法人金融机构借用的扶贫再贷款资金应全部用于扩大贫困地区信贷投放，并结合当地建档立卡的相关情况，优先和主要支持带动贫困户就业发展的企业（含家庭农场、专业大户、农民合作社等经济主体）和建档立卡贫困户，积极推动贫困地区发展特色产业和贫困人口创业就业，促进贫困人口脱贫致富。

贷款期限方面。扶贫再贷款期限设置 3 个月、6 个月、1 年三个档次，人民银行分支机构根据地方法人金融机构当地的金融助推脱贫攻坚资金需求，合理确定扶贫再贷款发放期限。扶贫再贷款合同期限最长不得超过 1 年，累计展期次数最多可达 4 次，实际借用期限最长可达 5 年。

贷款利率方面。人民银行对扶贫再贷款实行比支农再贷款更为优惠的利率，并限定金融机构运用扶贫再贷款资金发放贷款的利率上限。目前，扶贫再贷款利率分别为 3 个月 1.45%、6 个月 1.65%、1 年 1.75%，金融机构运用扶贫再贷款资金发放的贷款利率不得超过中国人民银行公布的 1 年以内（含 1 年）贷款基准利率。

规范管理方面。扶贫再贷款实行"限额管理、精准扶贫、设立台账、成效评估"的管理原则。人民银行加强对运用扶贫再贷款资金发放贷款的台账管理以及对扶贫再贷款资金投向、用途、数量、利率等的监测分析和评估考核，健全扶贫再贷款政策的正向激励机制，以提高扶贫再贷款政策效果。

为了进一步完善扶贫再贷款管理运用，2017 年上半年，在河南、云南开展优化运用扶贫再贷款发放贷款定价机制试点，支持试点地区地方法人金融机构按照保本微利、商业可持续原则，综合考虑发放贷款的成本和贷款对象的风险状况等因素，合理确定运用扶贫再贷款资金发放的贷款利率，提升贷款利率的科学定价水平。2018 年 9 月，在前期试点基础上，又将优化运用扶贫再贷款发放贷款定价机制试点范围扩大到 12 个省份，进一步发挥扶贫再贷款引导作用。

二、支农再贷款

支农再贷款是人民银行为引导地方法人金融机构扩大涉农信贷投放，降低"三农"融资成本，对其发放的信贷政策支持再贷款。对于不适用扶贫再贷款政策的地区，人民银行通过支农再贷款对接当地金融助推脱贫攻坚资金需求，积极引导上述地区的地方法人金融机构运用支农再贷款资金优先支持当地扶贫部门提供的带动贫困户就业发展的企业和建档立卡贫困户，并在涉农贷款台账中对其单独标识和统计。

发放对象方面。支农再贷款的发放对象主要是农村信用社、农村合作银行、农村商业银行和村镇银行四类地方法人金融机构。申请使用支农再贷款须满足符合宏观审慎管理要求，内部管理制度健全，资产质量和经营财务状况良好，本外币涉农贷款比例达标（目前为 50%）等条件。

贷款期限方面。支农再贷款期限设置 3 个月、6 个月、1 年三个档次，人民银行分支机构根据当地的农业生产周期和涉农产业发展情况，合理确定支农再贷款发放期限。单笔支农再贷款展期次数累计不得超过 2 次，实际借用期限不得超过 3 年。目前，三个期限档次支农再贷款对应的执行利率分别为2.45%、2.65% 和 2.75%。

其他规定方面。为提升支农再贷款资金使用效率，人民银行规定地方法人金融机构应在借用的支农再贷款资金到账后 1 个月内，完成涉农贷款发放工作，超过规定时限仍未发放完毕的资金将予以收回，同时规定地方法人金融机构在借用支农再贷款期间，累计发放的涉农贷款金额应不低于借用的支农再贷款金额。

三、支小再贷款

支小再贷款是人民银行贯彻落实国务院部署，于 2014 年 3 月设立的专项用于金融机构扩大小微企业信贷投放的货币政策工具，用来引导降低小微企业融资成本，促进实体经济平稳增长。支小再贷款的发放对象主要是小型城市商业银行、农村商业银行、农村合作银行和村镇银行等四类地方性法人金融机构。贫困地区的地方性法人金融机构可以利用人民银行支小再贷款资金加大对带动贫困户就业发展相关企业的信贷投放力度。

支小再贷款发放条件为符合宏观审慎管理要求，财务状况健康，且上年末本外币小微企业贷款（含个人经营性贷款）比例达标（目前为不低于 30%）。支小再贷款全部采取质押方式发放，质押品主要是高等级债券及合格信贷资产。支小再贷款期限设置 3 个月、6 个月、1 年三个档次，利率由人民银行根据执行货币政策的需要在贷款基准利率的基础上加点确定。目前三个期限档次支小再贷款对应的利率分别为 2.95%、3.15% 和 3.25%。

四、再贴现

再贴现是中央银行对金融机构持有的未到期已贴现商业汇票予以贴现的行为。人民银行通过再贴现工具引导金融机构扩大涉农行业和县域信贷投放。再贴现工具的运用，对金融机构扩大贫困地区企业票据融资提供了资金支持。目前，人民银行办理再贴现的利率为 2.25%，期限最长为 6 个月。

业务操作方面，为确保再贴现工具的使用效果，人民银行对农副产品收购、储运、加工、销售环节的票据，农业生产资料生产经营企业签发、收受的票据以及县域金融机构和中小金融机构法人承兑、持有的票据予以优先办理，按季度进行考核；同时规定金融机构办理再贴现的涉农或县域企业票据贴现利率应低于该机构同期同档次贴现加权平均利率，引导降低"三农"领域融资成本。

五、差别化准备金率

为鼓励县域法人金融机构加大县域信贷资金投入，进一步改善农村金融服务，人民银行会同银监会于2010年9月印发《关于鼓励县域法人金融机构将新增存款一定比例用于当地贷款的考核办法（试行）》（银发〔2010〕262号），鼓励县域法人金融机构特别是贫困地区县域法人金融机构将新增存款主要用于发放当地贷款。2014年，为落实好党中央、国务院关于加大"三农"、小微企业等薄弱环节的金融支持力度的部署，人民银行通过定向降准增加金融机构长期流动性，确保相关领域信贷资金保持合理增长水平，更好激发各类银行业金融机构投放动力，科学运用定向降准政策工具实施差异化引导。

中部地区的山西、安徽、江西、河南、湖北和湖南，西部地区的内蒙古、广西、重庆、四川、贵州、云南、陕西、甘肃、青海、宁夏和新疆，东北地区的辽宁、吉林和黑龙江等20个省（自治区、直辖市）全部辖区，以及东部地区的国家扶贫开发工作重点县和省级扶贫开发工作重点县的县域法人金融机构，可贷资金与当地贷款同时增加且年度新增当地贷款占年度新增可贷资金比例大于70%（含）的，或可贷资金减少而当地贷款增加的，考核为达标县域法人金融机构，可享受低于同类金融机构正常标准1个百分点的存款准备金率，激励地方法人金融机构加大县域信贷资金投入。

2014年6月，为落实2014年5月30日国务院第49次常务会议精神，人民银行印发《关于定向降低部分金融机构存款准备金率的通知》（银发〔2014〕164号），降准机构范围包括国有商业银行、股份制商业银行、中国邮政储蓄银行、城市商业银行、非县域农村商业银行、外资金融机构、财务公司等，对于符合文件规定条件的金融机构自2014年6月16日起降低人民币存款准备金率0.5个百分点。

2015年6月，为进一步加大金融支持"三农"和小微企业的力度，增强金融支持大众创业、万众创新能力，人民银行印发《关于定向下调金融机构存款准备金率的通知》（银发〔2015〕198号），自2015年6月28日起对部分金融机构下调人民币存款准备金率。工商银行、农业银行、中国银行、建设银行、交通银行、邮储银行执行 18.5% 的存款准备金率。其中，在 2015 年初定向降准考核中符合审慎经营要求且"三农"和小微企业贷款达到一定比例的，可执行比同类机构法定水平低 1 个百分点的存款准备金率。股份制商业银行、城市商业银行、非县域农村商业银行和外资银行执行 16.5% 的存款准备金率。其中，在 2015 年初定向降准考核中符合审慎经营要求且"三农"和小微企业贷款达到一定比例的，可执行比同类机构法定水平低 1 个百分点的存款准备金率。

2017 年 9 月，为支持商业银行发展普惠金融业务，提高金融服务的覆盖率和可得性，为实体经济提供有力支持，人民银行印发《关于对普惠金融实施定向降准的通知》（银发〔2017〕222 号），将普惠金融领域贷款范围确定为单户授信小于 500 万元的小型企业贷款、单户授信小于 500 万元的微型企业贷款、个体工商户经营性贷款、小微企业主经营性贷款、农户生产经营贷款、创业担保贷款、建档立卡贫困人口消费贷款和助学贷款。金融机构范围包括国有商业银行、中国邮政储蓄银行、股份制商业银行、城市商业银行、非县域农村商业银行和外资银行。对于符合政策规定标准的机构，分别下调人民币存款准备金率 0.5 个百分点和 1.5 个百分点。原来对县域农村商业银行、农村合作银行、农村信用社、村镇银行等机构实施的定向降准政策继续有效。普惠金融定向降准政策自 2018 年正式实施后，近 80% 的城市商业银行和近 90% 的非县域农村商业银行达到定向降准要求，释放长期资金约 4500 亿元，为脱贫攻坚提供了更加有力的资金支持。

六、抵押补充贷款

抵押补充贷款是经国务院批准，为支持国民经济重点领域、薄弱环节和社会事业发展，人民银行以质押方式向金融机构提供的特种贷款。人民银行根据宏观调控和实施货币政策需要，确定发放抵押补充贷款的规模和期限。抵押补充贷款实行"特定用途、专款专用、保本微利、确保安全"的原则。

抵押补充贷款的发放对象包括国家开发银行、中国进出口银行和中国农业发展银行，以及经国务院批准的其他金融机构。抵押补充贷款的合同期限为 1 年，可以展期。人民银行根据宏观调控要求，结合项目进度、贷款投放收回情况、使用时间和效果评估结果等因素确定展期金额和展期次数。抵押补充贷款利率由人民银行根据经济增长、通胀水平和总供求情况等因素综合确定，并适时作出调整。目前的抵押补充贷款利率为 3.1%。三家政策性银行根据保本微利的原则，合理确定运用抵押补充贷款资金发放贷款的利率水平。抵押补充贷款资金的用途主要有棚户区改造、保障性安居工程、城市地下综合管廊、重大水利工程以及农村公路建设等。其中，中国农业发展银行抵押补充贷款资金的适用范围涵盖重大水利工程过桥贷款、水利建设贷款、农村公路贷款等内容，可用于支持贫困地区的相关重点项目建设。

2017 年 2 月，为落实中央经济工作会议精神，更好地发挥抵押补充贷款作为货币政策工具稳增长、惠民生，推进供给侧结构性改革的积极作用，人民银行办公厅印发《关于进一步完善抵押补充贷款管理的通知》（银办发〔2017〕26 号），完善抵押补充贷款管理模式。对抵押补充贷款实施规划管理，综合考量国家开发银行、中国农业发展银行、中国进出口银行宏观审慎评估（MPA）考核结果、抵押品质量、对抵押补充贷款资金依赖程度和还款情况等因素，确定三家机构可新增使用抵押补充贷款资金。三家机构要合理把握抵押补充贷款资金需求和使用节奏，运用资产证券化等工具，拓宽多元化融资渠道，逐步减少对抵押补充贷款资金的依赖。放开抵押补充贷款资金用途范围，由三家银行自主决定，但须报人民银行备案。同时规定三家银行有低成本资金支持、直接财政补贴的政策性业务不纳入抵押补充贷款适用范围。

第四章　金融扶贫信贷产品创新

信贷产品创新是信贷政策传导的重要环节，是金融机构根据信贷政策导向，针对各领域各行业的需求和特点，从贷款利率、期限、抵押担保、还款方式等方面创新产品，以满足不同领域各类主体多元化的信贷需求。开展金融扶贫信贷产品创新是金融精准扶贫的重要抓手，是解决贫困地区借款人融资难、金融机构贷款难问题的重要举措，通过金融扶贫产品创新，有效提高贫困地区有效金融供给，增强金融扶贫精准度，让贫困地区扶贫主体和贫困群众获得更多、更实惠、更便捷的金融服务和信贷支持。

我国贫困地区普遍存在金融产品单一、供给不足，贫困地区借款主体缺少传统的抵押物等情况。为增加贫困地区金融供给，增强贫困地区信贷支持，人民银行等部门相继出台《关于全面做好扶贫开发金融服务工作的指导意见》《关于金融助推脱贫攻坚的实施意见》《关于金融支持深度贫困地区脱贫攻坚的意见》等文件，提出要推动扶贫小额信用贷款健康发展，管好用好创业担保贷款，扎实开展助学贷款业务，精准对接贫困人口就业就学金融服务需求；大力发展订单、仓单、应收账款质押等产业链、供应链金融，稳妥推进试点地区农村承包土地的经营权、农民住房财产权等农村产权融资业务，加大对贫困地区特色产业信贷投入。在信贷政策的指导下，各地各金融机构按照精准扶贫精准脱贫基本方略，围绕贫困地区特色产业发展、贫困人口就业就学等重点领域，以贫困地区和贫困群众的金融需求为导向，积极开展金融产品和服务方式创新。以下重点梳理了几个具有普遍性的金融扶贫产品。

一、扶贫小额信贷

扶贫小额信贷是面向建档立卡贫困人口提供的 5 万元以下、3 年期以内，基准利率发放，主要用于支持贫困户发展生产或能有效带动贫困户致富脱贫的特色产业的非消费性信用贷款，贷款由财政给予贴息，县级设立相应风险补偿金。2014年，为了激发建档立卡贫困户内生动力，实现脱贫致富，推动财政政策与金融政策良性互动，国务院扶贫办、财政部、人民银行等部门联合出台《关于创新发展扶贫小额信贷的指导意见》（国开办发〔2014〕78号），提出完善扶贫贴息贷款政策和机制，为有贷款意愿、就业创业潜质、技能素质和一定还款能力的建档立卡贫困户，提供5万元以下、期限3年以内的信用贷款，重点支持建档立卡贫困户发展扶贫特色优势产业，增加收入。

自国开办发〔2014〕78号文印发以来，各地、各部门认真落实，积极探索、稳步推进扶贫小额信贷发放和管理工作，在帮助贫困户发展生产、增收脱贫等方面取得了积极成效。扶贫小额信贷逐渐成为精准扶贫精准脱贫的金融服务品牌。但是，业务推进中也存在资金管理不合理、贷款发放不合规、风险管理不到位等问题。为促进扶贫小额信贷业务健康发展，更好地发挥其在精准扶贫精准脱贫中的作用，银监会等四部门于2017年联合出台《关于促进扶贫小额信贷健康发展的通知》，从规范贷款发放和资金使用、强化风险管理、加强监测考核等方面，对扶贫小额信贷的发展进行了规范和明确。强调扶贫小额信贷要始终精准瞄准建档立卡贫困户，加强对扶贫小额信贷和贴息对象的审查；要明确贷款资金用途，坚持户借、户还；稳妥开展扶贫小额信贷无还本续贷业务，更好地发挥扶贫小额信贷在精准扶贫和精准脱贫中的作用。

二、国家助学贷款

国家助学贷款是金融机构根据国家助学政策向在校贫困学生提供，由财政给予全额贴息的信用贷款，是利用金融手段完善我国普通高校资助政策体系，加大对普通高校贫困家庭资助力度的重要措施。借款学生通过学校向银行申请贷款，用于弥补在校期间各项费用的不足。国家助学贷款自1999年开办以来，业务承办金融机构、支持对象、适用地域范围等不断扩大，贷款期限、贷款额度和还款方式等也不断改进。2002年2月，人民银行、教育部、财政部联合印发《关于切实推进国家助学贷款工作有关问题的通知》（银发〔2002〕38号），明确国家助学贷款申请和使用范围为有经济困难的全日制本专科生（含高职生）、研究生和第二学位学生的学费、住宿费和生活费，全国普通高等院校经济困难学生申请贷款的比例原则上不超过全日制在校学生总数的 20%，明确每人每学年最高不超过 6000 元贷款数额。2004 年，国家助学贷款政策得到了进一步完善，明确借款学生在校期间的贷款利息全部由财政补贴，毕业后全部自付，还贷年限调整为借款学生毕业后视就业情况，在 1 至 2 年后开始还贷、6 年内还清。2008 年，财政部、教育部、银监会印发《关于大力开展生源地信用助学贷款的通知》（财教〔2008〕196 号），在 2007 年试点生源地助学贷款基础上，进一步扩大生源地信用助学贷款覆盖范围，明确由国家开发银行为主承办，每人每年贷款额度不超过 6000 元，贷款期限为按全日制本专科学制加 10 年确定。至此，我国助学贷款初步形成了以校园地国家助学贷款和生源地信用助学贷款为主的政策框架。

随着助学贷款业务的深入开展，具体条款根据实际情况进行不断完善。考虑到部分省份陆续上调本专科学生收费标准，以及全国统一的助学贷款资助比例不能充分体现不同地区家庭困难学生贷款需求差异等因素，2014 年，财政部、教育部印发《生源地信用助学贷款风险补偿金管理办法》（财教〔2014〕16 号），进一步规范落实生源地信用助学贷款风险补偿机制。同年，财政部、教育部、人民银行、银监会联合出台《关于调整完善国家助学贷款相关政策措施的通知》（财教〔2014〕180 号），将国家助学贷款（含校园地国家助学贷款和生源地信用助学贷款）资助标准调整为全日制普通本专科学生每人每年贷款额度不超过 8000 元，全日制研究生每人每年贷款额度不超过 12000 元；明确各省份根据家庭经济困难学生分布情况自主确定资助比例，东部地区为 13% ~ 17%，中部地区为 21% ~ 22%，西部地区为 27% ~ 29%；强调一学年内不得重复申请获得校园地国家助学贷款和生源地信用助学贷款。2015 年，教育部、财政部、人民银行、银监会等部门联合印发《关于完善国家助学贷款政策的若干意见》（教财〔2015〕7 号），将校园地国家助学贷款期限为学制加 6 年、最长不超过 10 年，生源地信用助学贷款期限为学制加 10 年、最长不超过 14 年，统一调整为学制加 13 年、最长不超过 20 年。2017 年，财政部、教育部、人民银行、银监会联合印发《关于进一步落实高等教育学生资助政策的通知》（财科教〔2017〕21 号），推动实现高校、科研院所、党校、行政学院、会计学院等培养单位国家助学贷款全覆盖，实现全日制普通本专科生、研究生、预科生全覆盖，并落实民办高校学生与公办高校学生同等享受助学贷款政策。

三、创业担保贷款

创业担保贷款是指以符合条件的创业者个人或小微企业为借款人，由创业担保贷款担保基金提供担保，由经办此项贷款的银行业金融机构发放，财政部门给予贴息，用于支持个人创业或小微企业扩大就业的贷款业务。创业担保贷款的前身为小额担保贷款。自 2002 年小额担保贷款政策创设实施以来，贷款支持对象范围逐步扩大，政策机制不断完善，在扩大就业、促进创业、改善民生方面发挥了重要作用。

随着我国经济发展进入新常态，就业压力逐步加大。为推动大众创业、万众创新，促进创业带动就业倍增效应进一步释放，2015 年，国务院印发《关于进一步做好新形势下就业创业工作的意见》（国发〔2015〕23 号），其中提出将小额担保贷款调整为创业担保贷款，并对贷款额度、利率等方面进行了明确。为贯彻国发〔2015〕23 号文要求，2016 年 7 月，人民银行、财政部、人力资源和社会保障部出台《关于实施创业担保贷款支持创业就业工作的通知》（银发〔2016〕202 号），明确将小额担保贷款政策调整为创业担保贷款政策。贷款支持对象扩大为包括建档立卡贫困人口在内的 9 类人群和符合条件的小微企业。个人创业担保贷款最高额度从 5 万元至 8 万元不等统一到 10 万元；小微企业创业担保贷款额度根据企业实际招用人数确定，最高不超过 200 万元。贷款期限最高不超过 3 年，可以展期 1 次。

同年，财政部印发《普惠金融发展专项资金管理办法》（财金〔2016〕85 号），明确在贫困地区（含国家扶贫开发工作重点县、全国 14 个集中连片特殊困难地区）发放的个人创业担保贷款利率在基础利率的基础上上浮不超过 3 个百分点，实际贷款利率由经办银行在上限范围内自行确定。对贫困地区符合条件的个人发放的创业担保贷款，财政部门给予全额贴息；对符合条件的小微企业发放的创业担保贷款，财政部门按贷款合同签订日贷款基础利率的 50% 给予贴息。创业担保贷款政策的调整和实施进一步体现了创业优惠政策对贫困地区群众的差别化支持，强化创业就业助推贫困地区脱贫攻坚的能力。2018 年，为了进一步加大创业担保贷款政策支持力度，财政部、人力资源和社会保障部、人民银行联合印发《关于进一步做好创业担保贷款财政贴息工作的通知》（财金〔2018〕22 号），在原规定基础上，将农村自主创业农民纳入支持范围，并降低贷款申请条件，放宽担保和贴息要求，个人和小微企业最多可以申请 3 次创业担保贷款贴息支持。同时，对个人申请的创业担保贷款，除贫困地区外的其他地区按 2 年全额贴息执行。

四、农村"两权"抵押贷款

农村"两权"抵押贷款指的是农村承包土地的经营权和农民住房财产权抵押贷款业务。推动开展"两权"抵押贷款业务，落实农村"两权"抵押融资功能，是盘活农村存量资产、拓宽农村融资渠道的重要手段，对于增加贫困地区金融产品供给、缓解贫困群众融资困难具有重要意义。2013 年 7 月，国务院办公厅出台《关于金融支持经济结构调整和转型升级的指导意见》（国办发〔2013〕67 号），鼓励银行业金融机构扩大林权抵押贷款，探索开展大中型农机具、农村土地承包经营权和宅基地使用权抵押贷款试点。2015 年 8 月，国务院出台《关于开展农村承包土地的经营权和农民住房财产权抵押贷款试点的指导意见》（国发〔2015〕45 号），明确由人民银行会同中央农办等 11 个部门组织开展农村"两权"抵押贷款试点。试点涉及突破相关法律条款的，提请全国人大常委会授权在试点地区暂停执行。同年 12 月，第十二届全国人民代表大会常务委员会第十八次会议决定，授权国务院在北京市大兴区等 232 个试点县（市、区）、天津市蓟州区（原蓟县）等 59 个试点县分别暂时调整实施有关法律规定，支持开展"两权"抵押贷款试点，赋予农村"两权"抵押融资功能，金融机构结合"两权"的权能属性，在贷款利率、期限、额度、担保、风险控制等方面加大创新支持力度。

为落实国发〔2015〕45 号文要求，依法稳妥推动农村"两权"抵押贷款试点的开展，2016 年 3 月，人民银行会同相关部门分别印发《农民住房财产权抵押贷款试点暂行办法》（银发〔2016〕78 号）和《农村承包土地的经营权抵押贷款试点暂行办法》（银发〔2016〕79 号），明确试点县（市、区）符合条件的农户和农业经营主体可将依法取得的承包土地的经营权、农民住房财产权作为抵押物，向银行业金融机构申请贷款。鼓励金融机构在农村承包土地的经营权剩余使用期限内发放中长期贷款，有效增加农业生产的中长期信贷投入。鼓励金融机构因地制宜，针对农户和农业经营主体需求积极创新信贷产品和服务方式，简化贷款手续，加强贷款风险控制，全面提高贷款服务质量和效率。鼓励综合运用财政贴息、货币政策工具、差异化监管等政策引导金融机构积极参与"两权"抵押贷款试点。

五、民贸民品优惠利率贷款

民贸民品优惠利率贷款是指由金融机构向符合条件的民族贸易和民族特需商品定点生产企业发放的正常流动资金贷款，由财政部门对利差给予补贴。实施民贸民品优惠利率贷款政策对于支持贫困地区特色民族产业发展，促进特色产业扶贫带动效应发挥有着积极作用。1991年，人民银行出台《关于民族贸易县贸易贷款实行优惠利率的通知》（银发〔1991〕274号），对国家确定的421个民族贸易县贸易贷款在利率上实行优惠政策，对优惠利率与银行利率间的利差按季返还企业。随后，各地各金融机构逐步开始办理民贸民品优惠利率贷款业务，人民银行及相关部门分别于1997年、1998年、2003年、2009年和2011年出台了相关事宜的通知，对民贸民品优惠利率贷款的利率、承贷机构、贴息政策等内容进行逐步改进和明确。

2012年12月，国家民委、财政部、人民银行联合出台《关于确定"十二五"期间全国民族特需商品定点生产企业的通知》（民委发〔2012〕199号）和《民族贸易和民族特需商品生产贷款贴息管理暂行办法》（财金〔2012〕139号），确定"十二五"期间全国民族特需商品定点生产企业名单，并明确由中央财政对民贸民品贷款按优惠利率政策规定的优惠利差（现行为2.88%）给予贴息。2018年，国家民委、财政部、人民银行联合出台《关于确定并报送"十三五"期间全国民族特需商品定点生产企业名单的通知》（民委发〔2018〕49号）。

六、康复扶贫贷款

康复扶贫贷款是专项用于支持农村残疾人扶贫开发工作的信贷产品。自1992年设立以来，康复扶贫贷款规模不断增加，覆盖面不断扩大，在扶持贫困残疾人解决温饱、摆脱贫困、发展生产等方面发挥了积极作用。康复扶贫贷款最初由中国农业银行负责管理，中央和省级财政对优惠利率与基准利率之间的差额进行补贴。2008年，按照国务院确定的关于全面改革扶贫贷款管理体制的总体部署和要求，中国残联、国务院扶贫办、财政部、人民银行决定，将扶持农村贫困残疾人的康复扶贫贷款专项管理，与国家扶贫贷款管理体制的改革同步实施。其中，对发放到残疾人贫困户贷款按年利率5%、对残疾人贫困户有带动的项目贷款按年利率3%的标准，财政给予全额贴息。中央不再指定专门金融机构承担康复扶贫贷款任务。鼓励各类银行业金融机构平等地参与康复扶贫贷款工作。

　　改革以后，康复扶贫贷款的管理权责分明，工作程序流畅，金融机构、扶贫部门、财政部门和残联之间建立了相互配合、相互支持的良好工作局面。同时，在康复扶贫贷款的管理中，也出现了一些新情况新问题。2011年，残联、扶贫办、财政部、人民银行联合印发《关于进一步完善康复扶贫贷款和贴息资金管理有关政策的通知》（残联发〔2011〕6号），提出中央财政在贴息期内，项目贷款按年利率3%给予贴息调整为按年利率5%给予贴息，到户贷款按年利率5%给予贴息调整为按年利率7%给予贴息，并强调发挥康复扶贫贷款的扶贫带动效应。2016年，为进一步加大对农村贫困残疾人金融信贷和财政贴息的扶持，引导金融机构共同做好康复扶贫贷款工作，四部委再次联合下发《关于加强康复扶贫贷款、扶贫小额信贷和财政贴息工作的通知》（残联发〔2016〕37号），提出继续执行康复扶贫贷款财政贴息政策，康复扶贫贷款应优先用于到户贷款，扶持建档立卡残疾人贫困户劳动生产促进脱贫增收，同时，加大扶贫小额信贷对残疾人贫困户的扶持力度。

第五章　易地扶贫搬迁金融服务

对于居住在一方水土养不起一方人地方的贫困人口实施易地扶贫搬迁，是从根本上改善其生产生活条件的重要举措，是打赢脱贫攻坚战、提升特困地区民生福祉的关键环节。2001年开始，国家发展改革委安排专项资金，在全国范围内陆续组织开展了易地扶贫搬迁工程。"十二五"期末，已安排易地扶贫搬迁中央补助投资363亿元，搬迁贫困人口680余万人。一些地方根据辖内实际，统筹中央财政专项扶贫资金和扶贫移民、生态移民、避灾搬迁等资金实施了搬迁工程。在中央和地方的共同努力下，全国已累计搬迁1200余万人。

按照党中央、国务院决策部署，"十三五"时期，我国加快实施易地扶贫搬迁工程，通过"挪穷窝""换穷业""拔穷根"，从根本上解决1000余万建档立卡贫困人口的稳定脱贫问题。人民银行积极落实党中央、国务院统一部署，全力做好易地扶贫搬迁金融服务，为易地扶贫搬迁提供强有力的金融支撑。

一、易地扶贫搬迁金融支持政策

2015年，按照党中央、国务院决策部署，围绕通过易地扶贫搬迁脱贫一批的目标，国家发展改革委、财政部、人民银行、扶贫办、国土资源部联合制订《"十三五"时期易地扶贫搬迁工作方案》（发改地区〔2015〕2769号，以下简称《方案》），提出用5年时间对"一方水土养不起一方人"① 地方建档立卡贫困人口实施易地扶贫搬迁，"十三五"期间完成1000万人搬迁任务。《方案》对搬迁对象与安置方式、建设内容与补助标准、资金筹措渠道、信贷资

---

① "一方水土养不起一方人"地方建档立卡贫困人口主要包括居住在深山、石山、高寒、荒漠化、地方病多发等生存环境差、不具备基本发展条件，以及生态环境脆弱、限制或禁止开发地区的农村建档立卡贫困人口。

金运作、政策保障、责任分工、监督考核等内容进行了明确。在资金筹措渠道方面，初步匡算出"十三五"时期易地扶贫搬迁总投资约 6000 亿元，拟通过以下方式筹措：增加中央预算内投资规模和鼓励农户自筹部分建房资金，力争达到 1000 亿元；通过省政府向有关市场化运用的省级投融资主体注入 1000 亿元项目资本金；通过国家开发银行和中国农业发展银行发行专项建设债券设立专项建设基金，为省级投融资主体注入 500 亿元项目资本金；其余 3500 亿元缺口，由国家开发银行和中国农业发展银行提供易地扶贫搬迁长期贷款，这部分信贷资金明确由国家开发银行和中国农业发展银行通过发行政策性金融债筹集，中央财政对贷款给予 90% 的贴息。

为确保易地扶贫搬迁信贷资金的有效筹措，保证扶贫专项金融债顺利发行，加强对发债募集资金与搬迁需求精准对接的管理，人民银行制订《易地扶贫搬迁信贷资金筹措方案》（银发〔2016〕90 号），对国开行、农发行通过在银行间市场发行专项金融债，筹措易地扶贫搬迁信贷资金的相关内容，如发行额度、发行方式、发行期限、贷款利率、支持措施进行了安排。此后，人民银行又陆续印发了《关于做好 2016 年易地扶贫搬迁信贷资金筹措及信贷管理服务工作的通知》（银发〔2016〕115 号）、《关于加快 2016 年易地扶贫搬迁信贷资金衔接投放有关事宜的通知》（银发〔2016〕258 号），对易地扶贫搬迁贷款申报审批、贷款利率和期限、贷款管理和贷款资金的拨付等内容进行规定，其中，明确易地扶贫搬迁贷款利率在易地扶贫搬迁专项金融债券发行成本基础上可加点幅度为 1.3 个点，期限一般不超过 20 年，省级人民政府可通过政府购买市场服务方式对省级投融资主体还贷予以支持。

近期，为杜绝借扶贫名义违规举债，财政部牵头联合国家发展改革委、人民银行等部门研究制定了《关于调整规范易地扶贫搬迁融资方式的通知》《关于进一步做好调整规范易地扶贫搬迁融资方式有关工作的通知》，对易地扶贫搬迁融资方式进行了调整，将贷款融资等渠道统一规范为发行地方政府债券融资。即，对于 2017 年 7 月 14 日前，各省已承贷、承接的银行贷款、专项建设基金，按照"省负总责"的要求和"十三五易地扶贫搬迁方案"等政策规定执行，严格落实省级投融资主体的偿还责任。对于 2017 年 7 月 15 日至 2018 年 6 月 20 日期间，各省已承贷、承接，并拨付至市县的资金，要尽快制订偿还计划并有序偿还。对于截至 2018 年 6 月 20 日仍然停留在省级投融资主体账户上未使用的资金及产生的贷款利息，要在 2018 年底前归还原债权机构。

2018 年 6 月 20 日后不得再承贷、承接和拨付新的易地扶贫搬迁贷款和专项建设基金。对此，人民银行积极指导国开行和农发行做好新旧政策的衔接工作，确保易地扶贫搬迁工程进度不受资金影响。

二、易地扶贫搬迁专项金融债

创新推出易地扶贫搬迁专项金融债，明确由国家开发银行、中国农业发展银行在国家政策确定限额内，在银行间市场发行专项金融债券，筹集易地扶贫搬迁信贷资金。其中，发行额度根据国家发展改革委、国务院扶贫办等有关部门核定的建档立卡贫困人口易地扶贫搬迁规模、易地扶贫搬迁项目进展及信贷资金实际需求合理确定。发行方式可选择公开发行、专场发行和定向发行三种。同时，为了保证扶贫专项金融债的规范顺利发行，人民银行专门核定易地扶贫搬迁年度发债额度，保障发债资金需求；及时批复国家开发银行、中国农业发展银行每期发债申请，积极引导机构投资者以市场化方式投资购买；明确扶贫专项债可按有关规定纳入人民银行货币政策操作的抵（质）押品范围，定向发行的扶贫专项债可在定向协议认购人间流转及参与质押式回购，支持易地扶贫搬迁债券的顺利发行。

三、易地扶贫搬迁贷款

国家开发银行、中国农业发展银行通过发行专项金融债筹集资金，并按照保本或微利的原则发放低成本、长期的易地扶贫搬迁贷款。易地扶贫搬迁贷款利率为在易地扶贫搬迁专项金融债发行成本基础上加点幅度为 1.3 个点，最高不超过同期限贷款基准利率。同时，国家开发银行、中国农业发展银行制定信贷资金使用具体管理办法，并结合各地搬迁项目进展和信贷资金实际需求，与相关省（自治区、直辖市）加强项目衔接，确保资金需求及时足额到位。在提高贷款发放效率方面，通过建立项目审批绿色通道，加快完善审批手续，促进信贷资金及时申请和发放。

四、安置区生产就业配套金融服务

为保证贫困户搬出后"稳得住""能致富"，各地金融机构针对贫困地区实际情况和建档立卡贫困户易地扶贫搬迁后多元化融资实际需求特点，因地制宜积极创新金融产品和服务方式。加大创业担保贷款、扶贫贴息贷款、扶贫小额信贷和联保贷款等政策措施实施力度，支持易地扶贫搬迁贫困人口就近就地生产生活和就业创业。目前，各地对易地扶贫搬迁金融服务开展了有益探索，如贵州省各级金融机构共设立 540 余个易地扶贫搬迁安置点金融服务站，创新"迁户贷""迁企贷""宜居贷""安居贷"等易地扶贫搬迁金融产品 49 个；陕西省安康市对吸纳贫困劳动力就业的"新社区工厂"优先发放创业担保贷款，实现移民搬迁群众楼上居住、楼下就业，实现就业增收致富。

五、值得关注的几个方面

随着易地扶贫搬迁工程的深入推进，帮助贫困群众搬迁脱贫、解决区域性整体贫困取得了积极成效。但是在实践中，存在易地扶贫搬迁信贷资金沉淀和还款来源具有不确定性等问题，值得关注。一是部分地区存在易地扶贫搬迁信贷资金沉淀现象。按照相关要求，国家开发银行和中国农业发展银行在信贷规模、贷款审批、贷款发放和支付等方面开辟绿色通道，保证了易地扶贫搬迁工程建设资金需求。但由于部分省份搬迁对象需要重新核实、部分项目建设进度偏慢、部分工程建设项目手续不齐全等原因，资金拨付进度偏慢，存在资金沉淀的现象。二是易地扶贫搬迁贷款还款具有潜在的不确定性。《"十三五"时期易地扶贫搬迁工作方案》明确规定土地增减挂钩节余指标出让收益用于偿还易地扶贫搬迁贷款，但该项收益在财政部门为收支两条线管理，土地交易收益变现与易地扶贫搬迁贷款还款期限存在错配，偿债风险存在后移倾向。

第六章　银行监管支持政策

优化银行业金融机构监管考核、实施差别化监管制度，对于有效引导金融机构积极投入脱贫攻坚战、做好扶贫开发金融服务工作具有重要意义。近年来，按照党中央、国务院的总体部署，金融监管部门出台许多有针对性的措施，要求金融机构立足职能定位，持续加大扶贫资金投入，创新金融产品服务，全面做好金融扶贫这篇大文章。原银监会先后出台了《关于银行业金融机构积极投入脱贫攻坚战的指导意见》《关于印发大中型商业银行设立普惠金融事业部实施方案的通知》《关于促进扶贫小额信贷健康发展的通知》等一系列政策指引和意见，为齐心协力打好脱贫攻坚战奠定了坚实基础。

一、完善金融扶贫工作机制

2015 年 2 月，银监会办公厅印发《关于做好 2015 年农村金融服务工作的通知》（银监办发〔2015〕30 号），在大力发展农村普惠金融，全面提升农村金融服务质效方面，要求银行业金融机构以集中连片特困地区为重点，加大信贷投放和工作力度。推进精准扶贫，推动扶贫小额信贷健康发展，提高扶贫小额信贷覆盖建档立卡贫困农户比例，全面做好支持农村贫困地区扶贫攻坚的金融服务工作。

2016 年 2 月，银监会办公厅印发《关于 2016 年推进普惠金融发展工作的指导意见》（银监办发〔2016〕24 号），要求各金融机构要明确定位，落实责任分工。鼓励银行业金融机构按照单列信贷资源、单设扶贫机构、单独考核贫困地区建制乡镇机构网点覆盖率和行政村金融服务覆盖率、单独研发扶贫金融产品的"四单"原则，加大对扶贫工作的投入。发挥政策性金融和商业性金融互补作用，以国家开发银行和中国农业发展银行为主渠道，同时通过市场化机制引导商业性银行业金融机构加大信贷投入。国家开发银行、中国农业发展银行要设立扶贫金融事业部。其他涉农银行业金融机构要成立扶贫工作专门组织架构。

2016 年 4 月，银监会印发《关于银行业金融机构积极投入脱贫攻坚战的指导意见》（银监发〔2016〕9 号），要求国家开发银行、中国农业发展银行要设立扶贫金融事业部，统筹协调扶贫开发金融服务工作。其他涉农银行业金融机构要成立扶贫工作专门组织体系，建立有各部门参加直至末端的条线制专项工作机制，对联系扶贫部门、自身任务确定、责任划分、时间进度计划、信贷政策、业务授权、金融创新、资源配置、跟踪督查等进行统筹安排。

2017 年 4 月，银监会印发《关于提升银行业服务实体经济质效的指导意见》（银监发〔2017〕4 号），要求各金融机构进一步完善"四单"等金融扶贫工作机制，落实扶贫小额信贷分片包干责任，继续扩大建档立卡贫困户的扶贫小额信贷覆盖面。支持银行业金融机构向贫困地区延伸机构和服务，提升金融精准扶贫效率。

2018 年 2 月，银监会办公厅印发《关于做好 2018 年银行业三农和扶贫金融服务工作的通知》（银监办发〔2018〕46 号），要求各银行业金融机构把普惠金融重点放在乡村，以实施乡村振兴战略为"三农"金融服务工作总抓手，聚焦农户、新型农业经营主体、建档立卡贫困户和深度贫困地区，充分发挥基层党组织力量，进一步健全农村金融体系，加大金融资源倾斜力度，力争全年涉农贷款持续增长、新型农业经营主体贷款和精准扶贫贷款增速高于各项贷款增速、基础金融服务覆盖面进一步扩大。

二、实施差异化信贷管理政策

银行业金融机构针对不同行业、不同经济主体均已构建起成熟完备的授信审批管理体制机制，但结合金融扶贫重在增加信贷资金投入的内在要求，需要金融机构改进和实施差异化的授信制度和信贷管理政策。

2016 年 2 月，银监会办公厅印发《关于 2016 年推进普惠金融发展工作的指导意见》，要求金融机构聚焦重点难点，确保精准投放。国家开发银行和中国农业发展银行要加大贫困地区基础设施、公共服务设施、移民搬迁、生态保护、教育扶贫等领域的资金投放。其他涉农银行业金融机构要着重加大建档立卡贫困人口的扶贫小额信贷投放。要进一步完善建档立卡贫困户贷款管理政策。提高财政专项扶贫资金投入扶贫项目的信贷资金配套比例。增加贫困地区基础设施、易地扶贫搬迁等项目的中长期信贷资金比重。银行业金融机构要制定关于脱贫攻坚项目的贷款管理办法，把扶贫项目和贫困对象认定结果的真实性作为发放贷款的首要条件，把确实的还款来源作为还款主要保障，把贷款资金是否专款专用、支持对象是否精准作为贷款检查的重要内容，保证精准扶贫。

2016 年 4 月，银监会印发《关于银行业金融机构积极投入脱贫攻坚战的指导意见》，要求银行业金融机构按照《关于创新发展扶贫小额信贷的指导意见》的各项政策，单独安排资金，单独考核责任，持续加大扶贫小额信贷投放力度。拓展扶贫小额信贷适用范围，更好地满足建档立卡贫困户生产、创业、就业、搬迁安置等各类贷款需求，对建档立卡贫困户 5 万元以下、3 年以内的贷款，采取信用贷款方式，不设抵押担保门槛；对有贷款意愿、就业创业潜质、技能素质和一定还款能力的建档立卡贫困户保证应贷尽贷；实行利率优惠。完善生源地助学贷款政策。支持银行业金融机构对有在读高校学生的贫困户发放生源地助学贷款，学生在读期间利息全部由财政补贴，延长贷款期限至最长 20 年。

2017 年 12 月，人民银行、银监会、证监会、保监会联合印发《关于金融支持深度贫困地区脱贫攻坚的意见》，提出金融扶贫资源要更加聚焦深度贫困地区。坚持新增金融资金优先满足深度贫困地区、新增金融服务优先布设深度贫困地区。到 2020 年，力争每年深度贫困地区扶贫再贷款占所在省（自治区、直辖市）的比重高于上年同期水平。2020 年以前，深度贫困地区贷款增速力争每年高于所在省（自治区、直辖市）贷款平均增速。

2018 年 2 月，银监会办公厅印发《关于做好 2018 年银行业三农和扶贫金融服务工作的通知》，进一步明确考核目标，完善差异化监管政策。要求设立普惠金融事业部、三农金融事业部的大中型银行和各农村中小金融机构要在确保涉农贷款余额持续增长的基础上，力争实现单户授信总额 500 万元以下普惠型农户经营性贷款和 1000 万元以下普惠型涉农小微企业贷款增速总体不低于各项贷款平均增速，扶贫小额信贷和精准产业扶贫贷款增速总体高于各项贷款平均增速。

三、落实机构准入与不良贷款差异化监管政策

放宽机构准入审批条件、适度放宽不良贷款容忍度等是激发金融机构以及金融机构从业人员参与扶贫开发事业的内生动力，是增加贫困地区有效金融供

给的重要举措。

2016 年 4 月，银监会印发《关于银行业金融机构积极投入脱贫攻坚战的指导意见》，对银行业金融机构在贫困地区的乡、村设立服务网点实行更加宽松的准入政策。优先支持在贫困地区设立村镇银行等新型农村金融机构，立足县域金融承载能力，支持在贫困地区规模化集约化发起设立村镇银行，因地制宜采取"一行多县"等方式，在攻坚期内基本覆盖贫困县。攻坚期内严格控制贫困地区现有机构网点撤并。支持贫困地区培育发展农民资金互助组织，优先在贫困地区开展农民合作社内部信用合作试点。鼓励贫困地区设立政府出资的融资担保机构。优先支持在贫困地区设立小额贷款公司。鼓励利用互联网平台开展金融服务，发挥网络借贷机构融资便捷、对象广泛的特点，引导其开展对贫困户的融资服务。同时提出，引导银行业金融机构合理确定扶贫项目贷款、扶贫小额信贷的不良贷款容忍度。对扶贫开发贷款作出尽职免责安排。对参与扶贫攻坚项目的公司主体、平台主体以及贫困户等因客观原因发生财务困难，无力及时足额偿还贷款本息的，可按有关规定实施贷款重组。

2017 年 7 月，银监会、财政部、人民银行、保监会、扶贫办联合印发《关于促进扶贫小额信贷健康发展的通知》，对于银行业金融机构扶贫小额信贷不良率高出自身各项贷款不良率年度目标 2 个百分点以内的，可以不作为监管部门监管评价和银行内部考核评价的扣分因素。明确扶贫小额信贷发放过程中的尽职要求，强化正面导向，积极调动银行业金融机构投放扶贫小额信贷的积极性，同时也要加强对不尽责、失职行为的责任追究，切实防范道德风险。

2017 年 12 月，人民银行、银监会、保监会、证监会联合印发的《关于金融支持深度贫困地区脱贫攻坚的意见》，提出对深度贫困地区银行业金融机构个人精准扶贫贷款不良率高于自身各项贷款不良率年度目标 2 个百分点以内的，可以在监管部门监管评价和银行内部考核中给予一定的容忍度。

2018 年 2 月，银监会办公厅印发《关于做好 2018 年银行业三农和扶贫金融服务工作的通知》，要求银行业金融机构要注重积极配合财政、民政政策实施，结合深度贫困地区实际需求，合理优化网点布局，优先在机构空白的深度贫困县新设网点，积极推动已有网点服务升级，适度下放管理权限。扩大村镇银行县市覆盖面，鼓励和优先支持在深度贫困地区设立"多县一行"制村镇银行，提高村镇银行在深度贫困地区覆盖面。

四、规范扶贫小额信贷发展

扶贫小额信贷业务开展以来，在帮助贫困户发展生产、增收脱贫等方面取得了积极成效。但在实践中，扶贫小额信贷业务发展存在一些问题。针对扶贫小额信贷业务发展存在的问题，银监会联合财政部、人民银行、保监会、扶贫办联合印发《关于促进扶贫小额信贷健康发展的通知》，进一步强调扶贫小额信贷是为建档立卡贫困户量身定制的金融精准扶贫产品。从规范贷款发放和资金使用、强化风险管理、加强监测考核等方面，对扶贫小额信贷的发展进行了规范和明确。

一是始终精确瞄准建档立卡贫困户，加大对信用良好、有贷款意愿、有就业创业潜质、有技能素质和一定还款能力的建档立卡贫困户的支持力度。对已经脱贫的建档立卡贫困户，在脱贫攻坚期内保持扶贫小额信贷支持政策不变、力度不减。将信用水平和还款能力作为发放扶贫小额信贷的主要参考标准，发放过程要符合法律法规和信贷管理规定，借款合同要明确贷款资金用途，坚持户借、户还，切实防范冒名借款、违规用款等问题。

二是将扶贫小额信贷精准用于贫困户发展生产或能有效带动贫困户致富脱贫的特色优势产业，不能用于建房、理财、购置家庭用品等非生产性支出，更不能将扶贫小额信贷打包用于政府融资平台、房地产开发、基础设施建设等。在探索将扶贫小额信贷资金用于有效带动贫困户致富脱贫的特色优势产业过程中，必须坚持贫困户自愿和贫困户参与两项基本原则，使贫困户融入产业发展并长期受益，提高贫困户脱贫内生发展动力。

三是有条件的地区可根据实际情况建立和完善风险补偿和分担机制。风险补偿金要及时到位，专款专存、封闭运行。科学合理确定风险补偿金放大贷款倍数，明确政府与银行业金融机构风险分担比例，不得将风险补偿金混同为担保金使用。对于贫困户参与的扶贫产业项目，要做到对建档立卡贫困户和产业项目双调查。稳妥办理无还本续贷业务，区别对待逾期和不良贷款，适当提高不良贷款容忍度。

四是督促银行业金融机构落实"包干服务"制度，推动扶贫小额信贷精准合规发放，加强信贷风险防范。放贷机构要履行好扶贫小额信贷投放的主体责任，在风险可控和商业可持续前提下，加大扶贫小额信贷的投放力度。

五是积极发挥金融精准扶贫信息系统作用，加强与扶贫、银监、保监等部门的信息对接共享，共同做好扶贫小额信贷统计监测分析和评估考核工作。

六是利用群众喜闻乐见的形式加强宣传，确保贫困户真正把握政策要点。注意总结扶贫小额信贷健康发展的有效做法，加大交流推广力度。

第七章　多元化融资渠道

多元化融资有利于拓宽产业扶贫主体融资渠道、降低融资成本，为脱贫攻坚提供更广阔、更丰富的资金来源，助推金融扶贫由"输血"向"造血"机制转变。当前，我国金融扶贫除信贷融资外，初步形成了包括债券市场融资，主板、中小企业板、创业板市场融资，新三板挂牌、投资基金融资等在内的多渠道融资体系。

一、债券市场融资

为创新贫困地区金融供给方式，满足贫困地区基础设施建设和发展扶贫产业等方面的长期、大额、低成本金融资金需求，人民银行、证监会、国家发展改革委积极出台政策，支持贫困地区及其企业利用债券市场融资，助推脱贫攻坚。2016 年 3 月，人民银行等七部委印发《关于金融助推脱贫攻坚的实施意见》，其中提出鼓励和支持贫困地区符合条件的企业发行企业债券、公司债券、短期融资券、中期票据、项目收益票据、区域集优债券等债务融资工具。

创新扶贫专项债券。在人民银行推动下，2016 年 12 月，全国首单扶贫社会效应债券成功发行，募集 5 亿元资金专项用于沂南县扶贫特色产业项目、扶贫就业点、扶贫光伏电站、扶贫公共服务和基础设施配套等"六个一"扶贫工程，当地 125 个贫困村 2.2 万人直接受益。2017 年 3 月，全国首批扶贫票据在银行间债券市场成功发行。其中，贵州高速公路投资有限公司 2017 年度第一期扶贫中期票据，注册金额 10 亿元，首期发行金额 5 亿元，募集资金用于全国集中连片特殊困难县威宁县和长顺县扶贫重点项目建设；重庆鸿业实业有限公司 2017 年度第一期扶贫超短期融资券 2 亿元，募集资金用于国家级贫困县重庆黔江区基础设施和易地扶贫搬迁项目建设。扶贫社会效应债券和扶贫票据的发行，开辟了以市场化方式引导社会资本投向贫困地区和扶贫项目的新模式，增加了贫困地区金融供给总量。截至 2018 年 9 月末，全国累计发行扶贫票据 22 期 239 亿元，涉及 11 个省（区、市）16 家企业，推动了扶贫项目和产业发展协调联动，提高了金融精准扶贫效率。

支持企业发行公司债券。证监会积极支持贫困地区企业发行公司债券，拓宽融资渠道。2016 年 9 月出台的《关于发挥资本市场作用服务国家脱贫攻坚战略的意见》（证监会公告〔2016〕19 号），明确对注册地在贫困地区的企业发行公司债、资产支持证券的，实行"专人对接、专项审核"，适用"即报即审"政策。指导证券交易所开通面向贫困地区企业发行公司债券和资产支持证券的"绿色通道"，2015 年至 2017 年 9 月，上交所已累计支持注册地在贫困地区的企业发行 72 亿元公司债券和资产支持证券。2017 年以来，专项用于扶贫的社会责任债券——宜昌长乐"2017 年社会责任公司债券"（第一期）发行 3 亿元，通过发展产业基地、工业园区和乡村旅游等模式帮助贫困户实现脱贫，直接惠及湖北五峰土家族自治县 4125 户 12132 位建档立卡贫困居民。全国国家级贫困县精准扶贫资产证券化项目——"国金—阆中天然气资产支持证券"成功发行 5.25 亿元，募投项目将从完善城乡供气网络、提高用气安全和改善出行条件等三个方面服务当地居民，推动四川省阆中市早日脱贫摘帽。

推动企业发行企业债券。国家发展改革委积极借助企业债券，为脱贫攻坚提供融资支持。2016 年 4 月，批复 2 只易地扶贫搬迁项目收益债券，在全国企业债发行债券类型中属全国首创，也是企业债与精准扶贫相结合，在保证偿债的基础上，让企业通过市场化方式盈利的首次创新。一只是泸州市农村开发投资建设有限公司，获批非公开发行 20 亿元 10 年期债券，用于古蔺、叙永两县的易地扶贫搬迁；另一只是广元苍溪县兴苍建设有限公司，获批非公开发行 10 亿元 10 年期债券，用于该县的易地扶贫搬迁。易地扶贫搬迁项目收益债以直接融资的方式筹集大额、长期的资金，除解决农民的易地扶贫搬迁外，还用于扶持后期产业发展和转型升级，支持了输血式扶贫向造血式扶贫的转变。

二、主板、创业板市场融资

《国务院关于印发"十三五"脱贫攻坚规划的通知》（国发〔2016〕64 号）中，提出支持贫困地区符合条件的企业通过主板、创业板等进行股本融资。为此，人民银行、证监会、中期协等部门先后出台了《关于金融助推脱贫攻坚的实施意见》《关于发挥资本市场作用服务国家脱贫攻坚战略的意见》

《关于期货行业履行脱贫攻坚社会责任的意见》《关于金融支持深度贫困地区脱贫攻坚的意见》等政策文件，强化证券市场对脱贫攻坚的支持力度，解决了贫困地区普遍存在的"资本下不来、留不住、不活跃"等问题，引导富裕地区的资金、人才、技术流向贫困地区，提升贫困地区"造血"能力。

支持贫困地区企业上市融资。证监会指导证券公司加大对贫困地区企业的上市辅导培育和孵化力度，根据地方资源优势和产业特色，完善上市企业后备库，帮助更多企业通过主板、创业板等进行融资。对贫困地区符合条件的企业申请首次公开发行股票并上市的，实行即报即审、审过即发。2016 年全年，证券公司帮助贫困地区融资金额达 828.92 亿元。其中，在贫困地区承销保荐 IPO 项目 4 个，融资 16.45 亿元；帮助贫困地区上市公司非公开发行股票融资项目 5 个，融资 37.19 亿元。

上市公司通过兼并重组帮助贫困地区企业融资。证监会鼓励上市公司支持贫困地区的产业发展，支持上市公司对贫困地区的企业开展并购重组。对涉及贫困地区的上市公司并购重组项目，优先安排加快审核；对符合条件的农业产业化龙头企业的并购重组项目，重点支持加快审核。2016 年，上市公司在贫困地区完成并购重组项目 6 个，融资 174.87 亿元。

证券基金经营机构直接对接帮扶贫困地区。鼓励证券公司开展专业帮扶，通过组建金融扶贫工作站等方式结对帮扶贫困县，与当地政府建立长效帮扶机制，帮助县域内企业规范公司治理，提高贫困地区利用资本市场促进经济发展的能力。截至 2017 年 9 月末，有 93 家证券公司结对帮扶 192 个国家级贫困县，证券公司在贫困地区开展资本市场教育培训活动近 300 场，5 万余人次接受教育培训，派驻挂职干部 59 人，设立金融扶贫工作站 53 个。

三、新三板挂牌、股权交易市场及投资基金等融资

全国中小企业股份转让系统（新三板）是我国多层次资本市场体系的重要组成部分，2013 年底扩大试点以来为中小微企业融资提供了有效渠道。为充分发挥新三板对贫困地区中小微企业融资的积极作用，助推提升贫困地区中小微企业脱贫带动能力，《国务院关于印发"十三五"脱贫攻坚规划的通知》中，提出了支持贫困地区符合条件的企业通过全国中小企业股份转让系统、区域股权交易市场等进行股本融资的措施。2016 年 3 月，人民银行等七部委印发《关于金融助推脱贫攻坚的实施意见》，要求帮助更多企业通过全国中小企

业股份转让系统、区域股权交易市场等进行融资，引入创业投资基金、私募股权投资基金，引导社会资本支持精准扶贫。

2016 年 9 月，证监会发布《关于发挥资本市场作用服务国家脱贫攻坚战略的意见》，对注册地在贫困地区的企业申请在全国中小企业股份转让系统挂牌的，实行"专人对接、专项审核"，适用"即报即审、审过即挂"政策，减免挂牌初费。同时，该意见明确对投资基金、私募基金等助推脱贫攻坚的优惠和支持措施，即鼓励上市公司、证券公司等市场主体设立或参与市场化运作的贫困地区产业投资基金和扶贫公益基金；对积极参与扶贫的私募基金管理机构，将其相关产品备案纳入登记备案绿色通道；在贫困地区组织行业培训、开展业务交流，便利私募投资基金向贫困地区投资。

第八章　保险保障支持政策

保险是扶危济困的行业，在防止贫困群众因灾因病返贫致贫、优化扶贫资源配置、促进贫困地区产业发展等方面有着独特的优势。

一、保险扶贫的现实意义

保险最初的概念是基于契约的规定，保险人对被保险人的财产或人身权益未来发生不确定损害承担赔偿或给付保险金的行为①。随着社会经济的发展，保险的功能不断完善，形成了保险保障、资金融通、社会管理的功能。改革开放以来，我国保险业快速发展，保险公司数量不断增多，类型不断齐全②，基于财产和人身权益为标的的保险产品日益丰富，对促进社会经济发展起到了十分重要的作用。

从保险的属性可以看出，保险业本身具有扶危济困的特性，与扶贫具有天然的内在联系，面向最广大的贫困人口和社会弱势群体，有着独特的机制优势。保险作为风险管理工具，拥有独特的风险阻隔与经济补偿功能。"通过市场化机制，保险可以对受灾贫困人口进行精准补偿，有助于提高扶贫开发的科学性和精准性；通过大数法则和风险分散机制，保险可以放大财政资金使用效应，在更大的范围内实现扶贫开发资源的优化配置；通过增信功能，可以帮助贫困户提高融资能力"③。

---

① 《中华人民共和国保险法》第二条规定："本法所称保险，指投保人根据保险合同约定，向保险人支付保险费，保险人对于合同约定的可能发生的事故因其发生所造成的财产损失承担赔偿保险金责任，或者当被保险人死亡、伤残或者达到合同约定年龄、期限时承担给付保险金责任的商业保险行为。"

② 截至 2017 年 11 月，我国有人身保险公司 85 家，其中中资公司 57 家、外资公司 28 家，财产保险公司 84 家，其中中资公司 62 家、外资公司 22 家。参见 http://www.circ.gov.cn/web/site0/tab5203/。

③ 陈文辉. 进一步创新保险扶贫体制机制 [J]. 农业发展与金融，2016（11）.

二、保险扶贫相关政策

近年来，按照党中央部署，人民银行、保监会等七部门制定了金融助推脱贫攻坚指导意见，保监会和扶贫办制定了具体实施细则和支持政策，全面加强和提升保险业助推脱贫攻坚能力，通过做好大病扶贫、农险扶贫、补位扶贫、产业扶贫等方面工作，为如期实现脱贫攻坚提供了有力的支持。

2014年出台的《关于全面做好扶贫开发金融服务工作的指导意见》，提出要积极发展农村保险市场，构建贫困地区风险保障网络。创新农业保险险种，鼓励保险机构在贫困地区设立基层服务网点，扩宽保险资金运用范围，进一步发挥保险对贫困地区经济结构调整和转型升级的积极作用。

2016年出台的《关于金融助推脱贫攻坚的实施意见》，结合精准扶贫、精准脱贫的要求，指出要创新发展精准扶贫保险产品和服务，扩大贫困地区农业保险覆盖范围。要从构建乡、村两级保险服务体系，开展特色农产品价格保险，改进和推广小额贷款保证保险，推进贫困地区人身和财产安全保险业务，提高保险支持脱贫攻坚精准度。同年，为了落实银发〔2016〕84号文件要求，保监会、国务院扶贫办联合印发了《关于做好保险业助推脱贫攻坚工作的意见》（保监发〔2016〕44号），提出了到2020年，基本建立与国际脱贫攻坚战相适应的保险服务体制机制，努力实现贫困地区保险服务到村到户到人的工作目标，具体从精准对接农业保险、健康保险、民生保险、产业脱贫保险、教育脱贫保险等五方面服务需求进行了安排和部署，为保险系统参与脱贫攻坚提供了政策指导。随后，为了进一步强化贫困地区保险市场体系建设，保监会专门制定了《关于加快贫困地区保险市场体系建设　提升保险业保障服务能力的指导意见》（保监发〔2016〕105号），提出优化保险机构资源配置，提升保险业精准扶贫能力。具体采取优先支持中西部省份设立财产保险公司和人身保险公司、鼓励贫困地区设立农村保险互助社等成本低廉的涉农保险组织等11个措施，推动贫困地区保险市场体系建设和完善。

2017年出台的《关于金融支持深度贫困地区脱贫攻坚的意见》，专门强调创新发展保险产品，提高深度贫困地区保险密度和深度。通过发展商业医疗补充保险、疾病保险、扶贫小额保险和农房保险等产品，加大对深度贫困地区建档立卡贫困户投保保费补贴力度等措施，进一步把保险扶贫聚焦到支持深度贫困地区脱贫攻坚重点上来。同年，为进一步推进和深化保险精准扶贫政策提供统计数据依据，保监会制定了《保险扶贫统计制度（试行）》（保监统信〔2017〕274号），对与建档立卡贫困户生产、生活密切相关的农业保险、大病保险、健康保险和意外伤害保险等业务数据进行专门统计分析，进一步满足保险扶贫政策落实过程中对数据精准度的要求。

三、保险扶贫的主要内容

保险扶贫根据定向原则、精准原则、特惠原则和创新原则等四个基本原则，将贫困人口和地区的保险需求分为农业保险、健康保险、民生保险、产业脱贫保险、教育脱贫保险等五大类。其中，农业保险、大病保险是保险业助力脱贫攻坚的主要内容。

一是发展农业保险，防止农户"因灾致贫、因灾返贫"。全国"因灾致贫"的贫困人口数量占全部建档立卡贫困人口约两成，灾害的发生或将多年扶贫成果毁于一旦。保险扶贫的核心举措之一就是大力发展农业保险，在提高贫困农户农业保险可得性、发挥产业扶贫保险保障上做文章。针对致贫原因和脱贫需求，开发适合贫困地区的扶贫农业保险产品，因地制宜开展特色优势农产品保险，开发推广目标价格保险、天气指数保险、设施农业保险等。面向对建档立卡贫困人口有带动效应的新型农业经营主体，开发多档次、高保障的农业保险产品。对贫困农户实行普惠基础上的特惠，扶贫保险费率较普惠险种下调20％。扶贫保险经营亏损不纳入对保险机构的考核。对已确定的灾害，可在查勘定损结束前按一定比例预付部分赔款，帮助贫困农户尽早恢复生产。2015年，保监会、财政部、农业部联合启动农业保险产品改革，将旱灾和地震纳入必保责任，推动实现各省份保险金额覆盖直接物化成本。

二是发展大病保险，防止"因病致贫、因病返贫"。在我国贫困地区"因病致贫"人数约占全国建档立卡贫困人口的四成，重大疾病成为阻碍贫困户脱贫致富的"拦路虎"。保险扶贫以缓解"因病致贫、因病返贫"为切入点，积极发挥保险业务在贫困群众医疗保障上的"兜底"作用，不断改进大病保险服务水平，扩大大病保险覆盖面。加强基本医保、大病保险、商业健康保险、医疗救助、疾病应急救助和社会慈善等的相互衔接，提高贫困人口医疗费用实际报销比例。保监会通过研究探索，通过降低贫困人口起付线、提升贫困人口医疗费用报销比例等措施，最大程度提升对贫困人群的医疗保障水平。

三是开展民生保险，为贫困群体生产生活风险兜底。民生保险服务内容较广泛，与贫困群众的生产生活密切相关，大力推动民生保险的开展，对于降低贫困户生产生活风险损失具有较大意义。重要举措包括以下方面：针对建档立卡贫困人口，开发贫困户主要劳动力意外伤害、疾病和医疗等扶贫小额人身保险产品，降低贫困农户主要劳动力非因自身原因经济损失风险；推出针对留守儿童、留守妇女、留守老人、失独老人、残疾人等人群的保险产品，减少外出务工人员的后顾之忧；进一步扩大农房保险覆盖面，不断提升保障水平，降低不可抗力等风险造成的贫困群众损失，构建起较为全面的民生保险体系。

四是创新保险资金运用，积极助推产业脱贫。保险扶贫一方面发挥着"保障"贫困地区群众的作用，另一方面也发挥着"杠杆"撬动金融资源参与扶贫的作用。发展农业保险保单质押、小额贷款保证保险和保险资金直接投资，为建档立卡贫困户融资提供增信支持，可缓解贫困群体贷款难、贷款贵问题。经保监会批准，人保集团设立50亿元的资产管理产品，选择部分贫困县，开展"农业保险＋保证保险＋保险资金支农融资"试点，支持贫困人口更便利地获得免担保、免抵押、优惠利率的小额资金。成立中国保险业产业扶贫投资基金，重点用于支持贫困地区资源开发、产业园区建设、扶贫产业发展等，推动实现扶贫从"输血"模式向"造血"模式的转变。

五是开展教育脱贫保险服务，通过"扶智"增强贫困地区脱贫的内生动力。民生脱贫，教育是题中之义，把教育扶贫作为突破口，结合保险理念宣传与教育公益，开展针对贫困家庭大中学生的助学贷款保证保险，解决经济困难家庭学生就学困难问题，防止因学致贫返贫。同时，对接集中连片特困地区的职业院校和技工学校，面向贫困家庭子女开展保险职业教育、销售技能培训和定向招聘，实现靠技能脱贫，通过"扶志""扶智"结合，提高贫困地区群众素质和技能水平。

六是健全保险网络，提高保险密度和深度。优化中西部省份保险业布局，通过优先支持中西部省份设立财产保险公司和人身保险公司，填补保险法人机构空白。结合"当地经济社会发展需要，聚焦大病保险、农业保险、责任保险、信用保证保险等民生领域，设立专业性保险公司，精准对接脱贫攻坚多元化的保险需求"。鼓励"贫困地区设立农村保险互助社等成本低廉的涉农保险组织，实行'专人对接、专业帮扶、专项鼓励'的支持政策，因地制宜为贫困人口提供便捷实惠的普惠保险服务"。

四、保险扶贫的保障措施

近年来，相继印发的多个保险助推脱贫攻坚相关政策文件中，均对贫困地区保险机构设立、购买保险服务、保险与扶贫政策协调、差异化监管和强化消费者保险教育等方面进行了安排部署，以此为保险助推精准扶贫提供有效的体制机制保障。

一是保险机构设立申请"四优先"。对贫困地区保险机构的设立开辟"绿色通道"。对于政府给予明确政策支持，经办、承办各类基本养老和医疗保险等政策性业务的保险公司设立申请，予以优先支持；对于政府支持参与公立医院改制、健康产业链整合的保险公司设立申请，予以优先支持；对注册地和主要生产经营地均在贫困地区且开展生产经营满三年的企业，或对扶贫工作曾有突出贡献的企业投资设立保险公司的，给予重点支持，优先审核；鼓励现有保险公司在贫困地区设立分支机构，加快审批节奏，予以优先支持。

二是多种方式购买保险服务。各地结合实际，积极探索运用保险风险管理功能及保险机构网络、专业技术等优势，通过市场化机制，以委托保险机构经办或直接购买保险产品和服务等方式，探索保险参与扶贫开发的新模式、新途径，降低公共服务运行成本，提高保险保障的可持续性。

三是实施差异化监管。保监会对贫困地区开办扶贫保险业务，优先予以审批。保险机构开发涵盖贫困农户生产生活全方位风险的保险产品，优先予以审批或备案。对保险公司开发的针对建档立卡贫困人口的农业保险、涉农保险产品和针对可带动农户脱贫、吸纳贫困农户就业的新型农业经营主体的保险产品，费率可在向监管部门报备费率的基础上下调20%。

第九章　贫困地区金融生态环境建设

贫困地区金融生态环境持续改善是检验金融精准扶贫成效的重要参照之一，是促进贫困地区脱贫可持续和民生改善的重要途径。脱贫攻坚战全面打响以来，人民银行等金融管理部门通过制定出台考核激励政策、开展工作创新试点等方式，组织各类金融机构着力加强县乡以下金融基础设施建设，改善农村支付环境、便捷金融服务，加快社会信用体系建设，推动改善贫困地区金融生态环境。

一、金融生态环境建设的内涵概念

金融生态是指金融运行的外部环境，是金融运行的基础条件。从广义上讲，金融生态环境是指宏观层面的金融环境，即与金融业生存、发展密切相关的社会、自然因素的总和，包括政治、经济、法律、文化、地理、人口等一切与金融业相互影响、相互作用的方面。从狭义上讲，金融生态环境是指微观层面的金融环境，包括法律制度、行政管理体制、社会诚信状况、会计与审计准则、中介服务体系、企业的发展状况及银企关系等方面的内容。金融生态环境是依照仿生学原理来发展建立金融体系的良性运作发展模式[①]。

二、金融生态环境建设的现实意义

精准扶贫离不开金融的支持，而金融精准扶贫的有效开展则需要良好的金融生态环境作为支撑，同时为不断改善金融生态环境提供新动力。构建良好的金融生态环境，对贫困地区经济的持续健康发展，并取得脱贫攻坚战的最后胜利，具有重要的促进作用。

一是金融生态环境建设能提高贫困地区金融服务水平。切实增加贫困地区

---

① 360百科，金融生态环境词条，https：//baike. so. com/doc/1184317 - 1252805. html。

金融服务供给，提高贫困地区金融服务水平的有效方式是加强贫困地区的软硬件建设和扩大覆盖面。硬件的关键在于金融网点的增加和合理布局，软件的关键在于支付条件的改善和便利程度的提高。金融网点是提供金融服务和产品的重要载体之一，更是金融机构向贫困地区增加金融资源供给的主要渠道，对金融精准扶贫工作具有重要意义。改善贫困地区支付服务环境，畅通贫困地区支付结算渠道，加速资金周转，对于推动贫困地区金融服务创新、促进城乡金融资源均等化、扩大贫困地区消费、提高贫困人口生活水平具有非常积极的作用①，是金融精准扶贫的有效途径。

二是金融生态环境建设能促进贫困地区信用体系发展。信用是市场经济的通行证。加强贫困地区信用体系建设，增强贫困地区各类经济主体的信用意识，建立信用档案，增强守信规范，惩戒失信行为，对贫困地区市场经济健康发展意义重大，对贫困地区扩大信用贷款规模有较好的推动作用，能有效解决贫困地区抵押担保品少、资质差的问题，在金融精准扶贫工作中具有重要地位。

三是金融生态环境建设能维护贫困地区金融公平正义。我国经济金融发展的不平衡，特别是贫困地区金融发展的滞后，已经严重损害了贫困地区金融的公平正义，成为实现精准扶贫、全面脱贫的障碍。加大贫困地区金融知识的宣传力度，加强金融消费者权益保护工作，对提升贫困地区金融消费者信心、维护金融安全与稳定、促进社会公平正义和社会和谐具有积极意义②。

三、金融生态环境建设相关政策

自扶贫开发工作进入"啃硬骨头、攻坚拔寨"的冲刺期以来，中共中央、国务院及各部委陆续出台了金融扶贫开发工作的相关政策文件，提出了金融生态环境建设的相关政策。

2014年出台的《关于全面做好扶贫开发金融服务工作的指导意见》，明确提出要优化金融生态环境；总体目标第四条提出金融服务水平明显提升，到2020年，具备商业可持续发展条件的贫困地区基本实现金融机构乡镇全覆盖

---

① 王均坦. 农村支付服务环境建设［J］. 中国金融，2015（10）：45－46.
② 《国务院办公厅关于加强金融消费者权益保护工作的指导意见》，国办发〔2015〕81号，2015年11月4日。

和金融服务行政村全覆盖，建成多层次、可持续的农村支付服务体系和完善的农村信用体系，贫困地区金融生态环境得到进一步优化；在重点工作中具体提出了优化金融机构网点布局，提高金融服务覆盖面、继续改善农村支付环境，提升金融服务便利度、加快推进农村信用体系建设，推广农村小额贷款、加大贫困地区金融知识宣传培训力度和加强贫困地区金融消费权益保护工作等措施。

2015 年出台的《中共中央　国务院关于打赢脱贫攻坚战的决定》第十九条指出，加大金融扶贫力度，要加强贫困地区金融服务基础设施建设，优化金融生态环境。

2016 年出台的《关于金融助推脱贫攻坚的实施意见》第三项提出，大力推进贫困地区普惠金融发展。从以下三方面优化金融生态环境：深化农村支付服务环境建设，推动支付服务进村入户；加强农村信用体系建设，促进信用与信贷联动；重视金融知识普及，强化贫困地区金融消费者权益保护。

2017 年出台的《关于金融支持深度贫困地区脱贫攻坚指导意见》第七条指出，要优先下沉深度贫困地区金融网点，更加贴近贫困农户需求；第八条指出要推进深度贫困地区信用体系建设，加大信用贷款投放力度；第十条指出要加强深度贫困地区金融生态环境建设，有效防范金融风险。

四、金融生态环境建设的主要内容

金融生态环境建设是一项长期的、复杂的系统工程，涉及金融运行的方方面面。鉴于金融精准扶贫工作的艰巨性和重要性，贫困地区原有金融生态环境的薄弱性等因素，金融精准扶贫过程中金融生态环境的构建与优化显得特别重要。近年来，金融生态环境建设政策主要从以下四个方面提出。

一是支付体系建设。支付是金融服务的重要内容，是金融服务的基础之一。金融生态环境建设离不开现代化支付服务体系的有力支撑。因此，要深化支付服务环境建设，提升支付服务水平。加快推进贫困地区支付服务基础设施建设，逐步扩展和延伸支付清算网络的辐射范围，支持贫困地区符合条件的农村信用社、村镇银行等银行业金融机构以经济、便捷的方式接入人民银行跨行支付系统，扩充农信银支付系统用户范围，构建城乡一体的支付结算网络。大力推广非现金支付工具，优化银行卡受理环境，提高使用率，稳妥推进网上支付、移动支付、二维码支付等新型电子支付方式。进一步深化银行卡助农取款和农民工银行卡特色服务，切实满足贫困地区农民各项支农补贴发放、小额取现、转账、余额查询、代理缴费等基本服务需求。支持贫困地区助农取款服务点与农村电商服务点相互依托建设，促进服务点资源高效利用。鼓励金融机构柜面业务合作，促进资源共享，加速城乡资金融通。积极引导金融机构和支付机构参与农村支付服务环境建设，扩大支付服务主体，提升服务水平，推动贫困地区农村支付服务环境改善工作向纵深推进。

二是信用体系建设。信用体系是一种社会机制，是为社会交往提供的一种确定结构。它借助各种与信用相关的社会力量，共同促进信用的完善和发展，制约和惩罚失信行为，防止混乱和任意行为的发生，从而保障社会秩序和市场经济正常地运行和发展。因此，完善的社会信用体系，可以为金融生态环境的健康、平衡发展提供保障①。加强贫困地区信用体系建设，促进信用与信贷联动，是解决贫困地区信贷困境、推动贫困地区信贷发展的有效手段，是金融精准扶贫的重要方面。深入开展"信用户""信用村""信用乡（镇）"以及"农村青年信用示范户"创建活动，不断提高贫困地区各类经济主体的信用意识，营造良好农村信用环境。稳步推进农户、家庭农场、农民合作社、农村企业等经济主体电子信用档案建设，多渠道整合社会信用信息，完善信用评价与共享机制。探索农户基础信用信息与建档立卡贫困户信息的共享和对接，完善金融信用信息基础数据库。促进信用体系建设与农户小额信贷有效结合，鼓励金融机构创新农户小额信用贷款运作模式，提高贫困地区低收入农户的申贷获得率，切实发挥农村信用体系在提升贫困地区农户信用等级、降低金融机构支农成本和风险、增强农村经济活力等方面的重要作用。积极探索多元化贷款担保方式和专属信贷产品，大力推进农村青年创业小额贷款和妇女小额担保贷款工作。

三是金融消费者权益保护。金融消费者是金融市场的重要参与者，也是金融生态环境的重要组成部分。金融精准扶贫的关键在人，主要是金融消费者。而贫困地区的金融消费者知识欠缺，合法权益保护困难，因此，应加强贫困地区的金融消费者权益保护工作。第一，加大贫困地区金融知识宣传培训力度。加强对贫困地区县以下农村信用社、邮储银行、新型农村金融机构及小额信贷

---

① 蔺忠田，信大伟. 改善社会信用环境　促进银行信贷良性发展［J］. 黑龙江金融，2002（7）：56.

组织的信贷业务骨干进行小额信贷业务和技术培训，提升金融服务水平。对贫困地区基层干部进行农村金融改革、小额信贷、农业保险、资本市场及合作经济等方面的宣传培训，提高运用金融杠杆发展贫困地区经济的意识和能力。根据贫困地区金融消费者需求特点，有针对性地设计开展金融消费者教育活动，在贫困地区深入实施农村金融教育"金惠工程"，提高金融消费者的金融知识素养和风险责任意识。第二，加强贫困地区金融消费权益保护工作。严厉打击金融欺诈、非法集资、制售使用假币等非法金融活动，保障贫困地区金融消费者合法权益。加强对金融产品和服务的信息披露和风险提示，依法合规向贫困地区金融消费者提供服务。公平对待贫困地区金融消费者，严格执行国家关于金融服务收费的各项规定，切实提供人性化、便利化的金融服务。畅通消费者投诉的处理渠道，完善多元化纠纷调解机制，优化贫困地区金融消费者公平、公开共享现代金融服务的环境。

四是金融网点建设。金融业属于服务业，特别是在贫困地区和金融精准扶贫工作中，金融机构网点是第一服务窗口。然而，贫困地区金融网点偏少、金融基础设施薄弱、金融服务严重缺位的问题依然突出[1]，在一定程度上制约了金融精准扶贫工作的开展。因此，要加强贫困地区金融网点建设，提高金融服务覆盖面。积极支持和鼓励银行、证券、保险机构在贫困地区设立分支机构，进一步向社区、乡镇延伸服务网点。优先办理金融机构在贫困地区开设分支机构网点的申请。严格控制现有贫困地区网点撤并，推动金融机构网点服务升级。加大贫困地区新型农村金融机构组建工作力度，鼓励服务网络的延伸。

---

① 金国英. 浅析农村金融网点建设的问题及对策 [J]. 技术与市场, 2016 (3): 18.

第十章　财税政策

为加大财税对扶贫开发的支持力度，打好精准脱贫攻坚战，中央各部门积极出台相关政策，通过贴息、减税、担保、奖补等激励措施，充分发挥财税政策对金融资源的撬动作用，形成政策合力助推脱贫攻坚目标如期实现。

一、贴息政策

扶贫小额信贷贴息。2014 年 12 月，为完善扶贫贴息贷款政策和机制，推进扶贫小额信贷工作，国务院扶贫办等五部门联合出台《关于创新发展扶贫小额信贷的指导意见》，明确提出各地可统筹安排财政扶贫资金，对符合条件的贷款户给予贴息支持，贴息利率不超过贷款基础利率（上一年度贷款基础利率报价平均利率平均值），并向社会公开贴息资金使用情况和贴息资金扶持对象名单。2017 年 7 月，银监会等五部门联合出台《关于促进扶贫小额信贷健康发展的通知》，进一步明确提出扶贫小额信贷政策要点之一是"财政贴息"。加强对扶贫小额信贷和贴息对象的审查，在县乡村三级公告公示，防止非建档立卡贫困户"搭便车"。

助学贷款贴息。2004 年，国家助学贷款政策得到了进一步完善，明确借款学生在校期间的贷款利息全部由财政补贴。2007 年，为进一步健全普通高等学校家庭经济困难学生资助政策体系，更好地满足学生国家助学贷款需求，财政部等四部门联合出台《关于调整完善国家助学贷款相关政策措施的通知》，提出财政部要足额安排并及时拨付国家助学贷款贴息资金，同时进一步细化国家助学贷款资助比例。

创业担保贷款贴息。根据《国务院关于进一步做好新形势下就业创业工作的意见》精神，小额担保贷款政策调整为创业担保贷款政策。2016 年 7 月，人民银行等三部门联合出台《关于实施创业担保贷款支持创业就业工作的通知》，提出贷款对象范围调整扩大为含建档立卡贫困人口在内的 9 类，财政部门按规定贴息。同年 9 月，为加强普惠金融发展专项资金管理，提高财政资金使用效益，财政部印发《普惠金融发展专项资金管理办法》，提出对贫困地区符合条件的个人发放的创业担保贷款，财政部门给予全额贴息。但对展期、逾期的创业担保贷款，财政部门不予贴息。

易地扶贫搬迁贷款贴息。2016 年 3 月，人民银行等七部委联合印发《关于金融助推脱贫攻坚的实施意见》，提出支持国家开发银行、中国农业发展银行通过发行金融债筹措信贷资金，发放低成本、长期的易地扶贫搬迁贷款，中央财政给予 90% 的贷款贴息。

康复扶贫贷款贴息。2008 年，按照国务院确定的关于全面改革扶贫贷款管理体制的总体部署和要求，残联等四部门共同制定印发《关于康复扶贫贷款管理体制改革的通知》（残联发〔2008〕13 号），提出对发放到残疾人贫困户贷款按年利率 5%、对残疾人贫困户有带动的项目贷款按年利率 3% 的标准，财政给予全额贴息。2011 年，为贯彻落实《中国农村扶贫开发纲要（2011—2020 年）》和《中国残疾人事业"十二五"发展纲要》的要求，残联等四部门又联合印发《关于进一步完善康复扶贫贷款和贴息资金管理有关政策的通知》，提出自 2011 年开始，中央财政在贴息期内，项目贷款按年利率 3% 给予贴息调整为按年利率 5% 给予贴息；到户贷款按年利率 5% 给予贴息调整为按年利率 7% 给予贴息。2016 年，四部门再次联合下发《关于加强康复扶贫贷款、扶贫小额信贷和财政贴息工作的通知》，提出继续执行康复扶贫贷款财政贴息政策，用于到户贷款的财政贴息资金比例应占财政贴息资金总量的 50%以上。随后，残联等 26 个部门制定《关于印发〈贫困残疾人脱贫攻坚行动计划（2016—2020 年）〉的通知》，提出进一步加大对康复扶贫贷款贴息支持力度。

二、税收优惠政策

农户小额贷款利息收入和保费收入税收优惠。为继续支持农村金融发展，解决贫困地区和贫困农户贷款难问题，2010 年，财政部、国家税务总局联合发布《关于农村金融有关税收政策的通知》（财税〔2010〕4 号），对金融机构农户小额贷款利息收入和保险公司保费收入的税收优惠政策进行了规定，政策有效期 3 年，即自 2009 年 1 月 1 日至 2013 年 12 月 31 日。随着政策到期，两部门又联合发布《关于延续并完善支持农村金融发展有关税收政策的通知》

（财税〔2014〕102 号）及《关于延续支持农村金融发展有关税收政策的通知》（财税〔2017〕44 号），将上述优惠政策延续执行三年又三年。优惠政策主要包含以下几方面：一是自 2014 年 1 月 1 日至 2016 年 12 月 31 日，对金融机构农户小额贷款的利息收入，免征营业税。二是自 2014 年 1 月 1 日至 2016 年 12 月 31 日，对金融机构农户小额贷款的利息收入，在计算应纳税所得额时，按 90% 计入收入总额。三是自 2014 年 1 月 1 日至 2016 年 12 月 31 日，对保险公司为种植业、养殖业提供保险业务取得的保费收入，在计算应纳税所得额时，按 90% 计入收入总额。四是农村金融机构农户小额贷款利息收入自 2017 年初至今已缴部分增值税的，可抵减纳税人以后月份应缴纳的增值税或予以退还。

中国扶贫基金会小额信贷试点项目税收优惠。2015 年，财政部和国家税务总局印发《关于中国扶贫基金会小额信贷试点项目继续参照执行农村金融有关税收政策的通知》（财税〔2015〕12 号），提出中国扶贫基金会下属的小额信贷试点项目参照执行农村金融有关税收优惠政策。

农业信贷担保公司税收优惠。2017 年 5 月，为有效破解农业融资难、融资贵问题，引导推动金融资本投入农业，财政部等三部门联合印发《关于做好全国农业信贷担保工作的通知》（财农〔2017〕40 号），提出"符合条件的农业信贷担保公司从农业中小企业信用担保或再担保业务取得的收入，按现行规定享受中小企业信用担保机构免征增值税政策。符合条件的农业信贷担保机构实施所得税税前扣除政策"。

小微企业融资税收优惠。为进一步加大对小微企业的支持力度，推动缓解融资难、融资贵，财政部和国家税务总局于 2017 年印发《关于支持小微企业融资有关税收政策的通知》（财税〔2017〕77 号），提出"一是自 2017 年 12 月 1 日至 2019 年 12 月 31 日，对金融机构向农户、小型企业、微型企业及个体工商户发放小额贷款取得的利息收入，免征增值税。二是自 2018 年 1 月 1 日至 2020 年 12 月 31 日，对金融机构与小型企业、微型企业签订的借款合同免征印花税"。

三、风险补偿与分担政策

扶贫小额信贷方面。2014 年，国务院扶贫办等五部门印发《关于创新发展扶贫小额信贷的指导意见》，提出有条件的地方可根据实际情况安排资金，用于补偿扶贫小额信贷发生的坏账损失。支持推广扶贫小额信贷保险，鼓励贷款户积极购买，分散贷款风险。2016 年，人民银行等七部委发布《关于金融助推脱贫攻坚的实施意见》，提出建立健全贫困地区融资风险分担和补偿机制，支持有条件的地方设立扶贫贷款风险补偿基金和担保基金，专项用于建档立卡贫困户贷款以及带动贫困人口就业的各类扶贫经济组织贷款风险补偿。2017 年，银监会等五部委印发《关于促进扶贫小额信贷健康发展的通知》，提出各地财政和扶贫部门要积极推动建立和完善风险补偿和分担机制。风险补偿金要按规定及时拨付到位、专款专存、专款专用、封闭运行。科学合理确定风险补偿金放大贷款倍数，明确政府与银行业金融机构风险分担比例，不得将风险补偿金混同为担保金使用。

康复扶贫贷款方面。2016 年，为进一步加大对农村贫困残疾人金融信贷和财政贴息的扶持，引导金融机构共同做好康复扶贫贷款工作，根据残联等四部委《关于加强康复扶贫贷款、扶贫小额信贷和财政贴息工作的通知》的政策精神，要求地方残联部门推动建立健全康复扶贫贷款风险分担机制，有条件的地方可自筹资金开展建立农村残疾人小额贷款担保基金的试点及为残疾人贷款户购买扶贫小额信贷保险。

四、奖补政策

2016 年，为贯彻落实《推进普惠金融发展规划（2016—2020 年）》（国发〔2015〕74 号）精神，财政部印发《普惠金融发展专项资金管理办法》，实施多项奖补激励措施，引导金融机构加大对贫困地区的支持力度。一是县域金融机构涉农贷款增量奖励政策。对符合条件的县域金融机构当年涉农贷款平均余额同比增长超过 13% 的部分，财政部门可按照不超过 2% 的比例给予奖励。但对年末不良贷款率高于 3% 且同比上升的县域金融机构，不予奖励。二是农村金融机构定向费用补贴政策。对符合条件的新型农村金融机构，财政部门可按照不超过其当年贷款平均余额的 2% 给予补贴；对西部基础金融服务薄弱地区的银行业金融机构（网点），财政部门可按照不超过其当年贷款平均余额的 2% 给予补贴。三是创业担保贷款奖补政策。对创业担保工作成效突出的单位按各地当年新发放创业担保贷款总额的 1% 进行奖励。

五、信贷担保政策

2017 年，为有效破解农业融资难、融资贵问题，引导推动金融资本投入农业，财政部等三部门联合印发《关于做好全国农业信贷担保工作的通知》，引导贫困地区做好农业信贷担保工作，缓解农业产业扶贫的担保难、增信难问题。一是担保费用补助政策。各省可在省级农担公司按照市场化运营成本费用确定的担保费率基础上，给予符合"双控"标准的政策性业务适当的担保费用补助。原则上对粮食适度规模经营主体的担保费率补助不超过2%，对其他符合条件的主体不超过1.5%（符合条件的扶贫项目不超过2%）。二是担保业务奖补政策。各省根据财力情况，可在综合考量省级农担公司政策性担保业务余额、担保资本金放大倍数、单笔担保额度、风险管控等指标基础上，结合其是否违反相关政策性要求的扣分处罚因素，制定担保业务奖补办法，对满足一定条件的省级农担公司给予一定比例的奖补。

下篇
金融精准扶贫实践和经验

辽宁省金融精准扶贫实践经验

——多措并举 打赢脱贫攻坚战

消除贫困、促进社会可持续发展是当今世界各国面临的主要问题之一。2015 年，党中央、国务院作出实施"精准扶贫"、打赢脱贫攻坚战的决定，辽宁省以习近平总书记关于扶贫开发的战略思想为指导，着力构建专项扶贫、行业扶贫、社会扶贫"三位一体"的精准扶贫格局，为确保全省国家标准贫困人口到 2020 年如期脱贫提供了坚实保障。扶贫的根本目的在于提高贫困人口的经济活动能力，从而提高其生活水平和质量。其中，金融的参与和支持尤其重要。两年来，辽宁省因地制宜、积极创新，在金融扶贫方面开展了大量探索，取得了一定成效，也积累了一些经验，获得了一些启示。

一、辽宁省扶贫开发的总体情况

辽宁省贫困地区主要集中在辽西北地区和辽东深山区。现有 15 个省级扶贫开发工作重点县（朝阳、建平、喀左、凌源、北票、建昌、义县、阜新、彰武、康平、岫岩、桓仁、新宾、清原、西丰），占全省 44 个农业县（市、区）的 34.1%。2015 年末，辽宁省共有贫困村 1791 个，占行政村总数的15.4%；精准识别后的建档立卡贫困人口 81 万人，占全省农村人口的 3.5%。其中，有劳动能力的 44.9 万人，占全部建档立卡贫困人口的 55.2%。

2015 年中央扶贫开发工作会议以来，辽宁省持续推进扶贫攻坚工作，取得了明显成效：一是贫困人口大幅减少。全省贫困人口由 81 万人下降到 24 万人，贫困发生率下降到 1%。二是贫困地区条件明显改善。全省贫困村由 1791个减少到 663 个，贫困县由 15 个减少到 11 个。省内贫困地区基本上实现了公路、电力、电话、广播电视的村村通，新农合参合率达到 100%，九年制义务教育实现全覆盖。三是扶贫投入大幅增加。截至 2018 年 9 月末，辽宁省精准扶贫贷款余额 174.0 亿元，当年累计发放 61.8 亿元。

二、辽宁省金融扶贫的实践

在我国精准扶贫模式下，对于丧失劳动能力的贫困人口，采用社保兜底的扶贫方式。而金融扶贫的主要任务就是扶持具有劳动能力的贫困人口生产和就业。《中共中央　国务院关于打赢脱贫攻坚战的决定》提出了发展特色产业脱贫、引导劳务输出脱贫、实施易地搬迁脱贫、结合生态保护脱贫、着力加强教育脱贫、开展医疗保险和医疗救助脱贫、实行农村最低生活保障制度兜底脱贫、探索资产收益扶贫等扶贫方式。《中国人民银行　国家发展改革委　财政部　银监会　证监会　保监会　扶贫办关于金融助推脱贫攻坚的实施意见》下发后，辽宁省结合本地实际，进一步细化和丰富了精准扶贫的支持措施，制定了《辽宁省金融助推脱贫攻坚的实施意见》。随后，省内各银行业金融机构加大对贫困地区特色产业、基础建设领域的金融资源投入力度，各地市也因地制宜地探索和开发了多种金融扶贫方式。

（一）基础设施建设扶贫

基础设施短板是制约贫困地区经济发展的瓶颈。金融支持贫困地区的重大基础设施项目建设，能够改善贫困地区经济发展条件和投资环境，进而间接地带动脱贫。截至 2018 年 9 月末，辽宁省农村基础设施贷款 42.7 亿元。其中，国家开发银行承担了主要任务，2017 年和 2018 年，国家开发银行辽宁省分行累计发放基础设施扶贫贷款 14.95 亿元，支持了辽宁省北票地区的农村村组扶贫路项目和康平辛屯风电场工程项目。

（二）产业扶贫

产业扶贫是目前最有效的减贫手段，具有带动力强、辐射面广、成长性及稳定性好等特点。产业扶贫是以支持贫困地区产业加快发展为根本，通过重点支持贫困地区的主导产业，加快贫困地区经济发展，从而带动贫困户脱贫。这种支持龙头企业作为扶贫开发凝聚点的新模式，既规避了政府扶贫的弱点，又能体现出市场元素的积极作用。

一是基于产业链带动的模式。这种模式下，金融机构以订单农业为基础，依托产业链中实力最强的龙头企业信用，向与龙头企业签署农产品收购协议的贫困户以及龙头企业提供金融支持。在辽宁省的金融扶贫实践中主要表现为"金融＋公司＋贫困户""金融＋合作社＋贫困户""金融＋公司＋合作社＋贫困户"等模式。人民银行葫芦岛市中心支行明确兴城农村商业银行为主办行，对其专门投放 3000 万元支农再贷款，支持其精准对接葫芦岛玄宇食用菌公司建设扶贫生产基地，通过吸收贫困户劳动力、贫困户补助金入股、免费提供菌种并回收等方式带动贫困户脱贫。目前，共支持建设生产基地 4 个、温室大棚 178 个，带动贫困户 344 余户，实现户均纯收入 3.2 万元。

2016 年 3 月，人民银行印发《关于开办扶贫再贷款业务的通知》（银发〔2016〕91 号），决定设立扶贫再贷款。辽宁省结合辖内实际，制定印发了《中国人民银行沈阳分行扶贫再贷款管理操作规程》（沈银发〔2016〕179 号），进一步规范了扶贫再贷款在辽宁省的使用和管理。截至 2018 年 9 月末，辽宁省扶贫再贷款余额 6.7 亿元，当年发放贷款 1.8 亿元。自扶贫再贷款业务开展以来共发放贷款 21.2 亿元。已有 12 个省级贫困县的 16 家地方法人金融机构借用扶贫再贷款，为地方法人金融机构助力脱贫攻坚提供了低成本的资金，有效支持了产业脱贫和带动建档立卡贫困户脱贫。如人民银行葫芦岛市中心支行建立"扶贫基地 + 主办行 + 扶贫再贷款 + 贫困户"精准扶贫模式，指导建昌恒昌村镇银行作为主办行，为当地产业扶贫基地的企业提供信贷支持，通过产业带动当地贫困人口脱贫致富。

二是吸收、带动就业的模式。它是通过金融机构支持家庭农场及农业专业大户、农民专业合作社、农业产业化龙头企业等农村经济主体发展，并由农村经济主体负责吸收建档立卡贫困人口就业脱贫的模式。朝阳市创新发展了"扶贫再贷款 + 企业 + 吸收就业、技能培训 + 贫困户"的扶贫模式：金融机构以扶贫再贷款资金为来源，以基准利率发放贷款给企业；扶贫部门向企业推荐达到其用工要求的建档立卡贫困人口；企业通过吸收建档立卡贫困户就业、开展技能培训等帮助其提高就业能力、实现脱贫。截至 2018 年 9 月末，朝阳市相关企业为建档立卡贫困户开展培训 1085 人次，提供就业机会 1885 个，帮助 1599 户建档立卡贫困户实现劳动创收 319 万元，户均增收 1995 元。

三是扶贫车间模式。这种模式本质是一种特殊的吸收、带动就业模式，适用于解决居住较为集中、有劳动能力但无法外出生产就业的贫困户的就业问题。2017 年，葫芦岛兴城市碱厂乡碱厂村贷款 30 万元扩建了心连心制衣有限公司，生产工人增加到 150 人，其中 45 户为建档立卡贫困户，人均年收入达到 3 万元以上，公司实现利润 150 万元，建档立卡贫困户每年人均增收 2000 元，2018 年碱厂村实现整村脱贫。目前，兴城市乡村泳装企业已达到 10 家、在建企业 5 家，泳装企业全部投产后可解决 863 名贫困户就业，泳装产业脱贫车间模式成效显著，也得以在省级贫困县——建昌县迅速推广。目前，建昌县已在15个乡镇33个村开展36个扶贫车间项目，进行泳装服装加工，吸纳贫困人口406人，平均月收入近2000元。

（三）直接针对建档立卡贫困户的精准扶贫模式

对于具备自主劳动创业能力，通过金融支持可以脱贫的贫困户，辽宁省广泛采用"小额扶贫信贷＋政府增信"的模式，支持其从事农业生产创收实现脱贫。锦州市出资2500万元设立了"政府增信农业融资风险补偿基金"，撬动银行业金融机构提高贷款投放额度。截至2018年9月末，农行锦州市分行累计投放"金穗扶贫惠农贷款"568笔，金额17066万元，覆盖政府增信风险金率达到3.4倍，带动建档立卡贫困户增收达3400人。

此外，随着"两权"抵押贷款试点工作不断推进，土地流转信贷扶贫模式也逐渐成为金融扶贫的常见做法。2016年，丹东宽甸百丰村镇银行紧紧抓住农村承包土地经营权抵押贷款试点这一契机，创新"贫困户小额信用贷款＋土地流转抵押增信"模式，采取承包土地流转抵押、自留山抵押的方式，为贫困户小额信用贷款提供增信。截至2018年9月末，该行通过这一模式累计发放扶贫贷款385万元，惠及贫困户128户。由于有自留山和承包土地抵押增信，贷款无一例不良，既实现了金融精准扶贫的目标，又保障了银行信贷资金安全。如宽甸红石镇上蒿村贫困户邓玉海，将其20亩自留山作为抵押，向百丰村镇银行申请贷款1万元，建起一座标准化大棚种植香菇，实现年收入4万元，当年即还清贷款和其他外债，实现脱贫。

（四）其他扶贫方式

一是教育扶贫。主要是通过发放助学贷款支持贫困大学生就学，目前承担此任务的主要是国家开发银行。截至2018年末，国家开发银行辽宁省分行发放助学贷款2.35亿元，其中面向建档立卡贫困户发放2238万元。

二是医疗保险和医疗救助脱贫。农行辽宁省分行创新新农合大病救助模式，解决农民看病筹资难的问题。主要做法是为新农合定点合作医院刷单位贷记卡透支，然后由当地新农合办与医院进行结算，用可报销部分资金来偿还医院的贷记卡透支。截至2018年9月末，共垫付医疗费用1169万元，惠及辽宁省12个市共1611人。

三是资产收益扶贫。具体做法是将贫困户获得的财政补贴资金、拥有的土地和集体资产等以资本形式投入企业、合作社等经营性组织，使贫困户能够作为股东获得股息，以增加其财产性收入。这种模式适用于丧失劳动能力或劳动能力不足的贫困户以个人资产获取资本收益实现脱贫。

四是电商扶贫。阜新蒙古族自治县大巴镇车新村是阜新市 197 个贫困村之一。全村共有建档立卡贫困户 34 户、贫困人口 100 余人。该村以社员入股方式成立了阜新致信农产品电子商务专业合作社，注册资金 180 万元。通过加强贫困地区农产品互联网销售平台建设，打通脱贫攻坚"最后一公里"，为贫困地区农副产品流通拓展了渠道。目前该村已经脱贫摘帽。

五是保险扶贫。保险在金融扶贫中主要起着风险保障和经济补偿的作用，能够提高贫困人口的抗风险能力，解决因意外事故、因病致贫返贫问题。辽宁省扶贫办与中国人保财险和中国人寿保险公司协定协议，为全省建档立卡贫困人口分批次购买补充商业保险，涵盖自然灾害救助、意外事故救助和医疗救助保险。该保障项目已覆盖全省超过四分之一的建档立卡贫困人口。

三、存在的问题

从辽宁省的金融扶贫实践来看，各种金融扶贫模式已经取得了一定的成效，使金融成为整个脱贫攻坚战中的一支重要力量。但在现实中仍然存在种种制约金融扶贫效果的因素，应在实践中积极消除这些影响。

（一）建档立卡贫困户的信用不足，从供给和需求两方面制约了金融扶贫的效果

一方面，由于种种历史原因，辽宁省金融机构的存量扶贫类贷款中，形成了大量不良贷款，影响了金融机构参与脱贫攻坚战的积极性，导致建档立卡贫困户难以得到有效的金融扶持。以阜新市彰武县农信社为例，截至 2018 年 9 月末，建档立卡贫困户存量贷款余额 23322 万元，不良率高达 57%；存量不良涉及 4439 人，占全县建档立卡贫困人口总数的 22%。同时，建档立卡贫困户陈欠贷款本息包袱沉重，也降低了贫困群体的生产发展意愿，丧失了信用再造功能。仍以阜新市彰武县农信社为例，其存量扶贫贷款执行利率普遍为11.8%，加上超期加罚，利率高达 17.8%。这种情况下，贫困户普遍的心态是不愿贷，也不敢贷。

（二）"准贫困人口"缺乏金融支持手段

目前，我国现行农村贫困标准为年人均纯收入低于 2800 元，辽宁省根据自身实际，将扶贫标准提高至 3100 元。但贫困是一个相对的概念，对于处于

收入水平略高于扶贫标准边缘地带的"准贫困人口"来说，其生活质量并未实质高于贫困人口，却未被列入建档立卡人员，在对扶贫对象实施精确识别、精确帮扶、精确管理的精准扶贫模式下，难以得到金融支持。以朝阳市为例，该市年人均纯收入低于3442元的建档立卡贫困户约6.2万人，而人均纯收入在3442~3800元、未被列入建档立卡贫困人口的"准贫困人口"共计约5.2万人。

（三）金融服务供给有限，普惠金融体系欠缺

通过调查发现，贫困地区金融基础设施有限，难以满足贫困户人多、分布广的金融需求。以建昌县为例，其辖内银行业金融机构共9家，其中仅建昌联社、农业银行、邮储银行3家银行业金融机构在各乡镇本街村设有营业网点，而各贫困村均无营业网点。葫芦岛建昌县辖内ATM每万人拥有量为1.58台，辖内POS机每万人拥有量为63.79台，大幅低于全国平均水平。

四、下一步工作打算

做好金融扶贫工作是打赢脱贫攻坚战的重要保证，需要成熟的模式、完善的长效机制作为支撑。从辽宁省的经验来看，下一步既要立足现有的模式机制，为短期内打赢脱贫攻坚战提供市场化的充足动力，更要面向未来，通过各方努力，着力构建有利于金融扶贫的稳固制度基础。

（一）重新构建信用链条，盘活存量贷款

针对建档立卡贫困户陈欠贷款无法偿还造成的信用不足问题，建议通过整合各方资源构建"央行工具变量—银行信贷供给—带头人信用担保—政府信用补充"的信用传导机制，来盘活扶贫存量贷款。一是通过"扶贫再贷款 +主办行"的方式，向农村信用社发放扶贫再贷款，提供大额、低息的信用基础。二是农村信用社对于有发展意愿、有存量不良、有资金需求的建档立卡贫困户，免除部分或全部欠息，同时将原不良贷款上迁至正常类贷款核算。三是采取"扶贫再贷款 +致富带头人 +建档立卡贫困户"的资金使用方式，重构建档立卡贫困户与金融机构之间的信用链条。四是政府机构对于金融机构发放的扶贫贷款给予利率补贴，提高金融扶贫的可持续性。

（二）兼顾处于边缘地带的贫困人口，拓宽金融支持范围

"贫困"既是一个相对概念，也是一个动态概念，扶贫标准也将随着经济、社会的发展而不断调整和提高。因此，一方面，应密切关注国家和地方的

贫困标准动态调整情况，并据此适时调整精准扶贫对象；另一方面，应加强研究分析，在"精准扶贫"之外，拓宽金融扶贫政策支持范围，将"准贫困人口"视同精准扶贫对象，充分考虑其金融需求，为其提供相应的金融服务。

（三）加强金融基础设施建设，完善普惠金融组织体系

一是加强贫困地区金融服务渠道和能力建设，加大金融基础设施投入。适量增加贫困地区营业网点、助农取款服务点，提高 ATM 与 POS 机覆盖率，发挥"物理网点＋电子银行＋代理渠道"优势，进一步延伸服务网络，扩大金融服务覆盖面，让贫困地区农户享受"足不出村"的金融基础服务。二是建立和完善分层次、广覆盖、高效率的普惠金融组织体系。鼓励发展贴近市场的微观经济主体的小微金融机构，建立大中小型金融机构并存的普惠金融体系。放宽贫困地区金融准入门槛，在加强监管的前提下，支持有条件的民间资本在贫困地区设立小微金融机构，促进市场竞争，增加金融供给。

江苏省金融精准扶贫实践经验

——突出精准 协调联动
多方推进江苏省金融扶贫工作

为深入贯彻落实党中央、国务院精准扶贫、精准脱贫工作部署，坚决打赢脱贫攻坚战，人民银行南京分行带领全省金融部门精准对接江苏扶贫实际，积极通过构建金融扶贫工作机制、完善扶贫政策体系、落实金融扶贫职能、精准对接多元化金融扶贫需求等多种方式和途径，全力助推江苏脱贫致富奔小康工程的顺利实施。

一、江苏省扶贫开发工作总体情况

江苏省地处东部沿海，经济相对发达，扶贫开发工作一直走在全国前列，到 2015 年底，全省 411 万农村低收入人口整体实现 4000 元脱贫目标，成为东部地区率先基本消除绝对贫困的省份之一。但江苏省内区域发展不平衡，尤其是苏北地区和部分革命老区经济发展水平相对落后，还存在着一定数量的低收入人口。为消除贫困、改善民生，实现共同富裕，江苏省委省政府按照"减少相对贫困、缩小收入差距、促进共同富裕"的目标定位，制定了《江苏省"十三五"农村扶贫开发规划》（苏政办发〔2016〕143 号），提出江苏省"十三五"期间扶贫开发工作以人均年收入 6000 元为标准，主要帮扶对象为全省乡村 6% 左右的低收入人口、6% 左右的经济薄弱村、苏北 6 个重点片区和黄桥革命老区，涉及农村低收入人口近 300 万人。为此，全省金融部门结合江苏新一轮扶贫工作标准，全力谋划，重点对接苏北 6 个重点片区和黄桥茅山革命老区建档立卡低收入人口的金融需求。

二、江苏省金融精准扶贫工作的主要举措和成效

（一）多方共建金融精准扶贫工作机制
一是强化组织领导。省级层面，江苏省建立了由人民银行南京分行、省金

融办、发展改革委、财政厅、银保监局、证监局、扶贫办等部门组成的全省金融扶贫工作推进小组，小组办公室设在人民银行南京分行，负责全国金融扶贫政策的贯彻落实和江苏省金融扶贫政策的研究制定。市、县层面，苏北经济薄弱地区和黄桥茅山革命老区所在市、县人民银行分支机构切实发挥牵头作用，联合扶贫、财政、发展改革以及地方金融办和银保监局等部门，成立市、县级金融扶贫工作领导小组，负责落实各项金融扶贫政策，形成了省、市、县三级联动格局。

二是强化部门协作。金融扶贫工作推进小组成员单位之间积极协调沟通，共享扶贫基础信息，建立了领导协作、信息共享、政策联动和区域合作等四项机制，共同推进全省金融助推脱贫致富奔小康工作的深入开展。各市、县金融扶贫工作推进小组还不定期开展难题集中会办活动，对金融扶贫过程中遇到的难点问题通过集中会办方式予以解决。2015 年以来，省、市、县共开展近百次金融扶贫难题集中会办活动，涉及融资需求对接、金融扶贫财政撬动、农村产权交易、金融扶贫产品创新等多方面内容。

三是强化定点帮扶。早在 1992 年，江苏省全面推进省级机关、部省属企业、高校科研院所、苏南县（市、区）与苏北经济薄弱县（市、区）"五方挂钩"帮扶机制。人民银行南京分行机关作为省帮扶协调小组成员单位，2015年以来，先后遴选出 2 名优秀干部赴省内经济薄弱县薄弱村进行驻村帮扶，累计无偿拨付资金 220 万元和 10 万元特殊党费进行对口帮扶。省级银行业金融机构也积极参与，从人力、物力、财力方面予以支持。以江苏银行为例，2015年以来，该行在党费中列支 3000 万元，共援建苏北 5 市 50 个经济薄弱村党支部，并派驻业务骨干驻村定点帮扶。积极开展"滴水·筑梦工程"，2015 年以来累计列支了 480 万元，资助 12 个省重点帮扶县（区）建档立卡低收入家庭1200 名贫困生，帮助其完成非义务教育高中阶段学业。

（二）不断完善金融扶贫政策体系

一是出台精准扶贫相关政策。2016 年初，人民银行南京分行联合省扶贫办、财政厅等八部门制定了《关于金融助推脱贫致富奔小康的实施意见》（南银发〔2016〕55 号），结合江苏省脱贫致富奔小康的工作实际，通过建立金融扶贫主办行制度、加强普惠金融建设等六个方面十九条具体措施，着力加大对经济薄弱地区和低收入农户的金融支持力度。江苏保监局联合省扶贫办出台了《江苏省保险业助推脱贫致富奔小康工程实施方案》（苏保监发〔2016〕53

号），促进保险行业精准对接经济薄弱地区金融需求，以特惠产品为突破，力争实现全省农村人口生产生活得到现代保险全方位保障。江苏省扶贫办联合财政厅等部门印发了《关于进一步调整完善我省"十三五"扶贫小额信贷政策有关事项的通知》（苏扶办〔2017〕35 号），对扶贫小额信贷政策进行进一步调整和规范。苏北地区和部分革命老区所在市、县也积极出台相关政策，增强金融服务的精准性和有效性。如人民银行宿迁市中心支行先后印发了《关于金融支持"三大片区"扶贫开发的指导意见》《宿迁市精准扶贫金融帮扶工作方案》，明确全市金融扶贫任务和工作重点。

二是制定精准扶贫工作规划。2016 年初，人民银行南京分行牵头制订了《江苏省金融扶贫工作计划》，对金融扶贫过程中的组织原则、目标定位、任务分工进行了明确，鼓励各地结合当地特色、因地制宜开展工作，重点做好建档立卡低收入人口的金融扶贫工作。苏北 6 个重点片区和黄桥茅山革命老区所在地人民银行也积极制定规划，如连云港市中心支行制定了"十三五"金融扶贫规划和目标任务，并对目标任务进行分解，明确责任人员，按月跟进重点任务落实情况，确保各项金融扶贫工作目标顺利完成。农业银行江苏省分行专门制订了《2016—2018 年金融扶贫工作实施方案》，建立扶贫专项考核评价机制，以省定 12 个重点帮扶县、6 个重点片区为帮扶重点，扎实推进金融扶贫工作。

三是加强货币信贷政策引导。人民银行南京分行先后出台了《关于金融支持宿迁发展实现更大突破的指导意见》（南银发〔2012〕66 号）、《关于金融支持淮安加快苏北重要中心城市建设的指导意见》（南银发〔2013〕1 号）和《关于金融支持盐城加快经济发展　大力推动金融生态建设的指导意见》（南银发〔2014〕137 号），着力引导银行业金融机构从扩大信贷投放、优化信贷结构、拓宽融资渠道、加强金融产品创新和完善金融基础设施建设等诸多方面加大对苏北全面小康建设的金融支持。2016 年，人民银行南京分行印发了《关于开展扶贫再贷款业务有关事宜的通知》（南银发〔2016〕63 号），对扶贫再贷款的额度、利率、期限等加以规范，执行比支农再贷款更加优惠的发放条件，并明确对苏北 22 个省级扶贫开发重点县由原来的支农再贷款全部改为发放扶贫再贷款，切实降低经济薄弱地区融资成本。截至 2018 年 9 月，江苏省累计发放扶贫再贷款 51.33 亿元。

（三）落实各类金融机构精准扶贫职能作用

一是明确农村商业银行金融扶贫主力军地位。地方农村商业银行具有基层网点多、覆盖面广的优势，一直发挥着金融扶贫主力军作用。2015 年以来，江苏省各地农村商业银行按照扶贫部门提供的《贷款备选农户名册》，深入到村到组，逐户到贫困户家中进行调查摸底，建立了包括建档立卡低收入人口家庭基本情况、劳动技能、资产构成、生产生活、就业状况、金融需求等内容的精准扶贫金融服务档案，实行"一户一档"。针对低收入人口的金融需求，严格按照"5 万元以下、3 年期以内、免担保免抵押、基准利率放贷、财政贴息、县建风险补偿金"的扶贫小额信贷政策，为苏北和黄桥茅山革命老区经济薄弱地区脱贫致富奔小康提供资金支持。2005 年初至 2018 年 9 月末，江苏省共有 27 家农商行参与扶贫小额信贷发放工作，累计向 300 多万低收入农户投放扶贫小额信贷 340 亿元，目前，正在受益低收入农户共计 18.6 万户。

二是发挥政策性金融和商业性金融互补优势。农发行江苏省分行借助政策性金融优势，结合自身业务特点，为扶贫贷款开通了绿色通道。印发《脱贫攻坚工作考核及奖励办法》，扶贫考核结果按 10% 纳入全年经营绩效考核，拿出 100 万元资金专项用于促进脱贫攻坚工作。该行与江苏省扶贫办还印发了《关于共建政策性金融扶贫示范点及做好首批支持项目的通知》，重点选择经济效益和社会效益显著、可复制、具实效的经济薄弱地区的迁村腾地项目。截至 2018 年 9 月末，该行在全省已投放项目 9 个，金额 41.6 亿元，带动低收入人口 7.2 万人。农业银行江苏省分行作为传统的涉农商业银行，先后创新推出了"金融＋新型农业经营主体＋贫困户""金融＋特色产业＋贫困户""金融＋民生及基础设施＋贫困户"等多种带动型金融扶贫服务模式。截至 2018 年 9 月末，该行精准扶贫贷款余额达 131.43 亿元，比 2015 年末增加 42.74 亿元，累计带动 37450 户建档立卡贫困人口脱贫。

三是强化新型农村金融组织扶贫功能定位。农村小额贷款公司作为农村金融体系的重要组成部分，对扩大农村金融供给、支持农业经营主体带动低收入人口脱贫致富发挥了积极作用。2017 年，江苏省金融办印发了《关于促进小额贷款公司持续健康发展的指导意见》（省金融办〔2017〕90 号），将金融扶贫纳入重点支持范围，鼓励全省小额贷款公司加大对能够带动建档立卡低收入农户脱贫致富新型农业经营主体的支持力度。截至 2018 年 9 月末，全省农村小额贷款公司 534 家，其中农贷公司 432 家，贷款余额 757.63 亿元，农贷余额 560.59 亿元，涉农贷款占比 97.3%，乡镇（涉农街道）覆盖面达到 60%以上。

（四）精准对接脱贫致富奔小康多元化融资需求

一是深入推进"两权"抵押贷款试点。人民银行南京分行紧抓"两权"抵押贷款试点契机，有效盘活农村"沉睡"资产，充分满足新型农业经营主体和农户的生产、创业、经营以及消费等综合融资需求，推动低收入人口脱贫致富。截至 2018 年 9 月末，江苏省"两权"抵押贷款余额 42.2 亿元，同比增长 129%。其中，10 个农村承包土地经营权抵押贷款试点地区贷款余额 36.78 亿元，同比增长 159%。3 个农民住房财产权抵押贷款试点地区贷款余额 5.43 亿元，同比增长 90%。

二是加大对新型农业经营主体的金融支持，充分发挥其扶贫带动作用。省农发行、农行、邮储银行和省农联社认真贯彻《中国人民银行关于做好家庭农场等新型农业经营主体金融服务的指导意见》（银发〔2014〕42 号），切实落实主办行制度，坚持"一把手"亲自抓，实行县支行（县联社）行长（主任）负责制，及时向家庭农场、专业大户、农民合作社、产业化龙头企业等新型农业经营主体提供"一对一"服务，通过金融与新型农业经营主体及低收入人口合作的方式，充分发挥各类新型农业经营主体扶贫带动作用。截至 2018 年 9 月末，全省共有各类新型农业经营主体有贷户 7.2 万户，贷款余额 738.1 亿元。

三是精准对接低收入人口创业和求学需求，增强其自我发展能力。人民银行南京分行联合江苏省财政厅和人社厅制定了《江苏省创业担保贷款实施办法（试行）》，支持经济薄弱地区符合条件的重点群体和低收入人口创业就业。深入落实国家助学贷款政策，解决经济困难家庭学生就学资金需求。截至 2018 年 9 月末，全省创业担保贷款余额 28.46 亿元，开办以来累计发放创业担保贷款 170.65 亿元。

四是积极拓宽经济薄弱地区融资渠道。加大对经济薄弱地区企业的上市辅导培育和孵化力度，帮助更多企业通过创业板、全国中小企业股份转让系统、区域股权交易市场进行股权转让和融资。与此同时，鼓励和支持经济薄弱地区符合条件的企业发行短期融资券、中期票据、项目收益票据等债务融资工具。2015 年初至 2018 年 9 月末，苏北地区累计发行各类债务融资工具 3690 亿元，有效带动经济薄弱地区脱贫致富。

（五）创新发展精准扶贫保险产品和服务

一是聚焦农业保险供给侧结构性改革。持续推动农险扩面提标增品，为促进地方特色农业发展、服务农业现代化、支持产业扶贫工作提供了有力的保障。2018年1－9月，全省农业保险保费收入26.54亿元，提供风险保障648.55亿元；险种结构不断优化，涉及高效农业的保费收入12.65亿元、风险保额288.27亿元，为促进经济薄弱、贫困人口集中地区特色农业发展，服务农业现代化，支持产业扶贫提供了有力的保障。同时，积极落实贫困人口倾斜照顾政策。2015年以来，累计对建档立卡贫困人口大病保险赔付11.05万人次，赔付总金额7585.4万元，单人最高赔付金额35.5万元。

二是支农融资助力扶贫产业发展。2018年，继续以"政银保"贷款保证保险业务为切入点服务江苏"三农"。截至2018年9月末，共为13家地市的438名农户提供涉农贷款保证保险8694万元。"险资直投"支农融资业务在江苏落地生根，截至2018年第三季度，共在镇江、连云港两地的5个县区为16户农户和6家农企提供融资支持4585万元。

三是创新保险扶贫新做法。开办扶贫补充医疗保险，承保范围覆盖全省28个县（市）927万人，1.61万名贫困群众从中获益，累计赔付3682万元；人保、国寿江苏省分公司与慈善总会共同开展"慈善精准扶贫"项目，慈善扶贫捐款用于苏北六大扶贫重点片区13个县（区）49个乡镇成年低收入人群的自费医疗费用保障，保障人数达24万人，重点解决因病致贫返贫的问题。人保财险江苏宿迁泗洪县"扶贫100"项目获评首届"全国保险业助推脱贫攻坚十大典型"，并入选中国保险行业协会编撰的《保险业助推脱贫攻坚优秀实践成果集》。

（六）增强经济薄弱地区金融基础设施服务功能

一是加强助农取款服务建设。在人民银行南京分行推动下，辖内金融机构不断加大农村地区ATM布放和自助银亭、自助银行建设力度，扩大POS机在农村超市、农资店等的覆盖面。同时，加快助农取款服务点的升级改造，推动收单机构将取款服务点每日取款限额由1000元扩大至2000元，并结合经济薄弱地区实际，增加移动话费、电费、水费等公共事业费代收代缴功能。截至2018年9月末，全省已开通银行卡助农取款服务点33420个，建立农村金融综合服务站12682家，提前实现了全省无银行网点行政村全覆盖的目标。

二是加快推进经济薄弱地区非现金支付结算试点。盐城市开展了粮食收购非现金结算业务试点，商业银行、银联商务、粮食购销公司等单位依托人民银行集中代收代付系统，利用第三方支付移动付款终端，实现粮油收购从收购方到农户的无缝对接。宿迁市采用"银联商务＋粮食收购企业＋粮食经纪人（农户）"的操作模式，也实现了经纪人（农户）当场通过电子支付收款，并可通过手机短信查询到账情况，大大提高了粮食收购非现金结算水平。

三是加大建档立卡低收入农户信用信息采集和应用力度。2015年以来，人民银行南京分行致力于完善江苏省农村经济主体综合信息管理系统建设，将建档立卡低收入人口的基本信息和金融服务信息录入系统，并根据相关指标进行信用评价，作为银行机构为建档立卡户提供优惠信贷支持的参考。深入推进"信用户""信用村""信用乡镇"的评定与创建。进一步完善农村基层党组织、"驻村第一书记"、致富带头人、金融机构等多方参与的低收入农户信用等级评定制度，促进经济薄弱地区信用与信贷联动。截至2018年9月末，全省已有74个县区开展了农户系统建设工作，累计采集562万农户5611万条信用信息。

三、金融精准扶贫典型经验

（一）"金融＋电商"带动脱贫模式

徐州市地处陇海、京沪两大铁路干线交汇处，交通便利、物流畅通。近年来，徐州市积极发展电子商务产业，形成了马坡玻璃制品、房村乐器配件、茅村多肉植物等众多规模电商专业镇。为解决贫困人口缺乏致富手段、贫困地区资源匮乏问题，人民银行徐州市中心支行探索构建"金融＋电商"合作扶贫机制，围绕农村电商产业链发展特点，依托农村金融服务站点，采取"三层联动培育"模式，为农村电商产业链上不同层次的群体提供差异化、梯次化培育服务。第一层次为培育特色产业，重点为贫困群体教授产业技能。第二层次为培养网销技能。依托农村金融综合服务站建设农村电商网销中心，为农村金融综合服务站提供电商入门知识、网上代买卖技能、货物代收发服务等课程培训，并按服务站提供的电商服务笔数给予一定补贴。第三层次为推进融资服务。对于已经具备电子商务技能或已搭载电商平台的贫困群体，由金融机构及时跟进融资服务。"金融＋电商"扶贫模式注重引导低收入群体通过低成本、低门槛的电商项目增加经济收入，契合低收入群体的知识结构和经济基础，不仅改变了简单输血的"资金漫灌"式粗放扶贫模式，也有效提高了经济薄弱地区和建档立卡农户的自身造血功能。2015年以来，仅徐州市通过发展农村电商业务就促进6000多户低收入农户脱贫，间接带动就业6万多人，扶贫成效显著。

（二）泰州黄桥老区"洋宇模式"

洋宇生态农业有限公司（以下简称洋宇公司）是黄桥老区规模最大、设施最先进的生态循环龙头企业。依托该公司生猪养殖项目，人民银行泰兴市支行联合泰兴市委农工办创新推出了"政府＋龙头企业＋农户"的生猪寄养项目"洋宇模式"。该模式主要流程为：贫困户提出申请。有合作意向的低收入建档立卡贫困户与政府签订生猪寄养合作协议，并向泰兴农商行提出扶贫小额贷款申请，泰兴农商行经审核后向每户发放2万元扶贫小额贷款。贫困户将扶贫小额贷款汇入政府设立的经服中心，并委托洋宇公司统一购买猪苗，负责日常管理及销售。政府负责组织贫困户参与生猪寄养项目，组织签订合作协议，在生猪寄养项目实施过程中，负责核算寄养成本，监督委托资金专款专用。待生猪出栏后，扣减养殖管理成本，利润返给贫困户。洋宇公司坚持保本微利经营，协助和指导贫困户养殖生猪，协助贫困农户脱贫。黄桥老区"洋宇模式"有效解决了扶贫小额贴息贷款额度偏小、难发放的问题，使原本无项目、无技术、不符合银行贷款准入条件的贫困户获得了贷款支持。2015年以来，泰兴农商行发放"洋宇模式"扶贫小额贷款598户、1196万元。《新华日报》《江苏经济报》等主流媒体对"洋宇模式"进行了专题报道。

（三）"一站一户"精准扶贫模式

淮安市涟水县构建的"一站一户"扶贫模式，即在全县38个省定经济薄弱村建立金融扶贫工作站，建立《精准扶贫金融服务档案》，实行"一户一档"，对不同金融需求确立不同的金融扶持方式。该模式通过简化扶贫小额贷款流程、优化金融服务，开展示范户创建、发挥示范带动作用，完善扶贫机制、加强联动协作配合，取得了初步成效。截至2018年9月末，已为全县4.17万户低收入农户（13.45万人）建立《精准扶贫金融服务档案》，实现低收入农户建档面100%，其中对2.08万户低收入农户进行了授信，授信总额达4.4亿元。截至2018年9月末，全县有885户能人大户、新型农业经营主体参加金融扶贫创业示范户创建活动，带动低收入农户3200人创业就业，预计实现人均年增收1万元左右。

四、下一步工作计划和安排

一是夯实金融精准扶贫工作基础。继续加强与金融扶贫工作推进小组成员单位的信息共享与区域合作，推动金融精准扶贫信息系统建设。用足用好各项货币政策工具，发挥扶贫再贷款的杠杆撬动作用。

二是提升金融对接的精准性、有效性。督促相关地区地方法人金融机构深化主办行制度，完善金融精准扶贫档案。推动开发性、政策性银行发挥资金成本优势，积极支持经济薄弱地区水利工程、高标准农田等基础设施建设。继续推广金融支持产业扶贫的多种模式，带动低收入人口增收致富。

三是扩大经济薄弱地区的有效金融供给。推动主要涉农金融机构下沉服务重心，推进村镇银行、农村小贷公司等机构建设。继续支持经济薄弱地区的企业在主板、中小板、新三板、区域股权交易中心上市或者挂牌，进一步推动符合条件的企业通过债券市场融资。加快发展地方特色优势农业保险，推动农业保险保障从"保成本"向"保价格、保收入"延伸。

四是进一步引导扶贫信贷产品和服务方式创新。继续做好新型农业经营主体金融服务情况、农村金融产品和服务创新等统计工作，遴选优质信贷产品和项目，并向上争取再贷款和再贴现支持。引导金融机构针对贫困地区特色产业、支柱产业等生产经营特点，合理设定贷款期限、利率和还款方式，优化申贷和审贷流程，进一步加强信贷产品和服务方式创新，切实提升金融服务水平。

五是进一步提升经济薄弱地区普惠金融服务水平。完善基础金融服务，在经济薄弱地区搭建方便快捷的多层次结算通道，拓展农村地区无网点区域便捷结算产品的应用。大力实施金融便民服务进村入社区工程，丰富农村金融综合服务站功能，实现现金支取、查询转账、民生缴费、投资理财等一站式金融服务。大力推动在经济薄弱地区发展移动金融服务，完善电子支付手段。推广银行卡等非现金支付工具使用，保障低收入农户"一户一卡"。加大经济薄弱地区网点 POS 机、ATM、智能柜员机等银行卡受理机具的布放。

山东省金融精准扶贫实践经验

——扭住精准　瞄准产业
构建"插花式"贫困地区金融扶贫山东模式

山东省 2017 年末有省定标准以下贫困人口 17.2 万人，分布在 17 个市、125 个县（市、区）和 23 个管委会，1481 个乡镇，5.4 万个村，73% 的行政村有贫困人口，近三成贫困人口缺劳动能力、资金、技术，六成以上因病因残致贫，"插花式"零散分布特点鲜明。山东省贫困人口在东部省份中数量较多、占比较大，扶贫任务较重。自 2015 年 11 月中央扶贫开发工作会议以来，在总行、山东省委省政府坚强领导下，人民银行济南分行根据山东省贫困户分布特点，积极发挥金融扶贫牵头组织作用，将金融精准扶贫重点放在支持贫困地区产业发展方面，推动构建协调联动工作机制，创新扶贫融资对接平台，开发扶贫信贷监测系统，建立评估督查落实体系，有力促进了金融扶贫和产业扶贫融合，为助推脱贫攻坚提供了有力金融支撑。山东省金融精准扶贫相关做法获汪洋副总理、山东省委省政府主要领导肯定批示，被总行《金融简报》和《山东脱贫攻坚简报》刊发 20 次，被新华网、山东卫视、《金融时报》、《大众日报》等新闻媒体专题报道 150 余次。截至 2018 年 9 月末，全省金融机构累计发放各类精准扶贫贷款 1094 亿元，贷款余额 723 亿元，惠及贫困人口 99.8 万人。

一、加强机制设计，完善金融精准扶贫工作框架

（一）制度先行，明确全省金融扶贫规划任务

根据《关于金融助推脱贫攻坚的实施意见》和山东省实际，人民银行济南分行联合有关部门研究制订了《山东省金融扶贫实施方案》（省扶贫办以鲁扶贫组发〔2016〕3 号文印发），明确了全省金融扶贫的总体目标（对象精准、

应贷尽贷）、主要任务（实现"三个全覆盖"，即贫困地区扶贫小额信贷和扶贫生产经营主体信贷服务全覆盖、易地扶贫搬迁融资服务全覆盖、贫困家庭学生助学贷款服务全覆盖）、职责分工、配套机制、组织保障等内容。会同省财政厅、省人社厅和省扶贫办制定了《山东省创业扶贫担保贷款资金管理办法》《山东省创业扶贫担保贷款工作实施方案》，明确了创业担保贷款支持精准扶贫的运作机制和业务流程。组织全省 230 家法人金融机构制定了"十三五"时期金融扶贫工作规划和年度工作计划，明确了各阶段各机构金融精准扶贫的工作任务。

（二）队伍保障，形成金融扶贫齐抓共管工作格局

人民银行济南分行按照"精准扶贫、精准脱贫"总体要求，第一时间在系统内成立全省扶贫开发金融服务工作领导小组，领导小组下设办公室，并抽调专人负责金融扶贫工作。山东辖内各市中心支行建立健全领导机制，在全省人民银行系统形成了"一把手"负总责、各部门齐抓共管的工作格局。人民银行山东省各分支机构加强统筹协调，积极与当地扶贫、发展改革、农业等部门建立金融扶贫联动机制，共享扶贫基础信息、联合出台金融扶贫工作文件、开展扶贫融资对接活动。省政府召开全省金融精准扶贫工作会，坚持问题导向，研究分析面临的困难问题，安排部署工作推进措施。人民银行济南分行牵头召开全省金融助推脱贫攻坚电视电话会议，按季召开由相关金融机构参加的金融扶贫工作座谈会，行领导带队到贫困县、村、户和带贫企业，调查掌握金融扶贫的第一手资料，不断优化金融扶贫政策和管理机制。

（三）政策扶持，引导金融资源向扶贫领域倾斜配置

人民银行济南分行突出扶贫再贷款、定向降准考核机制和宏观审慎评估三大政策支点，撬动金融机构扶贫信贷投放。一是主动加强全省扶贫再贷款需求和扶贫贷款发放情况调度，制定印发《关于强化货币政策工具运用助推脱贫攻坚的通知》，为全省 31 个县符合条件的地方法人金融机构提供扶贫再贷款支持，将再贷款、再贴现等工具精准对接扶贫信贷投放。截至 2018 年 9 月末，全省累计发放扶贫再贷款 77.534 亿元，重点贫困地区（2 个市 +20 个县）支农再贷款 172.265 亿元。二是发挥差别存款准备金率动态调整的激励引导作用，对贫困县新增存款一定比例用于当地贷款考核达标的农村合作金融机构和村镇银行，执行较同类机构低 1 个百分点的存款准备金率，对考核达标的农业银行县级"三农金融事业部"执行比农业银行下调 2 个百分点的优惠存款准备

金率，为金融机构增加扶贫可用资金 84.76 亿元。三是按季考核评估地方法人金融机构金融扶贫情况，将评估结果纳入金融机构信贷政策执行情况，作为宏观审慎评估的重要内容之一，引导金融机构平衡好社会责任与商业利益的关系。

二、多项措施并举，精准对接扶贫融资需求

（一）开发两个系统，夯实扶贫融资精准对接基础

为实现扶贫基础信息共享、融资对接情况精准采集和实时跟踪监测，人民银行济南分行开发"山东省金融精准扶贫管理信息系统"，设置扶贫基础信息、扶贫贷款添加录入、综合查询、系统管理、系统公告等栏目，在全省各级人民银行、银行业金融机构上线运行。同时，联合省扶贫办等部门印发《山东省金融扶贫信息对接共享工作实施方案》，推动扶贫基础信息部门共享使用，并实现其在"山东省金融精准扶贫管理信息系统"的年度动态更新，在全国率先实现扶贫信贷的精准逐笔统计。在此基础上，根据日常使用需求，不断优化系统功能，增加分地市、分金融机构精准扶贫贷款一键汇总统计和报表导出功能，极大地提升了统计监测效率，为精准分析扶贫信贷结构、动态掌握扶贫政策效果奠定了坚实基础。为有效解决制约金融扶贫与产业扶贫银企对接信息不对称的问题，实现银企对接活动的常态化、高效化和信息化，人民银行济南分行开发推广"山东省融资服务网络平台"，设置企业融资需求录入查询、融资需求对接反馈、对接详情查询督导、数据分类汇总分析四大功能模块，全省各级人民银行实时发布产业扶贫融资需求信息，各级金融机构实时登录系统进行对接，实现了 7×24 小时"互联网＋银企对接"模式，解决了产业扶贫融资传统银企对接"开会成本高、对接效率低、成果查验难"等难题。目前，平台已发布产业扶贫融资需求信息 9594 条，对接成功 3894 条、对接金额 346 亿元。

（二）摸清产业扶贫融资需求底数，靶向定位金融支持对象

为结合贫困户不同特点，因人施策做好金融扶贫，人民银行济南分行组织金融机构逐户筛选对接扶贫部门确定的建档立卡贫困户，分类建立涵盖家庭基本情况、劳动技能、资产构成、生产生活、就业就学、金融需求等内容的精准扶贫金融服务档案，实现了贫困户"一户一档"全覆盖，夯实了精准对接贫困户融资需求底数。为精准确定金融支持产业扶贫对象，人民银行济南分行联合有关部门，开展"金融精准扶贫融资需求对接百日攻坚活动"，组织全省金

融机构集中利用 3 个月左右的时间，与各级扶贫部门掌握的 20714 家扶贫生产经营主体、342 个扶贫项目逐一进行对接，摸清各家扶贫主体的融资等金融服务需求及其帮扶贫困户数量、方式等扶贫带动情况等，一企一策设计金融服务方案，累计授信 277 亿元。在此基础上，将通过订单帮扶、股份合作、托管托养、资产收益等方式帮扶贫困户的农业产业化龙头企业、农民专业合作社、家庭农场、种养大户等新型农业生产经营主体作为金融扶贫重点扶持对象，组织金融机构倾斜配置信贷、支付、信用体系建设、金融消费权益保护等资源，加大产业扶贫金融支持力度。2017 年，人民银行济南分行根据前期摸清的产业扶贫融资对象、需求等，又组织开展"金融支持产业扶贫进万家"活动，在全省筛选了万余家有扶贫带动意愿和能力的农业产业化龙头企业、农民专业合作社、家庭农场、种养大户等，组织金融机构进行现场走访对接，集中宣讲金融精准扶贫政策、产品、服务等，并通过"山东省金融精准扶贫管理信息系统""山东省融资服务网络平台"实时反馈进万家具体情况，助推实现对符合信贷条件的扶贫生产经营主体融资需求应贷尽贷。截至 2018 年 9 月末，全省金融机构已现场走访对接企业 10633 次，提供综合授信 197 亿元。

（三）因地制宜设计信贷产品和服务方式，切实满足扶贫有效融资需求

人民银行济南分行会同团省委、省财政厅等启动"鲁青基准贷"项目，作为全省青春扶贫行动的重点工作，2015—2017 年每年提供 5 亿元基准利率信贷资金。会同省财政厅、省人社厅和省扶贫办设计"创业扶贫担保贷款"，提供扶贫就业创业资金支持。主动对接全省光伏扶贫、旅游扶贫、电商扶贫三大扶贫行动，推出"党贷福""银行＋担保＋旅游度假项目＋贫困户""银行＋电商＋贫困户""1＋N＋M 金融支持就业扶贫车间""金融＋产业＋就业"等多种扶贫新模式。组织金融机构结合各地实际，为贫困地区特色产业发展提供差异化信贷产品，创新推出信保扶贫贷、富民发展贷、富民生产贷、富民农户贷、家庭亲情贷、美丽乡村贷、苹果贷等扶贫信贷产品，开发农村产权、农机具、禽畜活体等抵押贷款，产成品质押、订单和应收账款融资等产品模式，对接贫困地区特色种养殖、手工业、农产品加工业等特色产业，精准支持贫困户和各类扶贫主体。组织国家开发银行、中国农业发展银行山东省分行承接发放易地扶贫搬迁贴息贷款 5.95 亿元、专项建设基金 0.85 亿元，精准支持易地扶贫搬迁项目。截至 2018 年 9 月末，全省累计发放贫困户贷款 141 亿元、产业扶贫贷款 585 亿元，惠及贫困人口 58.4 万人。

（四）积极开展融资融智金融顾问服务，打造金融助推脱贫攻坚长效机制

扶贫融资精准对接过程仍存在部分融资主体因各种各样的实际困难，在现有条件下无法获取银行扶贫信贷支持的情况。为及时解决此类问题，人民银行济南分行通过协调内部职能部门、金融机构、政府部门、高校院所等各方资源，汇集不同部门、行业、领域1300余名专家，构建了覆盖全省17个地市的金融专家顾问工作机制，为扶贫融资主体提供全面、综合的金融咨询服务。一方面，结合扶贫主体战略发展方向，帮助其完成与发展阶段相匹配的金融规划；另一方面，根据扶贫主体财务状况、经营需求以及不同阶段的金融规划目标，为其提供科学、合理的投融资方式、金融工具及金融问题解决方案。目前，已组织金融专家顾问团通过"行长走厂长""顾问解难题""对接促发展"等形式，从政策咨询、融资服务、行业监测、风险研判等多个方面，为扶贫主体"把脉会诊"，累计为612家企业解决生产经营现实问题，为555家企业提供个性化金融服务方案。全省具备金融支持条件的扶贫融资需求基本得到满足。

三、创新方式方法，拓宽多元化融资渠道

（一）创新发行全国首单扶贫社会效应债券

为缓解贫困地区产业发展资金不足问题，人民银行济南分行积极帮助贫困地区拓展融资渠道，针对沂南县扶贫特色产业项目、扶贫就业点、扶贫光伏电站等"六个一"扶贫工程建设资金需求，推动其在银行间债券市场发行了全国首单社会效应债券，募集资金5亿元用于脱贫攻坚。该债券融资方式，克服了以单个项目、单个农户为核心提供贷款支持的局限，拓宽了社会资本扶贫渠道，使当地125个村、22077人受益，极大地提高了金融对接产业扶贫的工作效率。同时，扶贫社会效应债券将财政资金使用纳入包括地方政府、金融机构、债券发行主体等多方治理、多方监督的轨道，有效提高了财政资金使用绩效，充分发挥了金融扶贫与产业扶贫的政策合力。该做法获国务院副总理汪洋肯定批示——"这样的探索应大力提倡，总结并进一步在具备条件的地方推广"；在全国金融市场工作会议上进行交流，被总行《金融简报》刊发。此外，积极引导金融机构加大银行间市场直接融资培育力度，脱贫攻坚开始实施至2017年9月，支持全省贫困地区企业发行短期融资券、中期票据等债务融资工具293单，募集资金2574.1亿元。

（二）支持利用多层次资本市场直接融资

山东证监局根据地方资源优势和产业特色，积极完善上市企业后备库，支持贫困地区企业利用多层次资本市场融资。中央扶贫开发工作会议召开以来，支持 6 家（次）贫困地区企业成功发行公司债券，募集资金 76 亿元；推动全省 3 家涉农或贫困地区企业首发上市，募集资金近 15 亿元；完善 40 余家贫困地区上市后备企业资料，纳入后备资源数据库；鼓励证券公司积极参与中国证券业协会结对帮扶活动，2 家证券（期货）公司与新疆、贵州等省份多个国家级贫困县签订结对帮扶协议（备忘录），促进贫困地区社会发展。

四、围绕普惠金融，提升扶贫开发金融服务水平

（一）持续深化农村支付服务环境和农村信用体系建设

积极加大农村支付基础设施布放力度，实现支付基础设施全省行政村全覆盖、支付系统所有乡镇全覆盖。积极在农村地区推广手机支付等产品，完善助农取款点服务功能，推动实现足不出村办理各项金融业务。制定印发《关于做好黄河滩区居民迁建阶段农村支付环境建设工作的指导意见》（济银办发〔2017〕122 号），持续深化黄河滩区的农村支付服务环境建设，推动形成多层次、广覆盖、可持续的农村支付服务体系。截至 2018 年 9 月末，全省金融机构在农村地区布设 ATM 机具 2.86 万台、POS 机具 80.49 万台、助农取款服务点 11.82 万个。在有省派第一书记的省扶贫工作重点县，推广村级群众评议、基层农信社诚信核实、县级联社审核发证的三级评定工作机制，提升贫困户授信融资便利性。在省内 17 个地市建成地方农村数据库，截至 2018 年 9 月末，累计采集 313.4 万户农户信息，共对外提供查询服务 23.1 万笔。

（二）切实加强贫困地区金融消费权益保护工作

积极畅通贫困地区金融消费者咨询投诉渠道，指导省内各级金融消费权益保护协会。截至 2018 年 9 月末，在全省建成 5.03 万个农村金融消费维权联络点，畅通受理农村金融消费者业务咨询、投诉渠道，促进优化贫困地区金融服务环境。中央扶贫开发工作会议召开至 2018 年 9 月末，全省各地协会共受理消费者投诉 2929 笔、咨询 11322 笔，开展纠纷调解 405 笔。

（三）大力推广扶贫保险产品

山东保监局印发《关于做好保险业助推脱贫攻坚工作的实施方案》，着力推广农业保险、大病保险、小额信贷保证保险等扶贫保险产品，政策性农业保

险实现县区全覆盖，同时积极引导保险机构因地制宜开展特色商业性农险业务，开办了水果保险、牡丹保险、冬枣和鸭梨保险、茶叶保险等扶贫保险项目。2017 年，山东保监局与省扶贫办、省财政厅等单位制订《山东省 2017 年度扶贫特惠保险实施方案》，由扶贫专项资金支持，为全省 242 万建档立卡贫困人口提供医疗补充保险、意外伤害保险和家庭财产保险等每人最高 42 万元的一揽子扶贫特惠险种，目前，已为全省 117 万户、234 万建档立卡贫困人口提供 8307 亿元风险保障，共支付赔款 1.57 亿元。通过大病保险扶贫政策，建档立卡贫困人口比原政策报销比例提高 4% ~7%，总体报销比达到近 20%，切实减轻了医疗费用负担。

（四）扎实开展第一书记驻村帮扶工作

人民银行济南分行选派 4 名优秀干部赴平邑县温水镇方兴村、小河村，临涧镇南庞庄村、五块石村开展驻村帮扶。第一书记围绕"抓党建　促脱贫"，确立"不等不靠、扬长避短、借力扶贫、集腋成裘"工作思路，开展金融精准扶贫工作。推动建成全省第一家光伏农业合作社和全省第一个 21 千瓦村级光伏屋顶发电站；发展光伏发电、村级电子商务平台、黄桃种植和食用菌种植等多个致富增收项目；争取财政、信贷等扶贫资金近 3000 万元，加强帮扶村基础设施建设，实施"五通十有"等民生工程 14 个，完成 2000 亩土地整理，硬化道路 2.6 万平方米，新修 12 公里水泥生产路，新建 3200 亩农田水利设施，铺设 4 公里穿村沥青主路，建成 5 座光伏扶贫发电站，新建 1 个幼儿园，建成 1800 平方米文化健身广场、7 间卫生室和 7 间村民服务中心。同时，第一书记通过科普宣传、演出、开设农家书屋等，有效提升了帮扶村村风村貌建设水平。

五、强化督查宣传，营造金融扶贫优良工作环境

（一）紧盯政策落地实效，实施金融精准扶贫政策效果评估

2018 年，以扶贫贷款发放情况、基础金融服务建设情况、金融扶贫政策落实和执行情况等为重点评估内容，人民银行济南分行对各省级银行业机构、省内城市商业银行、31 个省级扶贫开发重点县辖内法人银行业机构等 108 家银行业机构落实金融精准扶贫政策效果进行了评估。在本次评估中，有 15 家机构被评为"优秀"，22 家机构被评为"良好"，49 家机构被评为"中等"，22 家机构被评为"勉励"，"优秀"等次的机构数量比上年增加 6 家，"勉励"等次的机构数量比上年减少 7 家。联合山东证监局、山东保监局印发《关于全

省银行业金融机构 2017 年金融精准扶贫政策效果评估情况的通报》，结合评估总体情况、存在的主要问题等，提出了下一步金融精准扶贫工作要求，引导在全省金融机构间形成扶贫争先创优的工作氛围。

（二）紧盯深度贫困地区，建立健全督查巡查工作机制

人民银行济南分行按月调度全省各市金融扶贫工作进展、计划，以简报形式通报全省，督促各地市扎实推进、按时完成。行领导带队，多次到全省脱贫任务较重的县、乡、村和扶贫带动生产经营主体实地调研，全面完成对 20 个脱贫任务较重的县（市、区）金融精准扶贫工作的督导，现场帮助工作推进较慢的地区分析问题、解决困难，提出思路建议。在 20 个脱贫任务较重的县组织召开由所在市人民银行分管负责同志参加的金融扶贫工作推进会和由主要涉农金融机构参加的金融机构扶贫工作座谈会，督促各地、各金融机构进一步加大工作力度，推动在全省范围内形成金融扶贫比、赶、超的良好工作氛围。截至 2018 年 9 月末，20 个脱贫任务较重的县累计发放各类精准扶贫贷款 463 亿元，占全省累放额的 42.3%。

（三）紧盯宣传引导和经验总结，优化金融扶贫工作氛围

人民银行济南分行印发《2016 年金融助推脱贫攻坚宣传工作方案》，联合团省委开展"金融扶贫　青春同行"活动，瞄准脱贫攻坚重点人群和重点任务，通过深入贫困镇村现场宣讲、利用大喇叭广播、汇编金融精准扶贫宣传手册等方式，分阶段、多形式开展政策、基础知识、成效等方面的宣传，增进贫困地区对金融扶贫的了解，营造全社会关心、支持、参与金融扶贫的良好氛围。总结归纳了全省金融扶贫 36 计，并配以漫画，向扶贫生产经营主体、贫困户生动形象地展示多种可用的融资模式。定期调度各地市金融精准扶贫现场、媒体、金融机构网点、利用扶贫资源宣传等情况，督促各市加大宣传工作力度，满足不同受众的差异化金融服务需求，帮助提高贫困人口自身金融素质。建立了金融助推脱贫攻坚工作简报制度，组织省级金融机构、地市级人民银行定期报送，及时了解掌握辖区金融扶贫工作情况，累计编发 77 期简报。其中，《全国首单扶贫社会效应债券成功发行　金融支持脱贫攻坚再添新渠道》《山东省创推"1+N+M"金融支持就业扶贫车间精准扶贫模式》被总行《金融简报》刊发，向省政府报送的推进金融扶贫工作的建议获省政府主要领导批示，全省金融精准扶贫相关做法被《山东脱贫攻坚简报》采用 18 篇，被《金融时报》、《大众日报》、新华网、山东卫视等各大媒体专题报道 150 余次。

湖北省金融精准扶贫实践经验

——创新引领 综合施策
全力推进湖北省金融精准扶贫工作

湖北省共有贫困人口195.3万户、572.6万人，是脱贫攻坚重点省份。全省共有37个贫困县（含28个国定贫困县），主要分布在西北部的秦巴山片区，包括郧阳区、郧西县等县区；西南部的武陵山片区，包括恩施市、鹤峰县等县市；东北部的大别山片区，包括红安县、英山县等县。全国14个连片特困地区中，湖北省有3个。加上在东南部划定的幕阜山片区（省定片区，包括阳新、通山等县），全省现有四大连片特困地区。37个贫困县中有9个深度贫困县（主要分布在秦巴山片区十堰市）。

近年来，人民银行武汉分行认真贯彻落实总行及湖北省委、省政府脱贫攻坚相关工作部署，切实履行金融扶贫牵头部门工作职责，创新工作机制，综合运用多种货币政策工具，着力加强信贷政策指导，不断增强扶贫金融服务的精准性和有效性，引导金融机构加大扶贫金融资源的投入力度，全力助推全省脱贫攻坚工作。2017年9月，全国金融扶贫现场观摩会在湖北省十堰市召开；2017年12月，湖北省"新型农业经营主体+建档立卡贫困户"产业带动信贷扶贫模式得到国务院副总理汪洋签批肯定。截至2018年9月末，全省金融精准扶贫贷款余额2178亿元，同比增长29%，高于各项贷款增速13.1个百分点。

一、抓好规划部署，明确金融扶贫目标任务

一是牵头制定湖北省金融精准扶贫"十三五"规划，确定"三个三"（"三聚焦"：聚焦精准、产业、可持续；"三突出"：突出信息、信用、信贷；"三体现"：体现讲政治、讲感情、讲实效）的金融扶贫工作思路，明确全省"十三五"金融扶贫的目标任务、工作重点和政策措施。同时，按年度出台全省金融精准扶贫行动方案，细化分解年度目标任务和工作举措。

二是联合省扶贫办等部门先后召开全省金融精准扶贫工作现场推进会、全省金融精准扶贫工作经验交流会及金融支持深度贫困地区脱贫攻坚工作座谈会，持续部署推进金融精准扶贫工作。

三是组织 9 家主要金融机构开展"1 + 9"党委中心组联组学习，加强金融扶贫政策精神学习和交流，确保全省金融精准扶贫工作在思想上统一、行动上一致。

二、做好"双信"对接，夯实金融扶贫服务基础

一方面，做好信息对接工作。出台《湖北省"十三五"深化农村金融服务全覆盖指导意见》，引导金融机构在贫困地区大力发展金融组织体系、市场体系及产品体系，将扶贫金融服务下沉到村、到户。截至 2018 年 9 月末，省内农村地区共设立银行网点 4362 个，共设立村级惠农金融服务点 4.9 万个，布放 ATM、POS 机、转账电话等各类银行卡受理终端 28.2 万台。联合省扶贫办印发《关于在全省贫困村开展金融精准扶贫工作站建设工作的通知》，在全省贫困村建设金融精准扶贫工作站，工作站由村委会、政府部门、金融管理部门及金融机构工作人员共同管理，协助金融机构开展评级授信、支付结算及扶贫宣传等工作。同时，在全省非贫困村以村级惠农金融服务联系点为基础，建设村级惠农金融服务站，切实改善农村融资服务不足，进一步提升金融服务"三农"水平。截至 2018 年 9 月末，全省已建立 4795 个①金融精准扶贫工作站，覆盖全部贫困村；建立 16483 个村级惠农金融服务站，覆盖 86.86% 的非贫困村。

另一方面，做好信用对接工作。创新推广贫困户"六看五老"〔"六看"就是一看房、二看粮、三看劳动力强不强、四看有没有读书郎、五看围绕什么产业忙、六看是否诚信和善良；"五老"就是老支书（老主任）、老党员、老模范、老妇联主任和老旅长〕信用评级方法，出台相关制度办法，设计具体、可量化的评价指标，通过这种方式摸清贫困户真实信用，促进贫困户与银行信用对接，实现信贷的投放。截至 2018 年 9 月末，全省金融机构运用"两站"和"六看五老"信用评级方法，共完成 112.4 万户贫困户的信用评价，其中授信 57.3 万户，金额 213.9 亿元。

---

① 部分工作站同时覆盖多个贫困村。

三、用好政策工具，撬动金融扶贫资金投入

一是通过运用货币政策工具给金融机构注入一定的低成本央行资金，撬动其加大涉农扶贫信贷的投放力度。坚持"四个引导"（建立机制引导、整合资金引导、考核评估引导、示范基地引导），充分运用扶贫再贷款优惠政策，在增加贫困地区金融扶贫资金投入的同时降低融资成本。截至 2018 年 9 月末，全省支农再贷款余额 56.9 亿元，其中扶贫再贷款余额 35.6 亿元，累计撬动金融机构发放金融精准扶贫贷款 140 余亿元。

二是联合省发展改革委出台《湖北省易地扶贫搬迁贷款资金管理办法》，指导省国开行和农发行用好易地扶贫搬迁专项金融债发债资金，服务易地扶贫搬迁工作。截至 2018 年 9 月末，两家行易地扶贫搬迁专项贷款余额 222 亿元，较好地满足了全省易地扶贫搬迁项目融资需求。

四、创新产品模式，扩大产业扶贫信贷投放

一是联合省扶贫办等部门于 2015 年研究制定《湖北省创新扶贫小额信贷工作实施意见》，以省政府办公厅文件转发全省执行，在全国扶贫小额信贷政策基础上，将全省单户扶贫小额信贷由 5 万元提高到 10 万元，且扶贫小额信贷享受免担保、免抵押、全贴息政策。2017 年，又联合省扶贫办、金融办印发《关于推进扶贫小额信贷健康发展的意见》，进一步明确扶贫小额信贷利率和贴息奖补等措施。截至 2018 年 9 月末，全省金融机构累计发放扶贫小额信贷 210.6 亿元，直接帮助 50.2 万建档立卡贫困户通过发展产业增收脱贫。

二是针对部分贫困户内生发展动能不足，不符合扶贫小额信贷政策要求的问题，联合省扶贫办制定《湖北省"新型农业经营主体＋建档立卡贫困户"扶贫小额信贷管理办法》，创新扶贫小额信贷的实施方式，鼓励金融机构对发展产业带动贫困户增收的新型农业经营主体发放"新型农业经营主体＋建档立卡贫困户"扶贫小额信贷，并比照享受扶贫小额信贷贴息及风险补偿政策，推动新型农业经营主体与建档立卡贫困户建立稳定的就业、订单、土地入股、资金入股等利益联结机制，发挥新型农业经营主体对贫困户脱贫致富的带动作用。截至 2018 年 9 月末，全省金融机构累计发放"新型农业经营主体＋建档立卡贫困户"扶贫小额信贷近 131.4 亿元，带动帮扶贫困户 30.6 万户。

▼ 专栏 1

湖北省"新型农业经营主体 + 建档立卡贫困户"产业带动信贷扶贫模式成效明显

人民银行武汉分行以产业扶贫为切入点，主导推出"新型农业经营主体 + 建档立卡贫困户"产业带动信贷扶贫模式，充分发挥了新型农业经营主体在产业扶贫方面的优势，激发了贫困户创业就业的意愿和动力，探索了一条使贫困户"广受益、能致富、可持续"的发展之路，相关做法得到国务院副总理汪洋签批肯定。截至 2018 年 9 月末，全省金融机构累计发放"新型农业经营主体 + 建档立卡贫困户"贷款近 131.4 亿元，带动帮扶贫困户 30.6 万户。

一、"新型农业经营主体 + 建档立卡贫困户"产业带动信贷扶贫模式的主要做法

人民银行武汉分行联合湖北省扶贫办出台《湖北省"新型农业经营主体 + 建档立卡贫困户"扶贫小额信贷管理办法》，明确"新型农业经营主体 + 建档立卡贫困户"信贷模式的总体原则、贷款条件、操作程序和配套措施等。具体做法如下。

贷款对象：与建档立卡贫困户建立就业、订单、土地流转、资金入股等利益联结关系，以此吸纳和带动一定数量建档立卡贫困户的新型农业经营主体。

贷款额度：结合新型农业经营主体实际贷款需求，按吸纳和带动的建档立卡贫困户数 ×10 万元计算，且贷款最高不超过 200 万元。

贷款期限和利率：贷款期限不超过 3 年，贷款利率在市场化原则上实行一定优惠。

贷款操作程序：新型农业经营主体与建档立卡贫困户签订《带动脱贫协议》→村委联合扶贫部门推荐→金融机构贷款审查→金融机构发放贷款→财政部门审核贴息。

贷款配套政策：比照扶贫小额信贷享受政府部门贷款贴息和风险补偿政策。

二、"新型农业经营主体＋建档立卡贫困户"产业带动信贷扶贫模式的主要特点

（一）聚焦"特色产业"带脱贫

"新型农业经营主体＋建档立卡贫困户"信贷模式必须满足"四个关系"的基本条件，即新型农业经营主体与建档立卡贫困户建立订单、就业、土地流转或资金入股等利益联结关系。其中：订单关系要求对建档立卡贫困户农业生产实行数量、质量和价格保护，确保收益的可得性；就业关系鼓励吸纳建档立卡贫困户就业数量越多越好，形成"扶持一家，带动一片"的示范效应；土地流转关系鼓励给予建档立卡贫困户土地流转固定收益的同时，还能实现就地创业就业；资金入股作为辅助帮扶措施，将贫困户可利用的扶贫资金折股量化投入新型农业经营主体经营，实现资产收益。如黄冈英山县神峰山庄获得1000万元"新型农业经营主体＋建档立卡贫困户"扶贫贷款后，逐步建成5600亩的农特产品产加销一体化产业园，种养产业链延伸覆盖农户土地2.83万亩，共带动2000名新型职业农民就业，帮助2652个家庭、3万多个贫困户增收脱贫。

（二）聚焦"精准对接"保脱贫

通过把好三道关口，确保该信贷模式实现对贫困户的精准对接。一是把好贷款筛选关。贫困户村委联合金融精准扶贫工作站梳理建档立卡贫困户信息，筛选出有劳动力、有种养农产品或有可流转土地的贫困户与新型农业经营主体形成利益联结关系，促成双方签订《带动帮扶协议》。二是把好贷前审查关。新型农业经营主体依据其与贫困户签订的《带动帮扶协议》向金融机构申请贷款，金融机构依托贫困户村委、金融精准扶贫工作站、金融扶贫服务大厅等工作机制开展贷前审查，确保利益联结关系真实有效，贷款切实用于帮扶贫困户增收脱贫。三是把好贷后认定关。贷款到期后，贫困户村委联合扶贫部门对新型农业经营主体《带动脱贫协议》履行情况出具鉴定意见，经财政部门复审确定带动关系真实有效后给予贴息。

（三）聚焦"风险防控"稳脱贫

通过设立三道防火墙，切实防范贷款风险。一是实行"主体借、主体还"。新型农业经营主体具备一定的产业基础、技术水平和相对稳定的产品

销售渠道，自身具有更强的财务管理和还款能力。同时，贷款模式完全符合贷款管理、贴息管理和风险管控要求，避免了贷款资金因违规使用形成的风险问题。二是建立风险补偿机制。由县级扶贫小额信贷风险补偿金管理中心与金融机构签订《扶贫信贷业务合作协议》，金融机构享受相应的风险补偿政策，政银风险分担比例在7:3至9:1之间，一旦贷款出现风险，金融机构可获得相应的贷款风险补偿资金。三是引进贷款保证保险机制。联合省金融办、银保监局等部门探索开展贷款保证保险试点工作，试点保险公司和贷款银行共同承担贷后管理责任，保险公司与贷款银行按照7:3的比例承担贷款本息损失风险。

（四）聚焦"持续发展"助脱贫

一是利率定价相对灵活。相比扶贫小额信贷基准利率放贷，"新型农业经营主体＋建档立卡贫困户"信贷模式利率按市场化方式定价，贷款收益能够覆盖金融机构经营成本，较好地解决了商业可持续发展问题。湖北省"新型农业经营主体＋建档立卡贫困户"贷款利率大多在6%左右。二是批量化操作更加高效。该模式下金融机构面对的是新型农业经营主体而不是点多面广的贫困户，贷款业务等同于批量化操作，金融机构每贷出一笔"新型农业经营主体＋建档立卡贫困户"扶贫贷款，相当于贷出2～40笔扶贫小额信贷，较好地缓解了金融机构逐笔管理扶贫小额信贷导致的低效率、高成本问题。三是贷款贴息降低成本。贷款贴息使新型农业经营主体获得更低成本的贷款资金，以财政部门按1年期贷款基准利率标准贴息测算，可为全省新型农业经营主体减少利息支出5.65亿元。

（五）聚焦"多方利益"促脱贫

该模式较好地兼顾了各方利益，形成了政、银、企、户多方共赢的局面。一是贫困地区内生发展动力得到增强，调动了政府、企业的积极性。该模式不仅帮助新型农业经营主体自我发展壮大，激发其参与脱贫攻坚的积极性，更有利于贫困地区做大做强特色产业，增强内生发展动力，受到地方政府和企业的普遍欢迎。武汉分行文件下发后，各地重视出台贷款贴息及风险补偿等措施，全省风险补偿金已达18.5亿元。二是贷款载体得到优化，调动了金融机构积极性。该模式依托新型农业经营主体专业化、规模化、市场化优势，改变了贫困户只依靠自身能力发展生产的现状，较好地解决了相当一部分贫困户生产项目较少、信用等级不高问题，金融机构贷款找到更好的载体。三是增收渠道拓宽，调动了贫困户的积极性。在该模式支持下，贫困户可获得经营性收入、工资性收入及财产性收入等多种类型收入，收入渠道明显增多，金融扶贫的覆盖面也明显拓宽。如武陵山特困地区恩施州通过"新型农业经营主体＋建档立卡贫困户"模式带动支持的贫困户达 30764户，是扶贫小额信贷直接支持户数的 2.3 倍。

五、发展直接融资，拓宽贫困地区融资渠道

在推动金融机构加大扶贫信贷投放的同时，还充分利用银行间市场债务融资工具创新产品，通过直接融资工具帮助贫困地区拓宽融资渠道。2017 年 6月 26 日，湖北省交通投资集团专项扶贫超短期融资券成功发行，发行金额 25亿元，全部用于归还起始于湖北省恩施州的扶贫高速公路项目借款。本期债券是银行间市场交易商协会建立扶贫票据工作机制以来，全国首单募集资金全部用于扶贫用途的专项扶贫债务融资工具，也是当年市场上发行金额最大的扶贫债务融资工具。此外，在恩施利川市、十堰郧阳区等国家连片特困地区，人民银行系统正与当地政府及相关部门一起研究推进扶贫社会效应债券的发行工作。

六、开展监测评估，加强金融扶贫政策督导

一是依托人民银行总行工作机制，建立湖北省金融精准扶贫信息系统，明确了建档立卡贫困户、带动贫困户就业的企业以及重点扶贫项目贷款统计口径，按季度监测统计金融机构扶贫信贷投放情况，统计数据直接穿透到建档立卡贫困户。

二是结合工作实际，建立全省金融精准扶贫政策效果评估制度，对相关县（市）及金融机构金融扶贫工作情况作出评价，激励县（市）政府优化金融扶贫政策实施环境，督促金融机构落实好金融扶贫各项政策。

三是推动各县（市）按照"省级整合、市级协调、县级统筹"的原则，由县级政府统筹安排资金，建立扶贫信贷风险补偿金。据统计，截至 2018 年9 月末，全省共有 94 个县建立风险补偿金共计 18.5 亿元，金融机构按不低于

7 倍的比例放贷。

四是联合省扶贫办出台金融精准扶贫示范县、示范村、示范户创建工作意见，并组织召开全省"金融精准扶贫示范村、示范户"创建工作现场会，通过典型示范的方式，督促金融机构积极探索金融精准扶贫的有效方式。截至2018 年 9 月末，全省共有金融精准扶贫示范县 20 个、示范村 12 个、示范户15 户。

▼ 专栏2

创新金融扶贫方式　三驾齐驱合力攻坚

十堰市郧阳区从破解资金难题入手，抢抓国家金融扶贫政策机遇，充分发挥政府"有形之手"和市场"无形之手"作用，银行业、证券业和保险业"三驾马车"协同推进，引导金融活水加速流向干涸的鄂西北山区。全区普惠金融受益面由不足 10% 提高至 90%，预计 2018 年农村常住居民人均可支配收入达到 10094 元，贫困人口由 2014 年的 14.2 万人下降到 2018 年 9 月末的 2.8 万人。2017 年 9 月 4 日，全国金融精准扶贫现场观摩会在十堰市郧阳区召开，对金融扶贫郧阳模式给予肯定。郧阳区相关做法被国务院扶贫开发领导小组编发的《扶贫小额信贷工作指南》收录。

一、全角度引导，在思想观念上做"除法"

金融扶贫政策没有实施前，郧阳区 90% 的贫困户没有从银行贷过款，90% 的企业没有与资本市场打过交道，破除思想障碍是首要课题。郧阳区邀请专家解读金融扶贫政策，组织各个层面专题讲座和业务对接会 200 多场次，培训 10000 多人次，提高领导干部和企业家认识。邀请深交所、长江证券等机构到郧阳区考察，先后与 7 家证券公司、创投公司、律师事务所、会计师事务所达成合作协议。组织 341 支扶贫工作队驻村入户，召开场院会、贫困群众大会 5000 多场次，走村入户对接面达 100%，引导群众变要我脱贫为我要脱贫、变等靠脱贫为自主脱贫，激发群众内在活力。

二、全过程对接，在政策措施上做"加法"

健全组织体系、服务体系和制度体系。出台了《支持实体经济发展促就业脱贫的若干意见》《关于开展百名干部助百企重组上市促百村脱贫活动的通知》等 13 个配套文件，成立了由区主要领导挂帅的金融扶贫工作领导小组和资本市场服务脱贫攻坚领导小组，并组建专班进行推进。在全区 341 个贫困村建立了金融精准扶贫工作站和评贷委员会，把银行服务柜台前移到村、对接到户，打通了金融下乡的"最后一公里"。搭建了区镇村三级会签服务平台，建立了扶贫小额信贷会签中心、建档立卡贫困户信息中心和资本市场服务脱贫攻坚金融工作站、"一司一县"长江证券郧阳工作站，全程提供小额信贷服务和企业挂牌上市服务。

三、全领域创新，在落地质效上做"乘法"

一是精准提高群众满意度，促进小贷政策落地开花。致力于破解贫困户"不愿贷、不好贷、不能贷、不敢贷"难题，用村级金融扶贫工作站打通银行服务前台，用区级扶贫小额信贷会签中心优化贷款审批服务后台，用村级扶贫互助合作社组织群众生产、收购农副产品，用 341 个贫困村电商公司解决农副产品"卖难"问题，用一张保单降低生产生活风险，提高贫困群众发展产业自主脱贫的积极性。创新种养启动贷款、产业互助贷款和亲属委托贷款三种模式，实现应贷尽贷；推行"评级授信、收集资料、入户调查、集中会签、发放贷款"五步工作法，实行"资料受理区、信息比对区、人行初审区、部门复审区、保险出单区、银行审贷区"六区集中会签，让贫困群众不出村、只签一次字、只跑一趟腿就可以贷到款。郧阳区扶贫小额贷款由 2016 年的 36 户 227 万元扩大到 2017 年末的 2.1 万户 2.3 亿元，截至 2018 年 11 月末，累计发放户数达 3.2 万户，金额 7.67 亿元，贷款覆盖率由不足 0.01% 提高至 65.83%。

二是建立扶贫互助合作社，创新扶贫再贷款使用方式。采取"优质企业＋银行＋村扶贫互助合作社＋贫困户"合作方式，在 341 个贫困村成立由建档立卡贫困户和村级电商公司参与入股的扶贫互助合作社，代表贫困户申请利用扶贫再贷款资金发放的涉农贷款，委托村级电商公司作为投资方，以具备上市背景的优质企业为重点投资对象，将资金投入企业供应链中，并通过参与生产获取稳定收益。除了按时归还贷款本息外，该模式可确保每年有不低于投资总额 6.5% 的经济收益，并定期返还给村集体和参股贫困户。其中，仅裕佳菇业（全国香菇行业第一家新三板企业）一家企业就与郧阳区 30 家扶贫互助合作社签订了合作协议，共使用扶贫再贷款 5000 万元，可增收 325 万元以上，带动 2475 个贫困户发展香菇产业户均增收 5000 元以上。

三是设立首家金融工作站，服务企业发展带动群众脱贫。在证监会、国务院扶贫办指导下，建立全国第一家县级资本市场服务脱贫攻坚金融工作站，全程为企业提供挂牌上市辅导、企业管理培训、风险控制等服务。设立扶贫产业发展基金，支持减贫带贫企业发展，引进了长江医药、万润新能源等一批优质企业落户，盘活了 12 家困难企业近 10 万平方米闲置厂房和 500 余亩低效用地。利用基金投资成立全国首只扶贫公益股，所有收益全部用于建档立卡贫困户落实扶贫小额贷款、保险扶贫、教育扶贫等政策。挂牌上市企业须为贫困户提供 10% 以上的就业岗位，并从新增税收县级留用部分拿出 30% 兑现发展产业奖补和实施通信网络建设。证监会《关于发挥资本市场作用服务国家脱贫攻坚战略的意见》出台后，分类挂牌企业由 2016 年的 1 家增至 60 家，IPO 报辅企业 3 家；各类企业带动贫困户新发展产业基地 10 万亩，为贫困人口新增就业岗位 10000 余个，促进贫困群众户均增收 2000 元以上，每年可新增税收 1 亿元以上。

四、全方位保障，在风险控制上做"减法"

"三年致富奔小康，一场灾害全泡汤""救护车一响，一头猪白养"。从保障层面，出台措施，堵住风险漏洞，让干部放开手脚工作，让群众应贷尽贷，让银行放心贷款。建立政银保合作机制。郧阳区政府筹集 7000 万元设立扶贫小额信贷风险补偿专项资金，可撬动银行放贷 4.9 亿元以上。与十堰市人保财险公司合作，签订了一张涵盖贫困人口疾病补充、种养产业、个人意外、农产品价格指数、信用保证五大险种的综合性大保单，将 3.2 万户贫困群众需要签订的 16 万张保单合并为一张，缴纳保费从不足 10 万元增加到 3200 万元，综合保障能力由 10% 提高到 90%。

广东省金融精准扶贫实践经验

——多方联动 探索创新
广东金融聚力扶贫攻坚显成效

自 2015 年 11 月中央扶贫开发工作会议全面部署打好脱贫攻坚战以来，人民银行广州分行紧密围绕党中央、国务院关于脱贫攻坚的战略部署，按照总行关于金融助推脱贫攻坚的工作要求，统筹协调，凝聚部门合力，聚集金融资源，着力完善金融精准扶贫工作框架，健全工作机制，完善保障体系，组织和引导广东金融系统探索创新扶贫开发金融产品和服务，优化金融服务基础环境，扎实稳妥有序推进金融扶贫工作。据统计，2018 年 1-9 月，广东（不含深圳）金融机构累计发放金融精准扶贫贷款 88.20 亿元。截至 2018 年 9 月末，金融精准扶贫贷款余额 151.11 亿元，惠及省定贫困人口 3.97 万人。

一、强化顶层设计，完善金融精准扶贫工作框架

（一）加强协调指导，凝聚工作合力

一是加强政策指引。省政府出台脱贫攻坚实施意见，将"加大金融支持力度"作为专项内容纳入精准扶贫精准脱贫工作规划，明确金融政策作为强化脱贫攻坚政策支撑的重要内容。人民银行广州分行会同省扶贫办、金融办、原银监局、证监局、原保监局等部门出台《关于金融助推广东省脱贫攻坚的指导意见》（广州银发〔2016〕64 号）、《广东省扶贫小额信贷工作实施方案 (2016—2018 年)》（粤扶办〔2016〕171 号），配合省金融办出台《关于金融精准扶贫精准脱贫三年攻坚的实施方案》，坚持金融政策与扶贫政策相配合，明确金融助推脱贫攻坚工作的总体要求，统筹安排广东金融助推脱贫攻坚工作。二是构建多部门协调联动的工作格局。人民银行广州分行积极加强与省扶贫办、金融办等部门的沟通联系、工作磋商，先后联合组织省内各地有关部门、人民银行分支机构及金融机构召开金融精准扶贫政策宣讲与系统培训电视电话会、全省扶贫小额贷款工作推进会等会议，共同布置贯彻落实各项工作内

容。同时，通过省精准扶贫工作推进会、协调会等形式，对各地市金融精准扶贫工作进行现场督导，促进各部门政策互动、工作联动，形成了多方协调联动的良好工作局面。三是组织金融系统完善落实金融精准扶贫服务政策措施。人民银行广州分行组织辖区金融机构相继成立金融扶贫工作领导小组，加强工作规划和机制建设，制定完善金融精准扶贫业务实施办法，推动政策措施落地。指导广发银行以及农信社、农商行等地方法人金融机构先后制定"十三五"金融扶贫规划，明确"十三五"期间金融扶贫工作着力点；推动国家开发银行、农业发展银行、农业银行、邮储银行等全国性银行分支机构加快对接各地扶贫项目和资金需求，促进更多扶贫项目落地。

（二）完善工作机制，提升督导管理水平

一方面，联合省扶贫办等部门搭建金融精准扶贫信息对接共享工作机制，推进贫困户基础信息和金融信息的对接共享。人民银行广州分行定期与省有关部门共享扶贫信息，已向人民银行"金融精准扶贫信息系统"更新录入广东省162.51万省定贫困人口信息，为金融机构推进金融精准扶贫工作奠定基础。另一方面，2016年以来，人民银行广州分行建立完善金融精准扶贫贷款统计分析和信息报送制度，对金融精准扶贫情况进行动态监测分析，及时收集并向总行及省扶贫办等部门报送政策措施、金融产品和服务经验做法、问题建议等，积极建言献策。同时，结合监测情况，有针对性地指导部分地区开展工作，进一步提高金融服务扶贫开发的精准性和有效性。

二、发挥职能作用，激发金融支持扶贫开发活力

（一）运用货币政策工具，扩大金融扶贫资金供给

一是灵活运用再贷款工具，适当增加贫困地区法人金融机构的支农、支小再贷款额度，科学确定扶贫再贷款额度安排，引导金融机构加大与贫困户、扶贫企业的信贷需求对接力度，扩大贫困地区信贷投放。2016年至2018年9月末，人民银行广州分行累计向金融机构发放支农再贷款104.35亿元、支小再贷款75.79亿元。其中，累计发放扶贫再贷款19.87亿元，实行比普通支农再贷款低1个百分点的更优惠利率，用于优先支持贫困户和带动贫困户就业发展的农村新型经济组织。在扶贫再贷款的带动下，金融机构运用自有资金发放精准扶贫贷款5410万元。二是实施差别化存款准备金率政策，落实贫困地区县域法人金融机构比例考核的有关要求，对考核达标的金融机构执行低于正常标

准1个百分点的准备金率，进一步增强贫困地区涉农金融机构的资金供给能力。三是积极发挥抵押补充贷款（PSL）资金撬动作用，支持贫困地区贯彻落实乡村振兴战略，大力发展扶贫项目，改善贫困地区生产生活条件。如，指导人民银行云浮市中心支行与省定贫困村和贫困人口较多的郁南县加强沟通，推动郁南县政府向农业发展银行广东省分行成功申请由 PSL 资金全额支持、执行4.458% 优惠利率的固定资产中长期贷款3亿元，目前已使用 PSL 资金2.29亿元，每年可为当地政府节约利息支出约103万元。同时，加强现场检查和督导，确保 PSL 资金投向整县生活污水 PPP 项目，有效撬动社会资本和政府资源，提高贫困地区生活污水收集处理能力，改善贫困地区基础设施条件。

▼ 专栏1

韶关创设"央扶贷"助力金融精准扶贫

在人民银行广州分行指导下，人民银行韶关市中心支行精准对接脱贫攻坚工作目标，先后在仁化、始兴、翁源等地区开展支农再贷款叠加助贷的"央扶贷"试点，充分发挥再贷款引导作用，依托地方风险补偿基金、财政贴息等扶持政策，引导金融资源投向贫困户以及带动贫困户就业发展的扶贫项目和农村新型经济组织。截至2018年9月末，韶关市累计发放支农再贷款1.4万亿元，撬动金融机构自有资金1.57万亿元，发放贷款1628笔，惠及1500多户贫困户。如，仁化县农信社与长江镇利民香菇专业合作社、贫困户签订授信与合作协议，通过"再贷款＋"模式引导全县6家银行共同为香菇合作社等涉农企业授信1.06亿元。又如，翁源县创新"再贷款＋互联网＋精准扶贫"模式，为当地农业龙头企业发放贷款3000万元，带动当地18户贫困户参与生产养殖工作，并促成农业龙头企业与贫困户签订包销协议。翁源农商行运用自有资金向中心村发放贷款932.25万元，成立草菇生产合作社，带动34户贫困户发展生产。

（二）运用互联网手段，拓展扶贫企业融资新路径

选取农村信用体系建设基础较好的云浮、韶关、肇庆、梅州、清远等地开展"互联网＋信用'三农'"农产品融资众筹试点，探索以数字普惠金融方式

解决"三农"问题。鼓励互联网金融企业在政策范围内规范开展服务创新，为农业生产主体向社会众筹融资，撬动社会资本投向扶贫领域，为金融精准扶贫开辟了新视野和新路径。截至 2018 年 9 月末，广东累计上线 962 个"互联网＋信用'三农'"农产品众筹项目，融资金额 1.82 亿元。如，云浮通过"事前信用筛选、事中信用担保、事后信用跟踪"方式，将信用建设贯穿扶贫融资全过程，推动互联网金融公司与信用户、贫困户合作，以实物抵息的众筹方式，把社会资金精准投放到扶贫企业，形成"项目—融资—生产—销售"一条龙的全流程扶贫服务模式。截至 2018 年 9 月末，云浮共有 112 个农产品众筹项目成功上线，成功筹资 3940 万元，为农户和贫困户每年增加收入 4 万元。

三、完善保障体系，提高金融扶贫风险分担水平

（一）推动设立扶贫小额信贷专项补偿担保基金

发挥财政资金杠杆作用，为金融机构发放扶贫小额信贷提供贷款风险担保，有效推动扶贫小额信贷政策落地。如，韶关市政府在各县（市、区）共设立 3939 万元扶贫小额信贷风险补偿基金，对"政府＋银行＋贫困户"模式发放的扶贫小额信贷进行全额贴息并提供风险保障，贷款金额 3590 万元，支持 1115 户贫困户。

（二）推动设立精准扶贫专项基金

通过政府增信杠杆作用，放大信贷投放倍数，促进财政政策和金融政策有效融合，提高"信贷＋财政"资金的扶贫效率，减轻贫困户贷款利息负担。如，云浮郁南县设立金融扶贫担保基金 1000 万元，放大 5 倍金额向全县所有 4497 户贫困农户整体授信 5000 万元，贷款期限内由扶贫基金按季贴息 90%，贫困农户仅承担 10% 的利息。

（三）探索发展农村扶贫融资互助帮扶

部分地区成立农村扶贫互助帮扶组织，发展互助资金使用模式，提高贫困户融资可得性。如，清远阳山县创新推出"互助资金＋扶贫经纪人"等五种互助资金使用模式，带动 1003 户贫困户发展特色种养项目 600 多个，户均增收 3000 多元。

（四）不断完善农业保险体系建设

大力发展扶贫小额保证保险、农房保险、特色农产品保险等涉农保险产

品，探索开展"保险＋银行＋政府"的多方信贷风险分担机制，增强贫困户农业生产的抗风险能力。目前，省内各地市均实现了农房统保、能繁母猪保险100％覆盖；各地市积极探索开展扶贫小额保证保险、特色农产品政策性保险和人身保险，助推贫困户发展农业生产。如，云浮云安区由财政扶贫资金对购买扶贫小额信贷保证保险的贫困户不低于80％的保费补贴，努力实现应保尽保。

四、创新金融产品服务，满足贫困地区多样化融资需求

鼓励金融机构实施扶贫信贷倾斜措施，对贫困户或带动贫困户创业就业的农业经营主体给予不同程度的贷款优惠，在贷款额度、准入、担保方式等条件上给予倾斜，在审批流程、办结时限方面开辟绿色通道，建立金融扶贫贷款专项考核奖励等正向激励机制，探索创新金融精准扶贫产品和服务方式，不断提高金融精准扶贫服务水平。

（一）推广扶贫小额信贷，对接贫困户生产资金需求

联合省扶贫办确定广东扶贫小额信贷的合作金融机构。推动合作金融机构与当地扶贫办签订《扶贫小额信贷合作协议》，在省内全面推行5万元以下、期限3年内的扶贫小额信贷。指导合作金融机构主动与扶贫主管部门对接，探索符合当地特点的贷款管理模式，对贫困户推出采取担保无抵押方式授信的"惠农易贷""精准扶贫贷"等新型扶贫小额信贷产品，积极推广扶贫小额信贷业务。在保证贷款安全、商业可持续的前提下，尽量简化贷款手续，缩短贷款审批时间，为有融资需求及偿还能力的贫困户提供便捷、高效的扶贫小额信贷资金。

（二）拓展金融产业精准扶贫模式，带动贫困户创业就业

引导金融机构立足贫困地区特色产业，有效支持当地特色产业和新型农业经营主体发展。金融机构因地制宜，积极创新扶贫和涉农信贷产品，推出专业大户贷款、家庭农场贷款、订单农业贷款、妇女创业贷款、渔船抵押贷款、"政银保"贷款、林权抵押贷款、青年创业贷款、"卡贷宝"贷款等农村金融产品，产生以银行贷款拉动农业发展的连锁效应。探索"信贷＋龙头企业＋贫困户""支农再贷款＋龙头企业＋贫困户""合作社＋贫困户""农信社＋政府扶贫担保基金＋政府下属企业＋贫困户"等产业精准扶贫模式，带动贫困户创业就业。

▼ 专栏 2

云浮探索"龙头企业＋贫困户"金融产业扶贫模式

在人民银行广州分行的支持下，人民银行云浮市中心支行认真贯彻落实"金融支持精准扶贫"有关决策部署，先后出台《关于推进金融支持精准扶贫的实施意见》等工作指引文件，制定金融支持产业扶贫开发相关规划和工作机制，推动金融机构精准对接脱贫攻坚多元化融资需求，探索金融支持"龙头企业＋贫困户"产业精准扶贫模式。其中，针对广东温氏食品集团股份有限公司的产业扶贫模式，人民银行云浮市中心支行指导辖区金融机构积极开展金融产品与服务创新，精准对接相关主体的金融服务需求。

一是发放产业扶贫贷款。农业银行云浮分行 2017 年发放给温氏集团 8 笔合计 12 亿元的产业扶贫贷款，贷款采用信用方式发放，期限为 1 年或 3 年，贷款利率为基准利率下浮 10%，加权平均利率 4.125%。

二是针对合作农户需求，创新推出相关信贷产品。农业银行云浮分行针对温氏集团合作农户生产经营信贷需求，运用互联网大数据分析等新技术，创新推出特色产品"温氏养殖户 e 农贷"。该产品具有自助用信、随借随还、申请便利、时效性强等特点，通过建立授信模型批量导入白名单，实现系统自动审批、客户便捷用贷，养殖户最快 5 分钟可获得贷款，为养殖户提供高效便利的融资服务。金融机构还为与温氏集团开展养殖合作的贫困户量身定做"温氏集团＋养殖贫困户＋扶贫小额贷"系列信贷产品。郁南县农信联社推出"温氏养殖贷"产品，专门对参加郁南县桂圩镇罗顺村精准扶贫温氏养殖肉鸡示范小区项目的贫困户进行贷款支持。云浮新兴东盈村镇银行针对温氏集团合作养殖户新建或扩大养殖项目的融资需求，利用支农再贷款资金，创新推出担保方式灵活、利率优惠的温氏养殖户专项贷款产品，只要养殖户与温氏集团签订结算协议书即可办理贷款。截至 2018 年 9 月末，该行累计办理温氏养殖户专项贷款 26 笔，金额共 800 万元，加权平均利率 5.71%。

（三）发挥农业供应链融资优势，缓解贫困户融资难问题

积极发挥中征应收账款融资服务平台的资源整合作用，推动农业供应链加入平台，加大金融支持"三农"、精准扶贫的力度。以梅州为试点，以点带面，通过"平台＋支农再贷款＋农业供应链"，设计出符合农户、公司（合作社）条件的应收账款融资产品，缓解农户、贫困户因规模小、授信评级低、无有效抵押物带来的融资难、融资贵问题。在该模式下，农户作为上游供应商，以未来的养殖收入或者销售收入开展应收账款质押融资；农业企业作为债务人，及时确认账款真实性，与农户、贫困户形成利益共同体；金融机构运用人民银行支农再贷款资金向农户发放贷款。截至 2018 年 9 月末，成功推动梅州 12 条供应链加入中征应收账款融资服务平台，达成融资 170 笔，融资金额1797.4 万元，直接支持 97 户农户融资发展生产。其中，兴宁市金鸽养殖专业合作社从金融机构融资 399 万元（其中 85 万元为支农再贷款资金），带动当地83 户贫困户发展肉鸽养殖，实现 267 名贫困农民在家门口就业，发挥了良好的示范效应。

（四）发展金融支持教育扶贫，点燃脱贫希望之光

指导国家开发银行广东省分行联合省教育厅推动各地县级资助中心的标准化建设，确保贫困学子应贷尽贷，帮助贫困家庭通过教育实现脱贫。自开办助学贷款至 2018 年 9 月末，该行累计发放助学贷款 40.46 亿元，惠及学生 68 万人次。其中，累计发放生源地助学贷款 2.41 亿元，惠及考往省外高校的贫困学生 2.9 万人次。

（五）提高险资参与程度，拓宽贫困地区企业融资渠道

鼓励保险业金融机构充分发挥金融助推脱贫攻坚的作用，主动对接贫困地区多元化融资需求。支持保险资金以债权、股权、资产支持计划等形式，参与贫困地区基础设施、重点产业和民生工程建设。探索开展"保险＋银行＋政府"的多方合作扶贫机制，增强保险资金支持贫困地区发展的效能。

五、推进普惠金融发展，夯实贫困地区金融服务基础

（一）加强农村信用体系建设，改善贫困地区融资环境

建立健全扶贫信息评价体系，搭建全省统一的中小微企业信用信息和融资对接平台及农户信用信息系统，以"大数据＋信用服务"帮助中小微企业和农户融资。截至 2018 年 9 月末，省中小微企业信用信息和融资对接平台累计

实现融资对接 2.67 万笔，金额 7138.14 亿元；农户信用信息系统已采集 569.87 万户农户数据，在全省县域实现 100% 覆盖。同时，在《广东省农户信用等级划分与评定》的基础上，研究建立更加科学的指标体系测度贫困户信用等级，深入挖掘贫困户信用信息价值，坚持信用信息采集、信用评级与信用培植相结合的金融扶贫方式，培育信用土壤，为金融精准扶贫营造良好的信用环境。

（二）便利农村支付环境，打通金融服务"最后一公里"

联合省金融办印发《广东省农村地区移动支付专项工程推广方案 (2017—2020 年)》，启动农村地区移动支付专项推广工程，积极探索"银行卡助农取款服务 + 移动支付"等普惠金融特色模式。印发《中国人民银行广州分行办公室关于进一步加强银行卡助农取款服务管理的通知》，规范助农取款业务发展，强化风险防控，不断提升服务质量。鼓励金融机构在贫困地区合理优化网点布局，扩大服务网点覆盖面，推动网点服务升级，为贫困户提供更便捷、更优质的基础金融服务。组织农村支付服务市场主体因地制宜依托助农取款服务点，建设集金融法规知识宣传、支付结算、小额信贷咨询、金融消费者权益保护、小额零钞兑换、征信查询等金融服务于一体的农村金融综合服务站，不断拓展助农取款服务点应用。截至 2018 年 9 月末，广东共有银行卡助农取款服务点 2.45 万个，其中加载了电子商务功能的助农取款服务点 5400 个。2018 年 1 – 9 月，广东省助农取款服务点累计发生助农转账交易 440.47 万笔；转账金额 27.84 亿元，同比增长 25.17%。通过服务点支取国家惠农支农补贴超过 101.34 亿元，惠及农户超过百万户。

六、加强政策宣传，营造金融助推扶贫攻坚良好氛围

组织金融机构结合贫困地区实际，通过开展基层网点宣传、深入现场宣讲、手机微信推广、派发宣传手册和折页等形式，加强金融精准扶贫政策和产品服务的推介，不断提升相关政策及工作的普及认知程度，促进金融精准扶贫工作持续深入推进。一是充分利用金融机构营业网点电子载体、宣传折页、营业大厅业务咨询台进行全方位宣传，并在网点设立扶贫业务对接专窗，接受业务咨询及受理。如，韶关市涉农金融机构在业务网点设立"金融扶贫服务窗口"，主动为贫困户提供优质金融服务和绿色通道。二是利用网络、微信公众号等媒介构建新兴宣传平台。如，肇庆、惠州等地金融机构在微信公众号推送

金融精准扶贫政策，扩大扶贫政策知晓覆盖面。三是通过"进校园、进乡镇、进社区、进贫困村"等方式，向基层广泛普及最新的扶贫政策，并有针对性地推介金融扶贫专项产品。如，湛江、韶关等地金融机构深入贫困村重点宣传小额扶贫信贷，累计发放宣传手册2500余份。梅州地区金融机构走进校园解答助学贷款政策，发放宣传资料650余份。揭阳地区金融机构将精准扶贫产品归编成册向客户普及。阳江地区金融机构在286个乡镇网点通过电子公告栏和宣传栏开展扶贫宣传，向各乡镇群众3900人次发放宣传折页和手册，并在《阳江日报》发表两期政策解读，增强政策宣传影响力。

四川省金融精准扶贫实践经验

——完善政策体系 发挥工作合力
全力推进金融精准扶贫见成效

作为全国脱贫攻坚任务最繁重的省份之一，四川省贫困具有"面宽、量大、程度深"的特征。2016 年底，全省有脱贫攻坚任务的县 160 个，其中国定和省定贫困县分别为 66 个和 22 个；深度贫困县 45 个；贫困人口数 272 万人，在全国排名第 6 位。"精准扶贫、精准脱贫"实施以来，人民银行成都分行充分发挥金融精准扶贫牵头作用，推动建立省市县三级党政与金融密切互动的工作机制、政策体系，较好地发挥了政策激励与市场运作的结合作用，取得明显成效，获得多方认同肯定。国务院《关于对 2016 年落实有关重大政策措施真抓实干成效明显地方予以表扬激励的通报》，对四川营造诚信金融生态环境、维护良好金融秩序、扶贫开发减贫等工作进行通报表扬；人民银行潘功胜副行长批示"四川金融精准扶贫做法值得学习"，并要求宣传推广；四川原省委书记王东明批示，对人民银行成都分行金融精准扶贫工作表示感谢，并要求各方主动对接，做好做细，走出具有四川特色的金融扶贫新路子。

一、主要做法

（一）深化工作机制，突出协调联动

一是加强组织领导。建立了由省、市（州）、县（区、市）三级地方党政"一把手"负总责，人民银行成都分行及其分支机构为牵头部门，发展改革、财政、金融监管、扶贫、产业主管部门协调配合，各类金融机构广泛参与的金融助推脱贫攻坚协调机制，强化了组织保障。二是完善政策体系。2016 年以来，四川省脱贫攻坚工作领导小组、人民银行成都分行等相关部门印发了《四川省金融助推脱贫攻坚行动方案（2016—2020 年）》等 29 项主要政策文件，各地、各金融机构也出台了具体的实施方案、年度计划等，为金融精准扶贫到村到户提供了行动指南。三是抓好组织推动。2016 年以来，9 次召开全省性的金融精准扶贫工作会议，6 次召开深度贫困等重点地区金融精准扶贫工作会议，安排全省阶段性重点工作。四是信息互通共享。建立省市县三级金融精准扶贫信息对接共享机制，实现银行、证券、保险、扶贫移民、农业等部门信息互通共享，为推动政策整合形成合力提供了坚实基础。五是开展培训宣传。召开全省金融精准扶贫政策培训会议，组织各地及金融系统开展多形式、多层次宣传培训活动，做到"户户有折页、村村有宣传栏、基地有展板"，为全省各级扶贫干部、建档立卡贫困户、扶贫带动主体全面解读培训金融精准扶贫政策。

（二）完善政策体系，突出激励引导

一是强化扶贫再贷款支持引导。印发《中国人民银行扶贫再贷款管理操作规程》，创新实施"核定额度、循环使用、随借随还"制度，开展现场核查，通过"扶贫再贷款＋"模式，引导金融机构加大贫困地区信贷投放，降低融资成本。截至 2018 年 9 月末，共向全省 88 个贫困县安排扶贫再贷款限额 205.7 亿元，余额 139.7 亿元；运用扶贫再贷款建成示范基地 272 个，基地内运用扶贫再贷款发放贷款利率低于其他贷款利率 2.46 个百分点。

二是强化财政资金对金融资源的撬动。出台覆盖全部贫困地区的 21 项贴息及奖补政策，要求金融机构将获得的补贴资金向基层机构和经办人员倾斜。对扶贫小额信贷按最高 5%的标准予以贴息，对发放贫困人口贷款的金融机构按投放额 1%的比例给予补贴，对在基础金融服务薄弱地区设立服务网点、布放金融机具的金融机构给予费用补助，降低金融机构开展金融精准扶贫业务的成本，调动其积极性。

三是强化扶贫贷款风险防控。四川省 160 个有脱贫攻坚任务的县 100%建立了扶贫小额信贷风险基金，银行和基金按 3:7 的比例承担信贷风险（深度贫困地区 2:8）。截至 2018 年 9 月末，四川扶贫小额信贷风险基金总规模达到 36 亿元。风险基金既为贫困人口获得贷款支持提供了增信，提高了财政资金的运用效率，又有效缓解了贫困人口贷款高风险难题，打消了金融机构放贷顾虑。

四是强化保险保障。四川省为贫困户量身打造"扶贫保"保险产品，保费由财政补贴 80%、贫困户承担 20%，有效解决贫困人口因意外事故、因疾病致贫返贫等问题。截至 2018 年 9 月末，"扶贫保"产品已在四川 21 个市（州）、121 个县（市、区）全面铺开，为 244 万户次贫困户提供风险保障 1607.1 亿元。鼓励贫困人口特别是贷款贫困户购买小额信贷保证保险、农业保险等。此外，积极推动金融机构与各级政策性农业担保公司、省再担保公司、农业担保公司合作，为贫困地区金融精准扶贫贷款提供增信。

▼ 专栏1

"扶贫再贷款 + 扶贫小额信贷" 金融精准扶贫到村

2016年4月，人民银行广元市中心支行率先试点"扶贫再贷款 + 扶贫小额信贷"金融精准扶贫模式，支持贫困户自主发展致富产业。一是用活扶贫再贷款资金。采用"一次审批、分批提款"方式，为地方法人金融机构提供扶贫再贷款支持，有效缓解其以基准利率发放个人精准扶贫贷款存在的利润薄或成本倒挂问题。二是建立"分片包干、整村推进"制度。金融机构与县区政府签订责任书，为所有有贫困户的行政村设立政策宣传专栏、分发宣传折页、举办培训班、布放金融机具，逐村落实政策宣传、放贷、基础金融服务等责任。三是创新"一授、两免、四优惠、四防控"扶贫小额信贷运作模式。完善贫困户评级授信体系：成立由村两委及驻村干部、群众代表等组成的村级风控小组，依据诚信度、劳动力、劳动技能、家庭收入四项指标按照"5221"权重，对贫困户确定4个信用等级，对应授信2万～5万元。发放"两免、四优惠"贷款：金融机构运用扶贫再贷款资金发放"两免、四优惠"贷款，即免担保、免抵押，在贷款条件（贫困户贷款年龄可放宽至65周岁）、期限、利率（基准利率）、结息贴息（灵活结息方式，提供最长3年、最高5%的贴息）上实行优惠。建立四级风险防控体系：县区政府设立风险补偿基金、有条件的贫困村建立村级风险互助金、村级风控小组协助银行开展贷款管理、鼓励贷款贫困户购买农业保险。截至2018年9月末，广元市运用扶贫再贷款资金发放扶贫小额信贷16.91亿元，支持了739个贫困村4.14万户贫困户发展增收产业。

（三）创新服务模式，突出定向精准

一是创新"扶贫再贷款 + 个人精准扶贫贷款"模式。人民银行成都分行联合省委组织部、省统计局随机选取1.2万户贫困户开展问卷调查，摸清全省贫困户金融服务现状及需求特点。印发《四川省"央行扶贫再贷款 + 个人精准扶贫贷款"金融精准扶贫到村模式操作指南》，探索创新"分片包干、整村推进"制度和金融精准扶贫到村双向联络员制度，逐村落实金融机构对贫困户的评级、授信、放贷、基础金融服务等责任。截至2018年9月末，四川省已完成3.53万个有贫困户的行政村"分片包干"责任书签订并建立到村联络员制度，覆盖率达100%；完成148.4万户贫困户信用评级，评级率达98%。截至9月末，四川地方法人金融机构运用扶贫再贷款向贫困户发放的个人精准扶贫贷款余额93.69亿元，带动金融机构运用自有资金发放的个人精准扶贫贷款余额246.31亿元。全省扶贫小额信贷余额从2016年第一季度末的不到6亿元增加到2018年第三季度的152亿元，增长24.3倍。

二是探索金融支持产业扶贫有效路径。探索"扶贫再贷款＋绿色生态种养业＋贫困户""旅游扶贫＋贫困户""农村电商＋贫困户""农村'两权'抵押贷款＋产业扶贫"等模式，密切金融与贫困地区产业发展的关系，夯实稳定脱贫基础。深入实施新型农业经营主体主办行制度，金融机构与新型农业经营主体建立"一对一"结对服务关系，新型农业经营主体与贫困户建立就业、入股、购销等利益联结机制。金融机构创新信贷管理机制，比如，农业银行对贫困地区基层行单列信贷计划，邮储银行对贫困地区实行不良容忍度、业务权限、贷款审批效率、考核分值"四个提高"，进一步加大对贫困地区支持力度。开展旅游扶贫示范村、金融支持创业扶贫示范村、扶贫惠农示范基地创建。组织开展常态化融资对接活动，2018年前三季度，四川各市、县合计举办产业扶贫融资对接活动155场，签订贷款合同金额583亿元。

三是做好易地扶贫搬迁、重点项目等领域的金融服务。人民银行成都分行联合四川发展改革等部门率先印发《四川省易地扶贫搬迁项目资金使用规范》。国开行四川省分行探索县级平台公司代办模式，有效解决国开行县域无网点问题，实施"基金＋贷款＋债券"三位一体融资模式，在达州市宣汉县、万源市开展易地扶贫搬迁后续产业扶贫试点。四川省市场利率定价自律机制对易地扶贫搬迁贷款进行自律管理，贷款利率在基础利率上下浮10%。四川泸州市率先在全国成功发行10亿元易地扶贫搬迁项目收益债。国开行、农发行配套运用PSL资金支持贫困地区基础设施建设。政策性、商业性金融机构新增扶贫过桥、旅游扶贫、农村路网、农田水利等扶贫贷款产品，重点支持贫困地区扶贫项目建设。

四是做好定点帮扶工作。组织全省金融单位认真落实对口帮扶工作责任，并将适合贫困地区和贫困人口的金融产品优先放在定点帮扶村先行先试，以定点帮扶贫困村为突破口，积极打造金融精准扶贫示范村。截至2018年第三季度末，全省金融系统定点帮扶村640个，贷款余额10.31亿元，其中，扶贫小额信贷4.55亿元；建成助农取款服务点788个；建成农村扶贫金融综合服务平台144个。

▼ 专栏2

定点帮扶帮助特口甲谷村特色产业升级

特口甲谷村位于全国脱贫攻坚任务最艰巨地区之一的大凉山深处，是人民银行成都分行的定点帮扶村，有贫困户64户、227人，85%为文盲，计划2019年脱贫退出。人民银行成都分行坚持问题导向，制订《昭觉县特口甲谷村创建"金融精准扶贫示范村"工作方案》，量身定制，帮助特口甲谷村特色产业升级，取得了较好的效果。一是生猪规模养殖。帮助成立"特甲专合社"，引进新希望六和集团建设年出栏5000头现代化生猪养殖项目，由人民银行成都分行、昭觉县政府、新希望六和以及贫困户、非贫困户等各方共同投资，推动凉山农村商业银行运用"扶贫再贷款＋个人精准扶贫贷款"和"扶贫再贷款＋产业精准扶贫贷款"等模式给予信贷支持。该项目于2018年4月建成并投苗运行，11月底，首批3000多头生猪全部出栏，预计3年内贫困户平均每年每户可增收3000元左右。二是贫困户发展特色种养殖。引进、推广土豆新品种，帮助贫困户亩均增产150斤、增收75元；开展大蒜等经济作物试种。此外，高山细毛羊、乌金猪、土鸡等养殖规模也明显扩大。三是民族特色乡村旅游迈出第一步。特口甲谷村第一家农家小餐馆"云上餐厅"于2017年6月正式开业，已实现收入3000元。四是"云端彝村"微店电商平台建成并投入使用，利用微店销售特口甲谷村各类特色农副产品。10月，电商平台集体经济首次分红16600元，其中贫困户200元/户，非贫困户100元/户。

（四）发展普惠金融，突出可及性和获得感

一是加大基础金融设施建设投入。四川金融机构积极向贫困地区延伸服务网点，布放金融机具，开展"迅通工程""支付惠农示范工程"等建设，支持农村电子商务和助农取款服务点合作共建，打造村级金融扶贫综合服务站点、助农取款优质服务示范点等，推动基础金融服务到村到户到人。二是加强农村信用体系建设。开展"三项评定"支持金融精准扶贫工作，依托信用建设向符合条件的贫困户发放信用贷款。各级政府加大对逃废金融债务的打击力度，组织金融机构运用现代信息技术开展诚信教育，着力在贫困地区营造和倡导"守信受益、失信受惩"的信用文化。三是强化贫困地区金融消费者权益保护。依托"萤火虫工程 农民金融夜校"，组织开展形式多样的金融知识及政策普及教育，切实保护贫困对象金融消费权益。

▼ 专栏3

打通"悬崖村"金融服务"最后一公里"

阿土列尔村隶属凉山州昭觉县，因交通极其不便，村民进出村庄靠攀爬藤梯而成为闻名全国的"悬崖村"。2016年下半年，在州县两级财政撬动和金融机构信贷资金支持下，该村修建了钢梯，缓解了山顶村民百年出行难题。其中，农行昭觉县支行作为"悬崖村"主办银行，设立村级金融精准扶贫政策宣传栏和个人精准扶贫贷款公示栏，强化政策宣传培训；发展6个助农取款服务点，2018年前三季度累计交易87笔、金额4.9万元，让山顶的村民不下钢梯就能获得便捷服务；帮助村民开起了山顶农家饭店和小商店，依靠接待游客增收脱贫。人民银行凉山州中心支行创新开展贫困户个人精准扶贫贷款现场发放工作，组织金融机构为28户贫困户发放贷款61.5万元，"悬崖村"84户贫困户中有38户获得扶贫小额信贷，余额74万元，覆盖率达到45.23%，截至2018年第三季度末发生不良贷款6.0万元。

（五）强化考核督导，突出务实高效

一是注重考核。四川省委省政府将金融精准扶贫工作纳入对市（州）、贫困县和有脱贫攻坚任务的非贫困县党政目标考核，发挥考核指挥棒作用，各级党政更加重视金融精准扶贫，运用金融资源投入脱贫攻坚的积极性明显提高。二是开展劳动竞赛。人民银行成都分行联合四川省总工会开展"发挥金融合力 助推脱贫攻坚"主题劳动竞赛，树立先进榜样，强化金融扶贫责任担当。三是注重跟踪监测。人民银行成都分行自主开发货币信贷大数据监测分析系统，对金融精准扶贫数据按月监测分析、按季通报，适时掌握全省金融精准扶贫进展。四是开展现场督查。牵头联合相关部门出台《四川省金融精准扶贫工作督查实施方案》，组织督查组对各地各机构特别是深度贫困地区以及计划摘帽退出县、村、户开展现场督查，及时了解掌握政策落实情况。五是开展年度评估。对省内 66 个国定贫困县及其金融机构开展金融精准扶贫政策效果评估，将评估结果作为 MPA 考核、扶贫再贷款等货币政策工具运用的重要依据。

▼ 专栏4

务实开展专项督导　　积极推动政策落地

　　为督促指导各地进一步做好金融精准扶贫工作，2018 年 9 月，人民银行成都分行会同四川省扶贫和移民工作局、四川省财政厅、四川银监局等 7 个部门对四川省金融精准扶贫工作开展督查调研。此次调研深入、全面、扎实。一是点面结合，突出重点。督查调研采用自查自纠和现场调研相结合的方式，选择 10 个市州的 16 个县、区开展现场督查。其中集中连片贫困县 12 个（深度贫困县 5 个）、非集中连片贫困县 4 个，金融精准扶贫工作具有一定代表性。二是工作扎实，细致深入。在督查期间组织召开 16 场金融精准扶贫工作座谈会，查阅近 1000 份文件资料，抽查 110 笔扶贫再贷款信贷档案，实地走访 29 个有建档立卡贫困户的行政村，与 30 余名"第一书记"或村组干部交谈，走访 60 余户建档立卡贫困户，对各地金融精准扶贫工作开展情况进行了全面调查了解。三是严格要求，务求实效。在走访对象选择方面，随机确定现场走访的行政村和农户，事前不通知，力求掌握最真实的第一手资料；在接待安排方面，实行轻车简从，市级领导不陪同到县、县级领导不陪同到村；在发现问题整改方面，能立即整改的基本于 2018 年 10 月底前整改到位，对不能及时整改的，均制定了详细责任清单和整改计划。

二、主要成效

（一）信贷资源加快向脱贫攻坚领域聚集

截至 2018 年第三季度末，四川金融精准扶贫贷款余额 4163.7 亿元，同比增长20.5%，高于全省各项贷款增速7.6个百分点。其中，个人精准扶贫贷款余额339.7亿元，同比增长19.3%（扶贫小额信贷余额152.2亿元，同比增长19.7%）；产业精准扶贫贷款余额668.3亿元，同比增长42.2%；项目精准扶贫贷款余额3155.7亿元，同比增长16.9%。

（二）贫困户有效信贷需求得到较好满足

截至2018年第三季度末，四川金融机构已向73.37万户贫困户发放个人精准扶贫贷款，占全省贫困户家庭总数的38%，信贷对贫困人口的精准支持覆盖率达到了较高水平。"三区三州"地区扶贫小额信贷余额18.72亿元，同比增长52.4%。

（三）扶贫贷款利率优惠较为明显

2018年第三季度，全省金融精准扶贫贷款加权平均利率5.31%，低于同期农村商业银行贷款加权平均利率2个百分点。其中，个人精准扶贫贷款加权平均利率为5.58%，扶贫小额信贷加权平均利率为4.46%，在财政给予最高5%的贴息后，部分贫困户几乎可以"零成本"使用贷款资金；产业精准扶贫贷款加权平均利率为5.78%；项目精准扶贫贷款加权平均利率为5.08%。

（四）贫困地区基础金融服务基本全覆盖

截至2018年9月末，四川省农村地区已设有银行网点8735个，布放ATM2.4万台、POS机25.33万台，设立助农取款点7.76万个，助农取款等基础金融服务覆盖了99.1%的行政村，实现了有电有通信的行政村基础金融服务全覆盖，贫困户足不出村便可享受取款、转账等基本金融服务。四川省已为1438万户农户、3.57万户新型农业经营主体建立信用档案，采集非银信用信息达100.71万条。

▼ 专栏5

金融支持旅游扶贫　高原绽放格桑花

甘孜州地处四川藏区，是全国深度贫困地区之一。人民银行甘孜州中心支行结合甘孜全域旅游规划，通过"扶贫再贷款＋旅游扶贫＋贫困户"模式支持当地木雅圣地景区发展，四川省委书记王东明视察示范基地后，对"旅游＋扶贫"模式给予充分肯定。在扶贫再贷款的支持下，康定信用社向康定木雅泽朵旅游投资开发有限责任公司发放贷款4980万元，并在景区内安装一台存取款一体机，有效满足当地村民及游客的金融服务需求。企业收购贫困户牧民定居住房，支付购房款303万元，补助金36万元；为村民缴纳医疗保险7.26万元；组织适龄学生免费到泸州集中学习，并为其购买医保8520元；建设工程临时用工优先使用贫困户，累计支付工资105万元；吸纳48名贫困人口从事景区日常维护；景区每年为村集体分红，2016年已分红80万元，预计以后每年分红可达200万元；建设专属商业区，用于村民销售土特产品，预计平均每户每年收入可实现2万～3万元。该企业帮助贫困户脱贫致富的同时，也受到了农牧民的拥护和支持，形成了农旅互动、共同发展的良好态势。

三、几点启示

（一）深化认识是前提

金融精准扶贫工作是一项系统性工程，需要地方党政、各部门、各金融机构的高度重视和共同参与。四川省各级、各部门高度重视金融精准扶贫工作，地方党政主要领导"挂帅"，人民银行成都分行及各分支机构成立了"一把手"负责的金融扶贫工作领导小组，在会议、督导等多个场合，学习贯彻金融精准扶贫本质，并帮助各级、各部门、各机构从国家战略高度、从社会发展的全局出发，站在贫困地区与全国同步建成小康社会的高度认识金融精准扶贫，平衡好追求商业利益和履行社会责任之间的关系，以勇于担当的情怀和善于"绣花"的功夫去推动、贯彻、落实好金融精准扶贫各项安排部署。

（二）政策引导与市场主导结合是关键

金融精准扶贫既要防止"运动式"扶贫可能造成较高信贷风险，又要防止"口号式"扶贫无所作为。因此，四川省在推动金融精准扶贫工作时，始终坚持将政策引导和市场主导有机结合。注重货币政策工具的运用和引导，注重信贷风险补偿机制的建立完善，注重财政奖补贴息等资源对金融资源的撬动，注重诚信环境打造。这些措施较好地缓解了金融精准扶贫贷款风险高、利润薄、管理难等矛盾，让金融机构实现了保本微利。同时，注重发挥市场的决定性作用，金融机构放贷遵循市场规律，把市场化运作贯穿到金融精准扶贫全过程，让金融机构在履行社会责任的同时，实现了"进得来、愿意来、留得住、显身手"。

（三）落实金融机构主体责任是核心

四川省注重推动各类金融机构落实责任担当，按村签订工作责任书，明确对贫困村、贫困户的评级授信、政策宣传、基础金融服务等责任，积极参与金融精准扶贫劳动竞赛，配合做好金融扶贫督查和评估等，形成政策性、商业性、合作性等金融机构共同参与的金融扶贫开发格局。政策性银行利用资金来源稳定、成本低的优势，为贫困地区基础设施建设提供优惠长期贷款支持，目前政策性银行项目精准扶贫贷款余额占四川全省的58.5%；农村信用社和农村商业银行发挥农村市场主力作用，推进个人精准扶贫贷款发放，目前农信系统个人精准扶贫贷款余额占四川全省的76%；农业银行和邮储银行采取单列信贷规模、单列资产费用计划、优先处置核销不良贷款等措施加大对贫困地区的支持，金融精准扶贫贷款增长十分迅速。

（四）扶贫产业发展壮大是支撑

有效的信贷需求离不开产业载体，金融扶贫的"造血"功能，也只有通过产业扶贫才能更好体现。四川贫困地区大多交通不便、信息闭塞、产业薄弱，不少贫困对象不知道"贷款做什么"。因此，各贫困地区把发展特色优势扶贫产业放在突出位置，激发有效信贷需求，培育合格承贷主体，这也是当前做好金融精准扶贫工作的现实之举。

（五）试点先行是有效方法

金融精准扶贫是一项全新的工作，在初期没有成熟经验和方法可借鉴，四川采取了先行先试再全面推广的方式。如个人精准扶贫贷款，最初在广元市试点"央行扶贫再贷款＋个人精准扶贫贷款"，积极探索出了以"分片包干、整村推进"为主的系列工作模式，能较好地推动金融资源到村到户。在试点基础上，及时将广元做法编制成工作指南进行推广，推动个人精准扶贫贷款实现大幅增长。

▼ 专栏6

大数据监测分析助推金融精准扶贫管理精细化

　　人民银行成都分行紧紧围绕服务实体经济、防范金融风险、深化金融改革工作部署，运用金融科技最新成果，在同步开发"数字央行"大数据基础应用平台的基础上，自主开发货币信贷大数据监测分析系统。该系统是总行金融精准扶贫信息系统的重要补充，实现了对金融精准扶贫数据的按月监测和到县、到村、到户、到人的精准分析，同时，还具备网上融资对接功能、信息交互功能，畅通了金融精准扶贫政策的传导渠道，有力助推了全省金融精准扶贫工作取得成效。目前，系统专门设置了"金融精准扶贫模块"，持续监测、定期通报金融精准扶贫效果，在金融精准扶贫等方面得到深度运用。系统扩展金融精准扶贫监测范围、频率、维度，对个人、产业、项目精准扶贫贷款的监测细化到了"分片包干、整村推进"评级授信情况、产业扶贫融资对接服务情况、定点扶贫示范村金融服务情况、易地扶贫搬迁金融服务台账等的全面监测分析，实现对全省625万贫困人口、近4万个行政村金融支持情况的精细分析和动态监测。同时，在数据的校验方面，可实现不同系统之间数据的交叉核对，有效提高了监测数据的准确性和可靠性。

陕西省金融精准扶贫实践经验

——坚定站位　精准突破
举全系统之力助推打赢陕西脱贫攻坚战

陕西地处西部，横跨黄河和长江两大流域中部，全省国土面积20.58万平方公里，山地总面积36%，平原面积仅占19%，是全国跨片区最多的省份之一，是新时期扶贫开发的主战场之一。截至2017年末，省级扶贫标准下全省仍有贫困人口65.89万户、183.3万人，贫困发生率7.54%，总体上呈现面广量大、贫困程度深等特征，金融扶贫开发任务十分艰巨。

近年来，人民银行西安分行按照总行、陕西省委省政府关于打赢脱贫攻坚战的部署和要求，坚定政治站位，高效履行脱贫攻坚金融服务的组织领导职责，银行、证券、保险共同推进，政策、管理、服务齐头并进，在全省范围内持续开展"金融助推脱贫攻坚陕西行动"。从组织机制、资金保障、综合服务、金融创新四大层面扎实推动，精准发力，取得了积极的成效，为陕西省脱贫攻坚提供了有力的金融支撑。截至2018年9月末，全省金融精准扶贫贷款余额1523.54亿元，同比增长33.50%，高于同期全省贷款平均增速19.88个百分点；产业精准扶贫贷款余额230.24亿元，同比增长26.12%；扶贫小额信贷历年累计发放32.7万户、144.8亿元，2018年前三季度累计发放8.7万户、31.9亿元，余额117.4亿元，呈现"增量减价降门槛"的态势。陕西省金融扶贫工作多次在人民银行、国务院扶贫办、省委省政府组织的各类会议上进行经验交流。

一、持续加强脱贫攻坚金融服务组织领导

近年来，人民银行西安分行一直将金融扶贫作为金融服务实体经济的关键举措和重要抓手，推动省政府成立了金融扶贫联动机制，依托联动机制，出台了一系列金融扶贫政策，开展了金融扶贫绩效评估，脱贫攻坚金融服务组织领

导效能持续提升。

（一）充分发挥金融扶贫联动机制牵头作用

2016 年，陕西省建立了脱贫攻坚金融服务工作联动机制，人民银行西安分行担任牵头单位。为更好地发挥联动机制作用，2017 年人民银行西安分行下发了《关于进一步完善脱贫攻坚金融服务工作联动机制的通知》（西银发〔2017〕163 号），进一步明确工作目标，细化组成部门，提升联动机制工作效能。依托联动机制，人民银行西安分行牵头开展金融扶贫工作。在党中央提出重点推进深度贫困地区脱贫攻坚的战略部署后，人民银行西安分行组织省级有关部门召开了"金融扶贫暨金融支持深度贫困地区脱贫攻坚工作电视电话会议"，牵头制定了《陕西省金融支持深度贫困地区脱贫攻坚十项政策措施》（陕脱贫发〔2017〕46 号），推动金融扶持政策向深度贫困地区倾斜。此外，为落实陕西省脱贫攻坚冬季行动，2017 年 12 月，组织省内人民银行系统召开了"金融支持陕西脱贫攻坚工作电视电话会议"。2018 年多次联合陕西省扶贫办、省金融办、陕西银保监局筹备组、陕西证监局等单位召开金融扶贫联动座谈会，研究全省金融扶贫工作，制订工作计划和方案。总体来看，在各方面的通力合作和高效推动下，陕西省脱贫攻坚金融服务组织机制运行更加顺畅，政策保障体系不断完善，为做好金融扶贫工作打下了坚实基础。

（二）积极出台支持脱贫攻坚系列政策

依托金融扶贫联动机制，人民银行西安分行联合省金融办、原银监局、证监局、原保监局先后出台了《2017 年陕西省金融扶贫工作计划》（陕脱贫发〔2017〕10 号）、《陕西省金融扶贫信贷风险防范体系建设方案》（陕脱贫发〔2017〕26 号）等文件。人民银行西安分行结合产业扶贫、革命老区发展、深度贫困地区等领域的金融需求，出台了《关于金融助推农业供给侧结构性改革加快培育陕西农业农村发展新动能的指导意见》（西银发〔2017〕69 号）、《关于金融助推陕西省革命老区打赢脱贫攻坚战实现加快发展的指导意见》（西银发〔2017〕143 号）、《关于做好金融支持和服务深度贫困地区脱贫攻坚的指导意见》（西银发〔2017〕200 号）、《关于加大产业扶贫金融支持力度的指导意见》（西银发〔2018〕167 号）等文件。陕西省原保监局出台了《关于进一步做好大病保险精准扶贫工作的通知》（陕保监发〔2017〕61 号）、《陕西保险业助推产业扶贫工作方案》（陕保监办发〔2017〕55 号）。陕西省金融机构积极响应脱贫攻坚工作要求，加大政策倾斜，农业发展银行、农业银行、长安银行、陕西省农村信用社联合社等机构均出台了脱贫攻坚指导意见和工作指引等政策文件，通过下放信贷审批权限、倾斜信贷资源、放宽风险容忍度等措施，不断加大对贫困地区的信贷投放。截至2018年9月末，全省56个国家扶贫开发工作重点县区各项贷款余额3100.1亿元，同比增长9.4%。

（三）组织开展金融扶贫绩效评估和督查督导

人民银行西安分行联合监管部门制订了《陕西省金融精准扶贫绩效评估方案》（陕脱贫发〔2017〕11号），按照"分领域设计评估指标、分领域制定评估标准、统一组织实施评估、统一通报评估结果"的"两分两统"原则，对银证保三类省级金融机构按季进行分领域评估；人民银行西安分行根据评估结果，对工作开展不力、成效不明显的银行业机构进行约谈，确保金融扶贫政策落地见效。同时，联合有关部门下发《陕西省金融精准扶贫政策效果评估实施细则》（西银发〔2017〕31号），对全省56个贫困县区及辖内银行业机构开展考核，搭建了覆盖全部金融机构类型、全部县域及县域银行业机构的综合评估体系。此外，为保证国家金融扶贫政策在陕西落到实处、央行专项资金在陕西发挥实效，人民银行西安分行组织并指导分支机构开展抵押补充贷款、扶贫再贷款等央行资金业务现场检查，针对部分地区扶贫小额信贷审计存在的问题进行全面核查，保障了金融扶贫工作的规范、有序开展。

（四）切实做好金融扶贫政策培训与宣传

在培训方面，人民银行西安分行与各监管部门联合开展金融扶贫政策、金融精准扶贫贷款专项统计、扶贫小额信贷等方面的培训活动，提升基层人员政策水平、激发政策活力、提高工作效能。在宣传方面，一方面，积极编发《陕西省脱贫攻坚金融服务工作简报》等内刊，宣传推介各地经验做法；在全省建立93个金融知识普及示范点，编印了《金融精准扶贫产品简介》，面向贫困地区企业、农户免费发放，有效提升了金融产品的知晓度和覆盖面。另一方面，通过季度新闻通气会发布金融扶贫专题新闻通稿；联合新华社陕西分社召开陕西省金融扶贫座谈采访会，政府部门、监管部门、省属企业及金融机构积极参与，会后刊出系列报道6篇。据不完全统计，2017年至2018年9月，中央及地方各类媒体发布或报道陕西金融扶贫工作成果212篇。其中，新华社《国内动态清样》2篇，《半月谈》2篇，《工人日报》1篇，人民网1篇，央广网2篇，新华网6篇，《陕西日报》61篇，《金融时报》88篇。

二、竭力为脱贫攻坚提供多渠道全方位资金支持

习近平总书记强调，"扶贫开发投入力度要同打赢脱贫攻坚战的要求相匹配"。贫困地区基础设施建设、产业发展、移民搬迁等都需要大量资金支持，陕西省金融系统多措并举，间接融资和直接融资并重，竭力为脱贫攻坚提供多渠道全方位资金支持，最大限度满足贫困地区摘下贫困帽、走上致富路的资金需求。

（一）管好用好扶贫再贷款政策工具

为充分发挥扶贫再贷款政策工具的扶贫益贫作用，2018 年人民银行西安分行印发了《关于在深度贫困地区建立扶贫再贷款"四专"审批管理制度的通知》（西银信〔2018〕2 号）、《陕西省优化运用扶贫再贷款发放贷款定价机制实施方案》（西银办〔2018〕194 号）等文件。同时，积极向总行争取增加再贷款限额，推动地方法人金融机构用好再贷款工具，支持贫困地区特色产业发展和贫困人口创业就业。陕西省地方法人金融机构借助扶贫再贷款创新推广"扶贫再贷款＋"模式，探索开展"扶贫再贷款＋银行信贷＋财政贴息""扶贫再贷款＋龙头企业＋贫困户"等金融扶贫模式。自 2016 年 3 月扶贫再贷款创设至 2018 年 9 月末，陕西累计发放扶贫再贷款 171.32 亿元，余额 87.13 亿元，其中，2018 年发放扶贫再贷款 24.22 亿元；陕西省地方法人金融机构运用扶贫再贷款资金发放的涉农贷款加权平均利率为 4.35%，低于同期金融机构运用自有资金发放涉农贷款利率 5 个百分点。

（二）大力支持贫困地区易地扶贫搬迁

人民银行西安分行加大对国家开发银行、中国农业发展银行陕西省分行的督导，推动其做好陕西易地扶贫搬迁金融服务工作。截至 2018 年 9 月末，全省易地扶贫搬迁贷款余额 302.81 亿元，同比增长 57.11%，贷款项目覆盖全省 97 个县（区），农发行、国开行易地扶贫搬迁项目加权平均利率分别为 4.48% 和 4.20%，贷款期限达到 20 年，充分体现了针对贫困地区信贷投放的特惠原则，降低了贫困地区融资成本，为改善贫困地区人民群众生产生活条件起到了积极推动作用。在金融机构积极带动下，陕西省各地加快了易地扶贫移民搬迁投融资平台建设，积极开展易地扶贫移民搬迁项目的立项与考察工作，并结合当地实际，先行先试，走出具有当地特色的移民搬迁道路。

▼ 专栏1

创新信贷产品　助力打造易地移民搬迁的"宁强模式"

陕西宁强县地处巴山深处，是国定贫困县。在人民银行西安分行指导下，宁强县金融机构坚持"搬得出、稳得住、能致富"的总体要求，围绕易地搬迁脱贫中"建、住、创"三个关键环节，推出"搬迁贷"和"致富贷"等金融产品，打造易地移民搬迁的"宁强模式"。

建——"搬迁贷"助建安置点。"搬迁贷"是宁强县农发行支持易地扶贫搬迁的政策性贷款。该贷款以县政府与扶贫开发公司签订的"委托代建协议"合同项下应收账款作质押，还款资金列入财政预算，由政府通过分期购买方式归还贷款本息。贷款主要用于易地扶贫搬迁安置房及配套设施建设、搬迁补偿、临时过渡费用等。贷款期限20年，贷款利率在人民银行基准利率基础上下浮20%，建设期内不付利息。截至2018年9月末，该贷款已发放4.33亿元，支持建设安置房近6000套，已建成4500余套。

住——"分期付款"助圆搬迁梦。"分期付款"是宁强县政府为缓解搬迁户交付安置房自筹资金压力，助其早日入住新居的创新举措。凡在陕南移民办安置确认名单中的搬迁户，均可持安置确认单、身份证、户口簿及征信报告，到宁强县邮储银行申请办理分期付款。首次付款2万元即可入住新居，余款由搬迁户根据自身实际情况，按照3年、5年、8年、10年四个档次，选择分期付款年限。为保证余款按期收缴，"分期付款"采取第三方担保方式，由一名财政供养人员担保或由两名搬迁户联保。"分期付款"利率按照国家同期贷款基准利率执行。截至2018年9月末，已有1181户建档立卡贫困户申请办理"分期付款"业务并正式入住，分期总金额13136万元，受益贫困人口近5300余人。

创——"致富贷"助拓创业路。"致富贷"是宁强县农信社为满足搬迁户购买房屋、发展项目及使用搬迁户劳动力的企业、专业合作社的信贷需求的创新产品。贷款由扶贫开发公司设立专项担保基金，农信社按照1:15的放大倍数发放，利率水平低于农信社其他同类贷款2~3个百分点。同时，为鼓励企业、合作社吸纳搬迁户劳动力，解决搬迁户再就业难题，对使用搬迁户劳动力的企业、专业合作社，按每个劳动力 5 万元匡算贷款额度，单户企业（合作社）贷款可达 300 万元。截至 2018 年 9 月末，已累计发放 8969 万元，支持搬迁创业贫困户 1794 户。

（三）扎实做好扶贫小额信贷工作

2017 年以来，人民银行西安分行加强与陕西省原银监局、省扶贫办等部门的配合，联合出台了《关于进一步健全机制全面推进扶贫小额信贷工作的通知》（陕脱贫发〔2017〕17 号），并随文下发了《陕西省扶贫小额信贷工作指引》。陕西省原银监局出台了《关于进一步做好扶贫小额信贷工作的通知》（陕银监办发〔2017〕57 号）、《关于进一步加大扶贫小额信贷投放力度的通知》（陕银监办发〔2017〕154 号），牵头建立了贫困乡镇分片包干双"责任田"机制，对辖内 1096 个乡镇实行银行、政府双包干，明确双方责任人和联系方式，落实责任，接受群众监督；建立了"双基联动"工作机制，联合省委组织部、省民政厅开展基层银行与基层党组织间的"双基联动"工作，建立近 2 万个"双基联动工作站"，陕西省"双基联动"推进扶贫小额信贷的做法被新华社《国内动态清样》刊发。同时，推动财政部门及时足额设立风险补偿基金，督促金融机构合规发放扶贫小额贷款。2018 年，针对在基层实际工作执行中普遍反映的问题，人民银行西安分行与省扶贫办、财政厅等联合印发了《关于扶贫小额信贷工作中有关问题的通知》（陕扶贫办函〔2018〕356 号），明确了贫困户还款后再贷款、贷款展期和续贷是否享受财政贴息的问题。目前，陕西省扶贫小额信贷工作质量不断提高，多次在国务院扶贫办的通报中获得表扬。

（四）贫困地区非信贷融资不断突破

2017 年以来，人民银行西安分行积极加大扶贫债券产品的宣传推介，加强与银行间市场交易商协会的沟通，争取绿色通道，简化扶贫债券注册流程。2017 年 11 月，陕西省首只扶贫债券"陕西省交通建设集团公司 2017 年第一期扶贫中期票据"在全国银行间市场公开发行，注册金额 50 亿元，首期发行金额 20 亿元，期限 5 年，票面发行利率 5.0%。在同类债券中，该只扶贫债券期限最长、融资金额高、票面利率低、流程短，为多元化筹措扶贫资金作出了有益探索。一年期间对接国家扶贫开发重点县 5 个，涉及贫困人口 69.2 万人。

陕西证监部门紧抓贫困地区企业发行上市"即报即审""审过即发"等有利政策，推动注册于商洛市柞水县的盘龙制药于2017年正式上市，这是全国首家深度贫困县上市公司。2018年协助红星美羚以非公开发行股票的方式在新三板成功融资6670万元。保监部门不断推进"政府支持＋融资支农＋保险保障"的金融扶贫模式，对56个贫困县区的扶贫项目提供年化利率5%、期限最长2年的资金支持。截至2018年9月末，全省险资支农融资额度累计超过40亿元。

三、全力构建金融支持脱贫攻坚综合服务体系

陕西省金融系统不断提升金融服务综合效能，不断完善贫困地区金融基础设施，优化金融生态环境，构建涵盖信用、支付、保险及跨境贸易在内的运行顺畅、稳健高效的综合服务体系。

（一）强化信用体系对金融扶贫的基础作用

人民银行西安分行通过建立针对贫困人口的信用评价指标体系，对信用记录不良的贫困户实施信用豁免和重建；引导金融机构实施针对贫困户的贷款流程再造，对贫困人口开展信用普惠、信用救济工作，帮助被信用制度隔离在金融服务之外的贫困人口获得适当的信贷支持。按照"因地制宜、一地一策、稳步推进"思路，开展信用体系建设推动脱贫攻坚工作，涌现出诸多典型模式。如铜川市宜君县通过信用重建，截至2018年9月末，金融机构共计为失信贫困户授信2166万元，实际发放贷款2007万元，帮助542人重获信用，占全县失信贫困户的80%以上。安康市积极开展贫困户差异化评级授信工作，将符合条件的在册贫困户纳入银行授信范围，给予小额信用贷款支持。渭南在贫困户征信方面放宽准入条件，由征信报告无不良信用记录放宽至24个月内无不良信用记录，信用体系建设服务脱贫攻坚的基础性作用不断增强。

（二）不断完善贫困地区支付环境

人民银行西安分行持续加大工作力度，督导助农取款收单机构加快机具升级改造，畅通跨行渠道，全面开办助农取款、现金汇款、转账汇款、代理缴费等业务，积极推动助农取款与农村电商融合发展，使惠农支付服务点逐渐发展成为农村地区综合性惠农、便民服务点，不断提高偏远农村地区支付服务可获得性。人民银行西安分行在铜川试点开发并上线运行了全国首家惠农支付服务平台，该平台可实现惠农支付服务点、银行网点、ATM定位查询，导航，业务预约，投诉，金融知识宣传以及业务管理等六大功能。截至2018年9月末，

陕西省农村地区发展惠农支付服务点 4.3 万个，其中贫困地区 2.5 万个；建立"助农取款＋农村电商融合发展"服务点 6334 个；布放 ATM 1.22 万台、POS 机 10.09 万台，农村地区银行卡发卡量达 6628 万张，人均持卡量 3.5 张，其中贫困地区人均持卡量 3.0 张。

（三）构建助推脱贫攻坚的保险服务体系

农村保险服务网络更加健全，截至 2018 年 9 月末，全省保险公司共有乡镇级保险机构 1064 个，在 56 个贫困县区设有分支机构 836 家，基层保险服务能力不断提升。不断扩大农业保险的覆盖面，围绕陕西省三大贫困片区"粮、果、牧、菜、茶、游"六大主导产业，开发了红枣、葡萄、猕猴桃、林麝、奶山羊、食用菌等多种地方特色的农产品保险，保自然风险的农险产品达到 33 个，基本涵盖了陕西省主要特色农产品。其中，推出了全国首个花椒综合指数保险，在韩城市和太白县共承保贫困户 2000 余户，承保面积 1.15 万亩。在安康、商洛、汉中等地推出茶叶气象指数保险，承保茶厂和茶农百家次，承保面积 7.5 万亩。以建档立卡贫困户家庭为投保对象，推出"助农保"保险扶贫专属产品，开办至 2018 年 9 月末已实现 8 市 24 个县区建档立卡贫困户全覆盖，累计覆盖贫困人口 36.41 万人，提供风险保障 255.46 亿元；已支付赔款 2564.06 万元，受益贫困户 9329 户次。着力发挥保险资金融通功能，破解贫困地区企业和贫困群众贷款难题，采取"农户＋财政＋保险＋银行"的模式，在为农户和农业企业提供风险保障的同时，通过提供保单抵押，帮助农户获取银行贷款。截至 2018 年 9 月末，"银保富"为 1259 家次涉农企业和农户提供保险保障 2.21 亿元，赔款支出 557.92 万元，受益涉农企业和农户 453 家次。

（四）打造"跨境人民币＋精准扶贫"新模式

人民银行西安分行推动搭建陕西跨境电子商务人民币结算服务平台（"通丝路"平台），平台定位于小微企业和农户，倡导精准扶贫，为小微企业和农户提供出口代理和融资担保等服务。西安分行充分利用"通丝路"平台，创新"跨境人民币＋精准扶贫"新模式，帮助陕西小微企业和贫困户将特色产品推向全球市场的 B2B 综合性服务平台。"通丝路"平台于 2017 年 12 月上线发布，可使用汉语、英语、日语、俄语、韩语五种语言进行宣传推介，让农户足不出户就将"山里货"卖到国际市场，并为跨境电子商务提供在线报关、商检、人民币结算等一条龙服务。截至 2018 年 11 月末，"通丝路"平台出口站点企业 81 家，覆盖陕西 60% 的县域地区，其中集中连片特殊困难县（区）32

个；出口产品达200余种，帮扶农户3000余家，其中建档立卡贫困户200余家。

四、充分发挥金融对广大贫困地区的示范带动作用

陕西省金融系统以金融政策和金融产品创新为抓手，通过建设金融扶贫示范区，推进普惠金融体系发展，对深度贫困地区实施政策倾斜等措施，推进贫困地区金融服务提质增效，带动贫困地区产业发展、群众增收。

（一）打造金融精准扶贫示范区

以安康和延安金融精准扶贫示范区、铜川保险助推脱贫攻坚示范区、农发行安康市政策性金融示范区以及国开行商洛市开发性金融精准扶贫示范点、安康市全国返乡创业试点建设为重点，大力推动示范区先行先试，创新金融扶贫的方式和手段，更好地发挥示范区带动效应。人民银行西安分行联合省扶贫办将安康确定为陕西省金融精准扶贫示范区，在延安市设立革命老区国定贫困县金融精准扶贫示范区，目前两个示范区建设进展顺利，安康市扶贫小额信贷发放量、金融精准扶贫贷款余额均排在全省前列，延安扶贫再贷款管理模式创新成效突出。陕西省原保监局建设铜川保险助推脱贫攻坚示范区，推动铜川市政府出资购买保险服务，截至2018年9月末，已统保14个险种，其中12个险种实现全市覆盖，农村住房保险、农村小额意外伤害保险2个险种实现建档立卡贫困人口全覆盖。国开行、农发行分别在商洛、安康开展示范区建设。国开行陕西省分行"商洛扶贫模式"被树立为开发性金融精准扶贫的样板与典范；农发行陕西省分行投入1.2亿元支持111条村组道路建设，旅游扶贫贷款支持旅游项目带动6000余人实现精准脱贫，教育扶贫过桥贷款支持教育发展，服务建档立卡贫困人口12.9万人。

▼ 专栏2

加强创新 积极推进金融精准扶贫示范区（点）建设

2016年以来，人民银行西安分行、陕西省扶贫开发办公室先后在陕西安康市、延安市设立了陕西省金融精准扶贫示范区和革命老区国定贫困县金融精准扶贫示范区；农业发展银行和国务院扶贫办在陕西安康市设立了政策

性金融扶贫实验示范区；国家开发银行在陕西商洛市设立了开发性金融精准扶贫示范点。这几个示范区（点）紧紧围绕党中央、国务院关于脱贫攻坚的总体部署和要求，因地制宜，开展了卓有成效的创建工作，形成了各有侧重、各具特色的金融精准扶贫品牌，总结了可复制可推广的金融精准扶贫经验。

（一）陕西省金融精准扶贫示范区（陕西安康市）创建的主要做法及成效

安康市建立了大金融扶贫格局和金融扶贫信息共享机制；实行了扶贫再贷款使用"名录制"；建立了扶贫再贷款精准使用示范点；打造了"865"工程（即针对不同致贫原因开发的基建贷、产业贷、搬迁贷等8种扶贫信贷产品，提供货币工具通、农村金改通、支付结算通等6项扶贫金融服务，建立扶贫开发主办行、扶贫贷款风险补偿、贫困户差异化评级授信和信用重建等5项工作机制）。通过示范区创建，开发出了"富硒陕茶贷""林权预收益质押贷""绞股蓝知识产权质押贷"等金融扶贫产品，打造了"投贷联动""金融＋社区工厂＋贫困户""金融＋电商＋扶贫""双基联动"等扶贫模式。截至2018年9月末，安康共有147个村25.84万人脱贫。平利县"社区工厂"扶贫模式被国家扶贫办和国家发展改革委在全国推广。金融精准扶贫和农村金融改革实现了相互促进，安康平利县作为"两权"抵押贷款双试点县，累投和余额居全省第一，新华社内参《国内动态清样》3896期刊发了《陕西平利推动两权抵押试点观察》。

（二）革命老区国定贫困县金融精准扶贫示范区（陕西延安市）创建的主要做法及成效

延安市聚焦"机制精准、措施精准、产品精准"，通过夯实6项工作机制、实施5项配套措施、做实10类信贷产品，构建以"三项精准"（精准搭建扶贫工作机制、精准配套扶贫措施、精准对接扶贫产品）为主攻方向的"6510"金融精准脱贫工程。通过示范区创建，全市金融扶贫体系不断完善，示范区内三个国定贫困县金融网点达到全覆盖，乡镇银行机构覆盖率达到90%以上，金融基础服务实现行政村全覆盖；扶贫信贷规模持续扩大。截至2018年9月末，示范区金融精准扶贫贷款13.5亿元，同比增长9.3%，当年累计发放1.5亿元，带动服务贫困人口0.8万人；农村金融环境优化提升，示范区建立并评定农户信用档案7.9万户，其中贫困户4.7万户；布设ATM135台、POS机1164台。

（三）政策性金融扶贫实验示范区（陕西安康市）创建的主要做法及成效

农业发展银行和国务院扶贫办在陕西安康市设立了政策性金融扶贫实验示范区。在示范区创建中，成立安康市扶贫开发投资有限公司，各县区分别成立扶贫公司并作为市扶贫公司的股东，代表本县区从市扶贫公司和相关金融机构承接各类扶贫开发资金。突出重点领域，以县区政府为实施主体，重点解决贫困区域交通饮水等"民生工程"短板问题；以扶贫龙头企业、专业合作社为实施主体，重点解决贫困村主导产业发展问题；以县区扶贫开发公司为承接主体，以易地搬迁、产业带动等方式带动贫困户脱贫。健全工作机制，在评审机制方面，组成项目评审委员会，做好环评、社评、征信及立项等工作；在还款机制方面，按照"谁借、谁用、谁还"的原则，由市扶贫开发公司作为贷款业务承接主体，按比例建立还贷准备金，市县区政府采取政府购买服务方式或按约定偿还贷款本息；在担保机制方面，对基础设施、产业发展和贫困户发展项目采取风险补偿、政府承诺、信用担保、政策性担保等多种措施进行担保，化解信贷风险。示范区创建以后，金融支持易地扶贫搬迁成果显著。截至 2018 年 9 月末，全市易地扶贫搬迁贷款余额 15.11 亿元，有 5 个易地扶贫项目支付率达到 100%，服务搬迁总计 2.01 万户、6.82 万人，其中建档立卡贫困人口 3.34 万人。

（四）开发性金融精准扶贫示范点（陕西商洛市）创建的主要做法及成效

国家开发银行在陕西商洛市设立了开发性金融精准扶贫示范点，在示范点创建过程中，国开行陕西省分行和商洛市政府通过以整合的财政涉农资金购买贫困村基础设施建设方式开展合作。国开行陕西省分行与商洛市政府签署了《建档立卡贫困村基础设施建设项目贷款合作协议》，提供 35 亿元 15 年期贷款支持商洛 701 个建档立卡贫困村基础设施建设；出台了《卡内村基础设施建设项目资金管理办法（试行）》等多项制度。贷款资金专项用于各县区建档立卡贫困村道路、安全饮水工程建设等，利率为基准利率；采用动态还款机制，保证贷款资金安全。截至 2018 年 9 月末，国开行陕西省分行向商洛建档立卡贫困村基础设施项目发放贷款 30.25 亿元，为贫困村基础设施建设提供了中长期资金来源。基础设施项目的有效实施使贫困地区生产条件和生活条件得到明显改善，激发了贫困群众内生动力，增强了集体经济"造血"功能，从而为产业发展奠定坚实基础。

（二）以普惠金融体系建设带动脱贫攻坚

铜川市宜君县是人民银行总行在全国设立的唯一一个县级农村普惠金融综合示范区。在人民银行西安分行的高效推进下，"金融服务创新＋金融知识扫盲＋便捷支付设施"的农村普惠金融发展的"宜君模式"逐步成形，以普惠金融建设带动脱贫攻坚的效能不断显现。截至 2018 年 9 月末，宜君县人民币各项贷款余额 13.94 亿元，同比增长 17.74%；涉农贷款余额 8.84 亿元，同比增长 4.34%。反映农村普惠金融试点评估成效的"宜君指数"由试点前的 20.45 上升至 2017 年末的 44.84。中央深化改革领导小组督察组对"宜君模式"试点工作给予充分肯定。

▼ 专栏 3

突出"三个重点"凝聚"三方合力"　打造普惠金融助推脱贫攻坚的"宜君模式"

2016 年，面对脱贫攻坚新形势，人民银行将宜君县确定为全国唯一的农村普惠金融综合示范区试点，将普惠金融建设作为助推宜君打赢脱贫攻坚战的重要举措，突出农村普惠金融、金融精准扶贫、金融生态环境建设"三个重点"，凝聚地方政府、人民银行、金融机构"三方合力"，探索形成了"金融服务创新＋金融知识扫盲＋便捷支付设施"的普惠金融助推脱贫攻坚"宜君模式"。

（一）构建金融精准扶贫、金融产品创新、农村信用建设"三位一体"的普惠金融服务创新机制，有效破解贫困地区"融资难"

一方面，实施金融精准扶贫和金融产品创新，增加融资供给。将扶贫再贷款、信贷产品创新、产业扶贫、财政补贴、信用建设、风险补偿等结合起来，打出扶贫"组合拳"。截至 2018 年 9 月末，累计发放扶贫再贷款 2.5 亿元，创新信贷产品 20 余种，设立产业扶贫贷款担保基金 1000 万元，小额扶贫贷款风险补偿金 636 万元，小微企业、贫困户信贷需求满足率达到 95%以上。另一方面，通过信用重建破解贫困户融资瓶颈。设立"宜君县农户综合信用信息中心"，搭建农户综合信用信息数据库，对贫困户进行标识，引导金融机构重塑贷款流程，大力推进失信农户信用重建，截至 2018 年 9 月末，为 542 户贫困户实施信用重建，占失信贫困户的 80％以上，授信 2166 万元，实际发放贷款 2007 万元。

（二）构建金融扫盲"六个一"教育长效机制，全面提升农村居民金融素养

一是围绕"一条主线"。即以提高农户金融素养，帮教增强农户使用金融的意愿和能力为主线。二是实施"一个规划"。即实施金融教育发展规划，构建科学完善的金融教育体系。三是建设"一批基地"。采取总分站"1＋N"方式，建立覆盖全部行政村的"普惠金融教育培训基地"。四是编制"一套读本"。根据不同受众群体，编制干部、农户和中学生三个版本的普惠金融读本。五是培养"一支队伍"。以"金惠工程"为依托，组建 347 人的志愿者队伍。六是开展"一系列活动"。通过开展"金融知识普及月"、普惠金融演讲赛等活动，实现金融宣教县、乡、村三级全覆盖，农户和基层干部受训超过 40％。

（三）构建"普惠金融综合服务站＋数字普惠金融"一静一动的便捷金融服务机制，提升金融服务的覆盖面、可得性和满意度

"一静"即采取集农村金融服务站、农村电商服务站、农村商超服务站、农村物流服务站、信息采集服务站于一体，集金融服务员、网络推销员、产品销售员、物流配送员、信息采集员于一人的模式，建立普惠金融综合服务站。"一动"即通过开发"惠民通"惠农信息查询平台、推广使用移动支付工具等方式，扩大金融服务半径，打造宜君"移动银行"。截至 2018 年 9 月末，建成普惠金融综合服务站 13 个，乡镇级覆盖率达到 100％；建成惠农支付服务点 214 个，行政村覆盖率达到 100％；电子银行开通量增长 261.58％，人均移动支付开通量增长 367.24％。

2017 年 12 月 18 日，新华社、央视财经等 14 家中央媒体深入铜川采访调研，并在央视财经频道、国际频道等进行宣传报道。宜君县精准脱贫模式被人民日报社《民生周刊》评选为"2017 年民生示范工程"。"宜君模式"先后在中国普惠金融国际论坛、全国区域金融改革座谈会等重要会议上交流，得到世界银行高度关注。2018 年 7 月 10 日，世界银行普惠金融全球倡议（FIGI）中国项目宜君县试点正式启动。

（三）开展深度贫困地区一对一结对帮扶行动

为集中力量、集中资源，做好深度贫困地区脱贫攻坚的金融服务工作，实现"融资"与"融智"的有效结合，推动深度贫困县区走上可持续发展道路，人民银行西安分行在制定下发《关于做好金融支持和服务深度贫困地区脱贫攻坚的指导意见》（西银发〔2017〕200号）的同时，组织开展"陕西省金融机构与深度贫困县区一对一结对帮扶行动"，印发《关于开展"陕西省金融机构与深度贫困县区一对一结对帮扶行动"的通知》（西银发〔2017〕198号），选取11家省级银行业金融机构为11个深度贫困地区提供一对一的帮扶，并从加强组织领导、制订帮扶计划、开展帮扶活动、建立工作台账、及时总结工作经验等方面进行了明确要求。为使帮扶工作取得更大的实效，2018年下半年西安分行组织召开了"陕西省省级金融机构与深度贫困县区一对一结对帮扶行动现场推进会"；协调11家省级金融机构与结对帮扶的深度贫困县区签订了《脱贫攻坚结对帮扶合作协议》，从金融政策对接、基础设施建设、易地扶贫搬迁、产业扶贫、教育扶贫、乡村振兴、打造金融扶贫作风建设示范点七个方面开展合作，帮助深度贫困地区实现"融资"与"融智"的有效结合，推动扶贫产业发展，带动贫困户脱贫致富。

（四）率先出台贫困地区创业担保贷款优惠政策

人民银行西安分行结合创业就业脱贫的融资需要和提升脱贫攻坚金融服务质量的工作要求，与陕西省人社厅、财政厅、扶贫办联合出台了《关于进一步用好创业担保贷款支持脱贫攻坚的通知》（西银发〔2017〕158号），在全国率先拓宽创业担保贷款申请条件和使用范围。该通知明确了符合条件的贫困创业人员不受"贷款申请日前5年内无其他商业银行贷款记录"的限制，可优先申请创业担保贷款；适当放宽吸纳建档立卡贫困人口就业的小微企业申请创业担保贷款条件，使扶贫企业、贫困户多了一种产业脱贫的资金支持方式。

▼ 专栏4

人民银行西安分行优化创业担保贷款助推脱贫攻坚

2017年，人民银行西安分行与陕西省人社厅、财政厅联合下发了《陕西省创业担保贷款实施办法》（西银发〔2017〕53号），优化了贷款流程；随后又与陕西省人社厅、财政厅、扶贫办联合出台了《关于进一步用好创业担保贷款支持脱贫攻坚的通知》（以下简称《通知》），在全国率先拓宽创业担保贷款申请条件和使用范围，推动创业担保贷款惠及更多群众。

一是放宽贫困地区、贫困创业人员的贷款条件。对在贫困地区的创业人员、非贫困地区建档立卡贫困创业人员，及至少包含1名建档立卡贫困户合伙或组织起来共同创业的借款人，不受"贷款申请日前5年内无其他商业银行贷款记录"的限制（有其他商业银行贷款记录的，需已结清），可优先申请创业担保贷款。预计三年内全省财政将累计支出1亿元贴息资金支持贫困地区及贫困创业人员创业发展，惠及约50万创业人员。

二是适当放宽吸纳建档立卡贫困人口就业的小微企业申请创业担保贷款条件。小微企业提交申请前1年内新招用建档立卡贫困人口1人（超过100人小微企业新招用建档立卡贫困人口3人）及以上的，吸纳符合条件人员比例由30%降低为15%（超过100人的由15%降低为7%），放宽吸纳建档立卡贫困人口就业的小微企业申请条件，将有效提高小微企业吸收贫困人口就业的积极性，提升就业扶贫的覆盖面。

三是明确商业银行贷款记录的判定细则。信用卡交易记录是否作为商业银行贷款记录是创业担保贷款审核过程中面临的现实难题。《通知》明确，陕西省农村信用社联合社发放的富秦家乐卡、其他商业银行发放的信用卡的交易记录，在申请创业担保贷款时均不列入个人有商业银行贷款记录范畴，为基层创贷经办部门和经办银行提供了更为清晰的指引。

近年来，人民银行西安分行以贯彻普惠金融理念为出发点，加强与陕西省人社部门、财政部门的协调联动，以服务脱贫攻坚为突破点，创新创业担保贷款运行机制，拓宽发放对象，提升创业就业金融服务水平。陕西省创业担保贷款稳健运行，成效显著。截至2018年9月末，陕西省累计发放创业担保贷款545.85亿元，直接扶持创业62.02万人，带动就业211.5万人；2018年前三季度全省新增发放创业担保贷款36.49亿元，已完成全年目标任务的84.94%。

重庆市金融精准扶贫实践经验

——统筹联动 精准施策
创新构建金融精准扶贫机制

重庆市是一个集大城市、大农村、大山区、大库区于一身的特殊直辖市，有 18 个国家级或者市级贫困区县，其中 12 个区县位于秦巴山、武陵山连片特困地区。截至 2014 年底，重庆市共有 1919 个贫困村、48 万户贫困户、165.9 万贫困人口，其中，18 个重点贫困区县贫困户数达 39 万户，占全市的 81.25%，而且贫困程度深、致贫原因复杂、发展能力不一以及区域落后与个体贫困等交错叠加，导致全市扶贫开发形势非常严峻。2017 年，重庆市委、市政府结合重庆实际，在 14 个国家级贫困区县中确定了 18 个深度贫困乡镇，作为脱贫攻坚的"重中之重、坚中之坚"，有针对性地实施"脱贫攻坚行动"，确定到 2020 年实现所有深度贫困乡镇高质量脱贫目标，脱贫攻坚任务依然艰巨。

金融扶贫历来是扶贫开发工作中不可缺少的关键力量。习近平总书记对金融扶贫工作寄予厚望，特别强调要做好金融扶贫这篇文章。2015 年 12 月，人民银行会同七部门联合召开全国金融助推脱贫攻坚电视电话会议，要求金融系统要从国家战略的高度和社会发展的全局出发，找准新时期扶贫开发工作的着力点，将产业扶持和带动贫困人口脱贫有机结合，在精准施策上出实招、在精准推进上下实功、在精准落地上见实效，增强金融服务的可持续性。重庆金融系统始终坚持和践行"四个意识"，深刻领会新形势下党中央、国务院脱贫攻坚的决心和政策精神，结合重庆市脱贫攻坚决策部署，坚持问题导向，齐心协力，攻坚克难，积极开展金融扶贫的实践探索，金融精准扶贫助推脱贫攻坚工作取得阶段性成效。

一、新形势下重庆金融精准扶贫的工作思路

以往金融扶贫工作定位较为模糊，存在精准度不够的问题。从政策端看，

各金融管理部门、相关政府部门尽管分别出台了不少金融扶贫政策，但长期以来各自为政、零敲碎打，政策合力发挥不足。从实施端看，金融机构作为具体实施部门，对扶贫工作缺乏深入了解，对金融扶贫对象认识不清，同时受相关项目微利要求影响，对贫困区县的支持往往采取"撒胡椒面"方式，不少金融机构在激励机制、产品设计、投放对象等方面，也未出台切实的倾斜措施，导致无法"真扶贫""扶真贫"。针对上述形势，人民银行重庆营业管理部按照"精准扶贫、精准脱贫"基本方略要求，重点从三个方面实施金融精准扶贫助推脱贫攻坚：

一是统筹协调，构建"大金融"联动扶贫机制。发挥好中央银行职能优势，坚持"大金融"理念，加强部门联动。通过综合性金融扶贫政策文件，多部门联动的金融扶贫专题会议，统筹各方措施，形成政策合力，并将行动统一到央行金融精准扶贫决策部署上来。加强金融扶贫工作规划，依托货币政策工具、财政资源、监管政策等撬动银行、证券、保险、担保等多类金融主体联动扶贫，形成分层有序、互联互补的金融扶贫主体力量。在人民银行内部，统筹货信、调统、支付、征信、货金、科技等央行履职手段，推进多层次的金融扶贫基础服务。

二是精准支持，按照"五精准"原则增强利益联结。把提高精准度作为金融扶贫工作的关键抓手，提出"对象精准、区域精准、用途精准、方式精准、政策精准"五个精准原则：对象精准，就是要精准选择金融扶贫对象，定向支持、动态随访，加大对符合条件的建档贫困户、搬迁移民家庭、助贫经济组织等的支持力度。区域精准，即要抓住金融扶贫的区域重点，引导各项金融资源向重点贫困区县、深度贫困地区倾斜，做好区域扶贫的重点支持、精准对接。用途精准，指金融资金要重点支持贫困地区的生产、商贸流通和投资领域，发挥好金融扶贫的内在支撑价值。方式精准，即围绕基础设施建设、特色产业、个人创业就业等领域，创新金融扶贫实施方式，提升贫困地区贫困人口自我发展的能力。政策精准，就是要做好金融扶贫的货币信贷政策、监管和服务政策、财税政策的配套支持，明确政策分工和着力点，优化金融扶贫的政策环境。

三是示范引领，探索金融精准扶贫的有效方式。疏导各类政策向金融扶贫载体传导的通道，发挥好撬动作用，全面调动金融机构积极性。在实施方式上，以建档立卡贫困户脱贫为目标，打造多层次、多类别的金融扶贫示范典型，注重金融对接精准扶贫的产品创新、服务创新和机制创新，确保金融资金用到刀刃上，坚持建设与推广相结合，发挥好典型示范带动作用，激励金融机构不断改进金融扶贫方式，为金融精准扶贫提供可持续、可复制、可推广的有效模式。在实施结果上，开展专项评估，加强对金融扶贫政策落实的有效检验。

二、重庆金融精准扶贫的主要实践与经验

重庆市在人民银行重庆营业管理部的统筹推动下，按照构建"一个格局"、实施"四大行动"、优化"五大产品"、建立"六维支点"的工作思路，逐渐形成符合重庆实际需要的、系统有效的金融精准扶贫支持体系。

（一）加强统筹规划，构建"大金融"扶贫工作格局

2015 年底，中央扶贫开发工作会议召开后，人民银行重庆营管部会同重庆市扶贫办、财政局、银监局、证监局、保监局等部门联合出台《重庆市金融业贯彻落实"精准扶贫、精准脱贫"行动方案》，首次确定在全市范围内实施金融扶贫"四大行动"，并从服务体系完善、扶贫方式创新等七个方面对全市金融扶贫实施统筹规划，全面奠定了近两年全市金融精准扶贫工作的总基调。2017 年，在重庆市委、市政府确定 18 个深度贫困乡镇后，人民银行重庆营管部会同十部门出台《关于深化金融精准扶贫支持深度贫困地区脱贫攻坚的实施意见》，启动部署深度贫困地区金融扶贫"四项工程"（详见专栏 1）。全市金融系统积极响应金融扶贫战略部署，40 多家金融机构制订具体实施方案、成立工作推进小组，相关政府部门积极支持并加强政策整合联动，基本形成人民银行统筹协调与相关政府部门、金融机构等共同参与的"大金融"扶贫格局。

▼ 专栏 1

重庆实施深度贫困地区金融扶贫"四项工程"

为贯彻落实好中央关于深度贫困地区脱贫攻坚的战略部署，结合重庆市委、市政府确定的 18 个深度贫困乡镇的实际，人民银行重庆营管部在辖内创新推动实施"金融进村扶贫服务""万户百村行长扶贫""政策性金融脱

贫攻坚""保险托底精准脱贫"四项工程，全力助推深度贫困地区脱贫攻坚。

"金融进村扶贫服务"工程。农行重庆市分行、邮储银行重庆市分行、重庆农商行等金融扶贫主办行要依托在贫困村的网点和助农取款服务点，专门安排对口信贷人员，积极与贫困村两委干部、"第一书记"、驻村工作队成员建立联系，组建"贫困村金融扶贫服务站"，认真做好贫困户的信用评级和"一户一档"的信用服务档案建设、金融服务需求调查、贷款管理、金融产品服务宣传和金融知识教育、基础金融服务等，贫困村服务站的建设要达到"有人、有地、有工作、有台账、有牌匾、有成效"的"六有"标准，争取尽快实现18个深度贫困乡镇贫困村、其他地区未脱贫贫困村金融扶贫服务站的全覆盖，切实将金融服务触角延伸到村到户。

"万户百村行长扶贫"工程。围绕全市18个深度贫困乡镇、92个贫困村、上万户贫困户，开展实施由人民银行重庆营管部、金融扶贫主办行、主要金融机构行领导定向帮扶的"万户百村行长扶贫"工程。每名行长组建一支扶贫工作队，精准帮扶1个深度贫困乡镇，主动对接市委、市政府在深度贫困乡镇重点实施的"七大攻坚行动"和对口乡镇市领导、市级责任部门的工作部署，统筹一批社会金融资源、帮扶当地塑造一项扶贫产业、打造一类利益联结机制、解决一批金融现实困难、组织开展一系列金融扶贫宣传活动，全面做好"五个一"金融服务。

"政策性金融脱贫攻坚"工程。进一步引导贫困区县法人金融机构使用扶贫再贷款，实施财政资金对投放扶贫再贷款的贫困区县法人金融机构给予费用补贴的政策，不断提高扶贫再贷款使用效率。大力发展扶贫小额信贷，区县财政要实现利息补贴与风险补偿的双到位；金融机构要依托金融扶贫服务站加强扶贫小额信贷的宣传，创新扶贫小额信贷投放机制和模式，争取财政配套政策比较完善的贫困区县扶贫小额信贷余额逐年增长，18个深度贫困乡镇实现扶贫小额信贷全覆盖。加快易地扶贫搬迁融资资金使用，并加强资金运用的监督管理，争取2018年易地扶贫搬迁资金支付率达到70%以上。

"保险托底精准脱贫"工程。完善贫困地区保险分支机构网点布局，下沉服务重心，构建能够向贫困户提供便利服务的网络体系。围绕健康扶贫和产业扶贫，大力发展由扶贫小额保险、贫困户大病补充保险、疾病身故保险、贫困大学生重大疾病保险、农房保险等险种组成的"精准脱贫保"项目，实现全市贫困户应保尽保。积极发展政策性农业保险、农产品收益保险和扶贫小额到户贷款保证保险，尽快推出定向服务贫困户的农业保险产品，与金融扶贫贷款形成联动，夯实贫困地区农业生产发展的风险保障。

（二）实施"四大行动"，形成金融扶贫的重要抓手

人民银行重庆营管部结合重庆实际，围绕"谁来扶""怎么扶"的问题，创新实施金融精准扶贫"四大行动"，将"四大行动"成功打造为全市金融精准扶贫的重要抓手。

一是实施金融扶贫主办行行动。农业银行重庆市分行、邮储银行重庆市分行、重庆银行、三峡银行、重庆农商行等 5 家涉农或地方法人银行组成金融扶贫主办行，对 18 个贫困区县进行划片包干，承担对口贫困区县金融扶贫的"大数据、主推进、全服务、总托底"职能。目前全市 40 多万户贫困户的金融服务档案已建立完毕，主办行扶贫力度显著加大。比如，农行重庆市分行成立扶贫开发金融部，并明确产业扶贫、渠道扶贫、定向扶贫三大抓手；重庆农商行设立扶贫金融服务委员会，明确信贷扶持、产业扶持、创新产品等"五扶三创"工作思路。

二是开展金融扶贫示范点创建。人民银行重庆营管部组织主办行、非主办行在贫困区县创建金融扶贫示范户、示范村、示范企业、示范项目。金融机构创建热情高涨，目前已成功创建 137 个市级的金融扶贫示范点。在示范点创建的引导下，金融系统结合实际创新出多种多样的金融扶贫模式，比如人民银行黔江中心支行、重庆银行、重庆农商行、黔江银座村镇银行在黔江共林村探索形成"银行信贷＋央行再贷款＋风险补偿基金＋保险＋产业＋专业合作社＋贫困户"多方联动的立体化扶贫模式（详见专栏 2），有效覆盖支持全村 100% 的贫困户。石柱中银富登村镇银行、人行丰都支行在石柱探索形成"央行再贷款＋村镇银行贷款＋扶贫担保基金＋商业和政策性保险＋产业（项目）＋建档立卡贫困户"联动扶贫模式，累计投放贷款 11785 万元，惠及 7350 名贫困人口等。

▼ 专栏2

重庆市黔江区探索金融支持产业扶贫新实践——共林模式

共林村是重庆市黔江区黄溪镇的重度贫困村，全村共有建档立卡贫困户102户、439人，贫困发生率为17%，远高于黔江区8%的平均水平，属武陵山连片特困地区典型贫困村。人民银行黔江中心支行、重庆银行、重庆农商行等将共林村作为金融扶贫示范点创建载体，形成"央行＋基层政府（乡镇、村委会）＋银行＋产业扶贫风险补偿基金＋保险＋企业＋专业合作社＋贫困户"的金融扶贫"共林模式"，推动肉牛养殖逐渐成为共林村主导产业，促进金融与社会资本联动精准扶贫，成效明显。

一、建立扶贫风险补偿基金撬动产业扶贫

为打造共林村的支柱产业，吸引产业资本介入，人民银行黔江中心支行联合基层政府部门出台《黔江区黄溪镇共林村建档扶贫户产业扶贫风险补偿基金管理办法》，与黄溪镇政府、村委会等部门共同签署建档立卡贫困户产业扶贫风险补偿基金管理合作协议，共同出资在共林村设立100万元的重庆市首只贫困村产业扶贫风险补偿基金，存于重庆农商行黔江支行账户，并建立基金后续补充机制，争取对共林村与建档立卡贫困户相关产业扶贫风险实行100%补偿。在该扶贫风险补偿基金的撬动下，银行机构原则上可按基金规模放大5~10倍向产业扶贫参与企业发放贷款。

二、创新产业扶贫帮扶模式精准扶贫到户

共林村成功引进黔江区农业龙头企业——重庆三东科技有限公司作为产业扶贫项目合作企业，签署产业扶贫项目合作协议，明确"借鸡生蛋"的帮扶模式：一是分户饲养，"借牛生牛"。有饲养能力的贫困户可向重庆三东科技有限公司申请领养一定数量的能繁母牛，公司全程提供技术支持。母牛产下牛犊后，牛犊归贫困户所有，母牛归还公司，公司按市场价支付母牛超重部分，并对所产牛犊及养成后架子牛实行保护价收购，共计可实现纯收入5000~20000元，经济效益明显。二是集中饲养，享受分红。重庆三东科技有限公司联合8名村民发起成立重庆市黔江区共林肉牛养殖专业合作社，吸纳无饲养条件的贫困户以农村承包土地的经营权、农民住房财产权、林权

等入股，由合作社建立集中养殖场进行集中饲养，年底合作社按不低于可分配盈余的80%进行分红，并确定保底分红标准。此外，贫困户也可利用扶贫小额信贷资金向专业合作社购买经营资产、合作社售后回租，贫困户获得租金收入。

三、撬动银保资金联动支持产业帮扶扶贫

在风险补偿基金的撬动下，重庆银行黔江支行、重庆农商行黔江支行、黔江银座村镇银行3家银行机构为共林村肉牛产业扶贫项目提供信贷支持580万元。人保财险黔江支公司根据共林村肉牛产业发展特质量身定做、创新开展肉牛养殖保险业务，重庆三东科技有限公司负责统一投保，保费为每头牛每年120元，其中公司承担30%、财政补助70%，死亡后每头牛获赔2000元，有效分散产业扶贫风险。

四、全面覆盖建档立卡贫困人口凸显扶贫成效

共林村已成功发展建档立卡贫困户养殖肉牛70余头，最低可带来纯收益15万元；专业合作社已吸纳30户贫困户入社，年底户均分红收益4000元以上；专业合作社集中养殖场已养殖肉牛70余头，并按每吨500元的标准向共林村68户贫困户收储草料，户均收入3041元；助力共林村与黔江区在2017年同步脱贫。

三是打造"一行一品"金融服务体系。金融机构结合本行在金融扶贫产品和服务方面的成功经验，着力打造金融扶贫"拳头"产品，目前全市已推出40多个金融扶贫专属产品，比如，农业银行重庆市分行创新"精准扶贫贷"，余额已达15.6亿元，惠及3万多户贫困户；重庆农商行推出"贫困扶助贷"，已成功发放6.89亿元；建设银行重庆市分行推出"金叶贷"、邮储银行创新"惠农易贷"，重庆银行推出"支困贷"，三峡银行推广"扶贫贷"以及贫困区县村镇银行纷纷推出"欣农贷""惠农贷""扶贫贷"等"再贷款＋"系列金融精准扶贫产品等，基本形成金融扶贫专属产品体系。

四是建立金融精准扶贫专项统计制度。创新建立以"五个一批、四类途径"为主框架的金融精准扶贫专项统计制度并成功运行。同时，在辖内搭建融贫困户名录、金融扶贫逐笔贷款数据监测以及扶贫效果评价为一体的金融精准扶贫信息系统电子化平台，客观、高效地衡量金融精准扶贫成效。依托金融

扶贫信息系统，对全辖 14 个国定贫困区县、134 家金融机构分支行进行了金融扶贫专项评估，从评估结果看，武隆、黔江、石柱评估排名靠前，22 家金融机构分支行获评优秀档，农商行分支机构优秀占比最高。

（三）优化"五大产品"，提升政策性金融扶贫效用

一是发挥好扶贫再贷款的精准支持作用。精准调度扶贫再贷款资金向贫困地区倾斜，发挥好扶贫再贷款的杠杆撬动作用，探索财政金融联动对扶贫再贷款实施费用补贴，加强扶贫再贷款的使用管理和效果评估，充分调动金融机构运用扶贫再贷款的积极性。截至 2018 年 9 月末，村镇银行已投放扶贫再贷款超过 10 亿元。

二是加大扶贫小额信贷投放。推动发展扶贫小额信贷，设立风险补偿金 7.03 亿元，鼓励农行、农商行等金融机构创新扶贫小额信贷的投放模式，加大贷款投放力度。截至 2018 年 9 月末，全市累计投放扶贫小额信贷 44 亿多元。

三是支持易地扶贫搬迁融资。大力推进易地扶贫搬迁，国开行、农发行重庆市分行加大易地扶贫搬迁贷款投放力度，不断提升易地扶贫搬迁融资资金使用效率。截至 2018 年 9 月末，两家银行已投放专项建设基金 12.3 亿元、搬迁贷款 55.3 亿元，分别完成"十三五"规划的 100% 和 87%。

四是扩大生源地助学贷款额度。在国家生源地助学贷款基础上进一步增设生源地补充助学贷款，针对建档立卡贫困户家庭学生给予额外 1000～8000 元的贷款额度。2016 年以来，国家开发银行重庆市分行向建档立卡贫困户学生 6.4 万人发放生源地助学贷款 4.4 亿元。

五是优化创业担保贷款政策。扩大创业担保贷款的覆盖面至建档立卡贫困人口以及招聘贫困人口就业的小微企业，放大贷款额度、延长贷款期限，增强政策扶贫效用。截至 2018 年 9 月末，全市所有贫困县当年累计发放创业担保贷款 15.84 亿元，占全市总量的 65% 以上。

（四）建立"六维支点"，形成金融扶贫的多层支持

一是建立财政金融联动扶贫政策。人民银行重庆营管部会同重庆市财政局对金融机构向 14 个国定贫困区县投放贷款、布设机具等按增量实施财政奖补，截至 2018 年 9 月末已发放奖补资金 4080 万元，撬动国定贫困县贷款同比增速高于全市 1.7 个百分点。此外，对于 2015 年 8 月 1 日以后按优惠利率向吸纳贫困人口就业达到 20% 以上的农业企业、农民合作社发放抵押贷款的信贷机

构，按每年末该类贷款余额的 1% 给予贴息；融资担保机构提供该类贷款担保且按不高于 2% 收取担保费的，由财政按每年该类新增担保发生额的 0.5% 给予补贴。

二是依托农村金融改革支持扶贫。重庆市 7 个贫困区县申报成为全国农村承包土地的经营权和农民住房财产权"两权"抵押贷款试点区县，充分拓宽贫困区县贫困户、扶贫经济主体贷款融资抵押范围。截至 2018 年 9 月末，7 区县"两权"抵押贷款余额达 11.86 亿元。农发行与重庆市共创省级政策性金融扶贫实验示范区，将 14 个国定贫困区县整体纳入省级政策性金融扶贫实验示范区范围。探索在贫困地区试点组建村级农村金融服务组织，为贫困农户申请农村产权抵押贷款提供农村产权托管、处置和风险补偿等服务。

三是拓宽贫困区县企业融资渠道。加大对贫困地区企业发债融资的培育力度，近三年贫困区县企业发行短期融资券、定向工具、企业债、公司债等超过 400 亿元；2017 年上半年，重庆鸿业实业公司成功注册发行全国银行间市场首笔扶贫超短期融资券。抓住对贫困地区企业首次公开发行股票上市、新三板挂牌等开辟绿色通道的政策机遇，重点支持云阳、万州等贫困区县企业首发上市。截至 2018 年 9 月末，已有 2 家公司申请辅导备案；国定贫困区县中已在境内上市公司 1 家；新三板挂牌公司 7 家。

四是夯实建档立卡贫困户的风险保障。重庆创新推出涵盖扶贫小额保险、贫困户大病补充保险等 7 个险种的"精准脱贫保"综合扶贫保险项目，其中 5 个险种由市财政统一出资，覆盖全市所有建档立卡贫困人口。全市政策性农业保险险种增至 34 个，覆盖所有贫困区县；对贫困户参加政策性农业保险，市财政在统一标准上再给予总保费 5% 的优惠补助；创新发展农产品收益保险，财政分担保费的 70%，2016 年以来已实现赔付 3.6 亿元。降低大病保险的起付标准，并将 10 万元以内的报销比例由 10% 提高到 50%；全面推广贫困户大病医疗补充保险，市财政全额补贴保费，已覆盖 160 余万名建档立卡贫困人口。此外，中国人保集团重庆分公司在贫困地区开展"农业保险 + 扶贫小额信贷保证保险 + 保险资金支农融资"试点，创新保险扶贫新方式。

五是加大基础金融服务支持力度。贫困地区金融机构持续扩大基础金融服务覆盖面，全市农村基础金融服务覆盖率已经达到 100%。456 个乡镇的标准化银行业服务网点覆盖面达 100%。建成农村信用信息基础数据库，成功采集 485 万户农户信用信息，为贫困户融资形成信用支撑；贫困区县消费者权益投诉结案率为100%。

六是金融系统加大捐赠救济扶贫。金融系统通过定向帮扶、捐赠扶助、吸纳就业、金融宣传等方式多层次做好金融扶贫工作。比如,人民银行重庆营管部系统定点帮扶了辖内14个贫困村,农行重庆市分行累计向定点扶贫贫困村派驻驻村干部18名,捐款150万元,惠及858余名建档立卡贫困人口;重庆农商行近三年在18个贫困区县累计开展智力扶贫宣传6600多场,在贫困区县成功解决贫困学生就业138人;西南证券累计向结对帮扶的重庆城口县捐赠扶贫项目资金1350万元,并组建金融扶贫工作站。据不完全统计,2015年至2018年9月末,全市金融机构向贫困地区、贫困人群捐款(物)累计达到1亿元,至少惠及7万贫困人口。

三、重庆金融精准扶贫的成效

经过积极努力,重庆金融精准扶贫工作机制逐渐成熟,社会效应逐渐显现,对重庆脱贫攻坚工作形成重要战略支撑。

(一)金融精准扶贫的组织推进机制更加有力、有效

一是构建起央行统筹、多部门联动的组织机制。在重庆市层面,金融扶贫工作由人民银行牵头统筹,扶贫办、财政局、金融办、银保监局、证监局等多部门共同参与的工作机制基本理顺,金融扶贫由"各自下药"转变为"联合问诊"。二是多政策联动机制高效顺畅运转。建立起涵盖货币信贷、金融监管、产业、财税和扶贫政策等政策联动的监测、效果评估和激励约束机制并有效运转,奠定了多政策联动的金融扶贫工作格局。三是金融机构参与积极性被充分调动。银行、证券、保险、担保、小贷等各类金融机构服务积极性被充分调动,金融机构从之前的被动参与转变为主动出击,金融扶贫的内生动力显著增强。

(二)金融资源加快向贫困人口集聚,利益联动机制更加坚实

一是信贷资源加快流向建档立卡贫困人口。截至2018年9月末,重庆市金融精准扶贫贷款余额达到1051亿元,同比增长22.3%,惠及建档立卡贫困人口320多万人次。二是金融扶贫产业带动效应初显。重庆市137个金融扶贫示范点对产业扶贫支撑力度加大。如重庆农商行向示范项目企业开县大巴山中药材公司提供贷款授信9540万元,带动消化贫困劳动力近300人;石柱中银富登村镇银行依托央行支农再贷款,重点向当地示范点种植辣椒的扶贫主体、

贫困户发放贷款 2.2 万元，带动全县辣椒产业的产量、产值均创历史新高。三是金融与建档立卡贫困户之间的利益联结机制更为坚实。构建起以"金融 + 贫困户""金融 + 产业 + 贫困户""金融 + 项目 + 贫困户""基础金融服务 + 贫困户"为基本模式的四类利益联结机制，金融机构在基本模式的基础上衍生出十多种金融扶贫利益联结模式，从吸纳就业、供销带动、股权合作等多个方面加强精准支持，比如邮储银行重庆市分行推出"涉农龙头企业 + 养殖大户 + 贫困户 + 经销商"产业链模式贷款，累计向 4 家龙头企业、96 名农户发放贷款 2652 万元等，金融扶贫深度、广度显著提升。

（三）金融扶贫支撑效用显著，社会反响良好

一是金融扶贫的支撑效用明显。重庆金融扶贫助推重庆 8 个国家级、4 个市级贫困区县已成功脱贫摘帽，140 余万名贫困人口成功脱贫，并且在金融扶贫的引导带动下，重庆市形成规模化的产业扶贫主体，为稳脱贫增强了内生动力和支撑。二是金融扶贫获得地方党政认可。重庆市党政领导先后 5 次对金融扶贫工作予以批示肯定，重庆金融扶贫的经验分别被人民银行总行、重庆市委报送党中央、国务院和中央深化改革领导小组。2017 年，重庆市委将金融扶贫提升至全市脱贫攻坚的五大战略支撑之一，贫困区县对金融扶贫高度重视、积极对接，建档立卡贫困人口在扶贫督查中对金融帮扶措施认可肯定。三是各大媒体高度关注、宣传推广。人民网、央广网、《经济日报》、《金融时报》等 8 家中央媒体来渝集中宣传报道重庆推动金融精准扶贫工作的主要做法和经验，《重庆日报》聚焦金融扶贫开展持续 2 个月的大型主题宣传活动，各级媒体累计宣传报道上百篇，形成良好的社会效用。

河北省金融精准扶贫实践经验

——凝心聚力 综合施策
全力以赴支持贫困地区发展

改革开放以来，河北省实施大规模扶贫开发，贫困发生率显著下降。到2014年底，农村贫困人口还有486万人①，燕山—太行山集中连片特困地区、黑龙港流域集中连片特困地区、环首都扶贫攻坚示范区为全省脱贫攻坚的主战场。人民银行石家庄中心支行认真贯彻落实中央扶贫开发工作会议精神和总行金融扶贫工作部署，围绕精准扶贫精准脱贫的基本战略，完善部门合作机制，出台指导意见，制订工作方案，推动金融扶贫创新，引导信贷资金投放，加强金融扶贫宣传，切实加大脱贫攻坚的金融支持力度。

一、明晰定位，深入学习扶贫工作精神

召开专题党委会，研究部署金融扶贫工作，找准金融精准扶贫切入点，全面落实好精准扶贫、精准脱贫的基本方略。中心组多次专题学习扶贫工作精神及习近平总书记关于扶贫开发工作系列讲话精神，并通过中心支行文化讲堂向全行干部职工介绍金融扶贫工作、驻村工作组工作情况等。通过不同形式的学习，加深了对金融扶贫国家政策方针的理解，明晰了金融扶贫的坐标和定位，达到了"宣传政策、浓化氛围、弘扬文化、聚焦扶贫"的目的。

二、搭建平台，建立健全金融扶贫机制

为有效发挥部门合力，人民银行石家庄中心支行搭建了三个平台：一是搭建跨部门合作平台。以河北省货币信贷政策执行委员会等为载体，加强与相关

---

① 中共河北省委 河北省人民政府关于坚决打赢脱贫攻坚战的决定［N］. 河北日报，2015 - 12 - 29（06）.

部门的沟通，促进政策有效落实。二是建立跨省联席会议机制。发挥牵头行作用，与太原中心支行、呼和浩特中心支行成立燕山—太行山特困地区扶贫开发金融服务联动协调工作小组。三是健全内部合作机制。组织行内相关处室成立金融支持扶贫开发工作小组，充分整合行内资源；同时督导河北省相关市中心支行、贫困地区县支行参照人民银行石家庄中心支行模式，成立金融支持扶贫开发工作小组。通过这三个平台的搭建，形成了横向到边、纵向到底的金融扶贫网络，为扶贫工作的深入开展奠定了良好基础。

三、保障投入，引导金融资源向贫困地区倾斜

2015 年以来，人民银行石家庄中心支行先后牵头或参与出台了一系列金融扶贫文件，结合河北实际，提出政策措施，引导金融机构持续加大对贫困地区的信贷投入。综合运用货币政策工具，专项安排 50 亿元扶贫再贷款限额，增加扶贫信贷资金来源，组织开展扶贫再贷款培训和政策宣传，积极调动金融机构借用再贷款积极性，累计发放扶贫再贷款 90.9 亿元；加大贫困地区再贴现投放力度，向平山、阜平等贫困县累计办理再贴现 23.77 亿元，支持当地涉农和小微企业票据贴现；继续落实好国家级贫困县法人金融机构新增存款一定比例用于当地贷款考核工作，对考核达标的机构给予降低存款准备金率 1 个百分点的优惠政策。

▼ 专栏 1

承德市中心支行抓住"三个重点"运用扶贫再贷款支持脱贫攻坚成效显著

承德市下辖 8 个县，其中国家级贫困县 6 个。2016 年以来，人民银行承德市中心支行有效运用扶贫再贷款政策工具，抓住重点领域和关键环节，为脱贫攻坚提供了有力支持。

一、以"政银企户保"为重点，助力辖区特色金融扶贫模式有效推广

承德市的"政银企户保"金融扶贫模式取得较好成效，已在全省推广。承德市中心支行在扶贫再贷款运用中，凡是与政府担保基金达成合作协议的

县域法人机构，均可优先使用扶贫再贷款。截至 2018 年 9 月末，承德市扶贫再贷款限额达到 18.9 亿元，6 个贫困县的 9 家县域法人机构中，有 6 家在使用扶贫再贷款，占到"政银企户保"合作银行的 31.6%。2016 年至 2018 年 9 月末，全市累计发放扶贫再贷款 48.958 亿元，余额 9.078 亿元。再贷款资金成为"政银企户保"贷款的重要资金来源。2016 年初到 2018 年 9 月，6 个贫困县累计发放"政银企户保"贷款 60.73 亿元，支持和带动建档立卡贫困户 37653 户。同时，在扶贫再贷款的政策作用下，"政银企户保"模式贷款全部执行基准利率，每年能够为企业和贫困户减少利息支出 6800 余万元。

二、以农业产业化为重点，辐射带动贫困县特色产业发展和贫困户脱贫

承德市中心支行抓住产业扶贫辖区面广、带动力强的特点，引导扶贫再贷款资金投向紧密结合当地扶贫产业规划，优先满足龙头企业的资金需求。7 家农村金融机构运用扶贫再贷款资金发放的贷款，有 22.6% 投入了产业化龙头企业。截至 2018 年 9 月末，6 个贫困县的产业化龙头企业贷款余额 29.15 亿元，共支持企业 385 家，累计带动建档立卡贫困户 27964 户。各县还创新实施了一批产业扶贫新模式。如平泉县依托食用菌产业园区首创让贫困户实现"零成本投入""零风险经营""零距离就业"的"三零"产业扶贫模式，吸纳贫困户 8158 户实现增收。滦平县依托兴春和现代农副业园区，实行"一地生四金"精准扶贫模式。滦平农商行在扶贫再贷款的支持下向兴春和公司提供信贷支持，累计吸纳贫困户就业 300 余人，直接带动 15 个贫困村、2267 户贫困户实现脱贫。

三、以深度贫困县为重点，集中力量实现经济发展和脱贫攻坚步伐加快

承德市 6 个国家级贫困县中有 3 个深度贫困县。2017 年，承德市中心支行为 3 个深度贫困县增加扶贫再贷款限额 1.75 亿元，达到 10.6 亿元，占全市限额的 56.1%。同时，召集 3 县地方法人机构召开座谈会议，面对面宣传解读扶贫再贷款政策，提高金融机构使用扶贫再贷款的积极性。2016 年至 2018 年 9 月末，3 个深度贫困县累计发放扶贫再贷款 28.9 亿元，金融机构各项贷款余额 448.82 亿元，其中地方法人机构贷款余额 213.29 亿元，占比 47.5%，有效的信贷资金投放助推深度贫困县实现了扶贫攻坚任务、县域经济提速、农业产业升级、小微企业发展"一盘棋"，各类资源整合、多方合作共赢的良好局面。

四、精准施策，支持产业发展带动富民增收

与河北省农业厅联合印发文件，在全省县域实施新型农业经营主体"主办行"制度，并与省扶贫办联合印发有融资需求的省级扶贫龙头企业名单，鼓励金融机构主动对接，提供差别化、精细化、更具特色的金融服务。加强部门间的协调配合，围绕当地扶贫产业规划，推动金融产品和服务方式创新，不断加大对贫困地区农业产业带、现代农业园区及休闲旅游农业等特色优势产业的支持力度。

▼ 专栏2

隆化县"政银企户保"金融扶贫模式

隆化县作为全省"政银企户保"模式的发起县，不断完善金融扶贫机制，以产业政策为导向，以财政资金撬动金融资本，"政府担保贴息，银行降槛降息放贷，贫困户入社参股，保险兜底保障"，政府对建档立卡户贷款和企业、专业合作社中贫困户占比60%以上的贷款100%贴息，对贫困户占比30%~60%的贴息50%。截至2018年9月末，担保中心存入合作银行担保基金7030万元，金融机构发放扶贫贷款11.17亿元，笔数6738笔，覆盖贫困户3.3万户，组建合作社1755个，实现了行政村全覆盖，80%以上的贫困户入社参股，有效激发了大众创业热情和发展现代农业积极性。

五、创新模式，探索金融扶贫新路径

积极引导各金融机构不断加大贫困地区金融产品创新力度，探索开展金融扶贫新模式。鼓励各地在用活用好金融扶贫政策、政银农通力合作的基础上，把金融精准扶贫工作与农村信用体系建设结合起来，在扶贫工作中宣传强化农户信用意识，优先扶持信用等级高的农户和企业，用诚实守信经营理念带动农民脱贫致富，收到了良好效果。

▼ 专栏3

创建"金融扶贫示范县" 实现"四个全覆盖"

阜平县位于太行山中北部东麓,是典型的革命老区、贫困山区,全县209个行政村中有164个贫困村。中央扶贫开发工作会议以来,中国人民银行阜平县支行以创建"金融扶贫示范县"为契机,认真落实上级工作要求,结合地方政府部门的具体规划,不断强化金融精准扶贫工作,实现了县域金融扶贫"四个全覆盖"。

一、主要做法

(一)完善制度设计,建立金融协调联动机制

阜平县支行把上级行的货币政策和阜平的扶贫工作相结合,协助地方政府制定了《关于加强农村金融服务促进产业扶贫的实施意见》《阜平县农村信用体系建设工作实施方案》等政策文件,为阜平县金融扶贫工作奠定了良好政策基础。

(二)发挥货币政策工具作用,引导金融机构开展金融创新

截至2018年9月末,阜平县支行累计向阜平县农联社发放支农再贷款2亿元、扶贫再贷款7亿元,办理再贴现15.84亿元,为"三农"发展提供了资金支持保障;2015年9月15日,保定市县辖第一家小票中心——河北省小额票据贴现中心阜平分中心挂牌营业,有效缓解了小微企业融资难、小额票据流转不畅等问题;积极鼓励金融机构开发适合当地实际的扶贫性金融产品和服务,如人保财险的"成本价格损失险",农业银行的"金穗脱贫贷",农联社的"农贷宝"等金融产品,有效帮助贫困农户脱贫致富。

(三)大力推进农村诚信体系建设

一是积极指导金融机构开展信用村、信用户、青年信用示范户等创建评定活动,提高贫困乡镇居民的信用意识;二是通过"边采集、边办理"的方式,逐步建立农户电子信用信息档案,通过局域网实现各金融机构信息共享;三是配合政府严厉打击恶意骗保、骗贷等行为。

二、县域金融扶贫"四个全覆盖"

（一）金融服务网络全覆盖

由各级政府组织创建了"县金融服务中心＋乡镇金融工作部＋村金融工作室"三级金融服务网络，提高金融扶贫工作效率；积极鼓励金融机构设置服务网点。截至 2018 年 9 月末，全县共有 9 家金融机构，乡镇网点 21 个；布放自助设备 1855 台（部），搭建助农取款服务点 443 个，形成了覆盖全县所有行政村的金融服务网络。

（二）农业保险全覆盖

阜平县把农业保险作为金融进农村的突破口，实现了对全县所有主要种养产品商业保险全覆盖。县政府与人保财险公司采取联办共保模式，按 5:5 比例分担保险责任；同时为农民投保提供 60% 的财政补贴，减轻农民负担。县政府注资 3000 万元设立保险基金，并转入每年的保费结余，提高了防灾能力。截至 2018 年 9 月末，全县农业保险金额 9.44 亿元，理赔金额 1527 万元。

（三）扶贫贷款担保全覆盖

2013 年 1 月，阜平县成立惠农担保公司，与农行等金融机构合作，按照 1:5 的比例发放贷款，农户贷款全部执行基准利率。截至 2018 年 9 月末，全县累计发放担保扶贫贷款 181599 万元，其中包含建档立卡贫困户 7080 户共 66518 万元。

（四）诚信体系建设全覆盖

人民银行阜平县支行协调各金融机构对已有农户、企业的信用信息统一进行甄别评价，逐户建立电子信用档案。各涉农金融机构在诚信体系内制定扶持政策，按照利率优惠、手续简便、额度放宽、贷款优先的原则，对贷款额度超过其信用贷款限额的农户，可采取企业担保、三户联保等途径予以支持。

▼ 专栏 4

广平县支行构筑"四大平台"积极探索金融精准扶贫取得显著成效

人民银行广平县支行根据辖区金融扶贫工作实际，坚持"政府主导、人行推动、部门配合、通力协作"原则,积极采取有效措施,不断创新扶贫工作思路和方法,构筑"四大平台",建立起包括政府、银行、专业合作社、龙头企业、农户在内的多层次金融扶贫机制,在组织机构、贷款发放、项目支持、资金管理等方面形成完整连接,对金融扶贫工作实施专项指导和服务,强力推进辖内精准扶贫战略实施,为金融精准扶贫工作作了有益的探索,取得显著成效。

一、主要做法

（一）构筑综合管理平台

牵头扶贫办和金融办相关部门,组建成立广平县金融扶贫服务中心（以下简称服务中心）,并在各乡（镇）、村设立金融扶贫服务部（站）,实现全辖 37 个贫困村金融扶贫全覆盖,筑牢金融扶贫综合管理平台。平台精准采集扶贫企业及项目信息,进行评估、筛选,适时推荐给相关金融机构,落实扶贫贷款,对贷款进行动态管理,保证扶贫贷款扶真贫。

（二）构筑项目公示平台

服务中心及各服务部（站）设立项目公示窗,对金融扶贫项目借款人信息及资金用途等进行公示;设有举报箱和举报电话,发现信息失实情况,追究相关责任。2018 年以来,共公示项目 366 个,实现无举报、无案例,确保了项目公开运作。

（三）构筑信用协会平台

服务中心在各乡镇成立金融扶贫贷款信用协会,监督借款人合理使用扶贫贷款。发现违约情况,协会通报相关金融机构,督促限期整改,整改期间贷款资金冻结;整改验收合格,与金融机构会商解冻。2018 年以来,服务中心协调的扶贫贷款无失信行为,打造了良好的金融生态环境。

（四）构建产业扶持平台

服务中心向相关金融机构推荐扶持的产业项目,依据项目实际资金需求进度,协调金融机构分阶段给予资金支持。平台运作注重产业项目引领作用,推进创建金融精准扶贫示范区。

二、取得的成效

（一）提供了强有力的金融精准扶贫资金支持

广平县支行金融精准扶贫"四大平台"建成运行,辖区金融精准帮扶的示范和带动效应凸显。截至 2018 年 9 月末，服务中心已为该县新华营村、唐庄村等多地的 82 家项目单位和个人协调扶贫贷款 5600 万元，金融扶贫助力扶贫攻坚收实效。

（二）推动贫困人口脱贫

如广平县辖内的牛庄村是贫困村，该村采用"基地＋合作社＋农户"模式发展"食用菌大棚"项目，由于缺资金，影响该村脱贫。经服务中心协调相关金融机构，截至 2018 年 9 月末，广平县联社向其发放扶贫贷款 344 万元，助推该村 85 户 210 多人走上致富路。又如，邯郸市富硒农产品科技开发有限公司是省级扶贫龙头企业，采取"基地＋农户"的扶贫经营模式。经服务中心考查、协调，广平县联社发放扶贫贷款 1200 万元，使该公司增加农民就业岗位 283 个，带动 150 多个贫困户摆脱贫困。

六、管好用好，督促易地扶贫搬迁贷款有序投放

加强与河北省发展改革委、扶贫办等部门的协调沟通，做好辖内易地扶贫搬迁信贷资金衔接工作。多次组织省发展改革委、省扶贫办、国开行河北省分行、农发行河北省分行、河北易地扶贫搬迁开发投资有限公司相关部门负责人召开座谈会，调查了解易地扶贫搬迁信贷政策执行情况。加强对易地扶贫搬迁贷款的动态跟踪监测统计，督促指导相关金融机构管好用好易地扶贫搬迁贷款。

▼ 专栏 5

打好金融政策"组合拳"　开创扶贫攻坚新局面

青龙满族自治县是秦皇岛辖区唯一的国家级贫困县。近年来，人民银行青龙县支行通过"五大措施"，打好金融政策"组合拳"，全面提升金融精准扶贫效能，助力打赢脱贫攻坚战。截至 2018 年 9 月末，精准扶贫贷款余额 6.05 亿元，服务贫困人口 9.46 万人。

一、创新思路，深入研讨，建立金融扶贫长效机制

打造"4321"金融扶贫工作模式即协助政府建立"3＋1"农村金融服务网络（县、乡镇、村＋银行），构建惠农担保、农业保险保证、诚信激励失信惩戒机制三级风险保障体系，推广政银企户保贷、富民贷两个信贷产品，创建金融扶贫示范县。截至2018年9月末，"3＋1"农村金融服务网络和惠农担保公司已经组建完成，工作人员593人；累计投放两个信贷产品共计1.97亿元。

二、发挥货币政策导向作用，精准对焦七大产业扶贫工程

通过细化金融精准对接、增加资金供给、强化考核激励、开展扶贫效果评估等方式，引导涉农金融机构精准支持林果种植、畜牧养殖、家庭手工、农村电商、光伏发电、生态旅游、民俗文化等七大产业扶贫工程，激发贫困户内在"造血"动力。截至2018年9月末，共支持农业产业主体290余家，金额2.87亿元，带动贫困人口2032人稳定脱贫。

三、聚焦绿色信贷，补齐农业产业现代化发展短板

探索"景区带村＋扶贫"模式，重点打造2个旅游文化精品村和2个特色风情小镇，发放"美丽乡村"项目贷款1.18亿元；补齐贫困乡镇"取水难、用水难"、农业产业基础设施薄弱的短板，指导县农发行精准对接生态功能区项目建设，在省内获得"首批"4.8亿元农田水利项目贷款，已发放2.1亿元，促进全县新增林果种植面积6万亩，农户间接受益4800万元。

四、金融支持易地扶贫搬迁，实现搬得出、留得住、有事做、能致富

指导县农发行在省内率先投放易地扶贫搬迁工程贷款1700万元、重点建设基金2100万元，对生存环境恶化的11个贫困村、713户、3030人的易地扶贫搬迁项目给予信贷和基金支持。为了让贫困户"留得住、有事做、能致富"，指导金融机构积极对接农业产业项目，发放小额扶贫贷款、创业担保贷款、助学贷款1784万元，激发搬迁群众内生发展动力，帮助搬迁群众实现就地就业、子女就近入学。

五、大力推动普惠金融发展，促进农村金融服务提质增效

探索形成"三位一体"普惠金融发展模式。设立助农取款点908个，行政村覆盖率达到100%；累计开展金融普惠知识宣传40余次；指导信用社创新信贷产品，开展农户信用评级，累计建立农户信息档案3.7万户，完成信用等级评定3.59万户，授信4684万元。

七、定点帮扶，选派干部驻村入县

向贫困地区派出工作队和机关干部，帮助加强基层组织建设，带领群众脱贫致富，是河北省多年来扶贫开发的一个重要举措。按照省委有关精神，人民银行石家庄中心支行连续 6 年选派 27 名干部成立 9 个驻村工作队，先后在 5 个村开展定点扶贫、精准脱贫驻村帮扶工作，在 2 个村开展农村面貌改造提升工作。人民银行石家庄中心支行驻广平县东张孟乡牛庄村工作队把驻地当家乡，把村民当亲人，用两年时间，帮助省级贫困村——广平县东张孟乡牛庄村发展菌棚 33 座、蔬菜大棚 120 多座，村民人均年收入从 2200 元跃升到 8200 多元。当地百姓选派代表专程到石家庄中心支行表示感谢，邯郸广播电视台、《河北日报》分别对他们的事迹进行了报道。

八、营造氛围，多渠道宣传金融知识

联合省委农工部、省扶贫办拍摄金融扶贫公益宣传片，在河北电视台多个频道播出后，收到良好的社会反响，为进一步做好金融扶贫工作增加了动力、增强了信心。编印《金融扶贫工作手册》并发放至全省驻村工作组人员，加强金融扶贫政策的宣传。将发展普惠金融与提升百姓金融素养、助力精准扶贫、支持灾后重建有机结合，组织省内太行山沿线的石家庄、张家口、保定、邢台、邯郸 5 地 84 县人民银行系统及金融机构开展"行走太行·金融知识进老区"系列活动，覆盖 650 多个革命老区及贫困农村，累计发放宣传资料 20 余万份，受众 77000 余人次，媒体报道 50 余次。关注贫困地区学生群体金融需求，组织省内 10 地市 133 县人民银行系统及金融机构，走进 796 所学校课堂，面向 8.5 万余名中小学学生开展"加油开学季·金融知识进课堂"系列活动。将县区大集、广场、村镇街道、农户家中作为主要宣传阵地，充分发挥农村金融工作站窗口作用，普及金融知识。以金融知识下乡充实"农家书屋"的形式，将金融知识宣传手册发送至各村委会，使金融知识融入农村教育。通过举办"农村金融夜校""送百场电影惠百村公众"等活动，提升村民参与积极性。

▼ 专栏6

唱好重头戏　决战主战场

　　张家口市是河北省深度贫困集中地区，有 5 个深度贫困县、99 个深度贫困村，分别占全省的 50% 和 48%。金融支持全市脱贫攻坚使命光荣而任务艰巨。2016 年，人民银行张家口市中心支行印发了《张家口市信贷支持扶贫工作指导意见》，提出了金融支持扶贫工作十条具体措施或工作安排，形成对全市金融扶贫的统揽布局与聚力推动。

一、开展金融扶贫典型案例征集

　　从 2016 年起，张家口市中心支行持续在全市银行业金融机构组织开展案例征集与评比工作，既反映了全市金融扶贫的创新做法和成果，也形成了引导和带动金融扶贫的持续推动力。一是制订方案并组织实施。二是征集推出一批典型案例。有反映金融支持光伏扶贫的《金融扶贫走上阳光大道》，有反映金融支持制糖龙头企业带动甜菜种植扶贫的《金融扶贫甜蜜事业》，有反映金融支持旅游产业带动扶贫的《金融支持旅游扶贫走向"天路"》，有反映创新"绿扶"光伏扶贫模式的《金融扶贫"绿扶"模式》等共 10 个。三是有效利用案例成果。及时向上级行和市政府推送 5 个案例，并通过案例征集、展示与交流牵头推动扶贫工作。案例征集报送和成果利用工作得到张家口市委书记批示。

二、创新"绿扶"模式开展绿色扶贫

　　张家口市中心支行结合张家口生态扶贫、林业扶贫、光伏扶贫等实际，创新开展绿色扶贫。一是在康保和阳原两个深度贫困县和蔚县国家级贫困县开展扶贫再贷款支持绿色扶贫创新实践。指导三县村镇银行、农村信用联社主动与 6 家绿色产业扶贫带动龙头企业对接，并申请扶贫再贷款发放光伏扶贫与林权抵押绿色扶贫贷款 0.78 亿元。仅康保银丰村镇银行就累计发放扶贫再贷款 6103 万元，共计带动 694 户建档立卡贫困户。二是由"张家口金控集团＋中美绿色基金＋市政府资金＋其他社会资本"设立张家口中美绿色基金，投资成立张家口市绿扶公司，统筹建设张北等 5 个深度贫困县每个县 10 万千瓦、总装机容量 50 万千瓦的集中式光伏电站，乡镇级绿扶公司以其流转的土地资源作价入股项目，并享有项目前五年优先分红权。建档立卡贫困户以入股土地估值折股为基数，根据盈利状况按股份比例分红，同时根据绿扶公司收益情况，建立纯公益的特困救助基金，对农村老龄人口、特困群体和受灾、患病人口发放生活补助，形成覆盖全体困难群众的增收和救助体系，保障贫困人口持续稳定收益。"绿扶"模式借助张家口丰富的地区太阳能资源优势，其绿色扶贫意义非凡。

三、推动农地经营权抵押贷款助力扶贫

张北县是河北省农村承包土地经营权贷款试点六县之一和全省十个深度贫困县之一。人民银行石家庄中心支行多次调研指导张北农商行发展农村承包土地经营权抵押贷款业务，支持新型农业经营主体带动建档立卡贫困户脱贫。张北农商行已累计为张家口科源农业开发有限公司发放1900万元贷款，支持其流转张北县三个村580户的3018.7亩耕地种植蔬菜，土地流转期限10年，其中贫困户407户，流转土地2113亩，并辐射带动周边5个村贫困人口530户，年人均务工收入约为18000元，户均土地流转收入2000元。该模式发挥了一些不具备劳动和经营能力的建档立卡贫困户拥有承包土地的优势，做法符合实际，潜力巨大。

四、推动深度贫困县扶贫再贷款全覆盖

为发挥扶贫再贷款推动深度贫困县精准扶贫引导作用，张家口市中心支行制订实施方案，推动深度贫困县扶贫再贷款全覆盖。一是领导重视，限额倾斜。向5个深度贫困县分配限额6.4亿元，占全部限额的78.05%。二是部门较真，紧盯不放。实行盯人、盯进度、盯落实。三是明责施策，强压落实。明确了"两个目标"，制定了"七项措施"，提出了"三项要求"。四是集中推动，链条式对接。市中心支行推动县支行，县支行推动金融机构，金融机构与扶贫企业对接，扶贫企业与建档立卡贫困户对接。专项工作开展以来，全市3个深度贫困县实现了扶贫再贷款零突破，全市5个深度贫困县实现扶贫再贷款全覆盖。

目前来看，河北省金融扶贫工作在各级政府、各部门、金融系统的共同努力下，取得了一定成效。但金融支持扶贫开发仍面临不少制约因素，如有些贫困地区产业基础相对薄弱、配套机制不够完善、金融生态环境有待提高等。人民银行石家庄中心支行将巩固和发展已有的好形势,以"踏石留印、抓铁有痕"的劲头持续抓好金融扶贫工作,把各项扶贫政策落到实处,为贫困县脱贫致富贡献更多的力量。

山西省金融精准扶贫实践经验

——强化牵头引领　聚焦精准发力
金融助推脱贫攻坚成效显著

作为山西省金融扶贫的牵头部门，人民银行太原中心支行按照总行和省委省政府工作部署，在精准上聚焦发力，积极会同相关行业部门形成合力，引领全省金融系统扛起扶贫使命和责任，加大政策实施力度，创新金融产品和服务，夯实金融基础设施，推进贫困地区普惠金融发展，不断增强金融扶贫工作的精准性和有效性，推动山西省金融精准扶贫工作取得实效。

一、提高认识、加强组织、注重效果

（一）增强认识，提高政治站位

2017 年 6 月 21 日至 23 日，习近平总书记在山西视察期间，在太原主持召开了深度贫困地区脱贫攻坚座谈会。这次座谈会是党的十八大以来，习近平总书记亲自主持召开的第四个跨省区脱贫攻坚座谈会。习近平总书记在深度贫困地区脱贫攻坚座谈会上的讲话，是脱贫攻坚工作的再动员和再部署，为山西省攻坚克难打赢脱贫攻坚战提供了方向指引和基本遵循。脱贫攻坚是一场硬仗，目前已进入"啃硬骨头"和"攻坚拔寨"阶段，面对的都是坚中之坚、难中之难。我们深刻认识到如期完成脱贫攻坚任务的艰巨性、重要性、紧迫性，牢固树立了扶贫工作事关全局、人人有责的大局意识，牢固树立金融支持脱贫攻坚作为当前头等大事的机遇意识，向政策看齐，向工作开展较好的单位看齐，牢记扶贫工作绝不能搞"面子工程""形象工程""数字工程"，以更加强烈的政治责任感和时不我待的紧迫感开展各项工作。精心谋划和组织实施扶贫领域监督执纪问责工作，坚决纠正以形式主义、官僚主义对待扶贫工作。

（二）加强组织领导，提高工作效率

根据人民银行太原中心支行党委要求，山西辖内各市人民银行分支机构按

月向太原中心支行报送辖内金融扶贫工作情况和人民银行扶贫工作情况，太原中心支行按月对各市扶贫工作进行督查督办，相关情况纳入年度考核。要求各市县行党委（党组）把金融扶贫和人民银行系统扶贫工作列入重要议事日程。一是充分发挥牵头作用，加强与扶贫、财政、发展改革等政府部门的沟通与配合，推动引导金融机构履行主体责任，针对不同的扶贫侧重点，加大金融支持力度。积极引导政策性金融机构精准对接项目扶贫，突出支持易地扶贫搬迁；引导大型银行精准对接产业扶贫，加大对特色优势产业的金融支持；引导地方法人金融机构精准对接创业、就业扶贫，以"扶贫再贷款＋扶贫小额信贷"为基础，突出体现对建档立卡贫困户的精准"滴灌"作用。在突出扶贫重点的同时，做到全面推进，对符合金融扶贫基本条件的贫困户，做到应扶尽扶。二是加大人民银行系统内部资源整合力度，充分发挥各职能部门扶贫工作的协同作用，切实把扶贫各项举措落到实处，真正做到助推精准、助推有力、助推有效。货币信贷、调查统计、支付结算、征信管理、国库、货币金银、金融消费权益保护等职能部门形成合力，协调推动扶贫各项工作；各市县人民银行系统内部形成高度共识，全力寻求扶贫工作的助推点。三是各级人民银行全面细致掌握辖区金融助推脱贫攻坚工作情况和人民银行金融扶贫情况，密切关注总体进展，及时发现制约工作开展的问题与瓶颈，研究制定有力措施，解决难题，推进工作。同时，及时总结先进做法，树立典型，形成典型带动、全面推进的良好局面。

（三）抓好政策落实，创造性开展工作

人民银行太原中心支行牵头制定了《关于进一步做好金融支持山西深度贫困地区脱贫攻坚的实施意见》《关于切实改善建档立卡贫困户信贷服务与管理工作的通知》《山西省金融助推脱贫攻坚 2018 年行动计划》等三个指导性文件，要求辖区各级行紧密结合当地实际，对标对表，因地制宜、因行施策，形成符合各地实际、富有特色的工作模式。一是落实好货币信贷政策支持。加强货币信贷政策窗口指导，管好用好扶贫再贷款、支农再贷款、再贴现等货币政策工具，发挥好各类政策工具对金融助推脱贫攻坚的引导和撬动作用。进一步提高政策工具支持的精准度，将扶贫再贷款的使用与建档立卡贫困户就业、增收紧密挂钩，保证扶贫内容精准、资金不漏。切实落实好扶贫小额信贷政策，与农户贷款严格区分，精准体现到贫困户增收脱贫的效果上。二是切实改善贫困地区金融服务。加强贫困地区金融服务基础设施建设，提高普惠金融对贫困人口的覆盖度。货币信贷、支付结算、征信管理、国库、货币金银、金融消费权益保护等职能部门各司其职、通力合作，深入开展贫困地区致贫原因研究，抓"共性"、重"个性"，围绕问题调整服务措施，把基础工作做扎实，切实改善贫困地区金融服务水平。

二、精准对接脱贫攻坚总体目标

（一）搭建政策框架，完善支持措施

根据山西省脱贫攻坚工作目标，人民银行太原中心支行强化金融精准扶贫顶层设计，出台金融助推脱贫攻坚、进一步做好山西省易地扶贫搬迁信贷资金支持、山西省金融精准扶贫政策效果评估实施细则等政策意见，全力推进辖内金融精准扶贫工作。牵头制订《2017 年度山西省金融扶贫工作成效评价方案》，完成了对 11 个市、58 个贫困县的金融扶贫成效评价，评价结果纳入省委省政府对市、县两级党委政府的考核体系。推动相关监管部门完善各自领域的支持措施。山西银监部门推动各银行业金融机构完善单列信贷资源、单设扶贫机构、单独研发扶贫金融产品、单独考核扶贫绩效的"四单"机制。山西证监部门对符合条件的贫困地区企业申请 IPO 适用"即报即审、审过即发"绿色通道政策。山西保监部门推动大病保险"一升一降"政策在全省 11 个地市落地，贫困人口赔付起付线由 1 万元降至 5000 元，支付赔付比例提高2%～5%。

（二）履行牵头职责，多层次协调推动

人民银行太原中心支行组织相关政府部门及金融机构召开了扶贫小额信贷协调会议，集中研究了"五位一体"工作中保险费率、保险赔付率、不良贷款率等关键问题。组织金融扶贫专项工作组成员单位及金融机构召开了金融助推脱贫攻坚工作座谈会，对全年金融扶贫工作进行安排部署。组织人民银行系统召开了全省人民银行助推脱贫攻坚电视电话会议，全面解读人民银行助推脱贫攻坚实施意见。组织金融扶贫专项工作组成员单位及金融机构召开全省金融支持深度贫困地区脱贫攻坚电视电话会议，对做好金融扶贫工作特别是深度贫困地区脱贫攻坚工作进行了再动员、再部署。

（三）充分发挥货币信贷政策支持引导作用

加强货币信贷政策窗口指导，管好用好扶贫再贷款、支农再贷款、再贴现等货币政策工具，发挥好扶贫再贷款对金融助推脱贫攻坚的引导和撬动作用，

积极推广"扶贫再贷款＋"模式。截至 2018 年 9 月末，扶贫再贷款余额为 50.35 亿元，占全省总限额的 85.34%。撬动扶贫资金精准投入产业发展，发挥扶贫再贷款引导降低贫困地区融资成本作用，实际运用扶贫再贷款资金发放的涉农贷款加权平均利率低于金融机构自有资金发放利率约 6 个百分点。

（四）做好宣传交流，营造良好氛围

一是指导辖内涉农金融机构在扶贫政策和农户小额信贷业务中加入社会征信知识宣传，加强对农村群体的社会诚信宣传教育。设计编印了《农户信用知识手册》，已分发至全省农村金融综合服务站。二是组织全省人民银行系统和各级各类金融机构开展金融扶贫政策宣传。活动期间共发放材料 193 万份，组织进村宣传 17971 次，接受群众咨询 28 万人次，基本实现了贫困村和贫困户的全覆盖。组织人员编辑完成《金融精准扶贫政策汇编》，收录国家、省委省政府、省厅局及金融监管部门 89 个政策文件，分发到省级职能部门、金融机构和全省人民银行系统，为广大干部尤其是基层干部更好地掌握政策、熟悉制度、规范操作提供参考。三是召开媒体通气会，向《山西日报》、山西广播电台、山西电视台、太原电视台、《太原日报》、《金融时报》、《证券日报》等省市主流媒体及部分中央驻晋媒体介绍了全省金融助推脱贫攻坚工作进展情况，社会各界对扶贫金融服务的认知程度大幅提高。四是创新搭建了与省政府的信息对接平台，向省脱贫攻坚领导小组报送多期工作动态，多位省领导先后 3 次作出肯定性批示。

（五）完善统计报送制度，做好动态监测

完善山西省金融精准扶贫信息系统，与 96 个金融机构直接对接，及时做好数据的补录、采集和信息更新。按照省脱贫攻坚领导小组要求，建立了全省扶贫小额信贷统计制度，做好动态监测。就精准扶贫贷款统计中存在的问题，组织省级金融机构召开了金融精准扶贫贷款统计工作座谈会，进一步完善统计报送制度。

（六）完善贫困地区金融基础设施建设，发展普惠金融

加强支付体系建设。人民银行太原中心支行牵头推动的全省农村金融综合服务站建设工作，被省委省政府列为全省"十大强农惠农富农"重点工作和 2016—2017 年"十大惠民"项目之一。截至 2018 年 9 月末，全省农村地区共建设农村金融综合服务站 30304 个，覆盖行政村 23216 个。其中，贫困县已经建立 13753 个农村金融综合服务站。加强信用体系建设。全省各级人民银行充

分发挥社会信用体系建设牵头单位作用，积极推动信用乡（镇）、信用村、信用户评定工作。截至 2018 年 9 月末，共评定信用乡 271 个、信用村 6970 个、信用户 305 万户；共为 448 万农户建立信用档案，有 132 万农户累计获批贷款 2370 亿元。自主开发中小微企业及农户信用信息系统，为全省各市、县搭建了基于互联网集中管理的数据库系统，着力改善小微企业和"三农"金融服务。加强金融知识宣传教育。联合中国金融教育发展基金会在"两山"片区开展"金惠工程"，实现了深度贫困县的全覆盖，提高贫困地区农村金融消费者的金融素养和风险意识。

（七）加大考核力度，促进扶贫工作提质增效

人民银行太原中心支行在全省人民银行系统内实施高标准考核，提高辖内各级人民银行和各职能处室对金融扶贫的贡献度。对于各职能处室，加大对市、县级人民银行的业务指导力度，促进各业务条线深度介入扶贫工作。对各市、县级人民银行的工作业绩，主要从三个方面来衡量：一是贫困县信贷投放总量，尤其是产业扶贫和贫困户小额信贷投放总量是否合理增加；二是信贷投放带动建档立卡贫困户脱贫增收情况，即扶贫信贷投放效率是否提高；三是针对金融助推脱贫攻坚的金融产品创新。考核结果作为评价各相关职能部门和各基层行工作的重要因素，推动扶贫各项工作深入开展。

三、个人、产业、项目"三位一体"金融扶贫成效显著

（一）精准对接贫困人口，一户一档帮扶

组织全省农信系统万名客户经理进村入户，集中开展"大调查、大摸排、大起底"的"无缝对接"活动。要求客户经理既要向广大贫困户宣传金融扶贫政策，又要开展全面摸底调查、评级授信、快速放贷，当好金融扶贫的宣传员、联络员和服务员。目前，已经实现对全省 93.3 万户建档立卡贫困户基础信息资料、评级和授信"三个全覆盖"。截至 2018 年 9 月末，建档立卡贫困人口和已脱贫人口贷款余额 192.71 亿元，同比增长 32.88%，较年初增加 32.24 亿元。其中，已脱贫人口贷款余额较年初增加 23.7 亿元，同比多增 7.46 亿元。建档立卡贫困人口和已脱贫人口有 38.1 万人获得贷款支持，较上年末增加 11.74 万人，增长 44.52%。已脱贫人口占比大幅提高，占到建档立卡贫困人口项和已脱贫人口项总和的 31%。

（二）精准对接产业，注重生产带动

指导金融机构全面对接"8311"重大产业项目和"一村一品一主体"产业发展规划，以实施特色农业、光伏产业等为重点，结合自身优势，有效发挥主体作用。联合省经信委组织大规模银企合作洽谈会，为14家金融机构与13家企业搭建了产融交流平台。推动农发行与省政府签订创建"省级政策性金融扶贫实验示范区"合作协议，在36个国定贫困县和集中连片贫困县启动"金融扶贫示范区"建设工程。引导金融机构对接各地光伏扶贫项目，加大信贷支持力度。如临汾市安泽、汾西两县金融机构通过直接支持模式发放光伏贷款2412万元，带动贫困户669户。引导金融机构因地制宜开展金融服务和产品创新，推出了"公司＋贫困户""专业合作社＋贫困户""公司＋基地＋贫困户"等各类企业参与、多个主体互动的产业链融资模式，推动贫困户增收脱贫。截至2018年9月末，全省金融机构产业精准扶贫贷款余额达334.38亿元，支持借款人以创业就业、吸收入股、签订购买和帮扶协议等方式带动贫困人口17.71万人。

（三）精准对接项目，生态脱贫双赢

组织金融机构围绕生态建设加大支持力度。推动国开行省分行和农发行省分行全力保障林业生态建设资金需求，加大对58个贫困县新增造林任务的融资支持，并在贷款期限、宽限期和基准利率上给予优惠政策。推动邮储银行省分行与省林业厅签订生态造林扶贫攻坚战略合作协议，为35个贫困县的328个专业合作社提供了4287.7万元资金支持，支持率占到11.21%，带动建档立卡贫困户861户，努力在一个战场上同时打赢"脱贫攻坚"和"生态建设"两场战役。指导中国银行山西省分行发行5亿元的扶贫债券、浦发银行太原分行发行5亿元的光伏扶贫债券，用于支持吕梁、忻州等深度贫困地区、革命老区的公路建设项目和光伏项目。截至2018年9月末，全省金融机构项目精准扶贫贷款余额739.48亿元，同比增长15.41%，较年初增加35.95亿元。以支持扶贫项目方式为全省1299.16万人（次）建档立卡贫困人口提供易地扶贫搬迁、交通、电网、医疗、教育等基础服务，服务人（次）比上年末增加36.79万人（次），增长2.9%。

金融助推脱贫攻坚工作是一项复杂的系统工程，太原中心支行要与全省人民银行系统上下齐心，进一步增强社会责任感和历史使命感，真抓实干、勇于创新，扎实推进金融扶贫各项工作，圆满完成总行各项任务部署，为支持山西省打赢脱贫攻坚战作出更大的贡献。

内蒙古自治区金融精准扶贫实践经验

——创新模式　积极作为
深入推进内蒙古金融扶贫精准对接

内蒙古自治区位于我国北部边疆，面积 118.3 万平方公里，总人口 2520 万人。2015 年末，全区共有 31 个国贫旗县、26 个区贫旗县，建档立卡贫困人口总计 80.3 万人。近年来，全区各级人民银行积极落实各项金融精准扶贫政策，不断加大支农、扶贫再贷款资金投入力度，与政府及相关部门积极对接发挥政策合力，强化金融支持产业带动脱贫作用，鼓励和引导金融机构强化产品和服务创新力度。截至 2018 年 9 月末，全区金融精准扶贫贷款余额 1242.45 亿元，同比增长 7.72%。其中，个人精准扶贫贷款余额 173.46 亿元（包括未脱贫个人精准扶贫贷款余额 53.86 亿元、已脱贫个人精准扶贫贷款余额 119.6 亿元），产业精准扶贫贷款余额 537.28 亿元，项目精准扶贫贷款余额 531.72 亿元。产业和项目精准扶贫贷款占全自治区精准扶贫贷款余额的 86%，支持或带动建档立卡贫困人口 173.9 万人（含已脱贫人口）。

一、主要做法及成效

（一）强化组织建设，构建长效工作机制

积极推动建立自治区金融扶贫工作领导小组，加强和各部门的协调配合，按照"旗县主体、盟市协调、自治区支持"的原则，形成上下联动、三位一体的金融精准扶贫组织体系。会同自治区金融办、扶贫办等有关部门多次召开会议研究金融精准扶贫工作，加强部门间的协调配合，并专题向自治区分管主席和相关领导汇报金融精准扶贫工作。在全区金融工作会议、人民银行工作会议等多次会议上，对金融精准扶贫工作进行专题安排部署，要求金融机构认真梳理扶贫金融服务需求清单，创新金融产品，提升金融服务。

（二）强化政策引导，加强金融精准扶贫合力

联合相关部门先后制定印发了《内蒙古自治区金融助推脱贫攻坚行动计划》《内蒙古自治区人民政府办公厅关于进一步推动金融扶贫工作的通知》《内蒙古自治区人民政府关于印发进一步加大脱贫攻坚力度十项措施的通知》《关于充分利用好扶贫再贷款政策深入推进金融精准扶贫工作的通知》《进一步完善精准扶贫信贷政策八项措施》等一系列政策文件，逐步完善金融扶贫政策体系，促进金融政策与财政政策、扶贫政策的有效互动。2018 年 8 月，人民银行呼和浩特中心支行还制定印发了《关于做好金融支持深度贫困地区脱贫攻坚的意见》《关于开展信贷政策支持再贷款精准对接产业扶贫工作的通知》《内蒙古自治区金融扶贫领域作风问题专项治理行动方案》等文件，要求金融机构进一步改进金融服务，加大金融精准扶贫贷款投放力度，落实好扶贫小额信贷政策，严禁"户贷企用"等行为，充分发挥金融在精准脱贫中的重要作用。

（三）强化货币政策工具运用，加大金融扶贫资金投入

人民银行呼和浩特中心支行用好宏观审慎政策，支持贫困地区地方法人金融机构加大扶贫贷款投放力度。为落实 2018 年 9 月起实施的优化运用扶贫再贷款发放贷款定价机制试点（内蒙古为全国 12 个试点省区之一），人民银行呼和浩特中心支行制订下发了《内蒙古优化运用扶贫再贷款发放贷款定价机制试点实施方案》，将全区 57 个贫困旗县中符合扶贫再贷款发放条件的农村金融机构纳入试点范围。同时还适当放宽扶贫再贷款发放条件，对质押品不足但发放扶贫贷款较多的法人金融机构，以信用方式对其发放扶贫再贷款，增加了地方法人金融机构发放扶贫贷款的资金来源。截至 2018 年 9 月末，全区支农（含扶贫）再贷款余额 77.57 亿元，2018 年前三季度累计发放 80.95 亿元；全区扶贫再贷款余额 48.82 亿元，2018 年前三季度累计发放 52.4 亿元，自 2016 年扶贫再贷款创设以来，累计发放扶贫再贷款 185.67 亿元。

（四）强化金融扶贫重点，突出金融支持产业扶持脱贫

人民银行呼和浩特中心支行立足自治区实际，将支持和培育产业发展带动脱贫发展作为金融扶贫工作的重点，将强化产业龙头企业与农牧业利益联结机制作为金融支持产业扶贫的重中之重，2018 年前 9 个月产业精准扶贫贷款累计发放额达 72.25 亿元。如通辽市中心支行引导金融机构加大信贷投放的力度，通过支持黄牛产业发展，推出黄牛特色产业贷款"肥牛贷"，全力支持农牧民转变发展方式，促进农牧民脱贫增收。自 2016 年开办至 2018 年 9 月累计发放 11.92 亿

元黄牛养殖贷款，惠及养殖户 21705 户，支持建档立卡贫困户 5309 户。赤峰市中心支行结合"两权"抵押贷款试点，通过支持肉羊产业发展，推出"羊联体"产业扶贫模式，发放贷款 600 万元，引导扶持有能力、有意愿的贫困户加入"羊联体"，发展肉羊养殖业，帮助 740 户建档立卡贫困户实现稳定脱贫。

（五）强化金融机构产品和服务方式创新，拓宽金融扶贫路径

鼓励金融机构积极创新信贷产品和服务方式，并与农村信用体系建设、扶贫小额信贷、扶贫贴息奖补政策和政策性保险等相结合，对接建档立卡贫困户的生产、创业贷款需求。鼓励金融机构针对不同群体、不同类别的贷款主体创设信贷产品，通过"信贷＋信用""联保联贷""信贷＋保险""银行＋公司＋农户＋贴息""再贷款＋"等方式扩大信贷投放。如兴安盟创新推出"央贷信"业务，以"信贷＋信用"方式，累计支持 16232 户贫困户从金融机构获得贷款，授信 9.74 亿元。锡林郭勒盟西乌旗推出"生态精牛贷"，采取"活畜抵押＋再贷款＋政策性农业保险"模式，截至 2018 年 9 月末发放贷款3723 万元，扶持 81 户新型经营主体，带动 103 户贫困牧户实现长期就业。

▼ 专栏

人民银行兴安盟中心支行以农村信用体系建设为契机探索金融精准扶贫新模式

兴安盟地处大兴安岭南麓集中连片特困地区，也是内蒙古自治区深度贫困地区之一，目前仍有 4.95 万贫困人口，贫困发生率 4.67%，脱贫攻坚任务繁重。兴安盟中心支行在金融精准扶贫实践中，将农村信用体系建设与扶贫再贷款相结合，创新推出了扶贫再贷款使用创新项目"央贷信"业务，金融助推脱贫攻坚成效显著。

一、主要做法

（一）深入调研，周密筹划

兴安盟中心支行组成调查组深入各旗县市调查了解金融扶贫中存在的问题和困难，针对调查掌握的实际情况，提出采取人民银行信用体系建设与扶贫再贷款运用相结合的试点工作，以开展"信用村""信用户""信用乡镇"

建设为切入点，打造"诚信乡村、守信村民"，形成"信用可换贷款"的扶贫新模式。在调查论证的基础上，推出了扶贫再贷款创新项目"央贷信"业务，引导金融资源更多投向贫困领域。

（二）试点先行，循序推进

为起到以点带面，试点引领的作用，2016 年确定扎赉特旗和科右前旗为"央贷信"项目的首批试点地区，2018 年将试点地区拓展到科右中旗、阿尔山市和突泉县，并在实践中不断完善，在完善中树立典型。同时，建立信息核对和更新机制，嘎查村第一书记、涉农金融机构、人民银行和扶贫办在信息采集过程中各负其责，确保数据及时、准确、完整。截至 2018 年 9 月末，共采集兴安盟地区农牧户信息 118295 户，数据完整率达 96%。

（三）构筑平台，提高效率

金融扶贫的难点是解决好贫困户与金融机构之间信息不对称的问题，金融机构利用人民银行征信部门构筑的信息平台，通过在互联网搭建的"内蒙古自治区小微企业和农村信用信息系统"为每一个农牧户建立一套信用档案，根据农牧户资产负债情况、家庭收入情况、历史信用状况等因素为农牧户科学评定信用等级。信用信息系统在农牧户与金融机构、相关政府部门等信息使用者之间构筑了信息共享的平台，明显提高了涉农金融机构审贷效率。

（四）加大投入，多方联动

兴安盟中心支行坚持"政府引导、金融支持、市场运作、风险可控"的原则，转变再贷款投放方式，为建档立卡贫困户量身定做金融产品，加大扶贫贷款投放力度和利率优惠力度，对使用人民银行扶贫再贷款发放的扶贫贷款按要求全部采取基准利率发放。地方政府及相关部门积极参与试点工作，为建档立卡贫困户贷款贴息，贴息比例在 3%～5%，基本覆盖贫困户贷款利息。通过财政扶贫资金建立风险补偿和缓释机制，存入一定数量的保证金并按照保证金比例扩大 10 倍发放扶贫贷款，对扶贫贷款进行风险缓释。

（五）信用引领，有进有出

针对当地部分贫困农牧户扶贫贷款违约风险相对较高和地方法人金融机构抗风险能力较弱的实际，为调动地方法人金融机构参与金融扶贫的积极性，试点工作建立了动态调整的信用评价机制，对违约失信的农牧户进行适度惩戒，使其无法享受"央贷信"的低利率贷款，从而增强了农牧民诚实守信意识，大大地降低了扶贫贷款风险，形成金融机构风险可控、农牧户诚实守信的双赢局面，调动了地方法人金融机构开展金融扶贫的积极性。自2016年试点工作开展以来，试点地区信用村的贷款获得率和归还率均达到了100%。

二、扶贫成效

（一）降低融资成本，助力农牧民脱贫致富

为充分发挥中央银行货币政策作用，人民银行创设了扶贫再贷款，对使用扶贫再贷款向建档立卡贫困户发放的扶贫贷款全部实行基准利率放款，并由地方财政扶贫资金贴息。截至2018年9月末，兴安盟共投放支农再贷款38.2亿元，执行年利率为4.35%，据初步测算，当年为农牧民节省利息支出1.91亿元，15235户贫困户从中受益。地方政府向合作金融机构存入风险保证金1.52亿元，合作金融机构按1:10比例发放贷款，目前地方政府保证金撬动贷款12.16亿元，为10240户贫困户节约利息支出6080万元。自试点工作开展以来，扎赉特旗、科右中旗、突泉县和阿尔山市实现7607名农牧户脱贫致富，其中，95%以上脱贫户直接从金融扶贫政策中受益。

（二）构筑信用信息平台，拓展金融扶贫覆盖面

通过建立动态更新的信用信息评价系统，人民银行、涉农金融机构不仅可以挖掘出潜在的帮扶对象，而且可以根据产业扶贫的需求对农牧户的授信额度进行动态调整，在上年1万~5万元信用额度的基础上，对信用户的授信额度调增至5万~10万元。截至2018年9月末，扎赉特旗、科右中旗、突泉县和阿尔山市4个旗县市，共有79961户农牧户取得金融机构的授信，累计授信额度为47.97亿元。其中，16232户贫困户从金融机构获得贷款，累计授信9.74亿元，较上年同期增长30.04%。

（三）健全"守信激励、失信惩戒"机制，构建农村金融新生态

试点工作使老百姓的信用观念发生根本变化，对涉农金融机构的认识有了好转，诚信意识和主动还款意愿明显增强。截至2018年9月末，兴安盟共建成信用村118个，其中利用人民银行扶贫再贷款政策引领创建的信用村13个。涉农金融机构对已建成信用村优先给予金融支持，结合信用评价退出机制，对其进行动态管理，发挥示范带动作用，逐步构建形成了良性的农村金融新生态。

（六）强化监测督导，做好易地扶贫搬迁的信贷支持工作

会同自治区有关部门出台《关于加快推进全区易地扶贫搬迁工作的指导意见》，制定印发《关于做好易地扶贫搬迁信贷管理服务工作的通知》，指导金融机构全面做好易地扶贫搬迁贫困人口安置综合金融服务工作。加强对国开行内蒙古自治区分行和农发行内蒙古自治区分行易地扶贫搬迁资金的监测督导，指导两家银行积极做好易地扶贫搬迁资金和项目对接，合理确定贷款利率和期限，确保易地扶贫搬迁资金与项目储备、年度计划、投放节奏等相匹配。同时，组织对国开行内蒙古自治区分行、农发行内蒙古自治区分行管理和使用易地扶贫搬迁贷款情况进行了现场核查，督促其提高资金使用效率。截至2018年9月末，全区易地扶贫搬迁贷款余额115.85亿元，主要用于建档立卡贫困人口易地扶贫搬迁。其中，资金来源于专项金融债的贷款余额23.97亿元（中央财政贴息90%，自治区财政贴息10%），共惠及建档立卡贫困人口9.5万人。

（七）强化金融基础设施建设，加强金融精准扶贫政策效果评估引导

深化信用体系建设，深入推进贫困旗县"信用乡镇""信用村""信用户"创建。联合扶贫办等部门制定印发了《内蒙古自治区金融精准扶贫政策效果评估实施细则》，对31个国贫旗县及其辖内银行业金融机构开展金融精准扶贫政策效果评估工作，引导金融机构加大金融扶贫信贷投放。在全区嘎查村助农金融服务点全覆盖的基础上，继续优化服务点布局。同时积极开展金融扶贫座谈交流和走访调研工作，并在《内蒙古日报》开设专栏对金融精准扶贫政策进行宣传解读。

二、金融精准扶贫工作中存在的问题

（一）金融政策与财政政策、扶贫政策的合力有待进一步增强

虽然自治区党委政府及相关部门高度重视扶贫脱贫工作，制定并下发了一系列政策文件，对建立贴息、奖补和风险缓释机制等政策进行了明确，但由于部分贫困旗县对财政扶贫资金的整合力度有限，撬动金融机构信贷资金投入的力度不足。特别是个别贫困地区既未建立风险补偿及缓释机制，也未采取有力措施对金融机构进行引导，对建档立卡贫困户及产业扶持带动脱贫发展的扶贫信贷明显不足。

（二）贫困地区优势产业、主导产业培育进展缓慢，对脱贫攻坚的支持力度有待加大

全区贫困人口多数居住在边境地区、偏远牧区或民族聚居区，当地产业结

构单一，生产方式粗放，农牧业保险保障能力较低，农村牧区担保机制不健全，当地还未形成带动成效显著、可持续发展的优势产业。个别贫困地区尚未抓住金融扶贫支持产业扶持带动脱贫发展的重点，不注重产业发展带动脱贫的培育，而是简单选择当地较大的热力、电力企业等进行脱贫带动，一旦金融扶贫资金不能跟进投入，脱贫成效将不可持续，未形成培育产业发展与带动贫困户脱贫发展的有效路径。

（三）金融扶贫信贷产品与服务还不能全面满足多层次脱贫攻坚的金融服务需求

目前，全区贫困地区生产要素市场发展相对滞后，生产要素价格发现功能有限，普遍缺乏合格抵押担保物。金融机构出于风险或成本考虑，参与度不足，扶贫信贷以抵押或担保方式投放的还占有相当比例，与贫困户普遍缺乏合格抵押担保物的矛盾突出。同时，金融机构由于服务半径或服务成本等问题，还不能完全满足具备一定条件、有生产发展能力且有贷款意愿建档立卡贫困户的金融服务需求。

（四）金融精准扶贫内生动力仍需进一步激发

由于多数贫困地区缺乏良好的产业支撑，当地主导产业、优势产业、富民产业的脱贫成效还有待进一步检验，新型经营主体带动建档立卡贫困户脱贫增收的利益联结机制尚不紧密。部分贫困人口"等靠要"思想严重，有的怕担风险，有的不愿尝试，自主创业意识薄弱、技能缺乏，扶贫内生动力不足，对扶贫贷款的有效需求不足。

三、相关政策建议

（一）进一步强化金融精准扶贫政策合力

促进金融政策与财政政策、扶贫政策的有效互动，通过推动整合财政和扶贫资金、扩大财政贴息、建立风险担保和风险缓释机制、拓展扶贫资金担保覆盖范围、加大风险补偿力度等政策措施，引导金融资源进一步向建档立卡贫困户群体倾斜。

（二）立足地区特色，强化对带动作用明显的新型经营主体、龙头企业的支持力度

切实立足当地实际，探索创新支持产业脱贫的方式和路径。在支持建档立卡贫困户发展的同时，积极推动区域经济和特色产业发展，通过支持和引导产

业化龙头企业与建档立卡贫困户建立更为紧密的利益联结机制,切实带动建档立卡贫困户脱贫致富。

(三) 进一步强化金融精准扶贫产品和服务方式创新

强化问题导向,落实好涉农涉牧、小微企业和扶贫小额信贷等金融支持政策,努力扩大金融机构参与度和金融扶贫信贷投放,积极对接建档立卡贫困户的创业、生产贷款需求。结合"两权"抵押贷款试点,拓宽贫困户抵押担保物范围。鼓励和引导金融机构从绩效考核、内部授权、资源配置等方面把金融扶贫工作落到实处。

(四) 加强农村牧区金融生态环境建设,进一步完善保险担保体系

进一步推动农村牧区金融生态环境建设,优化和改进助农金融服务,完善保险担保体系,深化信用体系建设,强化贷户信用意识培养,营造良好的金融生态环境,为金融精准扶贫贷款业务顺利开展提供保障。

(五) 继续落实自治区易地扶贫搬迁信贷资金衔接投放事宜

推动自治区相关部门积极落实易地扶贫搬迁政策,及时拨付贷款资金。指导国家开发银行内蒙古自治区分行、农业发展银行内蒙古自治区分行积极有效对接落实辖内贴息贷款规模任务,合理确定贷款利率和期限,优化和改进贷款流程及资金管理,及时拨付资金。

吉林省金融精准扶贫实践经验

——施策精准 探索创新
深入推进金融扶贫攻坚

脱贫攻坚工作开展以来，人民银行长春中心支行认真贯彻落实党中央、国务院关于脱贫攻坚的决策部署，按照总行和吉林省委省政府的工作要求，牢牢把握"精准扶贫，精准脱贫"的基本方略，加强顶层设计，创新扶贫模式，强化责任担当，积极探索"输血"与"造血"相结合的精准扶贫新路径，为贫困地区经济发展和民生改善提供强劲的金融动力。截至 2018 年 9 月末，全省金融精准扶贫贷款余额 507.5 亿元，其中个人精准扶贫贷款余额 73.4 亿元、产业精准扶贫贷款余额 329 亿元、项目精准扶贫贷款余额 105.1 亿元。

一、加强顶层设计，合力推进金融扶贫

（一）高度重视，落实金融精准扶贫工作精神

一是人民银行长春中心支行多次召开金融扶贫专题工作会议，专题传达和学习中央、总行、省委省政府关于扶贫工作的相关政策、工作思路和路径，并要求省内人民银行分支机构，特别是贫困地区分支机构深入学习扶贫工作精神，全面做好金融助推脱贫攻坚工作。通过不同形式的学习，加深了对国家金融扶贫政策方针的理解，明晰了金融精准扶贫的坐标和定位。二是根据吉林省委、省政府关于打赢脱贫攻坚战的决策部署，聚焦贫困县摘帽、贫困村退出、贫困户脱贫的工作目标，长春中心支行会同省扶贫办、省金融办、省发展改革委等部门制定出台了《关于全面推进脱贫攻坚金融支持工作的计划方案》《吉林省金融助推脱贫攻坚的实施意见》《吉林省扶贫小额信贷工作实施意见》等文件，明确了金融精准扶贫的工作目标和具体措施。三是要求吉林省农业银行、邮储银行、农信社以及吉林银行和 15 个省级贫困片区县内 36 家地方法人机构结合实际制定"十三五"金融扶贫规划，做到金融机构职责和任务精准，

并通过召开座谈会、推进会和实地调研考察等方式强化跟踪各金融机构落实情况。

(二) 全面谋划，协调联动增强金融扶贫合力

人民银行长春中心支行始终把凝聚各部门合力作为推进金融精准扶贫工作的重要支撑，加强统筹、协调和联动。一是牵头省级金融监管部门和地方政府有关职能部门建立金融助推脱贫攻坚联动机制，加强政策互动、工作联动和信息共享。二是行内成立由货币信贷处、法律事务处、调查统计处、支付结算处等七部门组成的中心支行金融助推脱贫攻坚联动工作组，加强对吉林省金融助推脱贫攻坚工作的组织协调和责任落实。三是组织协调辖内 40 个人行县支行制订金融扶贫实施方案，成立领导小组，牵头召开当地金融扶贫协调工作会议，促进金融扶贫工作向纵深发展。四是引导辖内各金融机构构建以政策性金融机构为基础、涉农金融机构为主、其他商业性金融机构为辅的金融精准扶贫整体推动体系。

(三) 完善机制，为金融扶贫工作保驾护航

一是构建数据信息监测机制。按照总行工作部署，建立了金融精准扶贫信息系统和金融精准扶贫专项统计系统，对辖内金融机构精准扶贫情况实施按季监测。目前，共有 73 家金融机构被纳入统计系统。二是构建效果评估机制。依托金融精准扶贫信息系统年度数据，通过定性和定量两种方式按年度对辖内 15 个贫困县金融机构开展金融扶贫政策导向效果评估，通过评估结果进一步督导金融机构在绩效评价、信贷资源配置等方面做好金融精准扶贫安排，提升金融精准扶贫政策实施效果。三是构建风险保障机制。为发挥财政资金扶持作用，破解金融扶贫风险难题，在长春中心支行的推动下，目前吉林省建立了"两权"贷款风险保障基金、创业担保贷款担保基金和扶贫小额信贷风险担保基金等风险缓释机制，覆盖金融扶贫主要风险领域，为金融扶贫提供了有力保障。截至 2018 年 9 月末，三项主要风险基金分别为 4640 万元、81500 万元和 18891 万元。

二、加大政策力度，有效发挥央行的引导作用

(一) 有效发挥货币政策工具的引导作用

贫困地区金融机构资金实力较弱是制约扩大信贷投放的根本原因。为此，人民银行长春中心支行紧紧围绕提升贫困地区信贷投放能力这一核心，一是充

分运用差别存款准备金率政策，对全省达标的县域法人机构实施降低存款准备金率的优惠政策。2016年以来，累计向延边、白城和白山等贫困地区释放可贷资金10.4亿元。二是对贫困地区优先给予扶贫再贷款支持，扩大金融机构扶贫资金来源。通过精准对接贫困地区重点项目、特色产业、贫困户金融服务需求等方式，引导低成本资金投入扶贫开发，不断增强金融机构扶贫能力，贫困地区扶贫再贷款下摆力度逐年加大。自2016年开办业务至2018年9月，累计发放扶贫再贷款78.1亿元。其中，2017年累计发放扶贫再贷款34.3亿元，是2016年的2.8倍；2018年前9个月，累计发放扶贫再贷款31.5亿元。

（二）做好易地扶贫搬迁信贷服务管理工作

按照总行部署，人民银行长春中心支行加强辖内对易地扶贫搬迁贷款资金投向、用途、额度、利率、绩效等情况的动态跟踪监测统计，全面及时掌握各市县搬迁规模、项目进展、资金使用等情况，督促指导相关金融机构真正管好用好易地扶贫搬迁贷款。配合吉林省发展改革委等部门制定《关于下达2017年易地扶贫搬迁任务和贴息贷款规模的通知》《关于调整部分县（市、区）2016、2017年易地扶贫搬迁计划的通知》等文件。推动国开行、农发行吉林省分行与省发展改革委、扶贫办、财政厅等政府部门多次对接，并深入贫困县实地开展调研，为全省易地扶贫搬迁工作开展打下良好基础。截至2018年9月末，吉林省已累计发放易地扶贫搬迁贷款3.6亿元，扶持搬迁人口2万人。

（三）探索开展金融扶贫示范区工作

为深入推进吉林省金融精准扶贫工作开展，在省、市、县三级人民银行先期调研的基础上，人民银行长春中心支行下发了《关于开展金融精准扶贫示范区创建的通知》，在和龙市、双辽市开展金融扶贫示范区建设。截至2018年9月末，示范区金融精准扶贫信贷累计投放达到6.3亿元，直接和带动建档立卡贫困户7000余人脱贫。一是建章建制。两个试点地区均制订了示范区建设实施方案，成立了以副市长为组长、人民银行负责人为副组长，扶贫办、财政局、农资局、乡镇负责人为成员的金融扶贫示范区建设工作领导小组，协调推进示范区建设工作。二是政策工具引导。为保证工作顺利开展，长春中心支行根据扶贫示范区的实际情况，分别向和龙市和双辽市示范区下摆了2.7亿元和1亿元扶贫再贷款。在货币政策工具的引导下，示范区内金融机构创新推出"金融机构＋企业＋专业合作社＋贫困户""金融机构＋担保公司＋专业合作社＋贫困户""城乡居民养老保险助保贷款""村级信用合作担保基金＋土地经营权抵押贷款"等模式。三是政策合力推进。一方面，积极发挥财政资金的撬动作用。双辽市财政部门建立了扶贫小额信贷风险保障基金800万元，用于支持银行机构发放扶贫小额贷款。另一方面，通过创建村级信用合作担保基金，破解土地经营权抵押贷款流转处置难题。四是助力产业扶贫。各金融机构积极与示范区产业、项目进行对接，并提供有效的资金支持，在贷款利率、期限上给予优惠。创新推出"产业链扶贫"及"光伏产业扶贫"等品种，有力地支持了示范区产业发展。和龙市金融机构结合地方政府培育菌类养殖、养貂等产业项目，积极发放产业扶贫贷款，截至2018年9月末，产业精准扶贫贷款余额达2.4亿元。

▼ 专栏1

人民银行长春中心支行组织创建金融扶贫示范区　探索助力老弱病残脱贫有效路径

吉林省老弱病残贫困人口占全部贫困人口比例高达73.7%，助力老弱病残人口脱贫是金融扶贫攻坚的难点问题。2018年初，人民银行长春中心支行在吉林省少数民族国家级贫困县和龙市有针对性地创建金融扶贫示范区，通过构建政府主导、职能部门协作、金融机构广泛参与的工作格局，探索出契合吉林特色的金融精准扶贫模式，取得了阶段性成效。截至2018年9月末，示范区金融精准扶贫信贷累计投放达到33205万元，已经实现脱贫2000余人，占全部贫困人口的24%。

一、建立联动工作机制，统筹推进示范区建设

创建金融扶贫示范区是一项系统工程，需建立地方政府、人民银行、金融机构等各方面政策互动、工作联动机制。长春中心支行积极推动建立和完善工作机制，更好地发挥各方资源合力。一是长春中心支行在深入调研的基础上，将国家级贫困县及老弱病残人口占比较高的和龙市确定为全省金融扶贫示范区，并下发具体指导意见，明确创建目标、任务和要求，统筹推进示范区建设。二是推动和龙市成立由市长任组长的创建工作领导小组，制订创建工作方案，细化创建任务和强化部门协作，并成立金融精准扶贫服务办公室，建立市、乡（镇）、村三级金融扶贫服务网络。三是建立省级相关职能部门间及金融机构扶贫联席会议制度，定期通报示范区建设进展情况，协调省级政府部门加大示范区政策支持，要求各省级金融机构在示范区信贷规模、涉农信贷授权、优惠利率支持等方面出台具体的优惠政策。四是指导示范区建立金融扶贫主办行制度，将金融机构与示范区 87 个贫困村进行对接，避免金融扶贫真空。五是制定示范区金融机构扶贫考核办法，定期通报情况，并将考核结果纳入金融机构宏观审慎评估和信贷政策导向效果评估中，促进金融扶贫工作的深入开展。

二、强化激励引导作用，完善扶贫政策传导机制

示范区作为国家级贫困县，经济金融发展环境较差，金融机构扶贫信贷投放信心不足。长春中心支行有效发挥货币政策工具的导向作用，积极协调政府财政支持，撬动信贷投向扶贫领域。一是通过实施定向降准政策、合理调增示范区法人金融机构合意贷款规划、发放扶贫再贷款、办理再贴现等，定向支持示范区法人金融机构信贷投放。2018 年以来，和龙市法人金融机构共发放扶贫贷款 27348 万元，占当地扶贫信贷增量的 85%，惠及建档立卡贫困户 7356 户。二是推动示范区政府设立扶贫贷款风险补偿基金，截至 2018 年 9 月末，示范区整合财政资金 7531 万元，分别注入涉农金融机构，由金融机构按 3～10 倍发放扶贫贷款。截至 9 月末，示范区金融机构发放扶贫小额贷款和龙头企业贷款共计 29974 万元，带动 12943 户贫困户。三是协调示范区政府整合各类扶贫资金 1 亿元，成立扶贫担保公司，作为金融机构发放扶贫贷款的专项风险担保基金，目前已借助风险担保基金发放扶贫贷款 13359 万元，带动贫困人口 13359 人，实现了对县域贫困人口全覆盖。

三、创新信贷扶贫模式，实现精准扶贫全覆盖

扶贫的关键是要解决好"扶持谁"和"怎么扶"问题，为此，长春中心支行组织示范区金融机构协助地方扶贫部门进一步完善建档立卡贫困户信息数据库，对每户致贫原因、家庭状况等进行分类，并紧密结合示范区地处长白山山麓的区域特点，有针对性地开发信贷产品和制定扶贫模式，重点支持人参、木耳种植和养貂、养驴等特色种养以及乡村旅游业发展，实现贫困人口自我脱贫和产业项目带动脱贫。

一是"小额农贷助贫"——扶贫小额信贷模式。对有贷款意愿,有就业潜质,有技能素质的"三有"建档立卡贫困户,提供5万元(含5万元)以下、期限3年以内(含3年),由政府扶贫部门全额贴息的扶贫小额贷款,利率不高于基准利率。截至2018年9月末,共发放此类贷款4256万元,带动1530户贫困户。

二是"金穗农贷扶贫"——专业合作社+风险基金+贫困户模式。选择农村地区专业合作社作为承贷主体,贫困人口加入该合作社,有到合作社打工获得工资性收入和贷款作为入股资金获得分红两种收益方式。农业银行按合作社带动贫困人口数量按每户5万~10万元标准发放"金穗惠农精准脱贫贷款",政府按所发放贷款的10:1向承贷行注入风险基金,并辅以抵押土地承包经营权、林权、农机具或多户联保、包保干部担保等方式保全信贷资金安全。截至2018年9月末,示范区共发放此类贷款5178万元,带动524户贫困户。

三是"龙头企贷帮贫"——龙头企业+风险基金+贫困户模式。选择经营效益好的龙头企业作为承贷主体,以产业项目与贫困人口挂钩方式帮扶脱贫。承贷银行采用"抵押+担保"方式给龙头企业发放贷款,企业按每万元带动1人脱贫匹配贫困人口,并以不低于6%的比例向贫困农户计提分红基金。和龙市政府以扶贫风险基金形式对该类贷款承担70%的损失代偿责任,并全程监督分红资金分配到贫困农户,银行承担30%风险责任。截至2018年9月末,市政府扶贫办以该种模式向当地农商行注入风险担保基金1844万元,撬动20540万元信贷资金参与金融精准扶贫,带动10889名贫困户。

四是"政府保贷脱贫"——政府担保基金+扶贫合作社+贫困户模式。在示范区87个行政村成立158个由贫困人口自发组建的扶贫合作社,聘请120名事业编制人员参与合作社管理。同时整合各类扶贫资金1亿元成立融资担保公司,用于和龙市农商行发放扶贫贷款的专项风险担保基金,对不良贷款承担100%代偿责任。农商行以每个贫困人口1万元标准向合作社发放扶贫贷款,合作社可以将扶贫贷款用于自主经营,也可将贷款委托给企业运营。委托运营模式下受托企业向委托方缴纳受托额6%~8%的收益。截至2018年9月末已发放此类精准扶贫贷款13359万元,带动贫困户7356人。

四、加强普惠金融建设，提升示范区金融服务可获得性

示范区金融服务资源不足、金融环境差是金融扶贫面临的主要问题。长春中心支行组织示范区金融机构积极开展支付、信用体系建设，不断优化示范区金融生态环境，切实打通扶贫金融服务"最后一公里"，通过补齐短板促进金融扶贫的可持续发展。一是改善示范区支付服务水平。积极推动手机银行、网上银行、转账电话、惠农 POS 机等支付工具应用，完善助农取款服务点功能，使农民足不出村即可办理基础金融业务。截至 2018 年 9 月末，示范区内 ATM 和 POS 机具布放分别达到 265 台和 2738 台，较创建前分别增长 9.2% 和 12.4%；助农取款服务点实现行政村全覆盖。二是积极推进示范区诚信机制建设。深入开展建档立卡贫困户信息采集，并及时录入农村信用信息数据库内，实现贫困户信息在金融机构间共享，目前示范区均已完成数据采集及录入工作。开展建档立卡贫困户信用评级，为贫困户及时获得贷款提供便利。三是深入开展金融知识宣传。组织示范区金融机构深入农村，通过集中培训、现场指导、发放宣传资料等方式，普及信贷、支付、反假币、征信等金融知识，提升广大农民金融素养。

（四）广泛宣传为金融扶贫工作营造氛围

人民银行长春中心支行积极依托政府、网络、金融机构网点、新闻媒体等"四平台"，开展金融精准扶贫知识进村屯、进集市、进校园、进企业活动，不断增强各类主体对金融扶贫政策与产品的了解和使用。人民银行长春中心支行以扶贫日活动为契机，指导各级人民银行和金融机构结合地区实际开展形式多样的宣传，各级人民银行、金融机构累计深入贫困村 300 余个，召开座谈会 50 余次，印发宣传手册、政策汇编等各类宣传材料 85 万份，受众人数达到 25 万人，收到了良好的宣传效果。

三、金融精准发力，助推金融扶贫工作深入开展

（一）大力发放个人精准扶贫贷款

一是为实现金融扶贫精准到户，组织省级涉农金融机构督促辖内各分支行积极对接当地政府，获取当地建档立卡贫困户名单，建立个人精准扶贫档案。截至 2018 年 9 月末，共为 15 万户贫困户建立金融服务档案。二是要求地方法

人金融机构配合当地扶贫部门做好建档立卡贫困户信用等级评定工作，在风险可控的条件下，大力推动扶贫小额信贷发放工作。截至 2018 年 9 月末，全省 15 个贫困县已基本完成建档立卡贫困户信用等级评定工作，扶贫小额信贷余额 2.24 亿元，支持建档立卡贫困户 7768 户。三是辖区各金融机构结合自身业务优势，针对不同地域、不同贫困户特点，因户施策，积极研发有针对性的个人精准扶贫贷款。目前，全省金融机构已推出"金穗增信贷""惠农易贷""助保贷""吉牧贷"等十多项金融产品。如农业银行在全省 12 个县（市）通过政府增信方式为 2041 户建档立卡贫困户发放"金穗增信贷"1.24 亿元；吉林银行、农村合作金融机构联合有关地方政府、保险公司，于 2016 年起陆续推出了申请易、利率低、期限长、保障好的"助保贷"等养老接续产品，截至 2018 年 9 月末，全省"助保贷"余额 28.4 亿元，帮扶贫困人口近 3 万人，解决了贫困户无力缴纳社保费用而难以享受基本社会保障的问题。截至 2018 年 9 月末，辖内金融机构当年累计发放个人精准扶贫贷款 41.1 亿元（含已脱贫人口），支持 6.1 万建档立卡贫困人口（含已脱贫人口）。

（二）突出金融支持产业和项目扶贫

一是以扶贫再贷款为抓手，推出"扶贫再贷款＋"模式。精准对接产业扶贫。如在和龙市试点推出"扶贫再贷款＋合作社＋贫困户分红"模式。2017 年初，人民银行长春中心支行向和龙农商行发放 2.78 亿元的扶贫再贷款，和龙农商行按带动每个贫困人口不低于 1 万元标准向龙头企业或合作社发放扶贫贷款，用于生产经营，由当地县级政府设立的扶贫风险基金承担70% ~ 100%的贷款损失代偿责任。截至 2018 年 9 月末，累计发放此类贷款 2.05 亿元，带动贫困户 10889 人。二是通过"两权"抵押贷款试点工作，推出了"土地经营权＋家庭农场＋贫困户"贷款模式，通过激活农村土地资源资本，着力满足新型农业经营主体的贷款需求，支持农业产业化集约化发展，带动贫困人口就业脱贫，实现"两权"融资向产业扶贫领域的精准延伸。截至 2018 年 9 月末，全省"两权＋新型农业经营主体＋贫困户"模式贷款余额 4.67 亿元。三是运用再贷款货币政策工具，在临江市试点推出"再贷款＋乡村旅游＋贫困户"模式。2017 年初向临江市农商行发放 1 亿元的支农再贷款，用于支持临江市乡村旅游产业，通过旅游产业与贫困户签约租赁果园、菜园和聘用贫困户等方式，在发展旅游产业的同时，帮助贫困户多渠道增收达到脱贫效果，贫困户每人增收近万元。截至 2018 年 9 月末，全省银行机构向扶贫产业和项目投入资金434亿元，惠及贫困户10多万人。

▼ 专栏2

央行资金定向乡村旅游　实现富农兴企

人民银行长春中心支行向临江农商行发放了1亿元支农再贷款，试点开展定向支持"老三队乡村旅游示范基地"建设。临江农商行运用央行资金先后支持修建了龙润温泉旅游度假区、老三队村农民新居、二道阳岔蔬果种植产业基地等项目。2017年接待游客近40万人次，当地农户人均年收入达1.1万元，86户农户彻底脱贫。企业获得发展机遇，农民得以快速致富，一改老三队贫穷落后的面貌。

"公司+耕地（宅基地）+农户"，企业与农户实现双赢。龙润温泉公司租赁或收购农民土地或宅基地，用于建造特色旅馆、种植蔬菜和粮食、建设采摘园等，投资3000万元新建了总建筑面积为23920平方米的农民公寓，免费提供给农民居住。这种合作模式实现公司、农户双赢，农民住上了取暖楼，公司扩展了度假区规模，完善了配套基地建设。

"旅游馆+景区+旅馆"，景区面貌焕然一新。龙润旅游公司充分利用贷款资金加强景区建设，投资2000万元，新建了理疗健身馆、满族文化博物馆、人工湖、山地车赛道、森林公园、百草园、果木园等配套设施；投资2000万元新建了龙润温泉广场、佛库伦谷满族风情园、龙润祠等特色景区景点，修复了老三队村等多条旅游道路，修建了水、电、热管线工程；投资500万元用于60户家庭旅馆先期建设。经新建和改造后，景区面貌焕然一新，接待游客55万人次。

"企业+基地+农户"，带动农户投入生产。龙润旅游公司在老三队村二道阳岔社投资2000万元，新建了800多亩蔬果种植产业基地，企业提供树苗、种子、技术、生产资料，农民按要求组织生产，形成风险共担、利益共享的联结机制，自投产至今共带动农户280多户，户均年收入2.2万元。

"政府+公司+农户+银行+土地经营权"，土地流转引金融活水。临江农商行以农户信用评级为基础，推出了土地经营权抵押贷款，解决农民养殖、种植、个体经营等资金不足问题，由农商行、老三队村、花山镇经管站、龙润旅游公司签订了四方土地流转协议，当农户无法偿还贷款时，四方根据市场价格进行协商，将土地经营权流转给龙润旅游公司；农商行与龙润旅游公司的母公司长兴集团签订代偿协议，承担连带偿还责任。截至 2018年 9 月末，累计发放土地经营权抵押贷款 10 笔、110 万元，采集农户信用信息 940 人次，占全部农户的 100%。

通过央行资金的定向支持，银、企、农三方实现共赢。银行方面，使用低成本的支农再贷款，壮大了资金实力，优化了信贷结构，目前涉农贷款占贷款余额的 51%；发放土地经营权抵押贷款降低了银行信贷资金风险，密切了银政关系，提高了农商行的影响力和对区域经济的话语权。企业方面，支农再贷款覆盖了老三队乡村旅游示范基地的全产业链，企业获得发展机遇，打造成集生态旅游、养生健身休闲于一体的国家一流旅游胜地。农民方面，一方面，银行获得低成本的支农再贷款，再以优惠利率发放贷款给农户，减轻了农民负担；另一方面，龙润旅游公司与农民捆绑式合作，周边第三产业得到快速发展，不仅还清了 169 万元村集体负债，还带动农民人均增收近 1 万元，实现了脱贫。

四、强化金融基础，提升金融扶贫服务能力

（一）切实开展金融精准扶贫识别工作

组织安排金融机构配合省扶贫办在全省做好建档立卡贫困户信用等级评定工作，要求金融机构制订融资需求对接工作方案，明确工作目标、具体措施、责任分工，对发放贷款的建档立卡贫困户和带动贫困户增收的各类生产经营主体，"一户一档"建立精准扶贫金融服务档案，将贫困户家庭基本情况、劳动技能、资产构成、生产生活、就业就学、金融需求等信息及各类经营主体融资额度等信息纳入档案管理，切实做到金融扶贫靶向精准。截至 2018 年 9 月末，共为 6.5 万户贫困户建立金融服务档案，为项目发展前景好、对贫困户帮扶带动潜力大的 6000 个家庭农场、1200 个农业龙头企业及 1.5 万多户专业合作社建立了金融服务档案。

（二）着力贫困地区金融服务基础建设

长期以来，贫困地区信用信息不完善、基础金融设施落后，贫困农户借助

现代金融改变命运的能力偏弱。对此，人民银行长春中心支行一是通过引导金融机构不断加强服务能力建设，使金融机构在存取款、结算等业务基础上，提供了各类补贴的发放和代收代付等业务；通过指导并支持农村金融机构加入大、小额支付系统和全国支票影像交换系统，为农村金融机构向贫困地区提供快捷、高效的支付清算服务创造了条件，畅通了农村地区异地汇划渠道。二是逐步扩大农村支付清算的网络覆盖范围，积极推动手机银行、网上银行、转账电话、惠农 POS 机等支付工具应用，扩充助农取款服务点功能，使农民足不出村即可办理基础金融业务。截至 2018 年 9 月末，贫困地区累计布放 ATM、POS 机 1.3 万台，设立银行卡助农取款服务点 1.25 万个，行政村覆盖率达到 94%。

黑龙江省金融精准扶贫实践经验

——结合龙江黑土实际　全力推进金融精准扶贫

自脱贫攻坚战打响以来，人民银行哈尔滨中心支行认真贯彻落实国家及总行关于金融精准扶贫工作的总体部署，结合辖内经济、金融、产业发展特点，多措并举全力推进金融精准扶贫工作，取得显著成效。

一、建立健全金融精准扶贫工作机制

（一）设立部门联动机制，形成跨部门推动精准扶贫的工作格局

一是注重与地方政府部门的配合。按照"精准扶贫、精准脱贫"的基本方略，人民银行哈尔滨中心支行第一时间推动成立了黑龙江省扶贫开发金融服务工作推进小组，成员由哈尔滨中心支行、省发展改革委、省财政厅、省扶贫办、省金融办、省银监局、省证监局、省保监局等八个单位①组成，注重整合多方资源，强化沟通协作，走多部门形成合力、互为支撑的金融扶贫新路子。人民银行哈尔滨中心支行指导辖内各级人民银行分支机构主动加强与当地政府的沟通，分别在各地建立健全金融扶贫工作机制，形成了由人民银行牵头、地方政府高度重视、职能部门多方推动、金融机构广泛参与的系统性金融扶贫工作格局。二是研究制定政策性文件。人民银行哈尔滨中心支行与黑龙江省发展改革委、黑龙江省财政厅、黑龙江省金融办、黑龙江原银监局、黑龙江证监局、黑龙江原保监局和黑龙江省扶贫办等八部门联合印发《黑龙江省脱贫攻坚金融服务工作推进方案（2016—2020年）》，明确了"十三五"期间黑龙江省金融精准扶贫工作的指导思想、基本原则、工作目标、工作任务、进度安排、保障措施等内容，分六部分22条细化工作内容，为全辖分阶段、分步骤有序开展金融精准扶贫工作进行了总体规划。三是分级搭建金融精准扶贫信息

---

① 省银监局与省保监局已于2018年底合并为省银保监局。

共享平台。人民银行哈尔滨中心支行联合黑龙江省扶贫办、黑龙江原银监局、黑龙江证监局、黑龙江原保监局等单位下发了《关于印发黑龙江省金融扶贫信息对接共享工作实施方案的通知》，组织成立了黑龙江省金融扶贫信息对接工作小组，建立省级层面的金融扶贫信息共享机制。同时，人民银行哈尔滨中心支行指导辖内各级人民银行分支机构与当地相关部门搭建金融精准扶贫信息平台，形成"信息共享、问题共担、方法共谋"的工作模式，创建全方位联动工作机制。在国家级贫困县克东县，人民银行克东县支行积极组织协调辖内各金融机构，多次召开专题会议和座谈会认真研究金融精准扶贫示范点创建工作，经过反复调研商议后，推动当地县政府出台了《克东县创新发展扶贫小额信贷实施方案》和《克东县金融精准扶贫示范点创建方案》。同时，为了此项工作能顺利开展不走过场，成立了由县政府分管领导任组长，人民银行、金融机构及其他政府相关单位为成员的脱贫攻坚领导小组，在人民银行设立办公室，并成立了统筹协调、考核督查、强化宣传、推进落实四个工作组，从而全面推动和协调全县金融脱贫攻坚工作。

（二）创建金融精准扶贫示范点，辐射全省金融精准扶贫工作

人民银行哈尔滨中心支行研究制订了《黑龙江省金融精准扶贫示范点工作方案》，组织召开了全省金融精准扶贫示范点建设工作座谈会，在泰来、克东、林甸、桦川、兰西五个国家级贫困县开展金融精准扶贫示范点创建工作，指导上述五县人民银行县支行与当地政府部门和金融机构默契配合，充分发挥财政资金的杠杆作用，利用财政贴息、政策性担保等措施，撬动信贷资金投向贫困地区和贫困群体，提升财政扶贫资金运用效率，降低信用风险，正向激励金融机构加大信贷投放，积极参与金融精准扶贫工作。截至2018年9月末，泰来、克东、林甸、桦川、兰西五个国家级贫困县贷款余额合计430亿元。通过有效了解不同建档立卡贫困户贷款需求，创新资金使用方式和工作方法，推进当地扶贫小额信贷业务拓展，将扶贫小额信贷资金的使用效率最大化，为建档立卡贫困人口发展生产、自主脱贫创造最有利的条件。截至2018年9月末，五个示范点累计发放扶贫小额信贷7.7亿元，本年累计发放2.3亿元，较上年同期增加0.9亿元，增速达65.9%；五个示范点累计发放扶贫贷款5519笔，较上年同期增加2753笔，增速达99.5%。

（三）强化评估考核机制，切实做好金融精准扶贫政策贯彻落实

金融精准扶贫信息系统的建设是解决金融扶贫工作过程中由"大水漫灌"

向"精准滴灌"转变的有效途径，也是金融精准扶贫工作迈入信息化的重要抓手。人民银行哈尔滨中心支行高度重视金融精准扶贫信息系统的建设工作，并依托金融精准扶贫信息系统对辖内20个国家级贫困县及县域内的133家金融机构执行金融精准扶贫信贷政策效果进行了科学评估。对金融精准扶贫政策评估中勉励档金融机构进行一对一约谈，要求金融机构提出解决方案及下一步工作安排，并对其进行重点监测。将对金融机构评估结果纳入人民银行分支机构综合评价框架内，作为货币政策工具使用、银行间市场管理、新设金融机构加入人民银行分支机构金融管理与服务体系、实施差异化金融监管的重要参考因素。与此同时，人民银行哈尔滨中心支行组织开展了扶贫小额信贷业务督导工作，成立了4个督导小组，对黑龙江省28个贫困县（市）扶贫小额信贷工作机制建设、配套措施建立、合规性、创新性等方面进行了跨地区交叉督导。督促贫困地区金融机构依法合规开展扶贫小额信贷业务，查找工作中存在的问题，探索推进扶贫小额信贷业务的有效措施，推动辖内扶贫小额信贷健康发展。

二、深入开展金融精准扶贫调研工作

自打赢脱贫攻坚战的号角吹响以来，人民银行哈尔滨中心支行多次深入贫困县实地，足迹遍布黑龙江省9市28个贫困县（市），全面了解辖内贫困县（市）脱贫攻坚现状和金融精准扶贫工作开展情况，同时指导辖内有贫困县市的人民银行分支机构开展调研，并形成调研文章，建言献策，为地方政府开展脱贫攻坚工作提前作出研判提供参考。截至2018年9月末，共有53篇调研报告得到各级政府签批，其中省级领导签批7篇，各市（地）级领导签批18篇，各贫困县（市）级领导签批28篇。

与此同时，人民银行哈尔滨中心支行十分注重对金融精准扶贫工作成果进行宣传，将成效显著的工作做法加以推广，很多优秀的做法得到了各类媒体的广泛报道。截至2018年9月末，黑龙江省各级人民银行共计有238篇文章在不同级别的刊物、报纸中刊发，其中，国家级刊物发表文章30篇、省级刊物43篇、其他刊物165篇。《金融时报》以《引金融"活水"浇灌"致富花"》为题报道了大兴安岭南麓片区县、国家级贫困县龙江县开展"金融＋产业"的精准扶贫工作模式。《哈尔滨中支指导辖内国家级贫困县——桦川县探索脱贫新模式取得成效》被人民银行总行《分支行工作动态》采用。新华社《内部参考》以《"产业＋金融＋党建"搭起"致富桥"》为题，报道了人民银行兰西县支行创新推出的"一扶多"贷款模式，围绕新型经营主体发展，带动当地贫困妇女增收。这些文章为金融精准扶贫提供了新思路，也让优秀的金融精准扶贫工作经验得到了宣传。

三、发挥扶贫再贷款货币政策工具效能

自扶贫再贷款创设以来，人民银行哈尔滨中心支行按照"综合平衡、统筹兼顾、分清主次、重点倾斜"的原则，科学运用扶贫再贷款，2016 年至 2018 年 9 月末，已累计向黑龙江省 28 个贫困县（市）中的 27 个贫困县（市）地方法人金融机构发放扶贫再贷款 134.6 亿元，有效地为贫困地区法人金融机构注入低成本、中长期金融精准扶贫资金。为了保证扶贫资金用在刀刃上，人民银行哈尔滨中心支行引导法人金融机构将扶贫再贷款优惠政策与贫困地区产业发展和贫困人口脱贫致富挂钩，精准对接贫困地区产业发展，着力提升金融支持产业扶贫的质量和效益。

（一）支持贫困地区特色产业和重点产业发展

引导法人金融机构将扶贫再贷款与贫困地区产业发展规划相结合，加大对特色种养殖业、农产品加工、乡村旅游等重点产业的信贷投放力度，对与建档立卡贫困户建立利益联结机制的合作社等新型农业经营主体和农业产业化龙头企业给予重点支持，实现产业发展与贫困户脱贫的"双赢"。截至 2018 年 9 月末，全辖地方法人金融机构运用扶贫再贷款累计向具有扶贫带动作用的新型农业经营主体发放精准扶贫贷款 23.6 亿元，支持合作社 331 家、种养大户（含家庭农场）92 家、农业产业化龙头企业 68 家。黑龙江省林甸县是国家级贫困县，具有独特的温泉资源，素有"中国温泉之乡"的美名。近年来，旅游产业已成为带动当地经济发展的重要支柱产业。在扶贫再贷款政策的支持下，当地人民银行和法人金融机构立足实际，加大对辖内温泉、湿地、乡村民俗等特色旅游的金融扶持力度，带动周边餐饮、住宿、娱乐等行业加快发展，为贫困户创造了大量就业岗位。2016 年以来，林甸县法人金融机构运用扶贫再贷款累计向鹤鸣湖湿地温泉风景区、大庆北国温泉旅游度假有限公司等发放精准扶贫贷款 1.24 亿元，有力地支持了县域旅游产业发展。目前，林甸县已建成国家 4A 级景区 4 个、3A 级景区 2 个，餐饮、住宿、采摘园等各类主体 900 余家，扶持带动贫困户千余户。

（二）支持贫困人口发展生产创业就业

充分发挥创业担保贷款、扶贫小额信贷等民生金融产品在帮助贫困户发展生产、增收脱贫方面的重要作用。引导使用扶贫再贷款的法人金融机构加大对信用良好、有一定劳动能力和还款能力的建档立卡贫困户的金融支持力度，提高贫困户脱贫的内生发展动力。杜蒙县巴彦查干乡王府村的贫困户姜某，家中有5口人，以饲养奶牛和种植50余亩旱地为主要经济来源，由于12岁的儿子脑瘫及老母亲医疗开销较大等原因，一家人的生活一直入不敷出。2017年，姜某种植的50余亩玉米临近收割却缺少农机具，当地农商行了解到他家的情况后，认为其信用状况良好且还款意愿较强，于2017年9月16日运用人民银行扶贫再贷款向其发放了5万元扶贫小额信贷，期限15个月，利率3.75%，为其节约利息支出2600多元，保证了贫困户秋收生产的顺利进行，增强了贫困户自主脱贫的能力。

（三）创新扶贫再贷款使用模式

引导使用扶贫再贷款的法人金融机构以金融创新为切入点，将"两权"抵押贷款、活体畜禽抵押贷款等创新型农村信贷产品与精准扶贫相结合，不断探索扶贫再贷款使用新模式，拓宽抵押担保范围，有效盘活贫困地区"沉睡资产"，精准对接贫困地区多元化融资需求。奶牛养殖产业是林甸县的特色产业，在林甸县政府的主导下，人民银行林甸县支行指导林甸县农商行创新推出贫困户"托牛入场"扶贫信贷模式。该模式借助黑龙江省政府"两牛一猪一禽"政策，在伊利龙头企业的拉动下，探索建立奶牛规模养殖与贫困户增收的利益联结机制，实现"以场带户，场户双赢"。具体做法是：各乡镇政府负责组织奶牛标准化养殖牧场与贫困户的对接；林甸县农商行运用扶贫再贷款资金，采取奶牛活体抵押贷款的方式，为"托牛入场"的奶牛牧场发放低息精准扶贫贷款，以支持牧场购买奶牛扩大生产规模、增强带动贫困户的能力，贷款利率执行人民银行贷款基准利率，低于林甸县农商行正常涉农贷款利率4~5个百分点，在满足牧场融资需求的同时有效降低牧场利息成本，提高奶牛牧场参与精准扶贫的积极性。在该模式下，"入场"贫困户每年可稳定增收2000元。自业务开办以来至2018年9月末，林甸县农商行运用扶贫再贷款，以奶牛活体抵押贷款的方式，累计向"托牛入场"的奶牛牧场发放扶贫贷款2.6亿元，支持奶牛牧场（含合作社）20家，带动贫困户2542户。

四、创新"扶贫信贷＋产业带动"新模式

黑龙江省地域面积辽阔，又是农业大省，省内 28 个主要贫困县（市）中，有 26 个贫困县（市）位于松嫩平原、三江平原地域内，农业产业优势明显，并兼具光伏、畜牧、旅游等特色产业发展潜力。人民银行哈尔滨中心支行紧紧抓住金融支持产业发展带动脱贫这个"牛鼻子"，强化信贷政策指导，科学运用货币政策工具，引导金融机构因地制宜地在辖区创新金融产品，实现了"输血"式扶贫向"造血"式扶贫转变。

（一）"扶贫信贷＋订单农业"的"产业链"模式

通过引导金融机构与当地农业产业化龙头企业集团合作，打通粮食从生产到加工，直至市场销售全产业链，以此带动贫困户发展订单农业，促进增收。黑龙江孙斌鸿源农业开发集团位于国家级贫困县桦南县，是当地的国家扶贫产业化龙头企业，企业负责人孙斌在 2016 年曾受到习近平总书记的亲切接见。人民银行桦南县支行依托当地孙斌集团农业全产业链优势，引导金融机构与孙斌集团合作，孙斌集团为贫困户提供土地、籽种、化肥、种植技术等生产资料，金融机构对贫困户农业生产所需资金给予信贷支持，不符合贷款条件的贫困户由鸿源资金互助社解决，孙斌集团与贫困户签订粮食订单收购合同，以高于市场价 1 分钱的价格负责回收，订单水稻统一用种、用药、用肥，利用农机集中作业标准化生产等手段，提高稻米产量和质量，实现农户、企业、银行的三方共赢，彻底解决了贫困户"种得好，也要卖得好"的问题。截至 2018 年 9 月末，累计发放农户贷款 2.4 亿元、企业贷款 0.2 亿元、合作社贷款 0.1 亿元，直接带动贫困户 400 人，支持订单收购水稻 15 万吨，每吨上浮 40 元，惠及农户 5146 户，其中贫困户 760 户，直接增收 60 万元。

（二）"扶贫贷款＋合作经营"的"一地生三金"模式

通过引导金融机构以支持吸纳贫困户入社的农民专业合作社为抓手，促进农业合作化经营、产业化发展，进而增加贫困户收入，形成"一地生三金"模式。以桦川县为例，一方面，当地人民银行积极申请扶贫再贷款 2 亿元，推动县财政存入扶贫专项风险保证金 2000 万元，按 1:10 的比例给予风险保障。同时，引进黑龙江省农业担保公司对扶贫贷款承担全额连带责任担保，由此"双重保险"分担扶贫贷款风险。另一方面，筛选带动脱贫能力强的农民专业合作社，由金融机构给予扶贫贷款支持，为带地入社贫困户提供三类收益。一

是"租金"模式，向冷云水稻合作社发放贷款 200 万元，承包无生产能力贫困户土地 1500 亩，承包价格高于市场均价 133 元/亩，户均增收 1900 元；二是"股金"模式，向润丰玉米合作社发放贷款 500 万元，吸纳贫困户带地入社，每户分红 1.3 万元；三是"佣金"模式，向金丰专业合作社发放贷款 1000 万元，吸纳贫困户就业，每户收入 2.7 万元。

（三）"扶贫贷款＋重点项目"的"光伏发电"模式

"光伏扶贫"作为国家提出"打赢脱贫攻坚战"大背景下的扶贫新渠道，充分利用当地太阳能和闲置土地资源，通过支持光伏产业带动贫困户脱贫的捆绑模式，形成政府扶贫资金和金融扶贫信贷的合力。人民银行哈尔滨中心支行指导农业发展银行黑龙江省分行抓住光伏具有一次投入、长期受益、稳定增收的优势，在全省范围内大力开展光伏扶贫业务。截至 2018 年 9 月末，农业发展银行黑龙江省分行完成项目审批 27 个，审批贷款金额 18.8 亿元，实际投放 12.8 亿元，在抚远、桦川、汤原、泰来等国家级贫困县支持建设村级电站 964 个，建设规模 322.7 兆瓦，预计惠及贫困人口 13.4 万人。

（四）"扶贫贷款＋金融创新"的"两权"模式

人民银行哈尔滨中心支行结合辖内贫困县（市）第一产业比重较大的产业结构特点，探索将黑龙江省"大农业"优势与精准扶贫进行衔接，指导辖内金融机构加强贫困地区农村金融产品和服务创新工作，为贫困地区农业发展注入新活力。加大"两权"抵押、大型农机具等资产为抵（质）押物的信贷产品创新研发力度，推广农业供应链融资模式，积极发展与订单、保单相结合的金融产品，不断丰富贫困地区金融产品种类和金融服务模式。截至 2018 年 9 月末，全辖 28 个贫困县（市）各类创新型贷款余额 309 亿元，其中"两权"抵押贷款余额 80.5 亿元，占全省总量的 39.8%。人民银行克山县支行指导金融机构创新开办了"金种子"信用贷款、"借贷安心"小额贷款保险等金融产品，推广农村土地经营权抵押贷款、土地预期收益权贷款、农副产品订单、仓单等质押担保融资业务，增强"三农"对信贷资金的吸纳能力，金融参与现代农业的程度不断扩大。截至 2018 年 9 月末，克山县"两权"抵押贷款余额 8.3 亿元，同比增长 55%。

五、推动民生金融与精准扶贫无缝对接

多年来，人民银行哈尔滨中心支行指导全辖各级金融机构在加快自身发展

的同时，更加注重金融社会效益和承担民生责任，找准商业利益与社会责任的平衡点，积极承办工作量大、利润率低的民生类小额信贷业务。以创业担保贷款、助学贷款、扶贫小额信贷等工具作为主要抓手，将民生类小额信贷业务与脱贫攻坚相结合，精准服务贫困人口，全力促进金融扶贫工作的开展，确保民生金融与精准扶贫无缝对接。

（一）积极加大创业担保贷款发放力度，有效促进贫困人口创业就业

人民银行哈尔滨中心支行结合黑龙江省经济发展实际，充分依托创业担保贷款作为重要工具，有效满足贫困人口创业资金需求，全面支持贫困人口创业、就业，并最终实现脱贫。针对贫困人口创业初期资金缺口大、可抵押资产少的问题，指导辖区内金融机构针对有意愿、有热情，同时条件成熟的贫困人口设计符合其自身特点的金融产品，让资金安全可靠地流入创业者手中，积极支持贫困人口创业、就业。截至 2018 年 9 月末，黑龙江省创业担保贷款余额为 16.7 亿元，自开办以来累计向 43.7 万人发放创业担保贷款 184.9 亿元。近年来，受经济下行影响，双鸭山市辖区内贫困人口创业就业压力难度加大，人民银行双鸭山市中心支行将金融支持创业就业工作作为民生金融工作的重中之重，通过与当地金融办、就业局等相关部门及金融机构协调配合，组织精干力量对双鸭山市岭东区花菇种植及其种植业者的融资需求进行深入研究，并与各部门联合出台了《岭东区花菇种植小额担保贷款实施试行办法》，在借款人申请条件、担保形式等方面进行了创新，引导金融机构重点加大对下岗/转岗贫困人口中从事此类创业人员的信贷支持。截至 2018 年 9 月末，双鸭山市龙江银行累计向从事花菇种植的下岗失业人员发放此类贷款 26 笔、613 万元，共可为从事花菇种植的贫困人口减少利息支出 35 万元。

（二）加大生源地信用助学贷款发放力度，减少贫困家庭教育支出

国家助学贷款是国家利用金融手段扶持学生求学就业的一项重大措施，具有极高的社会公益价值。为进一步推进国家助学贷款政策的贯彻落实，自2011 年起，黑龙江省开办了生源地信用助学贷款业务，目前支持范围已实现了从公立院校到民办院校，从部属院校到省、市级院校，从专科教育到研究生教育等不同类别、不同层次、不同学历的学生群体。生源地信用助学贷款的开办，有效地缓解了贫困学生求学的资金压力，为贫困家庭减轻了教育支出负担，降低了弱势群体因学致贫的几率。截至 2018 年 9 月末，全省生源地信用助学贷款余额 14.7 亿元，累计发放 19.4 亿元，共帮扶 27.6 万名贫困大学生

缓解求学资金压力，自开办此项业务以来，业务总量、帮扶人数和覆盖范围均呈现逐年递增趋势。

（三）积极加大扶贫小额信贷发放力度，带动建档立卡贫困人口增收

人民银行哈尔滨中心支行认真贯彻落实总行有关金融精准扶贫的工作部署，加大与地方政府相关部门的沟通联系，数次组织召开会议，指导金融机构围绕风险补偿及财政贴息机制，在风险可控的前提下，规范开展扶贫小额信贷业务，科学增加扶贫小额信贷投放，有效促进建档立卡贫困户自我发展、增加收入。截至 2018 年 9 月末，黑龙江省金融机构已累计发放扶贫小额信贷 51 亿元，累计帮扶 14.3 万个贫困户，为建档立卡贫困人口早日脱贫致富提供了极大的资金支持。国家级贫困县饶河县具有东北黑蜂养殖资源，人民银行饶河县支行经过开展实地调研，打出扶贫小额信贷支持与东北黑蜂带动相结合的脱贫组合拳。在政策层面，下发《2017 年饶河县金融扶贫工作方案》，并推动和配合饶河县政府出台《饶河县扶贫小额贷款管理办法》《饶河县扶贫小额信贷贷款贴息资金管理办法》等指导性文件，以有力措施规范扶贫小额信贷业务健康发展。在操作层面，先利用扶贫小额信贷资金帮扶贫困户创业起步，再通过养蜂合作社带动，以提供养蜂机具、培训养蜂技术等方式给予支持，为当地贫困农户开展东北黑蜂养殖创造条件，并以高于市场的价格回收贫困农户的蜂蜜，带动贫困农户自食其力、自主脱贫。

福建省金融精准扶贫实践经验

——多措并举　创新服务
全力推动福建金融精准扶贫取得新成效

一、福建省金融精准扶贫工作整体情况

近年来，人民银行福州中心支行积极贯彻落实中央扶贫开发工作会议精神，积极融入福建省地方精准扶贫工作，结合福建"插花式"扶贫特点，制定印发《关于推进福建省金融精准扶贫打赢脱贫攻坚战实施意见的通知》（福银〔2016〕111 号），做好金融扶贫开发的整体谋划，明确信用建档、产业扶贫、造福搬迁扶贫、基础设施建设扶贫、民生项目扶贫的一系列工作目标，并立足主要涉农金融机构优势和特点，层层压实工作责任。截至 2018 年第三季度末，全省金融精准扶贫贷款余额 213.46 亿元，同比增长 37.01%，已直接带动服务贫困人口 8.47 万人，凸显了金融助推福建省扶贫攻坚的显著成效。

二、福建金融精准扶贫的主要实践经验

（一）强化涉农金融机构的扶贫主力军作用

近年来，福建省主要涉农金融机构通过出台工作规划，制定具体的考核办法和激励机制，明确金融精准扶贫工作重点，打通金融扶贫"最后一公里"，取得明显成效。

▼ 专栏 1

四家涉农金融机构发挥扶贫主力军作用

2016 年初，福建省农村信用联社制定金融扶贫五年规划，并将工作目

标分解到每个年度，工作绩效考核办法中单列金融扶贫考核指标。农业银行福建省分行制订并落实 2016—2020 年金融扶贫实施方案，明确通过实施"百企惠百村""8653 龙头帮扶"等计划，五年内帮扶带动 10 万建档立卡贫困人口增收脱贫。邮政储蓄银行福建省分行按年制订金融扶贫工作计划，明确建立贫困户信用档案 15 万户，对有贷款需求的应贷尽贷，确保贫困户贷款增速高于全部农户贷款增速。数据显示，截至 2018 年第三季度末，四家涉农（农发行、邮储银行、农行、农信社）金融机构精准扶贫贷款余额 88.97 亿元，占全省总额的 41.68%，对全省信贷精准扶贫起到关键性作用。

（二）稳步实施建档立卡贫困户直贷模式

对有劳动能力和致富项目的贫困户，通过政府担保帮扶，直接发放贷款，帮助其拔"穷根"、摘"穷帽"。近年来，福建省农村信用联社推出"担保金·扶贫贷""惠农宝·扶贫贷""万通宝·扶贫贷"等专属金融产品；邮政储蓄银行在福建贫困县推出"惠农易贷"，有效对接贫困户生产经营和生活消费资金需求。截至 2018 年 9 月末，全省建档立卡贫困人口贷款余额 16.65 亿元；易地扶贫搬迁贷款余额 5.80 亿元，带动随迁户贷款 1.2 亿元，为贫困户搬迁后的生产生活提供信贷支持。

（三）积极创新产业带动扶贫模式

对有劳动能力但缺乏项目或技术的贫困户，以银行资金为纽带，发挥好龙头企业和致富能人的带动作用，通过"公司＋基地＋农户""合作社＋基地＋农户"的扶贫模式，带动贫困人口发展生产脱贫致富。如农业银行组织推动 77 家龙头企业挂钩帮扶 77 个贫困行政村，邮政储蓄银行对 860 户带动贫困户发展成效明显的农业经营主体提供贷款支持。2018 年第三季度末，福建省产业扶贫贷款余额 106.71 亿元，同比增长 154.57%。

▼ 专栏2

三明市拓展产业扶贫融资渠道　实施产业带动扶贫

三明建宁县农信社创新"公司＋基地（大户）＋农户＋扶贫担保基金"

形式，以文鑫莲业、里心莲籽专业合作社为主要合作对象，依托 160 万元扶贫担保基金，按 1:5 的比例放大倍数发放小额扶贫贷款。截至 2018 年 9 月末，该模式贷款余额超过 2000 万元，受益贫困户近 800 户。

三明大田县实施"金融＋光伏产业"的"借光脱贫"模式，针对县里无劳动力、无资源、无稳定收入的"三无"贫困户人员比例大的现实情况，利用国务院鼓励光伏扶贫工程政策，用好扶贫小额信贷资金，在全省率先实施"金融＋光伏产业"扶贫模式。如吴山乡梓溪村贫困户苏某获得小额扶贫贷款 5 万元，光伏发电不到一年，除去当年贷款本息，收入净增加 3600 元。

（四）设立乡级扶贫担保基金助力创业脱贫

福建省已有部分省级贫困乡率先设立乡级扶贫担保基金，专项用于为当地贫困户创业脱贫提供贷款担保，解决乡村一级扶贫担保基金相对不足的难题。

▼ 专栏 3

推动设立全省首只乡级扶贫担保基金助力创业脱贫

2015 年，人民银行尤溪县支行积极推动在省级重点扶贫乡设立全省首只乡级扶贫担保基金，即尤溪县溪尾乡扶贫担保基金。2017 年 2 月 12 日，中国扶贫发展中心主任曹洪民对该扶贫担保基金运转情况开展调研，给予充分肯定。

一是基金规模 100 万元。其中，市委、市政府出资 50 万元，县农办出资 10 万元，乡政府及所辖行政村出资 40 万元。县农信社放大担保倍数提供 1000 万元的贷款授信额度。

二是拓展担保模式、扩大担保对象。该基金在以贫困农户为特有担保对象的基础上，创设"担保基金＋产业发展""担保基金＋个体创业""担保基金＋就学助学""担保基金＋就医保障""担保基金＋安居创业""担保基金＋基础设施建设"等 6 种扶贫担保模式。

农户提出申请资料后，县农信社将在 3～5 个工作日内优先审核发放贷款，乡政府将在年末对贷款利息予以全额返还。同时，信用社对该类贷款利率最高仅上浮 20%，较一般抵押担保贷款少上浮 20～50 个百分点。

（五）创新实施"垄上行·背包银行"服务模式

福建省贫困人口具有插花式特点，金融机构对对贫困人口的单位服务成本较高。针对此问题，宁德地区部分信用社创新实施"垄上行·背包银行"服务模式，将优质服务送到田间地头和农户家门口。

▼ 专栏4

福建实施"垄上行·背包银行"服务模式

福建寿宁县信用联社根据贫困人口居住分散的插花特点，首创"垄上行·背包银行"服务模式，即通过组建志愿者服务队伍，统一配发"一个背包，一台 Pad、一本日志、一份台账、一套宣传册"。一是服务上门，通过移动终端平台机具的便利性，办理社保卡、折换卡等业务；二是建档上门，按照"建档、评级、授信"三同步原则，直接入户精准建档，掌握真实信贷需求；三是宣传上门，讲解农信社惠农政策、金融知识要点，扩大普及金融知识受众面。截至 2018 年 9 月末，寿宁县"垄上行·背包银行"服务足迹已遍布全县 80 多个乡村，收集富民卡意向 900 多户，举行村级富民卡推介会 34 场，完成贫困精准建档整村推进 5 个村，共评级授信 945 户，《福建日报》、《闽东日报》、福建东南电视台、宁德电视台、寿宁电视台等多家媒体均对其进行了报道。

（六）推动贫困山区实施"金融＋生态"扶贫

福建贫困人口主要集中于山区县、乡、村，山区林业资源丰富，但由于开发不足、交通不便而无法变为金山银山，严重制约当地农民脱贫致富。为此，福建贫困山区县实施"金融＋生态"扶贫模式，通过发展林业经济，引导金融机构无缝对接，其中"长汀经验"得到习近平总书记的重要批示。

▼ 专栏 5

结合生态扶贫，金融推动贫困山区发展林业经济

龙岩长汀县是省级贫困县，山区农民的经济贫困和水土流失的生态贫困双重共振。近年来，长汀县以生态扶贫为抓手，发展林业开发，"长汀经验"得到习近平总书记的重要批示，并在全国总结推广。通过生态扶贫，带动贫困户增收致富，其中信贷支持发挥了重要作用。一是加大林业资产抵押贷款支持，助推生态扶贫。截至 2018 年 9 月末，长汀县银行机构累计发放森林资源资产抵押贷款 12.66 亿元，贷款余额 1.64 亿元，支持林业开发超过 80 万亩，水土流失区的植被覆盖率达到 75% ~ 91%，实现生态效益、经济效益双赢。二是创新推动林下产业的金融服务，带动贫困户增收。长汀县通过央行扶贫再贷款，引导长汀信用社创建香草家禽养殖技术服务专业合作社金融扶贫开发示范基地，有效推动贫困户增收脱贫。

（七）创新精准扶贫专属信贷产品

贫困人口与一般民众在金融需求方面存在一定的差异，其信用记录、资产属性均弱于普通群体，需要金融机构开发与之对应的专属信贷产品，才能确保信贷精准扶贫资金精准到位、精准帮扶。

▼ 专栏 6

屏南县推出"福泽卡"精准扶贫专属信贷产品

宁德屏南县农信社创新推出"福泽卡"预授信精准扶贫信贷产品，专为屏南县建档立卡贫困人口量身定做，由屏南县小额信贷促进会提供担保，执行扶贫再贷款利率，财政全额贴息，贫困户不需要抵押和担保，每户额度以 5000 元为起点，最高控制在 5 万元以内，期限 3 年，实行"一次授信、随用随贷、周转使用、利率优惠"。其中，对资金需求少的贫困户，农信社为其发放 5000 元起点的 3 年期"福泽卡"自助循环贷款，贫困户凭预授信

权证直接到农信社网点办理贷款；对自主经营能力较强的贫困户，额度提高到5万元以内。截至2018年9月末，"福泽卡"授信达到1300万元左右。"福泽卡"产品属于名副其实的"穷人贷款"，有利于激发贫困户发展生产和创业热情，最终实现自我"造血"脱贫。

（八）实施易地扶贫搬迁和随迁工程的特色金融业务

福建省针对易地扶贫搬迁和随迁人员持续加大金融支持，推动农发行、国开行确保易地扶贫搬迁贷款发放进度，同时引导涉农金融机构围绕随迁人员提供信贷融资，支持贫困村改善居住环境。

▼ 专栏7

周宁县依托"安居·普惠卡"支持贫困村实施整村造福工程

周宁农信联社精准对接玛坑乡紫竹村造福工程的项目信贷资金需求，主动创新及升级产品，推广"安居·普惠卡""安居贷"等产品，重在改善该村居住条件，完善道路、水电等基础建设。

针对该村造福工程项目需求，在原有普惠金融卡的基础上创新升级的"安居·普惠卡"，采用整村建档方式，批量授信，每户授信金额5万元，灵活支取，随借随用，用时付息，执行人民银行基准利率。支用灵活、成本低廉的"安居·普惠卡"广受该村农户欢迎，极大地满足了村民搬迁建房的资金需求。目前，该村已完成超过90%（其中建档立卡4户）住宅的基础框架建设或修饰，大大促进了国家惠民政策的落实，极大地改善了该村村容村貌，该村社会主义新农村面貌已初步形成，百姓安居，尽享美好生活。

（九）积极创建金融精准扶贫示范活动

为发挥好人民银行扶贫再贷款的典型引领作用，目前福建全省已创建扶贫再贷款典型示范点近30个，主要分布在革命老区与苏区、少数民族聚居区等建档立卡贫困户相对集中的地区，在政策宣传、示范带动、精准扶贫等方面发挥积极作用。

▼ 专栏 8

福建大力创建金融扶贫示范活动

1. 农业银行福建省分行已出台金融扶贫示范基地创建方案，将在"十三五"期间创建 20 个金融扶贫示范村、10 个金融扶贫示范项目。农村信用联社则启动"1550 工程"创建工作，即创建 1 个金融扶贫开发示范区、5 个金融扶贫开发示范点和 50 个金融扶贫开发示范基地，通过系统内部比学赶帮，建立金融扶贫长效机制。

2. 漳州市在其辖内云霄、平和、诏安 3 个省级扶贫开发工作重点县实施《扶贫开发金融服务示范县创建方案》，推动建立财政、金融联动扶贫的工作机制，实现金融扶贫可持续，切实在精准落地上见实效。上述示范县创建工作已取得实质成效，有关经验将在全省其他地市推广实施。

安徽省金融精准扶贫实践经验

——强化责任勇担当　开拓进取闯新路
全面推进金融精准扶贫向纵深发展

安徽辖内现有贫困县 31 个，其中国家扶贫开发工作重点县 20 个（其中省定深度贫困县 10 个），省级扶贫开发工作重点县 11 个。截至 2015 年末，全省共有 309 万建档立卡贫困人口、3000 个贫困村，致贫原因多，贫困程度深，是扶贫攻坚的深水区。近年来，全省金融系统始终按照"精准扶贫、精准脱贫"的方略，以"特惠"为指导思想，以"精准"为工作准则，在省内全面启动并强力推进金融扶贫攻坚工程，取得积极成效。截至 2018 年 9 月末，全省金融精准扶贫贷款余额达 2053.72 亿元，同比大幅增长 74.71%，其中个人精准扶贫贷款余额 477.33 亿元、产业精准扶贫贷款余额 560.31 亿元、项目精准扶贫贷款余额 1016.08 亿元。

一、举措和成效

（一）完善体系建设，突出一个"实"字

一是结合实际，在省市县三级层面推动建立了齐抓共管、多方联动的金融扶贫协调机制。省级层面，推动建立了省级金融扶贫联席会议制度，省直有关部门和金融监管机构以及主要涉农金融机构负责人为成员，办公室设在人民银行合肥中心支行，负责日常工作。在人民银行内部，成立了金融精准扶贫工作领导小组，行党委连续两年将金融扶贫工作列入党委重点督办的重点工作，实行挂牌督办、靠前指挥。二是不断压实全省银行系统各层级、各条线的主体责任。自 2016 年金融扶贫工程实施以来，人民银行合肥中心支行多次牵头召开金融扶贫工作推进会和现场会，将主要涉农金融机构在金融扶贫方面的好做法、好经验向全省推广，统筹推进货币信贷、金融维权、支付结算、国债下乡、人民币反假、信用体系建设等多

层次的金融扶贫基础服务。三是深入一线调研政策效果和落实情况。人民银行合肥中心支行党委成员采取业务联系行、划片包干形式，强力推进各项政策落实。2018 年以来，党委书记刘兴亚同志亲自带队，党委班子成员对安徽省 9 个省定深度贫困县进行实地走访调研，行领导和相关业务处室负责人带领业务骨干深入其余的 22 个重点贫困县，详细了解金融扶贫工作开展情况，协调解决推进过程中产生的问题。四是扎实完善金融机构组织体系建设。国开行、农发行省分行设立扶贫金融事业部，国有大型商业银行设立普惠金融事业部，邮储银行省分行设立三农金融事业部，农行省分行深化三农金融事业部改革，通过设立专业部门、成立专业团队更好地提升金融扶贫工作效率。

（二）加大工具支持，突出一个"活"字

人民银行合肥中心支行制定出台关于运用扶贫再贷款精准支持金融扶贫工作的实施意见、扶贫再贷款管理操作规程等一系列措施，确保再贷款工作有规可依、有迹可循。借力金融扶贫网络化管理和政务公开机制，有效采集了全辖 3000 个贫困村的金融服务档案，全面掌握建档立卡贫困户和贫困村特色产业金融需求第一手资料，积极引导法人金融机构与当地扶贫政策产业对接，主动吸收和带动建档立卡贫困户就业创业。为进一步提高扶贫再贷款资金与扶贫产业发展周期的契合度，严格按照项目化管理要求，实现"审批关口前移"，并采取"一次授信，分批使用"发放模式，切实提高央行货币政策工具导向效果和使用效率。截至 2018 年 9 月末，全省扶贫再贷款余额 59.34 亿元，自 2016 年以来累计发放扶贫再贷款 114.11 亿元，实现全省 31 个重点贫困县域全覆盖，有效支持或带动了约 10 万户建档立卡贫困户脱贫致富。除扶贫再贷款外，人民银行系统还通过发放支农再贷款，引导金融机构加大对非重点贫困县的扶贫支持力度，截至 2018 年 9 月末，安徽省支农再贷款余额 78.13 亿元，2018 年以来累计发放支农再贷款 70.7 亿元。

▼ 专栏 1

注重分类施策，用足用好扶贫再贷款工具

人民银行阜阳市中心支行根据当地贫困人口实际情况，引导法人金融机构分别推出"自贷自用"的自主发展模式和"企业帮扶"的产业带动模式。对有能力、有需求、有创业技能和还款意愿的贫困户，采取"自贷自用"模式，由法人银行运用央行再贷款资金，向贫困户发放5万元以下的扶贫小额信贷，帮助发展生产增加收入。对有能力、有需求、有还款意愿但缺乏创业技能的贫困户，由法人银行运用央行再贷款资金，将贷款发放给带动贫困户效果较好的家庭农场、种养殖大户和龙头企业，贷款利率采用一年期贷款基准利率，并明确附带帮扶条件。截至2018年9月末，阜阳市13家法人金融机构已运用扶贫再贷款资金累计发放贷款21.81亿元，直接带动或受益的建档立卡贫困人口达4.09万人。

（三）探索有效模式，突出一个"新"字

截至2018年9月末，全省产业精准扶贫贷款余额达560.31亿元，同比增长196.81%，累计支持和带动171.42万贫困人口。一是统筹推动指导。人民银行合肥中心支行依托《安徽省"十三五"产业精准扶贫规划》，有针对性地指导金融机构结合当地产业优势，探索创新金融产品和服务。为落实省政府支持油茶产业要求，拓宽金融扶贫渠道，农行六安分行与金寨县人民政府签订《油茶贷合作协议》，创新开发"油茶贷"金融产品，承诺未来四年内向金寨县油茶产业提供5亿元贷款，直接受益贫困农户将达到2万户。二是打通利益联结。要实现金融支持的稳定持续，首先要完善和密切贫困地区优势产业链或带动主体与金融机构、贫困户之间的利益联结机制。农行砀山县支行创新开发"电商e农贷"产品，由银行根据供货企业出具的供货单，将贷款资金按比例转给供货企业，既解决了电商企业购货资金需求，又实现了贫困户稳定就业，目前已向4家电商企业提供"电商e农贷"2000万元，带动近百户建档立卡贫困户持续增收。三是提升精准程度。对产业扶贫主体的准确认定关系着产业扶贫贷款的精准发放。辖内人民银行滁州市中心支行通过加强与当地扶贫部门沟通、制定出台《滁州市产业精准扶贫主体认定办法》，对产业精准扶贫主体认定原则、标准和流程作出明确规定。截至2018年9月末，认定产业扶贫主体户数156户，其中家庭农场和专业大户、农民合作社、企业和其他单位的户数分别为3户、4户、145户和4户。

▼ 专栏 2

践行产业带动，创新金融支持产业扶贫的有效模式

大力发展油茶特色产业扶贫是省委、省政府为推动安徽省产业扶贫作出的重要决定，在推动当地贫困户脱贫增收方面起到了重要作用。安庆市宿松县的地理环境和资源禀赋较适宜种植油茶，当地政府因地制宜大力发展油茶特色产业，全县油茶种植面积超过 10 万亩。近年来，人民银行安庆市中心支行积极推动辖内金融机构大力支持"农业产业化企业 + 油茶基地 + 建档立卡贫困户"模式，指导宿松农村商业银行为当地油茶种植加工龙头企业——安徽省龙成生态农业有限公司量身定制"龙成产业扶贫贷"信贷产品，累计对其发放贷款 6100 万元（均为央行扶贫再贷款资金发放，年利率 4.35%）。龙成生态公司在信贷资金的大力支持下，通过创新土地流转租金、进园务工薪金、承包管理酬金、超产分成奖金、订单种植定金、农副产品售金、贫困家庭子女助学金、销售额提取扶贫基金等"八金"扶贫模式，支持和带动周边 800 余户贫困户增收脱贫。

（四）改善金融生态，突出一个"全"字

在通过信贷资金直接帮扶的同时，人民银行合肥中心支行还十分注重改善贫困地区的金融基础设施，以促进形成资金洼地效应。打通农村地区金融服务的"最后一公里"，是金融支持脱贫攻坚的重要手段，近年来，人民银行合肥中心支行致力于提升农村地区金融服务水平，成效显著。一是推进惠农金融服务室建设，目前已经建成集支付结算、征信、现金服务、金融维权、金融知识宣传等五项功能于一体的金融服务室 12934 个，实现全省行政村全覆盖，通过优化服务室的规划与布局，打造"精品"服务室 595 个。制订出台《安徽省惠农金融服务室助农取款业务跨行手续费补贴方案》，实施跨行手续费补贴，提升了惠农金融服务室发展的内生动力。二是推进农村地区信用体系建设，农村信用体系建设工作实现辖内市、县（区）全覆盖，农户总数 1140.1 万户，已录入农户数 1130.26 万户，占全部农户数的 99.14%。三是着力改善农村地区的支付环境。截至 2018 年 9 月末，全省农村地区共布放各类银行卡受理终

端27.43万台。以丰富农村支付手段、便利农副产品收购为出发点，推出了面向粮食收购领域的"收粮宝"、适合果农的手机支付等新模式，2018年9月末，全省县域移动支付用户数达3031.81万户，移动支付交易金额达10573.31亿元，同比分别增长7.51%和14.46%。四是持续加强金融知识宣传，优化农村地区的金融生态环境。充分利用广播、电视、报刊、网络等新闻媒体渠道，广泛开展金融知识进学校、进社区、进乡村活动，面向农民群体宣传金融理财、金融安全、金融消费维权和反假币知识。近三年来全省人民银行系统牵头组织各商业银行在贫困乡村开展金融知识普及教育活动1000余次。

▼ 专栏3

强化征信建设，创新实施"整村推进"扶贫模式

人民银行安庆市中心支行充分运用农户征信体系建设成果，把金融精准扶贫工作与农户信用信息结合起来，走出一条"整村推进"的扶贫新路。为了准确记录贫困人口信用信息，人民银行安庆市中心支行创新开发了农村信用信息共享服务平台，对农户的信用记录、资产负债、收入以及生产经营等情况进行采集，建立农户信用信息档案，并依此将农户信用评定为"优秀""良好""一般""较差"四个等级。当地县政府以正式发文的形式出台信用村创建方案，由各行政村进行自主申报，人民银行岳西县支行牵头联合金融办、银监办等部门成立县金融生态环境建设工作领导小组，负责对申报的信用村进行审核、认定、授牌，将农户经济档案建档面达80%、村内60%以上农户信用评级在"良好"及以上、参创年度贷款收回率超过98%、不良率控制在5%以内的行政村评定为信用村。银行业金融机构与评定的信用村签订"银村合作协议"，实行"受理优先、担保从减、利率优惠、手续简便"的授信政策。截至2018年9月末，辖内岳西农村商业银行"整村推进"模式下贷款余额达7740万元，比年初增加2786万元，惠及信用农户2215户，其中1671户建档立卡贫困户的贷款余额达5290万元。

（五）注重防范风险，突出一个"严"字

人民银行合肥中心支行依托金融精准扶贫专项贷款统计制度，按季对全省金融扶贫数据进行统计，注重加强与省扶贫办、省金融办、省银保监局等部门间的交流共享。人民银行合肥中心支行将银行业金融机构的金融扶贫工作开展情况纳入"两综合、两管理"考核框架中，不断完善激励约束机制。强化督查督办和风险提示，在全省启动了金融扶贫领域专项业务核查工作，省、市两级人民银行、扶贫办、金融办等单位组成联合督查组，对使用扶贫贷款的企业、项目、新型农业经营主体进行现场走访，了解扶贫项目最新进展和贷款资金真实投向，针对省联社系统扶贫贷款发放过快的问题，专门下发风险提示函进行风险提示。2017 年 10～11 月，省扶贫办、省金融办、人民银行合肥中心支行三部门组成联合工作组，在全省范围内开展针对扶贫小额信贷工作的"地毯式"调研督查，及时指出工作中存在用途不够精准、带动能力不够强等问题，并形成专项督查报告上报省政府，时任副省长作出批示，对该项工作予以充分肯定。

（六）引入资本活水，突出一个"快"字

为有效支持贫困地区企业对接资本市场，用资本活水浇灌贫困地区企业发展，近年来，安徽证监局不断强化市场监管服务，充分发挥证券行业的优势，为脱贫引入资本活水。全面落实证监会《关于发挥资本市场作用服务国家脱贫攻坚战略的意见》，在标准不降、严格把关的前提下，对辖区贫困地区企业 IPO 辅导、验收、申请实行"即报即收、即收即验"，大幅度提高辅导监管效率。对贫困地区企业进行政策宣传辅导，专门联合上海证券交易所，召集安徽省 20 个国家级贫困县有关部门及后备企业负责人，举办贫困地区企业上市推进会，一对一进行政策宣讲培训，调动贫困地区企业上市积极性。此外，还通过选派干部挂职、现场调研、实地指导等方式，推动贫困县政府搭建金融、国土、规划等部门组成的首发上市绿色通道，加大后备企业培育力度。2017 年以来，已对省内 3 家拟上市企业开展首发专项检查，其中，太湖县集友股份于 2017 年初成功上市，融资 2.55 亿元，成为当地第一家上市公司和国家首个贫困县绿色通道上市企业。

▼ 专栏4

强化监管服务，全力支持贫困地区企业对接资本市场

近年来，安徽省内证券行业积极贯彻落实党中央、证监会关于助力脱贫攻坚的决策部署，全力发挥资本市场作用，促进贫困地区企业上市，并取得显著成效。太湖县集友股份成为当地第一家上市公司和国家首家贫困县绿色通道上市企业，潜山县华业香料正积极准备上市材料并向证监局备案，阜南县阜阳大可公司已提出上市意向。通过扎实细致的工作，辖区贫困地区上市工作的积极性得到了极大调动，走在了全国前列，现有IPO在审企业1家、辅导备案企业4家，形成了"培育—改制—辅导—申报—上市"的IPO梯次推进格局。国元证券、华安证券两家本土最大的券商精准发力，多措并举为贫困地区企业上市融资做好服务，通过安元基金对潜山县海南卫康投资2000万元，推荐3家贫困县企业完成新三板挂牌，通过股权投资方式为4家贫困县企业融资1.4亿元，并为太湖县、寿县等国定贫困县提供资本市场政策法规解读、市场发展动态信息通报等全方位服务。

（七）扩大保险覆盖，突出一个"广"字

安徽银保监局将保险保障纳入金融精准扶贫整体布局，加快保险服务推进进度，拓宽保险保障范围，在保障产业发展、促进民生改善方面卓有成效。一是对接产业扶贫，助推产业发展。按照山地丘陵、沿江沿湖、平原、中药材核心区等不同地区资源禀赋，引导保险公司开展特色农业保险。截至2018年9月末，累计向全省31个贫困县的特色产业提供风险保障45.33亿元，支付赔款1.82亿元。为1.42万户贫困户提供光伏设施损失风险保障3.21亿元，支付赔款102.03万元。二是托底民生保障，防范因灾致贫。安徽银保监局制定农房保险定损标准和考核细则，选取27个山区库区县试点农房保险，由财政出资统一投保，采取不定值保险和差异化定损方式，为280万农户提供8400亿元风险保障。三是参与医疗保障，开展健康脱贫。积极推广大病保险，避免因病致贫、因病返贫，大病保险健康脱贫工程已覆盖309万建档立卡贫困人口，商业保险机构对包括建档立卡贫困人口、五保供养对象和低保对象等在内

的城乡贫困人口实行倾斜性支付政策。引导保险机构积极参与基本医保、大病保险、医疗救助、财政兜底、补充医保的"三保障一兜底一补充"医疗保障体系建设。2018 年以来，累计为 221.28 万人次贫困群众报销基本医保 12.73 亿元，为 17.17 万人次贫困群众报销提供大病保险赔付 2.58 亿元，为 19.23 万人次贫困群众报销补充医疗近 5000 万元。

▼ 专栏 5

提升保障效果，大力推行农村保险改革试点工作

近年来，六安市金寨县通过大力推行农村保险改革试点工作，全面强化对产业扶贫重点环节的保障，精准助力产业扶贫。2017 年，金寨县政府出台《金寨县种植业脱贫保险试点方案》和《金寨县养殖业（生猪）脱贫保险试点方案》，确定了"6＋1"的特色农业保险支持政策，新增生姜、茭白、高山有机稻等 6 个特色农险作为地方政策性险种，并正式纳入地方财政补贴范围，普通农户补贴 50%，贫困农户补贴 80%，年保费规模在 1600 万元左右。截至 2018 年 9 月末，全县已承保生猪 22275 头、生姜 3179.61 亩、茭白 1362.21 亩、有机稻 3445.28 亩、猕猴桃 863.13 亩、茶叶 28410.56 亩、露地蔬菜 504.62 亩，实现保费收入 325 万元，已赔付 125.65 万元。此外，黑毛猪价格指数保险、猕猴桃种植保险、皖西白鹅养殖保险、毛竹保险等符合当地产业导向的新产品陆续得到开发。其中，金寨县黑毛猪价格指数保险试点是安徽生猪价格保险第一单。2016 年 8 月，农业部、民政部、保监会联合下发《关于农村改革试验区新增试验任务的批复》，把金寨县黑毛猪价格指数保险纳入重要农产品收入保险试点范围，保险公司和养殖专业合作社探索研究"合作社＋贫困户＋保险＋信贷"的扶贫新模式，合作社为贫困订单农户购买价格指数保险和生猪养殖保险对病疫风险和市场风险进行对冲。目前，生猪价格指数保险已正式纳入地方政策性保险"6＋1"品种目录。

二、几点体会

新形势下金融精准扶贫工作应着重把握和处理好三个方面的关系，努力实

现金融精准扶贫的健康、可持续发展。

（一）把握好追求利益和社会责任的关系

要大力引导金融机构提高政治站位，增强"四个意识"，通过多种方式在贫困地区提供金融服务，加大信贷投入，为弱势群体和贫困人群提供享受现代金融服务的机会与权利。建立健全以银行、证券、保险、融资担保为主，以类金融、正规民间金融、互联网金融为辅的多层次金融扶贫供给体系，从源头上解决贫困地区的金融资源供给不足问题。

（二）把握好激励手段和约束措施的关系

一方面，应充分利用农村"熟人社会"的关系模式及互动机制，通过政策宣讲、入户调查、公示公告等方式，扎实做好贷前调查和贷后管理，降低违约成本和道德风险，实现对借款主体的激励约束。另一方面，要协调推动政府部门加大对扶贫贷款奖励、定向费用补贴、农村金融业务税收优惠等政策的落实力度，也要做好金融扶贫政策效果落实情况的跟踪监测，通报、约谈落实不力的金融机构，并在货币信贷政策上从紧掌握，实现对金融机构的激励约束。

（三）把握好产品创新和风险防控的关系

应以"大金融"理念为先导，引导银行业金融机构与证券、保险、租赁、信托等机构广泛合作，积极探索金融扶贫专项债券、资产证券化、公开或私募发债融资等多种金融支持模式。同时，要加强风险防范机制建设，通过优化农村信用环境、建立健全风险补偿和缓释、加强与担保及保险公司合作等方式，为金融扶贫可持续发展注入动力。

三、下一步工作打算

进一步加强信息共享和经验交流，继续强化与各级政府、省直部门的沟通联系，加强政策协调配合，不断提升工作合力和实效性。进一步推动产业扶贫发展，将产业扶贫工程的工作规划与金融扶贫工作对接，加大对特色产业、企业、合作社、家庭农场等各类与建档立卡贫困户签订带动脱贫协议的新型农业经营主体的支持力度。进一步加强对金融机构落实金融扶贫政策情况的监测考核，密切关注扶贫贷款的潜在风险。

河南省金融精准扶贫实践经验

——加强总体规划 突出示范引领
河南省金融精准扶贫阶段性成效凸显

河南是农业大省、人口大省，发展不平衡不充分的问题比较突出，人均GDP只有全国平均水平的80%左右，脱贫攻坚形势紧迫，到2020年与全国同步全面建成小康社会任务艰巨。做好金融扶贫工作，是全面贯彻习近平新时代中国特色社会主义思想的必然要求，对河南开启现代化建设新征程意义重大。近年来，在总行、河南省委省政府的正确领导下，人民银行郑州中心支行认真贯彻落实习近平总书记关于脱贫攻坚工作系列重要讲话精神，站在密切党同人民群众血肉联系的高度，切实履行全省金融扶贫牵头单位职责，组织带领全省人民银行系统和各金融机构，为助推河南打赢脱贫攻坚战作出了积极努力，取得良好成效。

一、河南省脱贫攻坚形势任务

河南总面积16.7万平方公里，辖18个省辖市，有157个县（市、区），2016年末户籍总人口1.08亿人、常住人口9532万人。2016年，全省实现生产总值4.02万亿元，居全国第5位，人均生产总值4.2万元，约为全国平均水平的78.7%。全省原有53个国定和省定贫困县，从2017年至2018年9月末有6个县已脱贫摘帽，目前剩余47个贫困县，其中国定贫困县33个（兰考、滑县已脱贫）、省定贫困县14个。截至2018年9月末，还有未摘帽脱贫建档立卡贫困户84万户、农村贫困人口221万人，其中，低保、五保贫困户占65%，因病、因残致贫的贫困人口占72%。

根据中央办公厅、国务院办公厅《关于支持深度贫困地区脱贫攻坚的实施意见》精神，河南省委、省政府研究确定贫困发生率在10%以上的卢氏县、嵩县、淅川县（这三个县均属秦巴山片区集中连片特困地区）、台前县四个国定贫困县为深度贫困县，贫困发生率在20%以上的1235个行政村为深度贫困村。现行标准下，深度贫困地区有6.4万贫困人口，占全省2017年末贫困人口总数的6%。河南省深度贫困地区自然条件较差，基础设施和社会事业发展滞后，人均可支配收入低，集体经济薄弱，"贫在自身能力、穷在精神意志、困在基层班子、难在发展条件"的问题较为突出，脱贫攻坚形势紧迫，任务仍旧艰巨。

二、金融扶贫工作措施及成效

（一）提升政治站位，强化责任担当

一是深化思想认识。坚持以习近平新时代中国特色社会主义思想统一思想、统领金融扶贫工作实践，切实增强做好金融扶贫工作的责任感、使命感和紧迫感。要求全省人民银行系统切实将思想和行动统一到党中央、国务院、省委省政府关于精准扶贫的决策部署上来，全力助推河南打赢脱贫攻坚战。

二是加强组织领导。成立人民银行郑州中心支行金融扶贫工作领导小组（郑银办发〔2016〕21号印发），明确由党委书记、行长任组长，各党委委员、副行长任副组长，相关业务部门的主要负责人为成员，并督促市、县各级分支机构建立相应的领导机制，切实发挥金融扶贫工作的统筹规划和组织协调作用。

三是强化责任落实。推动建立金融扶贫主办银行制度，建立覆盖辖内国定贫困县及相关金融机构的金融精准扶贫政策效果评估制度，完成2016年度试评估，并根据评估结果约谈金融机构。建立金融精准扶贫专项统计制度和信息系统，及时监测金融机构精准扶贫贷款投放情况。多次组织召开金融精准扶贫工作推进会、窗口指导会，周密部署、扎实推动工作开展。各省级金融机构迅速跟进，相继建立金融扶贫工作领导机制。国开行河南省分行领导对全省贫困县"划片包干"，并选派扶贫专员扎根一线、驻地扶贫。农发行河南省分行在13个二级分行、38个国家级贫困县支行设立了扶贫业务部和扶贫金融事业部。农信社系统自上到下实行金融精准扶贫"一把手"负责制，明确专门部门、专职人员层层推进。

（二）加强工作部署，凝聚工作合力

一是做好总体规划，明确工作思路。人民银行郑州中心支行结合河南实际，准确把握脱贫攻坚形势任务，于2016年制订《"十三五"时期金融助推脱贫攻坚工作方案》，明确河南省金融扶贫工作思路，即以"农业、农村、农民、农民工"为基础，一端向新型城镇化发力，支持富余农村劳动力"走出去"；另一端向农村发力，支持"留下来"农民增收致富，针对贫困户自主创业、龙头企业带动、贫困地区基础设施建设，分别实施到户型、带动型、开发型金融支持，推动金融供给与建档立卡贫困人口的金融需求精准对接，在打赢脱贫攻坚战的基础上，进一步实现河南农业现代高效、农村现代文明、农民稳定致富。在 2017—2018 年各年度工作会议及相关专题会议上，对金融扶贫工作又分别提出具体要求。

二是强化协调联动，发挥政策集合效能。加强与扶贫、财政、发展改革、农业、金融办、银证保监管机构等部门的协调联动及政策配合，在《"十三五"时期金融助推脱贫攻坚工作方案》统领下，围绕扶贫小额信贷、易地扶贫搬迁、"两权"抵押贷款、农民工市民化、普惠金融等细分领域出台配套政策，初步形成了"1＋N"金融扶贫系列文件，增强工作前瞻性和政策协同性。

三是加强交流宣传，提升工作效果。梳理汇总全省金融扶贫产品、典型案例和工作措施，编发《河南省金融精准扶贫典型模式汇编》《金融扶贫工作简报》供各有关部门、各金融机构交流。向省委、省政府呈报《关于河南省金融扶贫工作开展情况的报告》。以"砥砺奋进的五年"系列活动为契机，通过主题板报、演讲比赛等形式，开展金融扶贫工作宣传。在全省范围内实施"金融扶贫政策宣传普及工程"，统一设计"金融扶贫政策宣传明白卡"，载明基本政策、主要信贷产品和借款人应尽义务，组织金融机构人员持"明白卡"逐户发放张贴，当面向贫困户讲解告知政策，并要求定期回访，基本实现扶贫政策宣传对建档立卡贫困户的全覆盖，获得贫困群众和地方政府的一致好评。

（三）强化政策保障，增强金融机构扶贫资金实力

一是充分发挥再贷款、再贴现的撬动引导作用。贫困地区多数法人金融机构在借用再贷款、办理再贴现后，各项存贷款、涉农贷款总量持续快速增长，成为支持当地经济、"三农"、小微企业和脱贫攻坚的主要力量。2018 年前三季度，河南省人民银行系统累计投放扶贫再贷款 103 亿元，撬动全省金融机构发放金融精准扶贫贷款 571.7 亿元，带动服务建档立卡贫困人口（含已脱贫人口）485.2 万人（次），政策效果明显。

2018 年，为进一步发挥扶贫再贷款的结构引导作用，加大金融助推脱贫攻坚支持力度，人民银行郑州中心支行在 2017 年试点经验基础上，在全省贫

困县（含已脱贫的贫困县）开展优化运用扶贫再贷款发放贷款定价机制试点工作。为确保试点工作高效有序开展，郑州中心支行结合全省实际，在广泛征求辖区各级人民银行和金融机构意见的基础上，及时制定了《关于在全省贫困县开展优化运用扶贫再贷款发放贷款定价机制试点工作的通知》（郑银办发〔2018〕166 号）。建立了"扶贫再贷款新借用越多，使用扶贫再贷款资金新发放金融精准扶贫贷款占新借用扶贫再贷款比重越大，利率加点幅度越高"的扶贫再贷款竞价机制。

二是做好易地扶贫搬迁信贷管理与服务。"十三五"期间，河南需完成易地扶贫搬迁任务 26.03 万人，目前已完成 5 万户、19.6 万人。人民银行郑州中心支行指导相关地区做好易地扶贫搬迁专项信贷资金需求测算，督促国开行、农发行省分行加强与其总行的衔接汇报，及时申请贷款资金，加强贷后管理。2018 年 9 月末，国开行省分行完成易地扶贫搬迁项目中长期授信 135.8 亿元，已发放中长期贷款 33.1 亿元，农发行省分行签订易地扶贫搬迁专项贷款合同 17 亿元，发放贷款 17 亿元。

（四）夯实基础设施，全面改善贫困地区金融服务环境

人民银行郑州中心支行创新"普惠金融一网通"移动金融服务平台，为群众提供支付服务、便民查询、金融政策宣传和金融知识普及教育等金融服务。自创建以来，平台用户关注量已达近 100 万人，办理各类业务近 12 万笔，交易金额近 1 亿元。推动各类金融服务终端向基层下沉，全省农村地区布放 ATM 1.8 万台、POS 机 28.6 万台、其他银行卡受理终端 1.4 万台；助农取款服务点 5.4 万个，其中加载了电商功能的服务点 3220 个，助农取款行政村覆盖率 98.5%；借记卡在用发卡量 1.44 亿张，信用卡在用发卡量 673 万张，借贷合一卡在用发卡量 19 万张，人均持卡 2.07 张；接入大小额支付系统的银行网点 7437 个，覆盖率 100%。会同贫困县政府创办 20 家普惠金融知识宣讲所，开发中小企业和农户信用信息系统，组织 17 个县开展专项信用建设示范工程，公共金融服务的覆盖面、可得性和满意度进一步提升。

（五）坚持分类施策，精准对接不同领域脱贫需求

一是支持"走出去"贫困人口在城镇安居乐业、脱贫致富。研究出台《金融支持农民工市民化的指导意见》，指导金融机构做好农业转移人口在城镇置业、创业、求学的全程服务。截至 2018 年 9 月末，农业银行省分行"农民安家贷"余额 395.08 亿元，专门支持农民工在城镇购房；截至 2018 年 10

月末，全省创业担保贷款余额126.6亿元，累计支持包括进城农民工在内的172.3万余人实现自主创业，支持1万多个小企业发挥就业吸纳能力。

二是缓解"留下来"贫困人口和新型农业主体贷款担保难问题。将"两权"抵押贷款试点工作作为盘活农村存量资产、缓解农民贷款担保难问题的重要突破口，推动建立省、市、县三级跨部门工作机制，结合9个农地试点（长垣县、安阳县、宝丰县、邓州市、济源市、长葛市、遂平县、固始县、浚县），2个农房试点（滑县、兰考县）实际情况制订工作方案，指导金融机构因地制宜，探索出长葛市的"土地经营权抵押＋贷款保证保险＋风险补偿基金"，邓州市的"信贷＋担保＋农保"，宝丰县的"合作社担保＋经营权反担保"，滑县的"农村土地流转服务中心＋风险补偿基金＋信用担保"等贷款担保模式，取得良好成效。2018年9月末，9个农地试点县农户确权颁证率达97.4%，2个农房试点宅基地使用权登记确权率达70%以上，共有10个试点县建立了产权交易中心。截至2018年9月末，河南省9个农地试点县累计发放农村承包土地的经营权抵押贷款7045笔，金额16.3亿元，贷款余额10.7亿元，较2016年末大幅增长381.9%；2个农房试点县累计发放农民住房财产权抵押贷款2476笔，金额5.5亿元，贷款余额2.6亿元，较2016年末大幅增长164.1%。

三是积极创新产业扶贫信贷产品和服务。指导金融机构立足各地资源禀赋和产业特色，充分发挥龙头企业、行业协会对建档立卡贫困户的辐射作用。国开行省分行率先在全国实施"政府＋开发银行＋省级担保公司＋省级保险公司＋省级协会"的省级统贷模式。截至2018年9月末，已完成首批10亿元贷款承诺，并向潢川、光山等地新型农业经营主体发放贷款2.34亿元。中行省分行制定了兰考乐器制造、舞阳养猪、虞城工量具制造等32个贫困县的中小企业特色产业精准授信政策。截至2018年9月末，已完成首批10亿元贷款承诺，并向潢川、光山等地新型农业经营主体发放贷款4.064亿元。南阳社旗县农信社联合县中华职教社、农民专业合作社开办"三社帮一村"信贷产品，将信贷资源、技术资源和经营组织优势有效整合，累计开展种养专业技术培训30余次，培训2200余人，向47家带贫专业合作社、家庭农场发放贷款14250万元，拉动蔬菜、林果、食用菌等生产销售，共带动8165个贫困户就业创收。南阳淅川县积极探索银政合作的有效方法，乡镇包村干部、村组班子、"第一书记"、驻村工作队参与贷款风险防控，县财政设立贷款风险补偿基金，县农信社运用扶贫再贷款，累计发放精准扶贫贷款35980万元，扶持529户贫困户发展生产增收，支持46家公司带动6800多户贫困户就业创业。

四是积极满足农业农村基础设施建设资金需求。国开行省分行发放期限不超过15年、利率不超过基准利率的农村基础设施贷款，用于支持贫困县村组道路、安全饮水、农村环境整治、校安工程、医疗、教育及其他基础设施项目。支持桐柏县在15个乡镇64个建档立卡贫困村建设和改造41个规范化的精准扶贫就业基地，目前已发放1.8亿元。通过把厂房建在群众家门口，为贫困人口就近就业提供便利条件。该项目已吸纳3000名贫困人口就近就地就业。2017年以来，该行已发放贫困村基础设施贷款96亿元，9月末贷款余额93亿元，惠及建档立卡贫困人口175万人。农发行省分行发放扶贫项目过桥贷款，作为卢氏县农村公路脱贫项目的过渡性资金，由中央及省级拨付的项目建设资金、地方财政预算分别偿还贷款本息，较好地解决了财政补助资金到位缓慢对项目建设的影响，所支持的项目涉及卢氏县乡公路315公里、村道542公里、自然村道1124公里、危桥改造2702延米、安全隐患路段整治833公里，有效推动了当地优质资源的开发，可使18个乡镇、110个贫困村的63134名贫困人口受益。

（六）注重试点带动，探索金融助推脱贫攻坚的新路

1. 积极参与创建推广金融扶贫"卢氏模式"。落实河南省委省政府建立卢氏县金融助推脱贫攻坚试验区的决策部署，参与制订试验区工作方案，坚持"政银联动、风险共担、多方参与、合作共赢"的思路，按照服务有平台、信用可评估、风险可把控的目标，开展以下探索：

一是建立"四个体系"，完善扶贫小额信贷运行管理机制。建立金融服务体系。整合县乡政府部门和村级组织等方面的力量，设立1个县级金融中心、19个乡级金融服务站、352个村级服务站，负责政策宣传、信用信息采集、贷款受理和初步审核、担保受理等工作，向银行批量提供信息，解决金融服务信息不对称、供需不衔接的问题。建立信用评价体系。指导卢氏县运用农村信用信息系统，建立覆盖全县的信用信息大数据库，采集农户信用信息并及时、定期、全面更新信息，给每个农户建立信用档案，根据不同分值将信用评定结果分为四个等级，依级别不同相应给予5万~20万元纯信用额度。2018年9月末，全县已采集8.87万农户信息，采集率96.5%，其中贫困户2.36万户，采集率达96.8%；授信户7.51万户，授信率84.5%，其中贫困户2.05万户，

授信率 86.65%。搭建风险防控体系。建立贷款"熔断"机制，对不良率超过一定比例的乡镇和行政村暂停贷款发放，强化当地政府对地方信用建设的责任。建立产业支撑体系。按照绿色、特色、生态和三次产业融合发展的思路，确定产业扶贫发展重点，形成"贫困户 + 合作社"等 6 种扶贫合作方式、订单农业等 8 种产业扶贫经营模式。

二是促进"三方联动"，最大限度发挥金融政策、财政政策和产业政策的协同作用。充分运用扶贫再贷款，增强法人金融机构的资金实力。截至 2018 年 9 月末，卢氏县法人金融机构扶贫再贷款余额 2.3 亿元。出台风险分担和贴息补偿措施，调动参与主体的积极性。省财政、县级财政分别出资 2000 万元、3000 万元，在卢氏县设立扶贫小额贷款风险补偿基金，对贫困户、带贫企业贷款违约产生的损失，由经办银行、县风险补偿基金、省农信担保公司、省担保集团（再担保方）四方，分别按照 1:2:5:2 和 2:2:4:2 的比例进行分担；建立政府对担保机构的担保费和风险补偿机制，切实落实扶贫小额信贷对贫困户"免担保"的政策要求；建立财政贴息机制，由县财政统筹资金，对贫困户按照贷款基准利率予以贴息，对带贫企业适当贴息。瞄准产业发展需要，加强银企对接合作。市、县两级人民银行建立了与当地发展改革、扶贫等部门的定期联络机制，指导辖内金融机构围绕卢氏县一二三产业融合发展规划，认真梳理绿色农业（果、牧、烟、菌、药）、特色工业（中药材和农副产品深加工、金属非金属精深加工）、现代服务业（生态旅游和电子商务）的资金需求，对带贫作用明显的企业、项目进行摸底调查，建立项目库，组织全市金融机构对接，及时监测签约项目进度，推动逐项落地。

截至 2018 年 9 月末，卢氏县法人银行机构当年新增扶贫贷款 2.987 亿元，贫困户获贷率从 2016 年的不足 1% 提高到 58.82%。根据河南省政府统一部署，人民银行郑州中心支行参与制订《河南省扶贫小额信贷助推脱贫攻坚实施方案（暂行）》《关于加强扶贫小额信贷统计监测工作的通知》，将"卢氏模式"在全省 53 个贫困县复制推广。

2. 推动首个国家级普惠金融改革试验区兰考县成功脱贫摘帽。兰考县普惠金融改革试验区是国家级普惠金融改革试验区。试验区本着边申报边创建的思路，采取如下主要扶贫措施：一是加大再贷款再贴现支持力度。2016 年，在兰考县设立全省首个县级再贷款（再贴现）业务窗口，为涉农中小企业办理再贴现提供绿色通道，已累计办理扶贫再贷款 11.05 亿元、再贴现 3.25 亿元。二是大力推广支持建档立卡贫困户的"惠民扶贫贴息小额担保贷款"。自业务开办以来，向建档立卡贫困户发放 7919 万元。三是积极开展产业扶贫金融产品创新。先后推出"三位一体"（政府风险保证金＋银行贷款＋专业合作社/扶贫企业）、"四位一体"（政府风险保证金＋贷款保证保险＋银行贷款＋扶贫企业）等产品，被农业银行、邮储银行在全国复制推广。截至 2018 年 9 月末，"三位一体"模式发放贷款 1.44 亿元，"四位一体"模式发放贷款 1140 万元。四是积极运用普惠金融巩固脱贫成效，助力农民奔小康。由金融机构对农村无不良信用记录、无违法犯罪记录的农户主动授予 3 万 ~5 万元信用额度，当授信农户有正当生产经营项目需要贷款时，由银行上门办理无抵押、无担保的贷款，解决了农民无信用记录、无抵押、无担保的难题。截至 2018 年 9 月末，已发放农户小额贷款 18451 万元，农户贷款可得性与满意度不断提升。

在金融的助力下，兰考县已于 2017 年 2 月在河南省率先脱贫。截至 2018 年 9 月末，兰考县各项贷款余额 178.06 亿元，同比增长 20.11%，增速比全省高 6.3 个百分点。

（七）牢记宗旨意识，持续深入做好定点扶贫工作

人民银行郑州中心支行承担宜阳县丰涧村的定点扶贫任务，选派优秀处级干部任驻村"第一书记"，行长带头，行领导多次带领机关各支部赴丰涧村开展慰问和实地调研，积极探索定点扶贫和金融扶贫相结合的有效方法。目前，丰涧村建档立卡贫困户除个别政策兜底户外，已全部按期脱贫并通过考核验收。主要措施包括：

一是建立驻村帮扶轮换制度，把脱贫帮扶工作作为党联系群众的重要桥梁。自 2017 年 7 月起，每月由一位行党委成员带领分管部门党支部人员在村工作 2 天，帮助驻村"第一书记"协调解决问题、现场指导工作。二是主动发挥央行优势，捐资、融智与提升便民金融服务相结合。在组织做好物资捐助、结对帮扶的基础上，一次性拿出 30 万元，建立"金融扶贫担保基金"，解决农民贷款担保难题；全行干部职工捐款 6 万元创设"丰涧村奖教助学基金"，2018 年初对部分优秀师生和困难学生进行奖励帮扶。建立普惠金融服务站，为农户提供小额存取款、零钞兑换、支付转账、领取惠农补贴等基础金融便利服务。三是积极在丰涧村复制推广兰考县普惠授信成功做法。2017 年 9 月 21 日，人民银行郑州中心支行联合宜阳县政府，在丰涧村举办"普惠金融示范村"揭牌暨普惠授信证发放仪式，向村民耐心讲解普惠金融理念。宜阳

农商行对该村农户开展普惠授信，截至 2018 年 9 月末，已累计授信 305 户，普惠授信金额 987 万元；累计发放普惠授信贷款 135 笔、金额 1280 万元，其中贫困户 8 户，累计发放 24 笔、金额 120 万元。11 家承担定点扶贫任务的省级金融机构把联系村作为金融扶贫"试验田"，发挥专业特长优势，扎实做好定点扶贫工作，获得当地党委、政府和贫困群众的高度认可。河南省农信社作为兰考县谷营镇谷西村定点帮扶单位，从南阳西峡引进香菇种植技术和菌种，争取到各方资金 330 万元，推行"村两委＋合作社＋农户"管理模式，成立思富种植专业合作社，帮助谷西村建立香菇种植基地，已建成的基地一期实现年产香菇 300 吨，产值约 300 万元，安置 50 名贫困户就业，二期建成后有望使村整体收入增加一倍以上。农业银行河南省分行承担台前县马楼村定点扶贫任务，立足当地汽车农机配件贸易集散地的特点，指导帮助该村成立了汽车农机配件行业协会，引导产业逐步走向市场化、规范化、专业化运作。民生银行总行帮助定点扶贫地区滑县、封丘县设立医疗扶贫基金，在封丘捐赠 97.9 万元，为 3.7 万余名建档立卡贫困户购买新农合商业补充保险，在滑县捐赠 300 万元，为建档立卡贫困户购买大病保险，发挥了医疗救助保障对防贫脱贫的重要作用。

人民银行郑州中心支行认真履行职责，全省金融扶贫工作取得积极成效。据季度统计，截至 2018 年 9 月末，河南省金融机构精准扶贫贷款（含已脱贫人口贷款）余额 1367 亿元，较年初新增 204.6 亿元，同比增长 47.2%；当年累计发放金额 571.7 亿元，比上年同期增加 52 亿元，带动服务建档立卡贫困人口 482.5 万人。在扶贫再贷款的引导支持下，法人金融机构支持脱贫攻坚的积极性不断增强，进一步缓解了贫困群众融资难、融资贵的问题。全省农村支付服务环境建设持续深化，基本实现"ATM 到乡镇、POS 机到行政村、惠农支付点到行政村域"三个全覆盖。农村信用体系建设加快推进，为促进扶贫与扶志相结合、强化贫困地区社会治理发挥了重要作用。河南省金融扶贫工作获人民银行总行领导批示，在全国专业培训会中进行汇报交流，多次被新华社、《金融时报》、《河南日报》等媒体报道，金融扶贫"卢氏模式"获党中央、国务院肯定。

三、下一步工作打算

下一步，人民银行郑州中心支行将紧紧围绕党的十九大关于坚决打赢脱贫攻坚战的决策部署，深入贯彻落实习近平总书记在全国金融工作会议、深度贫困地区脱贫攻坚座谈会上的重要讲话精神，在总行、河南省委省政府的正确领导下，重点做好以下工作：

一是按照总行金融支持深度贫困地区脱贫攻坚座谈会相关要求，加大对河南省深度贫困地区脱贫攻坚的金融支持力度，加强货币政策和金融市场工具运用，强化信贷政策引导和金融精准扶贫政策效果评估，不断提升基础金融服务水平，助力河南4个深度贫困县、1235个深度贫困村如期脱贫。

二是管好用好扶贫再贷款、支农再贷款，加强对金融机构的窗口指导和政策引导，强化金融精准扶贫政策效果评估，提升金融机构支持脱贫攻坚的积极性。

三是引导金融机构进一步强化对带贫龙头企业、新型农业经营主体的培育，创新完善金融支持产业扶贫产品模式。积极稳妥推进农地、农房、林权等抵押融资，盘活贫困地区资产资源。

四是因地制宜复制推广金融扶贫"卢氏模式""兰考经验"，有效发挥县乡村三级金融服务体系、农村信用体系的作用，配合各级政府进一步充实财政性融资担保机构资本金，不断完善风险补偿和分担机制。

五是加强对金融扶贫政策宣传和经验交流。梳理汇编各地、各金融机构金融扶贫产品和服务方式，进一步加强工作经验交流。

六是对金融机构精准扶贫贷款业务合规性加强督促、指导，防范道德风险，促进相关业务健康可持续发展。

江西省金融精准扶贫实践经验

——精心组织 精准施策 精诚合作
金融扶贫的江西实践

江西是中国革命的摇篮，在"十三五"初期仍有 24 个国家级贫困县、200 万未脱贫人口，脱贫攻坚任务艰巨。自中央扶贫开发工作会议以来，人民银行南昌中心支行深入贯彻落实习近平总书记在中央扶贫开发工作会议、深度贫困地区脱贫攻坚座谈会、党的十九大上等一系列重要工作会议精神，紧紧围绕人民银行总行及省委、省政府的扶贫工作部署，强化主体责任感和使命感，积极履行金融扶贫的牵头职责，结合江西省区域发展、产业构成、生态禀赋等实际情况，不断健全机制以求"精"，优化配置以求"准"，发挥金融扶贫在扶贫开发战略中的支撑作用，稳妥推进江西省金融精准扶贫工作向纵深发展，谱下金融扶贫的"江西实践"之曲。

一、精准标靶金融扶贫对象

人民银行南昌中心支行始终坚持问题导向。精准扶贫中对象精准是前提，只有解决了"帮助谁"的问题才能做到有的放矢、事半功倍。在推动江西金融扶贫工作过程中，人民银行南昌中心支行明确三类扶持对象：一是紧盯省内 136 万建档立卡贫困户，采取分类扶持方式，重点扶持未脱贫、有能力、守信用、有贷款意愿的贫困户积极发展生产，发挥其带动脱贫功能。二是聚焦贫困发生率较高地区，包括省内 24 个国家级贫困县、赣南原中央苏区、罗霄山集中连片特困地区、鄱余万都滨湖地区等。如鄱余万都滨湖四县，环湖而居，生态优势明显，生态地位重要，但受制于地区经济发展水平较低，贫困人口占全省贫困人口总数的八分之一，脱贫任务仍然艰巨。三是重点支持辐射面广、带动性强的经营主体和项目建设。发挥新型农业经营主体、农业产业化龙头企业等经营主体的脱贫主力军功能，加大政策倾斜，优化生产经营，加强产业带动；加大对贫困地区改善生活、生产条件等项目的金融支持，如易地扶贫搬迁项目。

二、精准对接金融扶贫目标

人民银行南昌中心支行遵循党中央的方针政策，结合江西实际，明确金融精准扶贫工作任务，精准对标。紧紧把握金融工作本源、金融运行规律和金融独特作用，围绕"五个一批"，即发展生产脱贫一批、易地搬迁脱贫一批、生态补偿脱贫一批、发展教育脱贫一批和社会保障兜底一批，形成了以地区特色产业发展带动为支撑，以提升贫困地区交通网、水利设施等农村基础设施水平为基础，以金融资源为推手的金融精准扶贫模式，促进了"两不愁、三保障"的实现，以及江西省136万建档立卡贫困人口的贫困退出等目标的顺利实现，贫困地区人均可支配收入显著提高，集体经济状况明显改观。

（一）发挥产业扶贫助力精准脱贫持续动能

坚持将支持产业发展作为精准扶贫、精准脱贫的重要抓手，依托产业发展的强带动作用，践行选准一项优势主导产业、设立一笔贷款风险金、组建一个合作组织、落实一种帮扶机制的"四位一体"产业扶贫模式，全面推动乡村旅游、特色种养业、光伏等产业发展；根据贫困户不同特点，支持贫困户通过直接创业、产业发展带动就业等方式实现脱贫。如宜春市宜丰县通过"整县推进、财政贴本、电费付息"的"借光"特色扶贫模式，推动建成1029个光伏发电站，实现全县行政村全覆盖，全年发电收入可帮助4039个贫困户实现三分之一以上的年度脱贫收入目标。

▼ 专栏1

南丰县创新蜜桔产业链金融，助推脱贫致富

南丰县以"蜜桔之乡"享誉全国，人民银行抚州市中心支行选择蜜桔产业作为该县金融扶贫的主战场，指导当地出台《南丰县金融支持"桔园游"扶贫示范项目实施方案》，打造"桔文化"扶贫产业概念。引导各金融机构创新金融服务，全程对接贫困户从土地流转、蜜桔种植到桔园建设、运

输物流等蜜桔全产业链的信贷需求。如九江银行创新推出了扶贫金融产品"桔时贷"，该产品采取"大户示范＋合作社主导＋贫困户参与"的信贷模式，充分发挥蜜桔产业的扶贫带动功能，并获评 2016 中国"十佳金融产品创新奖"。推动当地政府出台《南丰县"互联网＋"行动实施方案》，引导金融机构提升对农村电商的金融服务水平，投入信贷资金 1800 万元支持建立"村村购"电商服务中心 20 余个，让地方特色农产品搭上互联网快车，南丰县成为阿里巴巴"千城万企"江西首个试点城市。如今，南丰蜜桔产业总产值超过 100 亿元，桔文化旅游产业集聚区成功创建国家 4A 级景区，并被列入首批国家全域旅游示范区创建单位，10 个"桔园游"项目被评为"中国乡村旅游金牌农家乐"。该县蜜桔产业相关各项贷款余额达 23.6 亿元，其中，扶贫贷款 10169 万元，直接支持建档立卡贫困户脱贫致富 800 余户，带动脱贫 3500 余户，两年来累计减贫达 6800 余人。

（二）积极满足农业农村基础设施建设资金需求

充分发挥资金成本优势，鼓励农发行、国开行江西省分行加大对易地扶贫搬迁金融债和抵押补充贷款资金的运用力度，支持贫困地区易地扶贫搬迁、重大水利工程、农村公路等基础设施建设，改善居住环境、巩固增收基础。同时，进一步提升易地扶贫搬迁金融服务水平，严把贷款投向，保证贷款资金及时发放和专款专用，并配合加大创业担保贷款、扶贫小额信贷等对迁入地贫困群众创业就业的有效支持力度，确保贫困群众搬得出、稳得住、能致富。如农发行江西省分行发放贷款 14.3 亿元用于支持余干县乡村人居环境改善工程项目，项目总投资 18.55 亿元，内容涵盖农村基础设施改造、农村环境提升及乡村旅游基础设施建设等，项目范围延伸至全县 27 个乡镇场的 187 个行政村，其中贫困村 138 个。截至 2018 年 9 月末，全省使用抵押补充贷款余额达 1208.6 亿元。

（三）加大对社会发展薄弱环节的"供血"力度

一是为充分发挥江西省生态资源优势，做好生态扶贫，金融系统加大对特色旅游业等生态产业的金融支持，创新推出乡村旅游扶贫贷。二是加大对贫困地区国家助学贷款和生源地信用助学贷款的支持，确保实现应贷尽贷，阻断贫困代际传递，做好教育脱贫；联合省财政厅、省教育厅等单位出台《关于进一步落实高等教育学生资助政策的通知》。截至 2018 年 9 月末，江西省生源地助学贷款余额 29.43 亿元。三是优化创业融资环境，激发创业带动脱贫的活力。近两年来，全省创业担保贷款对贫困人员、返乡农民、高校毕业生、电商等重点群体自主创业给予了重点扶持。截至 2018 年 9 月末，全省创业贷款担保基金规模达 26.7 亿元，累计发放创业担保贷款 1015.4 亿元，累计扶持个人创业 99.8 万人次，带动就业 392.2 万人次，有效改善了江西省就业环境，同时为贫困户就业提供了门路，助力脱贫攻坚。

三、精准实施金融扶贫措施

按照"建制度、重创新、强指导"的工作思路，着力发挥金融扶贫牵头和组织协调作用，保证工作有序推进，解决好"怎么帮"的问题。

（一）强化制度引领

一是实施规划引领。牵头制定了《江西省金融扶贫工作规划》《关于金融支持打赢脱贫攻坚三年行动的实施意见》，推动省、市、县三级政府建立金融扶贫工作协调机制，落实各项金融扶贫配套和优惠政策，明确金融支持江西省脱贫攻坚的实现路径，确保金融系统扶贫工作"劲往一处使"。二是研究出台了《关于信贷支持江西脱贫攻坚的指导意见》《关于加快推进建档立卡贫困户信贷需求摸底调查与分类扶持的通知》等文件，细化政策指导，增强金融扶贫工作实操性。

（二）创新扶贫信贷产品

围绕"政府扶得起、银行贷得起、保险兜得起、企业担得起、贫困户用得起"的工作理念，全省各地立足当地实际，大力推进扶贫金融服务创新。一是创新产业发展类信贷产品。进一步完善金融扶贫产品设计，重点支持能吸收贫困人口就业、带动贫困人口增收的特色种养业、劳动密集型加工业和服务业以及农村电商发展。赣州市推出了"产业扶贫信贷通"，重点支持建档立卡贫困户和带动贫困户的新型农业经营主体发展油茶、脐橙等特色种养业，如寻乌农商行通过 200 万元"产业扶贫信贷通"贷款支持文峰乡富民养兔合作社建立现代化规模种（肉）兔繁育养殖基地，吸纳贫困户社员 38 户集中养殖，同时为该合作社帮扶的分散养殖贫困户按照资金需求情况发放户均 5 万元的"产业扶贫信贷通"贷款。农业银行等机构创新推出"油茶贷"扶贫信贷产品，解决油茶种植户及企业前期资金短缺问题。此外，各地创新推出了诸如"脐橙贷""蜜桔贷"等产业支持信贷产品。二是深化"两权"抵押贷款试点业务。为盘活农村存量资产，缓解农民、新型农业经营主体贷款担保难问题，推动建立省、市、县三级跨部门工作机制，制订工作方案，不断完善农村土地确权颁证、产权交易中心、价值评估、风险缓释等机制，加大政策宣讲和现场推进力度，强化贷款发放和风险处置模式探索创新，取得良好成效。截至 2018 年 9 月末，江西省"两权"抵押贷款余额为 16.8 亿元，较 2015 年末增长 9.88 倍。

（三）创新金融扶贫模式

一是创新"金融 + 财政 + 产业"扶贫模式。以发展产业为长效脱贫的关键一招，借道财政贴息控成本，组建补偿基金抗风险，撬动信贷资金准滴灌，发展脱贫产业促长效，推动实现产业、扶贫、财政、信贷政策无缝对接。如宜春市铜鼓县推动构建"龙头企业 + 合作社 + 贫困户"的扶贫模式，发展菌菇种植产业，创新推出"菌农贷"产品，在村集体的增信下给予贫困户无抵押、免担保的信贷支持，大大提高了贫困户创业热情。人民银行金融市场司向全国转发《江西省产业扶贫贷款贴息管理（暂行）办法》，推广"金融 + 财政 + 产业"扶贫模式。潘功胜副行长在 2018 年 5 月 17 日金融精准扶贫经验交流暨工作推进会上也充分肯定该扶贫模式。二是探索"扶贫车间入村 + 金融"扶贫新模式。人民银行万安县支行通过联合县发展改革委及镇政府出资 40 万元用于建立村级生产车间，积极引进企业驻村，给予驻村企业优惠价格资金正向激励，雇用村民及贫困户就地就业、生产经营，实现驻村企业盈利水平和当地村民收入水平双提高的多方共赢，形成家门口脱贫的扶贫新模式。

▼ 专栏 2

金融支持乐安县丰裕牧业扶贫模式

乐安县丰裕牧业有限公司是一家以肉牛养殖为主的现代化综合性农业企业，也是全省健康养殖示范点之一。两年来，该公司在当地人民银行和农商银行的大力扶持下，形成了四种产业扶贫模式，有效带动 220 余名贫困户脱贫致富。

（一）"公司 + 贫困户 + '三包'"模式

公司结合母牛分散饲养特点和扶贫工作要求，选择当地养牛合作社的 50

户贫困户社员，实行由公司包提供母牛、包提供养牛技术指导、包定期回收母牛和牛仔的"三包"模式，支持贫困户认领散养母牛。为解决贫困户生产过程中的资金问题，乐安农商银行推出"肉牛联保贷""产业扶贫小额贷""肉牛订单贷"等套餐，由养牛户根据自身实际自行选择，最大限度满足贫困户信贷需求。据测算，按照每头牛仔统一回收价格6000元、母牛每增重一斤农户增收10元计算，每户贫困户此项年收入可达到1.5万元左右。

（二）"公司＋贫困户＋草场种植"模式

公司免费提供已种好草的地块给贫困户，按每户认领8~10亩草地的原则，吸纳60余户贫困户负责草地日常管护，待牧草收割后由公司统一按市场价收购。为缓解贫困农户在种植过程中购买农机等生产资料资金短缺问题，当地农商行推出"牧草订单贷"，以公司签订的牧草收购合同为抵押，可申请最高5万元的贷款，确保贫困户的稳定生产。按一亩牧草年产草料15吨、每斤收购价格1角7分计算，户均增收达2万元。

（三）"公司＋贫困户就业"模式

乐安县农商行利用人民银行扶贫再贷款资金向该公司发放优惠利率贷款，为贫困户提供部分长期工作岗位。公司根据企业实际状况聘请了20名贫困户，工资标准略高于当地农民实际月务工收入水平，男劳动力月工资约2900元，女劳动力月工资约2600元，每名贫困员工年增收超过3万元。

（四）"公司＋光伏发电"模式

利用养殖厂房约6000平方米的屋顶，公司集中为74户贫困户提供光伏设备，收益为贫困户所有，这些贫困户大多为企业员工、土地流转给企业的农户。乐安农商行提供"光伏贷"套餐支持，贫困户自己不出一分钱，由公司组建光伏合作社并作为借款主体负责"光伏贷"的申请、使用和归还，每户安装费用3.5万元，政府补贴0.75万元/户，农商银行配套融资2.75万元/户，所贷资金按户分摊折合成光伏扶贫合作社股份资金，贫困户通过分红的形式获取长期的稳定收益，所贷资金逐年在发电收益中归还，每户年发电收益达5000~6000元，光伏发电使用寿命最长达20年以上，收入稳定，受益时间长，可确保实现脱贫后不返贫。

（四）着力做好定点扶贫工作

人民银行南昌中心支行及省内各分支机构选派优秀干部赴定点扶贫地区开

展实地扶贫，通过解决阻滞定点帮扶地区发展的现实问题，指导当地发展特色产业，助力精准脱贫。如人民银行南昌中心支行成立专项扶贫工作队定点帮扶婺源县晓林村，通过开展暖心工程给予贫困户人文关怀；精选扶贫项目并改善硬件设施，进一步夯实贫困户脱贫基础；加强产业发展指导，组织农业技术培训，并联合当地财政部门成立晓林文公山养殖专业合作社，通过市场化经营为贫困户增收；发挥行业优势，普及金融知识进村入户，并帮助村民申请小额贷款。人民银行南昌中心支行近三年累计向晓林村投入帮扶资金近260.5万元，有效带动贫困户脱贫致富。

四、精准调度金融扶贫进程

（一）强化金融扶贫监测统计工作

一是建立了精准扶贫贷款统计制度。明确了建档立卡贫困户、带动贫困户就业的企业以及重点扶贫项目贷款统计口径，将扶贫贷款直接穿透到建档立卡贫困户。做好"人民银行金融精准扶贫信息系统"上线运行工作，将全国建档立卡贫困人口名录库上传至信息系统与各银行业金融机构共享，促进银行信贷系统与扶贫部门建档立卡信息无缝对接。认真核对金融精准扶贫专项统计数据与金融精准扶贫信息系统逐笔贷款数据，及时掌握产生差异原因，有针对性地完善统计与监测制度，不断提升精准扶贫贷款数据的真实性和准确性。二是强化金融扶贫工作调度。建立了"百日行动"专项统计制度。为精准掌握全省金融扶贫进展、增强金融扶贫主动性，人民银行南昌中心支行制定印发了《金融助力江西脱贫攻坚"百日行动"实施方案及责任分工》和《江西省金融精准扶贫专项统计监测制度》，按月进行金融扶贫工作调度，以促成金融精准扶贫政策有效落实，进一步夯实扶贫效果。印发了《关于开展建档立卡贫困户金融扶持情况摸底调查的通知》，精准掌握省内建档立卡贫困户信贷获得情况，并为做大扶贫小额信贷规模、提升建档立卡贫困户的信贷覆盖率做足准备。

（二）强化扶贫政策效果评估

探索开展金融扶贫政策导向效果评估。印发了《江西省金融精准扶贫政策效果评估实施细则》，完成了2017年度评估工作。通过评估发现金融精准扶贫短板，提升金融扶贫工作效率。加强效果评估应用，将评估结果与扶贫再贷款、支小再贷款、再贴现挂钩，并纳入宏观审慎评估体系，奖优惩劣，充分发挥央行货币政策工具的正向激励作用，扩大银行业金融机构参与面。

（三）强化工作督促推进

为切实推动江西省金融扶贫工作落到实处，自中央扶贫工作会议以来，人民银行南昌中心支行组织召开了开发性金融精准扶贫工作座谈会、罗霄山片区金融精准扶贫工作会、金融助力江西脱贫攻坚座谈会等多次专题推进会议17次，动员金融系统投身江西省扶贫事业。同时，适时开展工作督导，督促推进全省金融扶贫工作均衡发展，推动贫困地区金融精准扶贫工作进一步深入。加强金融扶贫经验总结宣传，做到边干边说。通过"特色产品手册＋工作简报＋现场活动＋媒体报道＋宣传片"等方式，及时交流、宣传江西金融精准扶贫工作，编发《江西省金融扶贫工作简报》35期；在《金融时报》、人民网、新华网等媒体报道宣传江西省金融扶贫工作，其中，《金融精准扶贫的"江西维度"》在2017年2月28日《金融时报》头版刊登。制作了江西省金融精准扶贫工作纪实宣传片，向社会各界展现金融扶贫的"江西样板"。

五、精准使用金融扶贫政策保障

（一）用好用足货币政策工具

一是用好扶贫再贷款、再贴现，撬动地方法人金融机构加大精准扶贫贷款和涉农贷款发放力度；适当放宽贫困地区金融机构宏观审慎评估条件，确保地方法人金融机构对贫困地区扶贫贷款和涉农贷款应贷尽贷；积极拓宽直接融资渠道，保障金融机构适度流动性。截至2018年9月末，扶贫再贷款余额为144.8亿元，同比增长20.04％，自扶贫再贷款创设以来累计发放337.4亿元；累计办理再贴现132.6亿元。二是用足定向降准政策。运用普惠金融领域定向降准和差别化存款准备金率政策等共释放流动性392亿元。

（二）建立健全金融扶贫配套机制

一是推动完善专项风险补偿机制。人民银行南昌中心支行积极协调省财政、省扶贫等部门，建立健全金融扶贫风险缓释机制，推动各县（市）政府建立健全金融扶贫补偿基金动态调整机制，实现金融扶贫可持续性。截至2018年9月末，全省已到位金融扶贫风险补偿基金32.6亿元；2016年以来产业扶贫贷款财政贴息金额7.7亿元，贴息贷款累放255.1亿元。二是建立健全产业扶贫贷款贴息制度。牵头出台了《江西省产业扶贫贷款贴息管理（暂行）办法》，规范产业扶贫贷款贴息管理，提高财政贴息资金使用效率和扶贫效益，降低贫困户融资成本。

（三）优化农村金融生态环境

一是开展农村信用评级，优化金融扶贫信用环境。截至 2018 年 9 月末，全省共评定信用户 181 万户、信用村 2780 个、信用乡镇 405 个，通过农村信用创建促成 169.8 万户农户获得银行授信，金额 1699 亿元，其中，获信贫困户 27.2 万户，授信金额 304.8 亿元。二是将普惠金融服务站建设与金融扶贫相结合，制定出台《推进江西省普惠金融发展的指导意见》《江西省农村普惠金融服务站创建工作指导意见》，推进现有农村金融服务点的功能整合，打造提供支付结算、金融扶贫、现金服务、征信管理等功能的一站式农村综合服务平台，提升贫困地区金融可获得性，打通农村金融服务的"最后一公里"。开展金融知识普及月活动，普及金融扶贫观念。截至 2018 年 9 月末，全省 3058 个贫困村（含深度贫困村）共建成农村普惠金融服务站 2671 个，贫困村（含深度贫困村）覆盖率达 87.46%。三是持续推进农村支付体系建设，不断深化银行卡助农取款服务。截至 2018 年 9 月末，全省开办了支付服务（包括设有银行网点、助农取款点，布放 POS 机具，提供聚合支付服务等）的行政村有 16261 个，行政村覆盖率达 95%。

六、精准反映金融扶贫成效

（一）金融扶贫信贷扩规模

一是金融精准扶贫贷款投入持续增加。截至 2018 年 9 月末，全省精准扶贫贷款余额 1779.5 亿元，比年初新增 324.1 亿元，余额同比增长 39.9%，高出全省同期各项贷款增速 21.1 个百分点。其中，个人和产业扶贫贷款余额 469.03 亿元，同比增长 24.9%，2018 年以来直接支持或间接带动约 25 万建档立卡贫困人口脱贫减贫。2016 年初至 2018 年 9 月末，全省累计发放金融精准扶贫贷款 1893.34 亿元，其中，发放个人及产业带动精准扶贫贷款 693.54 亿元。二是重点贫困地区信贷规模不断扩大。截至 2018 年 9 月末，全省 25 个贫困县（市、区）贷款余额 3679.76 亿元，比年初增长 22.84%，高于同期全省贷款平均增速 4.54 个百分点，贷款增量占全省贷款增量的 15.86%。各贫困县圆满完成《江西省金融扶贫工作规划》提出的"两个高于"信贷投放目标。

（二）精准扶贫体系更健全

创新金融扶贫模式，有效扩大扶贫覆盖面。创新了易地扶贫搬迁贷款、

"产业扶贫信贷通"、扶贫小额信贷、"油茶贷"、"电商贷"、"光伏贷"等扶贫信贷产品，形成了项目扶贫、产业扶贫、创业扶贫、就业扶贫、受益扶贫等扶贫领域全覆盖的信贷扶持格局。截至 2018 年 9 月末，"油茶贷""光伏贷"余额分别为 26.18 亿元和 26.43 亿元。

湖南省金融精准扶贫实践经验

——多点推进 狠抓落实
全方位做好脱贫攻坚金融服务工作

2015 年底以来，按照中央扶贫开发工作会议精神和总行金融扶贫工作部署，人民银行长沙中心支行紧紧围绕"精准扶贫、精准脱贫"基本方略，切实发挥好统筹作用，瞄准新时期脱贫攻坚的重点人群和重点任务，找准新时期金融扶贫工作的新定位，着力做好顶层设计，努力抓好政策落实，不断完善金融扶贫工作体制机制，积极推动扶贫金融产品和服务创新，大力促推贫困地区金融服务到村到户到人，有效提升了金融扶贫的精准度和有效性，为如期打好打赢脱贫攻坚战提供了有力有效的金融支撑。

一、湖南省金融精准扶贫工作的主要做法

（一）着力做好顶层设计，不断完善金融扶贫政策体系

2016 年 5 月，人民银行长沙中心支行牵头制定了《湖南省金融精准扶贫规划（2016—2020 年)》（长银发〔2016〕71 号，以下简称《规划》），联合省扶贫办等 6 个省直部门印发全省实施。《规划》包括 1 个总体规划、9 个子方案，对 2016—2020 年在全省开展金融扶贫服务站、金融支持产业扶贫等 11 个专项行动作出了全面、系统谋划，是"十三五"时期湖南做好金融扶贫工作的引领性文件。为推动《规划》落实，人民银行长沙中心支行先后出台了金融扶贫服务站、金融支持产业扶贫、金融扶贫示范区、扶贫再贷款示范点、易地扶贫搬迁信贷政策执行情况监测评估指引、金融支持深度贫困地区脱贫攻坚等十余个金融扶贫政策文件，湖南省金融扶贫政策框架体系不断健全和完善。同时，人民银行长沙中心支行着力统筹全省金融扶贫工作，积极推动省级银行机构、市州级人民银行制定金融扶贫五年规划、年度工作计划，逐一、逐项、逐年分解落实金融扶贫相关政策要求，各银行、市州均相应明确了贯彻落

实措施。

（二）建立健全工作机制，有效夯实金融扶贫组织保障

一是建立省级联席会议制度。提请湖南省政府将金融精准扶贫工作纳入省金融改革发展的重要内容，在省金融改革发展领导小组下设立省级金融精准扶贫联席会议制度，由联系金融工作的省政府副秘书长担任召集人，人民银行长沙中心支行、省扶贫办等9个省直部门为成员单位，办公室设在人民银行长沙中心支行。联席会议制度的主要职责是加强金融与扶贫、财政、农业等政府配套政策的协调配合，共同推进金融扶贫工作。2016年、2017年连续两年提请省政府召开全省金融扶贫暨"两权"抵押贷款试点推进会，省政府领导均出席会议并提出工作要求。二是加强与市州、县市政府的对接。指导各市州级人民银行比照省级做法，逐级建立健全相应的金融扶贫工作组织领导机制，加强政策互动、工作联动、信息共享，不断完善层层抓落实的工作责任机制。三是建立内部工作协调机制。在人民银行长沙中心支行内部，建立包括货币信贷、支付结算、征信管理、调查统计等相关处室在内的跨处室工作协调机制，在货币信贷处加挂"中国人民银行长沙中心支行金融扶贫办公室"牌子，整合人民银行内部金融扶贫相关政策措施，形成金融扶贫政策合力。

（三）积极推进金融扶贫服务站建设，全力打造金融服务进村入户新通道

2015年底以来，人民银行长沙中心支行联合省扶贫办在省内所有贫困村建设金融扶贫服务站，为贫困村、贫困人口提供信贷、支付、反假货币、金融知识宣传等普惠金融服务，积极打通金融服务进村入户"最后一公里"。金融扶贫服务站主要有以下几个特点：第一，发挥村级组织的作用。服务站由村支书或村主任担任站长，驻村工作队、银行共同参与。利用农村"熟人社会"治理机制，发挥村干部地缘、亲缘、人缘优势，达到了降低银行成本、提高扶贫精准度、增强基层组织凝聚力多方共赢的效果。第二，实行主联系行制度。每个服务站至少有1家银行作为主联系行结对，省联社和邮储银行、农行省分行为联络挂钩的主力，分别承担70%、15%、10%的任务，其他银行承担5%的任务。第三，引入互联网技术。引入电子地图技术，将贫困村的基本概况、贫困人口分布、金融服务、脱贫成效等信息全部录入站点信息，可直接通过电脑端、手机移动端实时查询每个市、每个县、每个村金融扶贫服务站的地理位置、贫困状况和金融信息。

2017年4月，人民银行长沙中心支行又联合省扶贫办、省商务厅大力推

进金融扶贫服务站、助农取款服务点和农村电商服务站融合共建，打造"一站多能、一网多用"的农村综合服务平台，进一步拓展服务站功能、推动可持续发展。截至2018年9月末，全省建站6923家，实现贫困村全覆盖，其中有五成以上的站点实现"三站"融合。通过服务站，银行就近办理基础金融服务的范围覆盖了75万户、250万贫困人口，累计发放贷款236亿元，布设助农取款等支付服务设备5826台，摆放金融知识宣传手册116万份，开展反假货币宣传9854次、零钞辅币兑换5349次、基础金融知识宣传教育1万余次。2016年3月，该项工作获时任国务院副总理汪洋的肯定性批示："把村级组织用起来，是个好办法，互利双赢。"

（四）扎实推进金融支持产业扶贫，精准带动贫困人口脱贫

2016年11月，人民银行长沙中心支行联合省扶贫办、省农委、省财政厅印发《湖南省金融与特色产业精准对接工作实施方案》，对金融支持产业扶贫工作作出具体安排。2017年、2018年，根据前期工作推进中存在的问题，又印发进一步推进金融支持产业扶贫等工作的通知，对产业扶贫贷款投入、金融服务创新、支持带动脱贫的新型农业经营主体等内容提出明确要求。2018年初，在前期与省扶贫办、省农委沟通的前提下，向市州级人民银行下发第一批、涵盖1450个带动脱贫的新型农业经营主体名录清单，要求各市州级人民银行会同当地扶贫、农业等部门对名录清单进行完善，并组织辖内银行机构积极对接。各市州级人民银行积极组织辖内贫困县制订实施方案，因地制宜推动金融支持产业扶贫模式创新。2018年8月，邵阳市新宁县"政银担"产业扶贫信贷模式的相关做法被人民银行总行金融简报——金融扶贫情况专刊第8期在全国推介。

（五）切实抓好示范创建，努力树立金融扶贫工作典型

一方面，大力开展扶贫再贷款示范点创建。为管好用好扶贫再贷款，提高央行资金使用效率，2016年8月，人民银行长沙中心支行在全省启动扶贫再贷款示范点创建工作，运用扶贫再贷款的"1"，对接地方政府配套政策的"N"，加强货币政策与扶贫、财政等政策的协调配合，撬动扶贫产业信贷投放。截至2018年9月末，全省共建成市（州）级示范点210余个、省级示范点21个，支持新型农业经营主体200余个，惠及贫困户近10万人，覆盖农副产品种养殖、食品加工等20余个贫困地区特色产业。通过示范点的带动，2017年至2018年9月全省累计发放扶贫再贷款157.4亿元，撬动贫困县市涉

农信贷投放 1000 余亿元。同时，扶贫再贷款重点向深度贫困地区倾斜。截至 2018 年 9 月末，省内深度贫困地区扶贫再贷款余额 24.5 亿元，同比增长 51.2%，余额占比 24.5%，较上年同期提高 4.2 个百分点。

另一方面，创新推进金融精准扶贫示范区创建。2017 年初以来，人民银行长沙中心支行积极在全省推进金融精准扶贫示范区创建工作，联合省扶贫办、省财政厅印发示范区创建方案，深入重点贫困县市举办启动仪式，以贫困县市为主体，围绕金融扶贫服务站、财税与金融扶贫政策融合、金融与扶贫产业对接、普惠金融、金融扶贫贷款投放以及信息对接共享等金融扶贫重点工作，对各地金融扶贫工作进行归集、提炼、提升，努力打造金融扶贫的示范区、脱贫攻坚的先行区，充分发挥示范引领作用。截至 2018 年 9 月末，省内除没有贫困县的长沙市、湘潭市，其他 12 个市州均在积极推进示范区创建工作。

（六）积极推广普惠金融，优化贫困地区金融资源配置

近年来，人民银行长沙中心支行始终将金融扶贫作为发展普惠金融业务的重要内容，切实加强偏远地区金融服务，不断健全和完善全省普惠金融服务体系。湖南省在全国率先制定并出台普惠金融发展实施意见，建立普惠金融统计测评体系，召开普惠金融工作推进会，争取世界银行选定平江县开展普惠金融项目试点，努力提高贫困地区金融服务的覆盖率和可得性。截至 2018 年 9 月末，全省农村地区累计安装 POS 机 2.7 万台，布放 ATM 机具 1.4 万台，助农取款服务点数量达 5.8 万个，基本实现了省内所有贫困村的全覆盖。出台《湖南省建档立卡贫困农户信用评价指引》（长银发〔2016〕246 号），明确了贫困户信用评价的组织和流程，创新贫困户信用评价指标体系，强化贫困户信用评价结果运用，深入推进贫困地区农村信用体系建设，通过金融扶贫服务站累计为 63 万贫困户开展信用评级，其中 55 万贫困户获得了授信。

（七）扎实开展评估督查，压紧压实金融扶贫工作责任

2017 年初，按照人民银行总行的统一部署，人民银行长沙中心支行对省内 51 个贫困县（市）及县辖内银行机构金融扶贫政策执行效果开展了首次评估。针对评估中发现的问题，2017 年、2018 年又以实地督查为重点，两次全面深入地组织开展专项督查。在督查对象上，实现省级银行、市州级人民银行、重点贫困县市三个全覆盖。在督查内容上，重点关注银行专项制度安排、市州和县市的工作推进措施等金融扶贫政策落实的关键环节。在督查方式上，注重实地督查不留空白。在省级层面，人民银行长沙中心支行行长办公会对该

项工作专门作出部署，由行领导带队对 25 家省级银行逐一进行现场督查，对照督查清单，评估各家银行在信贷政策、信贷产品、绩效考核等方面的专项制度安排。在市州层面，由人民银行长沙中心支行领导带队，在 13 个处室抽调处室负责人、业务骨干组成 9 个督查组，直插县市、乡村，现场督查政策落地情况。同时，各市州级人民银行按照长沙中心支行的部署和要求，扎实组织辖内督查工作，多个市州督查由地方政府负责人带队开展。在结果运用上，人民银行长沙中心支行向每个督查对象一对一反馈结果，提出整改要求，对所有省级银行金融扶贫成效分档排名、行文通报。每家省级银行针对督查指出的问题，反馈了整改报告，被评为 C 档的银行主动上门沟通整改措施，较好地发挥了推动工作的作用。

（八）不断强化基础工作，努力筑牢金融扶贫工作根基

一是强化基础信息和数据支撑。人民银行长沙中心支行对金融精准扶贫贷款统计制度实施与金融精准扶贫信息系统管理实行统一归口管理，同步部署、同步推进，确保金融精准扶贫贷款数据口径一致、来源一致，为确保扶贫金融服务精准穿透到贫困人口夯实了基础。二是建立参与扶贫的新型农业经营主体名录清单。加强与省扶贫办、省农委等部门的沟通协调，以县市区为单位，建立包括专业大户、家庭农场、农民合作社和农业产业化龙头企业在内的与贫困人口建立了紧密利益联结关系的新型农业经营主体名录清单，缓解银行精准对接扶贫产业信息不对称问题。三是扎实推进金融精准扶贫宣传工作。联合省扶贫办组织各银行、市州开展为期两个月的金融扶贫宣传推进月活动。针对金融扶贫政策、信贷产品和服务、典型经验等，以县城、服务站、集镇、媒体等为重点区域，通过印发宣传资料、银行网点宣传、金融扶贫服务站驻点宣传以及流动服务车、送文艺表演下乡等多种形式，有声有色地开展了一系列主题突出、内容丰富、精准有效的宣传活动，进一步统一了思想、凝聚了共识、推动了工作。人民银行长沙中心支行组织编写了金融扶贫政策、信贷产品和服务、典型经验以及服务站联系名录等 4 本工作手册，为各银行、市州开展工作提供了指导和参考。

二、取得的主要成效

（一）金融精准扶贫贷款快速增长

截至 2018 年 9 月末，全省金融精准扶贫贷款余额 2109.2 亿元，同比增长

30.7%，较同期各项贷款平均增速高 16.7 个百分点。从投向来看，个人精准扶贫贷款余额 299.2 亿元，增长 25.6%，占比 14.2%；产业精准扶贫贷款余额 499.5 亿元，增长 95.8%，占比 23.7%；项目精准扶贫贷款余额 1310.5 亿元，增长 17.4%，占比 62.1%。从地区来看，湘西、张家界、怀化等武陵山片区的 7 个市（州）金融精准扶贫贷款余额占全省的 40.1%，罗霄山片区的株洲、郴州两市金融精准扶贫贷款余额占全省的 7.5%。

（二）扶贫金融产品和服务创新取得积极进展

省内各银行机构以建档立卡贫困人口为重点，以扶贫特色产业为依托，以易地扶贫搬迁、贫困地区基础设施和基本公共服务建设为支撑，创新扶贫金融产品和服务方式，从个人、产业、项目等多个渠道投入脱贫攻坚的格局逐渐形成。针对建档立卡贫困人口，多家银行推出扶贫小额信贷及"富农贷""养老贷""安居贷"等十余项产品，支持贫困户改善生产、生活条件。针对参与扶贫的新型农业经营主体、扶贫特色产业，多家银行通过专门定制、拓展使用涉农和小微信贷产品等方式，支持参与扶贫的新型农业经营主体，促进贫困地区发展扶贫产业，带动贫困人口脱贫。针对易地扶贫搬迁、贫困地区基础设施和基本公共服务建设，各银行机构通过政府购买服务贷款、PPP 项目贷款、专项建设基金等形式积极给予融资支持。农发行、国开行省分行积极运用易地扶贫专项金融债资金，主动对接易地扶贫搬迁项目，实行额度、利率、期限、服务四项优惠政策，加快专项信贷投放，做好配套金融服务，累计发放易地扶贫搬迁贷款 148.6 亿元，完成了 35 万贫困人口的搬迁任务。

（三）金融精准扶贫工作合力逐步形成

通过近几年的金融精准扶贫工作，湖南省横向、纵向的金融扶贫工作体制、机制不断健全和完善，横向沟通、上下联动的工作合力逐步形成。在省级层面，金融部门与扶贫、财政、农业等部门的政策协同、工作协调、信息共享不断得到强化。如省财政厅近两年来为省内 3046 个金融扶贫服务站下拨了两批共 2449 万元的奖补资金。在市州、县市层面，积极对接贫困县市统筹整合使用财政涉农资金相关政策，推动建立健全扶贫融资担保、贴息、风险补偿和奖补机制，从 2016 年到 2018 年 9 月，51 个贫困县市统筹整合财政涉农资金中用于金融扶贫的资金近 20 亿元，撬动银行扶贫信贷投放 100 余亿元。

（四）精准扶贫、精准脱贫成效日益显现

金融资源的精准投入有力支撑了贫困地区经济快速发展，对减少贫困人口的绝对数量发挥了重要作用。湖南省农村贫困人口从 2012 年底的 767 万人降到 2017 年底的 216 万人，贫困发生率由 13.4% 降到 3.86%，仅 2017 年就有 139.5 万贫困人口实现脱贫，2695 个贫困村脱贫出列，12 个贫困县顺利摘帽。

三、下一步工作措施

（一）进一步发挥统筹作用，抓好组织协调相关工作

充分发挥省级金融精准扶贫联席会议制度及各市州、县市金融扶贫组织领导机制的作用，在政策谋划、工作推动、考核督促等方面做好统筹、组织、协调等相关工作，引导和推动金融系统将金融精准扶贫相关政策落细、落小、落实，进一步提升全省金融精准扶贫工作的精准度和有效性。

（二）进一步做好金融支持深度贫困地区脱贫攻坚相关工作

加大对深度贫困地区扶贫再贷款的倾斜力度，力争每年深度贫困地区扶贫再贷款占全省的比重高于上年水平，引导法人金融机构突出保障深度贫困地区的信贷资金需求。推动各银行机构在内部授权、资源配置、内部考核、不良贷款容忍度、员工招聘、培训交流等方面向深度贫困地区倾斜，确保新增金融精准扶贫贷款主要投向深度贫困地区。

（三）进一步推进金融扶贫服务站、助农取款服务点、农村电商服务站融合共建

全面、深入推进"三站"融合共建相关工作，充分发挥村支两委组织生产、农村电商从事销售，以及金融扶贫服务站撮合贷款并提供支付服务等功能，为贫困户发展产业提供综合服务。推动主联系行强化挂钩联络服务，促进服务站规范运作，切实发挥站点作用。深入开展站长培训，提升基层金融扶贫工作能力和水平。

（四）着力抓好金融与扶贫特色产业的精准对接工作

将支持产业扶贫作为金融精准扶贫工作的重中之重，以贫困县市为主体，健全和完善参与扶贫的新型农业经营主体一个"清单"，金融与扶贫、财政、农业政策协调配合机制和银行机构主办行制度两套"机制"，创新扶贫特色产业信贷产品和服务，扩大扶贫特色产业信贷投放，支持贫困地区特色产业发展，带动贫困人口脱贫。

（五）进一步加强金融与扶贫、财政、农业等配套政策的协调联动

继续强化金融部门与各级扶贫、财政、农业等部门的协调联动，充分运用人民银行扶贫再贷款等货币政策工具的"1"，积极对接贫困县（市）财政涉农资金统筹整合使用政策等"N"，协调地方政府加大贫困县（市）统筹财政涉农资金用于金融精准扶贫的力度，更好地撬动扶贫信贷投入，切实发挥金融助推产业扶贫的作用。

（六）进一步抓好金融扶贫"两个示范"建设

深入推进扶贫再贷款示范点创建，打造一批运用央行货币政策工具支持脱贫攻坚的典型。加强与县（市）政府的协调联动，全面推进金融精准扶贫示范区创建工作，推动政府、金融联动，合力助推脱贫攻坚。推动省级银行机构制订支持省内贫困县（市）参与示范区创建的工作方案，明确倾斜性的支持政策。

（七）进一步完善贫困地区普惠金融体系

选择湘西州等深度贫困地区开展普惠金融省级示范区建设，积极探索湘西贫困民族地区普惠金融可借鉴、可复制的实现方式。积极推动涉农金融机构农村基础金融服务"村村通"工程提质升级。督促已设立普惠金融事业部的国有大型银行优先向深度贫困地区恢复设立县域分支机构和网点。

（八）进一步做好信息对接、统计监测、评估督导等基础性工作

依托金融精准扶贫信息系统、金融精准扶贫贷款专项统计系统两个平台，加强与各级扶贫部门的沟通协调，精准确定、采集建档立卡贫困人口、扶贫企业和扶贫项目信息，确保贷款能够穿透到建档立卡贫困人口。进一步加强对金融精准扶贫工作的监测、评估和督导，进一步丰富评估、督导结果运用方式，压紧压实工作责任，不断增强金融扶贫政策的约束力和有效性，更好地发挥助推脱贫攻坚的作用。

广西壮族自治区金融精准扶贫实践经验

——"六个到位"全面提升金融精准扶贫实效

广西集"老、少、边、山、穷"于一身,是全国脱贫攻坚的主战场之一。2017年末,全区尚有建档立卡贫困人口267万人、贫困村3001个、贫困县43个未脱贫,扶贫开发任务艰巨。为助力广西脱贫攻坚战,人民银行南宁中心支行深入贯彻落实党中央、人民银行总行关于金融精准扶贫的决策部署,用好基层央行履职手段,精准施策、精准发力,"六个到位"扎实推进脱贫攻坚金融服务工作,全面提升广西金融精准扶贫实效。

一、机制建设到位,确保金融扶贫扎实推进

长期以来,尽管金融系统积极投入扶贫开发工作,但由于对接不畅、基础服务体系不牢、保障机制不健全等原因,金融扶贫难以解决"扶不准""扶不好""扶不久"等问题,制约了金融资源对接贫困地区、贫困人口的精准度和有效性。人民银行南宁中心支行针对上述问题,通过深入调查研究,统筹规划,创造性地提出了"创建一个精准扶贫的对接平台,完善一套全面惠农的服务体系,形成一套立足长远的保障机制"的总体思路,打造金融精准扶贫"广西模式":创建广西金融扶贫大数据管理平台,实现金融与扶贫对象的信息对接,解决"扶不准"的问题;完善农村信用、支付体系、金融消费权益保护以及生态环境评估体系,提升贫困地区和人口承接金融资源的能力,解决"扶不好"的问题;建立健全组织领导、政策协同、监督检查和宣传引导机制,推动金融扶贫长效化开展,解决"扶不久"的问题。围绕这一总体思路,人民银行南宁中心支行出台《关于推进全区金融精准扶贫工作的实施方案》和《广西金融信用扶贫工作方案》,指导广西人民银行系统及各金融机构从上至下均成立以主要负责人为组长的金融扶贫工作小组,结合辖区实际制订金融精准扶贫工作方案,调动全金融系统力量助推脱贫攻坚。同时,指导各金融机

构创新扶贫金融产品和服务，加强信息报送和工作反馈，完善检查考核办法，确保全区金融扶贫工作务实高效地推进。

二、信息对接到位，率先实现金融扶贫信息"三大精准"

为确保金融扶贫真正做到"精准"，准确高效地引导金融资源精准滴灌贫困地区和贫困人口，人民银行南宁中心支行创新工作思路，自主开发建设广西金融扶贫大数据管理平台，依托科技手段解决信息不对称的难题。具体做法是：在扶贫工作部门支持下，将广西452万贫困人口、85万脱贫人口、765家扶贫农民专业合作社、175家扶贫龙头企业、54个贫困县、5000个贫困村等名录录入平台，与金融机构实现互联互通，从而帮助金融机构精准定位贫困地区、遴选扶持对象、投放信贷资源，做到"精准对接"；采用标准化逐笔统计理念，建立扶贫贷款逐笔统计制度，实现对所有扶贫信贷全要素的"精准采集"；建立金融扶贫政策效果评估指标报送制度，通过多维查询、可视化展示和科学的系统打分，实现对各金融机构、各贫困县金融扶贫工作进展和成效的"精准评估"。广西金融扶贫大数据管理平台于2016年初建成后，在全国率先疏通了金融与扶贫对象的对接机制，实现了"三大精准"，不仅使金融机构明确"扶持谁"，也使地方党委、政府和金融管理部门准确掌握"扶持得怎么样"，从而为制定和完善金融扶贫政策提供了精准的参照体系。人民银行总行充分肯定平台的创建，并决定将其进一步升级改造为适用于全国的金融精准扶贫信息系统，在全部有扶贫任务的省份使用，并在《新闻联播》进行报道，成为广西金融系统为全国金融精准扶贫贡献的一份力量。2016年9月，全国金融精准扶贫信息系统正式上线运行，目前已完成了12期全国扶贫贷款数据的采集汇总，并顺利完成2016年度、2017年度金融精准扶贫政策效果试评估工作。

三、资金政策到位，有效保障脱贫攻坚的资金供给

为拓宽金融扶贫的资金来源，优先保障对贫困地区、贫困人口的资金投放，人民银行南宁中心支行切实履行基层央行职能，充分运用扶贫再贷款等各项货币政策工具，加大对贫困地区的资金和政策倾斜，为金融机构支持脱贫攻坚提供充裕的低成本资金，保证了扶贫金融的特惠性质。扶贫再贷款业务开办后，人民银行南宁中心支行在全区安排扶贫再贷款限额合计60亿元，实现对

全区49个贫困县的全覆盖。2016年至2018年9月全区人民银行系统累计投放扶贫再贷款51亿元。同时，通过落实降准和定向降准政策、加大支农与支小再贷款投放力度、及时提供常备借贷便利支持等途径，多渠道满足金融机构的流动性需求，并加强央行资金使用监测，引导新增信贷投向贫困地区、扶贫企业、贫困户和扶贫重点工程项目。2017年前三季度，通过落实降准政策，增加金融体系可用资金121.64亿元；累计投放支农、支小再贷款44亿元，办理再贴现168亿元。此外，在宏观审慎评估中，对于积极投放扶贫贷款的法人金融机构给予最大容忍度，为其信贷投放创造充裕空间。

四、对接投放到位，充分凝聚金融扶贫"三大动力"

人民银行南宁中心支行依托信息系统的支撑，引导全区金融机构积极主动对接扶贫对象多元化的融资需求，并创新推出"致富贷""边贸市场贷""惠农易贷""扬翔助销贷""裕农通""融e购"等扶贫特色产品和服务，凝聚形成"个人精准扶贫贷款充分调动、产业精准扶贫贷款全面带动、项目精准扶贫贷款有力拉动"的三大动力。2018年9月末，广西金融精准扶贫贷款余额2123亿元，同比增长10.88%，1—9月累计投放381亿元。其中，个人精准扶贫贷款余额355亿元，同比增长15.03%，1—9月累计投放77亿元，共支持和带动建档立卡贫困人口75万人；产业精准扶贫贷款余额247亿元，同比增长6.62%，1—9月累计投放118亿元，共带动建档立卡贫困人口31.39万人；项目精准扶贫贷款余额1522亿元，同比增长10.67%，1—9月累计投放186亿元，惠及搬迁人口274.34万人次。

▼ 专栏1

广西南丹构建产业扶贫"金融＋"新模式　打造金融精准扶贫综合示范区

广西丹泉酒业有限公司（以下简称丹泉酒业）是广西最大的白酒生产企业，也是南丹县农业产业扶贫龙头企业。为提升金融精准扶贫的示范带动效应，人民银行南宁中心支行指导当地人民银行，联合当地扶贫办、金融办等部门，以丹泉酒业为核心载体，以创建金融精准扶贫示范区为抓手，推进

"金融+"产业扶贫模式，促进金融与多种扶贫产业深度融合，显著提升了金融精准扶贫政策实施效果。

一、"金融+工业旅游"带动贫困户就业

人民银行南丹县支行整合各项金融扶贫优惠政策，引导金融机构支持丹泉酒业打造品牌文化，打造"金融+工业旅游"扶贫新模式。推出"神秘白裤瑶·醉美南丹游"的全域旅游发展规划，通过2个国家5A级景区、4个国家4A级景区建设，打造"金融+全域旅游"的持续性旅游产业扶贫模式。截至2018年9月末，各金融机构向丹泉酒业投放贷款余额合计9.57亿元。丹泉酒业通过向贫困户提供导游、销售、运输、维修、车间等就业岗位，累计安排415名建档立卡贫困户就业，带动400多户贫困家庭1400多贫困人口脱贫增收。同时，人民银行河池市中心支行与贵州黔南州中心支行初步达成"跨区域金融支持旅游"协议，推动两省毗邻地区全域旅游产业发展。未来南丹县全域旅游将直接为2520户易地扶贫安置户提供相应收入，预计将新增就业岗位1.8万个，带动相关服务业收入50亿元，从而实现政策脱贫向旅游富民转化，解决贫困户脱贫后的持续性发展问题。

二、"金融+土地流转"促进贫困户增收

为减少公司对酿酒原料红高粱的外部采购依赖程度，降低生产成本，发挥扶贫龙头企业引领作用，丹泉酒业积极探索试行大规模土地流转扶贫模式。在当地金融机构的信贷支持下，丹泉酒业计划流转土地10140亩，目前已在贫困乡八圩瑶族乡投入资金4100万元，流转土地3000亩。同时，安排贫困户开展酿酒用优质红高粱作物的种植，并以5.2元/千克的协议价收购高粱，直接解决216户建档立卡贫困户的就业问题，带动1200多农户年均增收1000元。丹泉酒业还通过产业链辐射广西区内高粱种植基地，带动3.1万户农户发展生产，通过提高农村土地使用率和单位土地产出价值，实现了公司、贫困户（农户）以及土地资源的"三赢"。

三、"金融+扶贫搬迁+特色小镇建设"促进贫困乡村协同发展

易地扶贫搬迁项目是南丹县整体脱贫摘帽的重要环节，由丹泉酒业负责承建，同时也是丹泉酒业全域旅游项目的重要组成部分。项目总投资13.7亿元，涉及里湖、八圩2个乡3个片区，建设安置房2471套，建筑面积34万平方米。南丹县创新将易地生态扶贫搬迁整体推进项目与全域旅游建设相

结合，同步解决当地旅游整村改造和景区基础设施建设的资金需求。农发行南丹县支行共向南丹县国投公司发放 20 年期贷款 6.95 亿元，再由国投公司将资金转贷给承建单位。同时，国家开发银行通过人民银行抵押补充贷款向丹泉集团承建的灰乐棚户区改造项目提供 7300 万元低息信贷资金。易地扶贫搬迁项目中的"千家瑶寨·万户瑶乡"项目还将成为丹泉酒业"全域旅游"项目中的重点景区。目前，1277 户贫困户已全部搬迁入住，景区基础设施及周边配套设施基本建成，旅游业持续发展将为搬迁贫困户筑造一条致富的康庄大道。该项目正式建成后，将成为南丹县工业、旅游、休闲度假一体化产业带，并与丹泉酒业"洞天酒海"景点共同申报国家 5A 级景区。届时，仅丹泉特色小镇就可向当地提供就业岗位约 2500 个，景区内的贫困户可获得乡村旅游收入分红，从而加快实现脱贫增收奔小康的目标。

五、基础服务到位，加快补齐贫困地区金融服务短板

针对贫困地区金融基础服务水平低下、金融资源承接能力偏弱的问题，人民银行南宁中心支行在抓好信贷投放的同时，积极推动支付、信用、消费权益保护体系建设，不断优化贫困地区金融生态环境，切实打通惠农和扶贫金融服务"最后一公里"，通过补齐短板促进金融扶贫的可持续发展。一是有效改善农村支付服务环境。对全区支付服务空白行政村开展排查，一村一策制订工作方案，成功实现支付服务覆盖广西全部 14323 个行政村。与自治区扶贫办、商务厅联合推动金融机构、电商企业的村级服务资源整合，促进助农取款点与农村电商服务站合作共建，打造"一站多能、一网多用"的综合性服务平台，助力农村电商扶贫。截至 2018 年 9 月末，广西农村地区共布放 ATM 1.41 万台、POS 机 16.26 万台，建设惠农支付服务点 2.03 万个、具有电商功能的金融综合服务站 3259 个，有效提升了贫困地区金融服务可得性。二是深化农村信用体系建设。启动广西农村信用数据大平台建设，探索开展"信用+信贷"联动模式创建，持续推进县域农户信用信息系统建设和"农村信用四级联创"，实现金融信用支农惠农。截至 2018 年 9 月末，广西全区 5 个市、70 个县（市）、20 个区建立或在建农户信用信息系统；建立农户信用档案 683 万户，评定信用户 520 万户、信用村 6510 个、信用乡（镇）530 个，创建信

用县 4 个、"三农金融服务室" 11302 个。全区金融机构向信用农户累放贷款 3636 亿元，贷款结存余额 1675 亿元，信用农户有效贷款满足率超过 90%。

▼ 专栏 2

打造金融扶贫六大体系 破解贫困户贷款难题

2008 年以来，人民银行南宁中心支行充分发挥基层央行职能作用，指导和推动广西田东县深入开展农村金融改革试点工作，在完善农村金融服务体系方面取得明显成效，特别是以信用体系建设为基础的金融扶贫工作模式和成效得到习近平总书记的高度肯定。

一、田东县金融扶贫模式的主要做法

（一）构建农户信用体系，精准识别扶贫对象

采取"政府主导、人行推动、多方参与、共同受益"的模式，开发适用于田东县的农户信用信息采集和评级系统，将信用信息与扶贫信息管理相结合，采集、标识全县贫困户基本状况、信用评级、受扶持情况等具体信息，成为金融机构向农户特别是贫困户发放无联保、无担保、无抵押贷款的重要决策依据。

（二）构建组织机构体系，扩大金融扶贫服务主体

以"建设多层次、多种类、广覆盖的金融组织体系"为思路，鼓励和支持各类金融机构入驻，扩大金融扶贫服务主体。田东县先后成立村镇银行、农村资金互助社、小额贷款公司等新型农村金融机构，引进证券营业机构和保险公司，形成农村金融市场横向联动、有序竞争、多方供给的良好格局。

（三）构建支付结算体系，解决扶贫对象支付需求"最后一公里"问题

推动金融机构乡镇网点加入大小额支付系统，在乡镇和村屯布放 ATM、POS 机及自助服务终端，实现转账支付电话"村村通"。个人网银、短信通等服务方式得到广泛使用，现代化支付方式覆盖所有行政村，面向农村、服务农民的完善的支付结算体系基本建成，被中国人民银行确定为"全国农

村支付服务环境建设联系点"。

（四）构建农业保险体系，增强扶贫对象抵御风险能力

推动保险经办机构在全县所有乡镇均建立"三农"保险服务站，在所有行政村（含社区）设立"三农"保险服务点，基本形成县、乡、村三级保险服务网络，并开办了甘蔗、芒果等13种农业保险以及农村小额人身保险、留守儿童意外伤害保险等民生系列保险，有效保障贫困户的生产生活。

（五）构建抵押担保体系，化解扶贫对象抵押担保难题

推动田东县以农村产权改革为契机，建立起广西首家县级农村产权交易机构，设立田东县助农融资担保有限公司，引进广西金融投资集团融资性担保公司在田东设立金融综合服务中心，不断简化融资担保流程，完善银担合作机制，有效化解扶贫对象抵押担保难题。

（六）构建村级金融服务体系，把金融服务前置到贫困村一级

针对农民金融知识缺乏、贷款耗时耗力、金融机构基层信贷人员短缺等问题，田东县在162个行政村（街道）设立了"三农金融服务室"，由驻村干部、大学生村官、贫困村"第一书记"、村两委、村里经济能人组成服务队，推进金融知识宣传、信用信息采集、贷款调查、还款催收、保险业务办理等前置到贫困村一级，实现农民足不出村就可享受一站式金融服务。

二、主要成效

（一）贫困户信贷获得率不断提高

金融机构通过农户信用信息系统对农户授信总额达49.53亿元，单个农户最高授信10万元。截至2018年9月末，全县共有23种农村金融产品创新，贷款余额18.26亿元；累计通过"三农金融服务室"发放贷款24亿元；累计向6.9万农户发放无需抵押担保的小额信用贷款超过27亿元，农户贷款覆盖率达到89.12%，其中发放7333户贫困户贷款5.39亿元，贫困户贷款覆盖率达到50%。

（二）金融扶贫的动力明显增强

截至2018年9月末，助农融资担保公司累计融资担保突破2.29亿元，开办政策性农业险种已达13个，风险补偿机制累计偿付金融机构坏账219.8

万元，农业生产经营中的风险得到了有效规避，田东县农户贷款不良率为5.38%，低于百色市农户贷款不良率1.64个百分点，金融机构资产质量得到有效提升，金融机构扩大扶贫信贷投入的动力大大增强。

（三）金融扶贫供给体系不断完善

截至2018年9月末，全县拥有银行业金融机构10家、非银行业金融机构19家、银行网点48个，覆盖10个乡镇和部分村屯，金融机构种类齐全度居广西县域首位。46个营业网点全部接入了账户管理系统、大小额支付系统和农信银支付系统，布放ATM 172台，建设助农取款服务点210个，全县161个行政村全部提供小额取款服务，农民人不出村、足不出户就能享受到现代化金融服务。

六、宣传引导到位，推动金融扶贫特惠政策深入民心

针对贫困人口金融素养不高、不能灵活充分地掌握和运用金融扶贫特惠政策的问题，人民银行南宁中心支行联合自治区有关部门，积极组织开展多种形式的宣传和培训活动，增进贫困群众对金融产品和服务的接受程度，使他们对金融扶贫政策听得懂、记得住、用得好。2017年3月，《金融时报》《广西日报》的全国两会特刊以整版篇幅，专题报道了广西金融扶贫工作。2018年，《金融时报》、广西新闻频道、《广西日报》等新闻媒体先后报道了广西金融支持产业扶贫的工作经验和成效。同时，加强与地方党委、政府的政策沟通，推动自治区完善扶贫小额信贷及风险补偿机制，设立扶贫小额信贷风险补偿资金26.63亿元，切实防范信贷风险。2018年1—9月，全区人民银行系统和金融机构累计组织开展金融扶贫宣传和培训活动850余次，利用"三农金融服务室"、金融机构服务网点等平台，通过布设展板、发放传单手册、播放视频和开展文艺汇演等群众喜闻乐见的形式，积极宣传国家和自治区的金融扶贫政策，详细解读事关贫困群众切身利益的扶贫小额信贷、创业担保贷款等特惠政策，实现了金融扶贫宣传进贫困村屯、进革命老区、进民族地区、进边境地区的"四进"目标，为金融助推脱贫攻坚营造了良好的社会氛围。

壮乡吹进金融风，扶贫知识落心中

人民银行南宁中心支行指导崇左市人民银行分支机构借助当地"左州金山花炮节""山歌节""侬侗节"等独具地方民族特色的节日开展金融知识宣传活动，将民族文化传承与金融知识宣传相结合，创新宣传方式，送金融扶贫知识下乡村，使金融扶贫优惠政策深入壮乡群众心中。

一、与壮族传统节日相融合，创新金融扶贫宣传方式

（一）左江金山抢花炮，金融知识暖人心

"左州金山花炮节"于 2010 年被列入自治区非物质文化遗产名录，是崇左市最具代表性的节日之一。人民银行崇左市中心支行借助"壮族三月三·崇左花山国际文化旅游节"活动月"左州金山花炮节"活动的举行，联合当地政府，组织崇左桂南农村商业银行打造"民俗品牌＋金融知识"特色宣传模式。一是设立咨询台，悬挂横幅，组成宣传志愿者小分队，深入群众，耐心讲解金融知识，并为群众送上印制金融知识标语的购物袋、扇子、帽子等实用的宣传用品，开展暖心宣传。二是金融创新，惠及百姓。崇左桂南农村商业银行首次在辖区推广使用广西区联社研发的"e 挎包"金融产品，为群众办理开通银行卡、手机银行等业务。"e 挎包"能随时随地为客户办理账户开立、激活解锁、挂失补卡、电子渠道签约等金融业务，被称为"移动的银行柜台"，既能摆脱网点束缚，成为银行业务走进社区、村屯的得力帮手，又能为老人、残疾人等特殊人群获取金融服务带来便利。

（二）山歌唱出金融调，金融扶贫进乡村

人民银行天等县支行利用壮乡民间山歌节传统特色节日，深入天等县驮堪乡开展金融知识宣传活动。一是结合当地民族风俗，邀请民间山歌表演者以山歌对唱形式，形象生动地向老百姓展示"贷款不还再贷就难""如何辨别人民币真假"等金融知识，加强消费者风险辨识能力；二是搭建宣传舞台，邀请当地农民用使用地方壮语进行表演，以通俗易懂、幽默风趣的形式向群众演示常发生的一些诈骗案例等，增强广大群众防诈骗意识；三是现场设立宣传咨询台，向当地群众发放金融知识宣传资料 1000 余份，接受咨询 100 余人次。

（三）借力壮乡"侬侗节"，金融扶贫知识送下乡

农历二月十九，是崇左市大新县宝圩乡传统的"侬侗节"，当日各乡镇农民前来参加赶集，当地少数民族同胞齐聚现场。人民银行大新县支行借助这个机会组织辖内 6 家银行业金融机构到现场开展宣传活动，通过宣传活动加大对金融扶贫的宣传力度，强化群众的金融风险意识。在宣传现场，向赶集群众发放带有金融扶贫相关知识宣传手册的购物袋，让群众把乡村特产和金融扶贫宣传知识一同带回家。各金融机构也积极向赶集群众宣传扶贫小额信贷、国家创业担保贷款、广西农民工创业担保贷款、助学贷款等金融扶贫政策，提供金融咨询服务 200 余次，发放各类宣传资料共计 5000 余册。

二、宣传成效显著，受益主体广泛

一是以辖区少数民族传统的节日为背景，开展金融知识宣传活动，在让群众受益的同时也让基层央行青年志愿者感受到民族文化传承及公益爱心的重要意义，激励基层央行青年更好地为央行事业奋斗。二是通过宣传进一步拓宽扶贫小额信贷政策惠及面，充分调动和引导贫困户脱贫致富的意愿，激发贫困户发展生产、增收脱贫的内在动力。

海南省金融精准扶贫实践经验

——主动作为 积极探索
扎实推进金融扶贫工作

　　2015 年 11 月召开的中央扶贫开发工作会议，吹响了脱贫攻坚的冲锋号。12 月，人民银行等七部委联合召开全国金融助推脱贫攻坚会议，深入学习中央扶贫开发工作会议精神，交流扶贫开发金融服务工作情况和经验，安排部署脱贫攻坚金融服务工作。2016 年 1 月，海南省委、省政府召开全省扶贫开发工作会议，全面部署省脱贫攻坚任务，确保"十三五"末全省人民共同迈入全面小康社会。近两年来，人民银行海口中心支行积极贯彻落实总行和省委、省政府的扶贫工作部署，充分发挥支农、扶贫再贷款、再贴现等货币政策工具作用，持续加强窗口指导，积极引导辖区金融机构大力创新金融扶贫产品，增加金融扶贫信贷投入，完善金融扶贫服务方式，加强金融精准扶贫政策效果评估和监测分析，推动辖区金融支持脱贫攻坚工作取得明显实效。2018 年 9 月末，海南省金融精准扶贫贷款（含已脱贫人口）余额为 137.66 亿元，同比增长 42.11%，惠及贫困人口 20 多万人；探索创新保险扶贫模式取得新成效，建档立卡贫困户人身保险覆盖率超过 70%，天然橡胶"保险＋期货＋扶贫"模式推广到全省六市县。

一、海南省脱贫攻坚形势任务和取得的成效

　　海南省陆地面积小，山地、丘陵面积占比高，台风等自然灾害频发，县域经济欠发达，尤其是中部少数民族地区、革命老区、西部干旱地区和北部火山岩地区极易发生贫困。"十二五"期间，海南省金融系统积极支持地方各级党委、政府狠抓扶贫开发，信贷资金与各级财政扶贫资金合力扶持贫困地区发展特色产业、改善基础设施，解决了 50 多万人行路难、21.8 万人饮水难和 6 万亩农田灌溉难问题，使 5 个国定贫困市县农民年人均可支配收入从 2010 年的

3829 元增加到 2017 年的 10927 元，实现了 35.2 万人脱贫，农村贫困发生率从 16.3% 下降到 8.9%，成绩卓著。"十三五"期间，海南省要彻底完成 47.7 万人、11.6 万户的脱贫攻坚和巩固提升、5 个贫困市县脱贫摘帽和 11 个自然村生态扶贫移民整村搬迁。

面对新形势新任务，海南省委、省政府实行"三年脱贫攻坚，两年巩固提升"的扶贫战略行动，2016 年初，制定了《关于打赢脱贫攻坚战的实施意见》和《海南省农村脱贫攻坚"十三五"规划》，三年来，全省上下齐心协力，各级党委、政府把脱贫攻坚作为重大政治任务和第一民生工程来抓，形成了有效合力推进各项扶贫工作落实。以实现"两不愁、三保障"为目标，精准制定帮扶措施，以产业、旅游、就业、易地搬迁、生态补偿、基础设施、教育、医疗、危房改造、特困救助兜底等十大帮扶举措精准进行帮扶，取得了明显成效。全省实现 217 个贫困村整村推进脱贫出列，完成了 9 个自然村生态扶贫易地搬迁，共减少贫困人口 37.3 万人。

二、主动作为，充分发挥政策引导作用

（一）加强组织领导，凝聚多方扶贫合力

人民银行海口中心支行成立金融扶贫工作领导小组，负责推动全省金融扶贫工作。推动建立金融监管部门与省扶贫办、财政厅、地方金融监督管理局的信息共享协调机制，形成扶贫工作合力。将金融精准扶贫工作成效纳入"两综合、两管理"年终考核内容，充分调动银行业金融机构积极性，强化责任约束机制，着力提升扶贫开发金融服务水平。2018 年 6 月下旬，人民银行海口中心支行联合海南省地方金融监督管理局、省扶贫办举行全辖区金融精准扶贫工作经验交流暨工作推进会，并得到《海南日报》《证券导报》《金融时报》等新闻媒体的宣传，为全省金融支持脱贫攻坚起到较好的宣传示范效应。

（二）强化"窗口指导"，明确金融扶贫方向

结合海南省实际，先后印发了《关于金融助推脱贫攻坚的指导意见》《关于积极使用支农及扶贫再贷款助推精准脱贫工作的意见》《中国人民银行海口中心支行关于进一步加强金融支持脱贫攻坚工作的通知》等文件，并在《2018 年的海南省信贷工作指导意见》中强调全省银行机构要"大力助推脱贫攻坚，推进精准扶贫与金融支持深度融合"，为金融助推脱贫攻坚工作明确了方向。

（三）主动开拓创新，探索扶贫再贷款使用管理"双模式"

制定《中国人民银行海口中心支行扶贫再贷款操作规程》，指导辖区人民银行市县支行合理发放扶贫再贷款，积极做好扶贫再贷款限额动态调整、贷前审批及贷后监测等管理工作。同时，在坚持扶贫再贷款发放对象、用途、期限和利率不变的前提下，积极创新扶贫再贷款发放和管理"双模式"，不断扩大扶贫再贷款发放覆盖面，提高使用效率。截至2018年9月末，共调整扶贫再贷款额度3次，涉及金额26000万元，向海南省5个国定贫困县所在地支行下达扶贫再贷款额度42500万元，发放扶贫再贷款余额21400万元，2018年新增16600万元。

▼ 专栏1

因地制宜探索扶贫再贷款支持脱贫攻坚"双模式"

一是推动琼中县支行和农信社探索新的发放模式。在总行货币政策司的指导下，海口中心支行积极指导辖内琼中县支行，探索创新了"扶贫再贷款＋琼中小额信贷总部＋全省建档立卡贫困户"发放模式。琼中县农信社借用扶贫再贷款资金，通过其内设的相对独立的琼中小额信贷总部小额信贷员遍布全省乡镇的组织优势，实现在全省范围内发放小额扶贫贷款，有效拓宽了全省建档立卡贫困户使用扶贫再贷款的覆盖面。同时，省联社完善相关管理规定，制定了尽职免责的差别化管理办法，有效解决了信贷员风险收益不匹配等问题，极大地提高了其放贷积极性。

二是实行"核定额度、循环使用、随借随还"的创新管理模式。2017年第三季度，人民银行琼中县支行一次性向琼中县农信社授信2.5亿元，授信期限为3年。授信期限内，借款人借用扶贫再贷款累计余额在最高授信额度内可循环使用、随借随还，借款人只需提供小额扶贫贷款发放计划即可申请借款。同时，琼中县支行审贷委员会授权货币信贷统计股在授信期限内具体负责扶贫再贷款合同签订工作，有效提升了审批和发放效率。截至2018年9月末，根据授信合同，人行琼中县支行向琼中县农信社累计发放扶贫再贷款17374万元。

三是强化风险意识，抓住管理的关键节点。为确保扶贫再贷款合规使用，维护央行资金安全，在授信过程中注重风险控制：首先，以第三方（海口农商行）提供最高额保证担保为授信合同生效的提前要件。其次，扶贫再贷款授信量控制在借款人资本净额的 1 倍以内。最后，要求小额扶贫贷款的不良率控制在 5% 以内，超过 5%，则授信合同中止。

四是督促提高风险奖补比例，激励金融机构发放热情。针对农信社反映的借用扶贫再贷款财务缺乏可持续性问题，积极向省地方金融监督管理局报告相关情况并获得积极支持，《海南省人民政府办公厅关于进一步完善农民小额贷款贴息政策的通知》（琼府办〔2017〕103 号）对试点金融机构以扶贫再贷款为资金来源发放的小额扶贫贷款给予全额贴息，并给予 2% 的风险补偿和 2% 的奖励，金融机构的诉求得到了有效满足。

（四）积极稳妥推进，"两权"试点成效初现

一是成立"两权"抵押贷款试点工作指导小组，指导辖区试点金融机构制定《"两权"抵押登记管理制度》《农房抵押贷款管理办法》等规章制度。二是优化贷款流程，设置"两权"抵押登记窗口，落实专人优先办理等措施，打造"两权"抵押贷款绿色通道。三是积极开拓创新，推出"两权"单独抵押、农村承包土地经营权与地上附属设施组合担保、农村"两权"反担保等模式。四是推动政府部门出台抵押贷款奖补政策，设立农房抵押贷款试点风险保障专项资金，为银行发放农房抵押贷款提供农户增信和风险保障。截至 2018年 9 月末，海南省三个农地试点市县共发放农地抵押贷款 15424 万元，同比增长67.5%；两个农房试点市县共发放农房抵押贷款 8673 万元，同比下降 22.4%。

（五）加强监测考核，提升金融扶贫成效

通过印发《海南省金融精准扶贫政策效果评估实施细则》，加强对海南 5个国定贫困县和金融机构的培训和指导，积极探索将贫困县评估结果与金融精准扶贫政策创新试点、差别化监管、脱贫攻坚工作年度考核等相结合，逐步扩大评估结果运用范围，以评估促进提升金融扶贫工作效果。

三、多措并举，推动落实金融助推脱贫攻坚

（一）摸清实情，实现建档立卡贫困户入户调查全覆盖

为了摸清贫困户实际情况，海口中心支行推动辖内农业银行、农村信用

社、邮储银行三家主要涉农金融机构积极开展入户调查宣传，调查重点是贫困户的家庭成员情况、收入来源、是否有信贷需求、是否符合信贷条件等。截至2018年9月末，三家银行共完成对11万户建档立卡贫困户47.7万人的信贷需求摸底调查，实现贫困户入户调查"三个全覆盖"，即乡镇全覆盖、建档立卡贫困户信贷需求调查全覆盖、符合贷款条件的建档立卡贫困户信贷投放全覆盖。

（二）搭建平台，精准对接"政银企"产业资源

海口中心支行积极推动农业发展银行海南省分行整合政银企产业扶贫资源，成立海南农业政策性金融产业扶贫合作平台，通过政银企精准对接，有效发挥政府扶贫政策指导和金融机构优势，有效提升海南省贫困地区产业扶贫组织化水平，吸纳建档立卡贫困户就业，促进稳定脱贫。

▼ 专栏2

坚持"四个创新"，打造农业政策性金融产业扶贫合作平台

2017年6月12日，在人民银行见证下，农发行海南省分行、海南省扶贫办与海南10家现代农业领军企业签订了《海南农业政银企产业扶贫合作平台备忘录》，宣告海南省农业政策性产业扶贫合作平台正式成立。平台的打造，旨在发挥财政资金、金融资金、社会资金的协同效应，为企业提供高效、便捷、优惠的信贷服务，推动海南现代农业特色产业和生态旅游业等优势产业发展，提高海南贫困地区扶贫组织化水平。自2017年12月海南省工商业联合会加入以来，平台企业增至30家。

一是创新构建"政策性金融＋平台企业＋贫困人口"的利益联结机制。引领平台企业有序对接地方政府产业扶贫规划及招商引资项目，到贫困地区设立生产基地或建立专业合作社，通过向平台企业发放扶贫贷款，推进石斛种植、黑猪养殖、水产加工出口、生态旅游、农业科技等20个产业扶贫项目，通过产业带动、吸收就业等方式，辐射带动建档立卡贫困人口脱贫，有效解决了贫困地区"融资难、融资贵"等问题，提升了贫困地区特色产业的价值发现能力和市场开拓能力。

二是创新建立"政策性金融＋平台企业＋贫困村"点对点帮扶机制。农发行海南省分行贯彻落实《"万企帮万村"精准扶贫行动方案》要求和海南省"百企帮百村"精准扶贫提质增效行动精神，积极引导 30 家平台企业参与到贫困村帮扶行动中，充分发挥民营企业在脱贫攻坚中的生力军作用，以签约结对村企共建为主要形式，带动帮助贫困村加快脱贫进程。截至目前共引导 20 家平台企业与 22 个贫困村签订了帮扶协议（占全省已签订帮扶协议的 114 家贫困村的 20%），其中有 4 家企业分别主动签约帮扶 2 个贫困村，通过各种方式带动签约贫困村建档立卡贫困人口约 1.3 万人增产增收。

三是创新支持基础设施扶贫模式。强化政银企合作，辅导引领平台企业创新推行"政府＋政策性银行＋社会专业资本"的"琼中 PPP 模式"，推进贫困地区农村水利环境治理。琼中富美乡村水环境治理项目总投资 13.09 亿元，涉及全县 14 个乡镇污水处理厂网、6 个供水厂网以及全县 544 个自然村，实现供水、污水处理在全县所有村镇全覆盖。

四是创新同业合作模式。建立"政策性金融扶贫优惠贷款＋商业性金融扶贫小额贷款＋平台企业＋专业合作社＋贫困户"的产业扶贫模式，鼓励龙头企业为其上下游小微企业、专业户担保发放小额扶贫贷款，引领用好用足国家金融扶贫政策，多方支持贫困地区培育特色优势产业，不断扩大扶贫小额贷款覆盖区域及受惠人数。

（三）改善服务，推进扶贫小额信贷政策落地生根

海口中心支行积极推动涉农金融机构完善制度、下沉服务、扎根"三农"，指导推出适宜海南贫困户需求特点的小额信贷产品。一是推动完善小额信贷政策。例如，海南省联社修订《海南省农村信用社"一小通"福贷管理暂行办法》，减轻发放建档立卡贫困户贷款责任人的贷款风险；农行海南省分行成立审批小组，建立小额信贷集中审批机制，提升审批效率；邮储银行海南省分行出台《关于明确"惠农易贷"贷款利率的通知》，明确扶贫贷款产品利率。二是鼓励金融机构加大金融产品和服务创新力度。鼓励涉农金融机构因地制宜推出无担保、低门槛和低利率的"一小通""惠农易贷""好借好还"等小额信贷产品，并在前期开展入户调查的基础上，对有信贷需求且符合信贷条件的贫困户做到应贷尽贷。截至 2018 年 9 月末，海南省三家主要涉农金融机构共向建档立卡贫困户发放扶贫小额贷款 5.498 亿元。

▼ 专栏3

立足"三农"　服务"三农"　充分发挥地方法人金融机构金融扶贫作用

　　海南省农村信用社联合社作为地方法人金融机构，充分发挥网点覆盖广、小额信贷员深入乡镇等优势，在严格执行扶贫小额信贷优惠政策的基础上，修订完善各项信贷制度，优化扶贫信贷产品和服务方式，广泛面向"三农"领域提供金融服务，在扶贫攻坚最前线满足贫困户融资需求。截至2018年9月，发放扶贫小额贷款（按国扶办系统统计）8694户，提前完成省扶贫办下达的7500户年度任务，占全省金融机构发放扶贫小额信贷户数的71.12%。

　　一是健全扶贫工作机制。成立了金融支持扶贫工作领导小组，由省联社理事长担任组长，辖内19家市县行社均成立扶贫工作小组，落实"一把手"负责制。制定完善《海南省农村信用社联合社金融支持精准扶贫实施方案》《海南省农村信用社"一小通"福贷管理暂行办法》等，夯实扶贫制度基础。

　　二是完善农村支付环境。在海南省所有行政村免费布设3075个便民服务点，其中包含689个村级金融服务站，实现323个贫困村金融服务站全覆盖，让贫困户"足不出村"享有基本的金融支付结算服务。

　　三是创新扶贫信贷产品。针对贫困户贷款难、贷款贵等问题，专门研发针对建档立卡贫困户的"一小通"福贷，贫困户只要满足"四有四无"（即有当地户口、有固定住所、有明确用途、有还款能力和无吸毒、无赌博、无其他违法行为、无不良信用记录）条件，即可获得额度适当的贷款。贷款利率严格执行人民银行同期同档次基准利率，并取消了单人办理需要提供担保人的规定，对信贷员实行尽职免责。截至2018年9月末，累计发放50万元（含）以下贷款92.42亿元。50万元（含）以下农民小额贷款和100万元（含）以下农民专业合作社贷款累计发放48.5亿元，惠及8.26万户，完成省地方金融监督管理局下达24亿元任务的202%。

四是优化金融服务方式。充分发挥小额信贷覆盖广的优势,实行金融扶贫"包干服务",即全省每一个建档立卡贫困户都对应一个信贷员,提供一对一金融服务,并在定点帮扶村常年选派驻村"第一书记"和工作队人员,专职做好各项帮扶工作。

五是发挥产业扶贫作用。按照产业扶贫贡献度,发放基准利率的免抵押信用贷款,引导和鼓励农业龙头企业、农民专业合作社、致富带头人、劳动密集型企业积极参与产业扶贫。截至2018年9月末,累计发放产业扶贫贷款4.21亿元,其中向农业企业、农民专业合作社、致富带头人等58户产业扶贫项目主体发放贷款4.18亿元,带动1986户贫困户发展生产、增加收入。发放"建档立卡贫困户+产业主体担保"贷款86户,金额327亿元。

(四)突出重点,发挥特色产业扶贫辐射带动作用

结合海南省"旅游+特色农产品"产业基础禀赋,发展特色产业带动贫困人口脱贫。积极加大对新型农业经营主体、传统手工业、旅游产业等领域的金融支持力度。不断创新"龙头企业+贫困户""农民经济合作组织+贫困户"等金融扶贫模式,增强产业扶贫项目带动力,通过吸收就业增加稳定收入促进脱贫。如农发行海南省分行向三亚凤凰谷乡村旅游区"兰海仙谷"项目投放2.8亿元"旅游+扶贫"贷款,为景区全面营业提供了必要的资金支持,通过"公司+农户"致富模式,解决周边职工和农户1500人以上就业,推动全域旅游共享发展。国开行海南省分行积极支持"白沙绿茶""琼中绿橙""无核荔枝"等特色优势产业,截至2018年9月末,发放产业扶贫贷款11.93亿元,有效带动了当地贫困人口脱贫增收。

(五)强化保障,积极探索创新保险扶贫模式

海口中心支行积极联合省银保监局、扶贫办推动保险公司健全保险制度,完善扶贫保险产品,优化赔付流程,积极探索保险扶贫模式。推动针对建档立卡贫困户开展的大病商业补充医疗保险除三沙市外全覆盖,扶贫保险累计向4.22万名贫困户支付赔款5607.91万元。

农产品保险方面,海南率先在全国探索"保险+期货+精准扶贫"模式,试点开展橡胶期货价格保险,通过"保险+期货"方式转移分散农产品市场风险,得到了省领导的高度评价,并在全省六市县推广。截至2018年9月末,

向白沙等国家级贫困县提供风险保障 6.16 亿元。

四、下一步工作计划

（一）继续发挥货币政策工具引导作用，督促各银行扶贫主体支持脱贫攻坚

准确把握金融助推脱贫攻坚工作的总体目标，结合海南省建档立卡贫困户的脱贫需求，继续加大对贫困地区扶贫再贷款支持力度，为地方法人金融机构支持脱贫攻坚提供稳定的资金来源；继续加大再贴现支持力度，引导贫困地区银行业金融机构扩大涉农、小微信贷投放；引导地方法人金融机构合理加大信贷投放，切实降低涉农贷款利率，全力提高贫困地区金融服务水平。

（二）稳步推进"两权"抵押贷款试点工作，助力金融扶贫工作

继续协调省国土厅等有关部门加快推进海南省文昌市、东方市、琼中县、屯昌县等四个试点市县地区关于农房、农地的确权颁证工作，稳步推进"两权"抵押贷款试点工作，积极引导银行业金融机构加大"两权"抵押贷款的投放力度，有效盘活农村存量资产，助力金融扶贫工作。

（三）大力推进贫困地区普惠金融发展

引导辖区金融机构深化农村支付服务环境建设，持续推动结算账户、支付工具、支付清算网络的应用；加强农村信用体系建设，探索农户基础信用信息与建档立卡贫困户信息的共享和对接；强化贫困地区金融消费者权益保护，在贫困地区深入实施农村金融教育"金惠工程"，提高金融消费者的金融知识素养，切实保障贫困地区金融消费者合法权益。

（四）不断完善精准扶贫监测机制

加强金融精准扶贫信息系统维护和数据分析，及时动态跟踪监测全省脱贫攻坚金融服务工作开展情况。及时梳理总结金融助推脱贫攻坚工作中的积极成效、典型经验以及成功案例，及时编制金融精准扶贫工作动态信息，为人民银行金融扶贫政策的实施和省委、省政府的各项决策提供参考依据。

贵州省金融精准扶贫实践经验

——勇挑重担 创先争优
推动形成金融大扶贫格局

贵州是全国农村贫困面大、贫困人口多、贫困程度深的欠发达省份之一，全省88个县中，有国定贫困县和集中连片贫困区县66个。除贵阳市外，其余8个市州的65个县被纳入武陵山、乌蒙山和滇桂黔石漠化集中连片特困地区。2014年，全省建档立卡贫困人口623万人，是全国唯一一个贫困人口超过600万人的省份，贫困发生率远高于全国平均水平。近年来，在党中央、国务院的正确领导下，贵州省脱贫攻坚取得较好成效，2017年末贫困人口已下降至280.32万人，贫困发生率下降至7.75%。人民银行贵阳中心支行按照总行工作安排，围绕贵州省委、省政府"大扶贫"战略部署，积极牵头、主动担当，充分发挥金融在贵州脱贫攻坚中的要素支撑作用，结合地方实际努力探索金融扶贫的新方法、新措施。目前，贵州省初步形成"投入多、成本低、覆盖广、产品多、效果好"的金融助推脱贫攻坚格局。截至2018年9月末，全省贫困地区贷款余额7546.1亿元，同比增长22.7%，高于同期全省各项贷款增速4个百分点。金融精准扶贫贷款方面，截至2017年第三季度末，全省金融精准扶贫贷款余额4824.4亿元，较年初增加893.6亿元，当年累计发放1481亿元，贷款余额、当年新增额、当年累计发放额均位于全国前列。

一、主要举措

（一）建立科学有效的"政府主导、央行牵头、各方参与"多频共振的金融扶贫工作机制

贵州省委、省政府主导顶层设计，制定了《关于坚决打赢扶贫攻坚战确保同步全面建成小康社会的决定》，并配套出台了包括金融扶贫在内的10项

扶贫工作政策举措。人民银行贵阳中心支行主动履行金融扶贫牵头职责，制定出台了 10 余个金融扶贫工作意见，聚焦金融扶贫重点难点。推动建立贵州省金融扶贫联席会议制度，由分管扶贫工作的副省长担任会议召集人，人民银行贵阳中心支行、省扶贫办主要负责同志任副召集人，成员单位 18 家；各市州、县参照建立本级金融扶贫联席会议制度，全省形成多方参与、多级联动的金融扶贫协调机制。2016 年，为推动各级地方政府支持配合，人民银行贵阳中心支行积极汇报沟通，实现贵州省首次将金融扶贫配套政策纳入地方政府脱贫攻坚考核。2017 年，人民银行贵阳中心支行加强与省总工会、省扶贫办合作，决定连续 4 年开展金融扶贫劳动竞赛，每年从扶贫金融机构中评选不少于 5 名个人和 5 个集体分别授予"贵州省五一劳动奖章"和"贵州省五一劳动奖状"。此外，通过推动组织召开全省金融精准扶贫暨"两权"抵押贷款推进会议、金融助推脱贫攻坚春季攻势行动动员会、金融助推脱贫攻坚劳动竞赛启动会等工作会议，多位省领导亲自到会提要求，层层压实金融精准扶贫责任。

（二）建立宏观、中观、微观各层面的信息共享平台，实现金融扶贫精准定位

创新搭建"3＋N"① 信息共享平台，引导金融扶贫精准锁定扶持对象，在全省参与扶贫的部门中率先实现信息化管理。宏观层面，积极对接总行金融精准扶贫信息管理系统，及时录入 623.4 万条精准扶贫主体信息，400 多家银行分支机构精准锁定扶贫对象；基于系统对 66 个国定贫困县和 418 家银行业金融机构的金融精准扶贫效果进行有效评估，充分利用评估结果实施差异化政策。中观层面，人民银行贵阳中心支行、省扶贫办、银保监局、证监局等省级多部门加强扶贫主体、扶贫产业、金融扶贫等信息共享；推动召开省、市、县

---

① "3"指宏观、中观、微观三个主要层次；"N"指在三个主要层次的基础上，根据工作需要推动灵活设置其他对接共享平台。宏观层次，根据中国人民银行总行、国务院扶贫办、银保监会、证监会等部门信息共享内容及方式，省内各相关部门及时做好在贵州省内的组织实施工作，实现扶贫基础数据以及贫困地区银行、证券、保险业务发展情况的及时采集和监测。中观层次，主要根据黔党发〔2015〕26 号、黔党办发〔2015〕40 号、贵州"1＋10"扶贫攻坚重点工作的要求，搭建信息对接共享机制，并以此促进贫困地区和贫困人口获得金融支持和服务。微观层次，各市州级人民银行与扶贫办、农委、移民局等部门以人民银行贵阳中心支行自主开发的贵州省金融扶贫信息管理与绩效评价系统为支撑，做好信息采集和共享工作，动态监测当地贫困人口、扶贫龙头企业等主体的金融支持情况，做好贫困地区金融精准扶贫政策的贯彻落实工作。

多层次银企对接会，累计服务企业 2000 余家。微观层面，66 个贫困县制定了产业融资需求清单，推行产业扶贫金融服务主办行制度，建立一对一的银企帮扶关系，实现金融资源与扶贫需求的精准对接。

（三）抓管理推创新疏渠道，持续提升扶贫再贷款政策效果

人民银行贵阳中心支行围绕把扶贫再贷款用好、用足、用规范三个核心问题，积极发挥再贷款工具在金融助推脱贫攻坚中的引导作用。截至 2018 年 9 月末，金融机构使用扶贫再贷款发放贫困地区贷款余额 253.7 亿元，其中精准扶贫贷款余额 207.2 亿元，占比达 81.7%。杠杆化模式撬动发放贫困地区低利率贷款余额 173.9 亿元。一是贫困户受益。截至 2018 年 9 月末，贵州省通过扶贫再贷款及撬动资金支持农户 72.9 万户，贷款余额 396.5 亿元，其中 59.5 万户有信贷需求且有一定还款能力的建档立卡贫困人口获得扶贫再贷款及撬动资金的支持，贷款余额 293.6 亿元。二是扶贫企业受益。截至 2018 年 9 月末，共有 2495 家扶贫龙头企业和农民专业合作社获得扶贫再贷款及撬动资金支持，贷款余额 27.8 亿元。扶贫再贷款有效支持了一大批农业产业化、规模化经营的企业及其他组织发展。其中，人民银行贵阳中心支行指导省农村信用联社创设了"一县一业"深扶贷产业扶贫信贷产品，效果初步显现。截至 2018 年 9 月末，深度贫困地区累计对 300 余家企业、合作社发放深扶贷，贷款金额 5.64 亿元。三是疏渠道，助推政策精准落地。推动全省 86 个县建立 15.4 亿元风险补偿基金；41 家使用扶贫再贷款的金融机构获当地政府利差补贴支持；11 个县级政府确定按扶贫再贷款的一定比例向承贷银行存入财政性存款。

（四）牢牢抓住几个重点，突出关键领域带动效应

一是突出推动金融扶贫产品和服务创新。聚焦重点区域，及时组织开展深度贫困地区金融服务实地调研，梳理困难问题和需求清单，出台了《贵州省金融支持深度贫困地区脱贫攻坚行动方案》（贵银发〔2017〕141 号），通过开展金融支持贫困地区交通建设行动、产业扶贫金融服务行动、易地扶贫搬迁金融服务行动等 7 项重点行动，采取加大货币政策工具支持力度、发挥资本市场积极作用、提高深度贫困地区保险服务水平等七项配套措施，为深度贫困地区提供"政策倾斜、资金优先、费率优惠、服务优良"的金融支持，助推打赢贵州脱贫攻坚"四场硬仗"。聚焦服务精准，开展百名基层央行行长对村帮扶行动，要求全省 229 名省市县三级基层央行行长每人至少对口帮扶一个贫困

村，通过开展金融服务"五个一行动"① 计划，截至 2018 年 9 月末，全省 229 名市县基层央行行长走访贫困村 2000 余次，帮助贫困村协调解决一系列金融扶贫问题。聚焦示范引领，开展省级金融扶贫示范县创建工作，创新提出"六个有"② 的创建标准，推动打造金融精准扶贫"贵州样板"；开展金融扶贫先进基层单位评选，树立金融精准扶贫典型。鼓励贵州省金融系统凝心聚力、开拓创新，针对精准扶贫需求创设产品和服务。目前，全省金融机构量身打造 80 余个金融扶贫产品，有效对接贫困农户小额信贷、产业扶贫、易地搬迁、人居环境改造等融资需求。

二是突出推动易地扶贫搬迁全过程金融服务。在搬得出金融服务方面，积极协调国开行、农发行省分行制订贫困县精准对接易地扶贫搬迁政策性贷款资金计划。截至 2018 年 9 月末，国开行、农发行省分行签订易地扶贫搬迁优惠政策性贷款合同金额达 455 亿元，覆盖建档立卡贫困人口 130 万人。同时，工行、农行、中行、建行积极对接同步搬迁融资需求，签订 40. 66 亿元贷款合同，覆盖 32. 5 万同步搬迁人口。截至 2017 年末，全省 2016 年易地扶贫搬迁项目已圆满收官，共建安置点 562 个，建成住房 10. 39 万套，已搬迁入住 10. 28 万户 45. 04 万人，其中建档立卡贫困人口 8. 78 万户 38. 15 万人。贵州易地扶贫搬迁工作得到了党中央、国务院的肯定。在搬出后金融服务方面，全省各级人民银行围绕易地扶贫搬迁后扶需求，创新产品、打造模式，持续提高金融服务水平。2018 年 9 月末，全省各级金融机构共设立 500 余个安置点金融服务站，创新"迁户贷""宜居贷""安居贷"等易地扶贫搬迁金融产品。

三是突出推动金融支持扶贫产业发展。强化主体支持，围绕贵州省"一县一业"的扶贫产业规划，以扶贫龙头企业、农民专业合作社、家庭农场等农业经营主体金融需求为导向，推行产业扶贫金融服务主办行制度，引导金融机构开展产业扶贫一对一金融服务。强化利益联结，探索和推广"金融服

---

① 金融服务"五个一行动"计划：找准一项金融支持贫困村发展的帮扶项目、打通一条贫困农户增收致富的利益联结路径、探索一种金融扶贫产品和服务创新、协调解决一批金融扶贫实际问题、开展一系列金融扶贫政策宣传解释的五项行动计划。

② "六个有"示范县创建标准，即有科学系统的创建方案；有强有力的组织保障；有全面动员发动，主动加强对地方政府、扶贫管理部门、金融机构等部门创建工作的宣传动员；有可操作、易复制、可推广的金融扶贫产品或模式；有较好的产业支撑，金融支持产业成效明显；有稳定的风险分担补偿机制。

务＋扶贫主体＋贫困农户"模式，引导金融机构对贫困人口带动能力强的企业给予贷款额度、利率、期限方面的倾斜。强化需求对接，引导各级金融部门与当地扶贫、农业等部门制定产业扶贫融资需求清单，推动全省召开多层次银企对接会，实现金融资源与扶贫产业的精准对接，推动补齐产业扶贫这块短板。截至 2018 年 9 月末，全省共召开银企对接会 433 次，金融机构与企业签约贷款合同金额近 400 亿元。

（五）规定动作做实，自选动作做优，不断提高贫困地区金融服务可获得性

配合省政府开展金融机构"五个全覆盖"① 和"十延伸十服务"②，支持金融机构到贫困地区设立分支机构，进一步下沉金融服务重心，完善贫困地区金融综合服务能力。2018 年 9 月末，全省贫困地区共有县级银行业金融机构830 家，有服务网点 5700 余个。深化贫困地区农村支付环境建设，在实现助农取款服务点行政村全覆盖，覆盖率达 230% 的基础上，不断拓展服务点功能；引入第三方支付机构加入农村支付环境建设，建设新型农村综合服务站，积极推动农村地区"扫码支付"和农副产品收购非现金支付方式的运用，让农村金融助力农村电商，切实打通"黔货出山"通道。建立广覆盖的金融知识宣传教育制度，在全省开展"蒲公英"金融知识宣传活动，联系帮扶贫困村 8187 个，累计开办金融夜校 10 万余场次。

二、取得的成效

（一）金融大扶贫工作合力持续增强

贵州省金融扶贫形成工作共识，各部门齐心协力。省政府统筹，省级专设脱贫攻坚基金，来源为财政性出资与募集社会资本，重点投向扶贫产业。发行全国首批扶贫票据，创建政策性金融扶贫实验示范区、保险助推脱贫攻坚示范区。金融协调机制畅通，政府增信逐步建立，全省 86 个县建立风险补偿基金，规模达 15.4 亿元；64 个县建立了财政贴息机制，资

---

① "五个全覆盖"：实现贵州银行、贵阳银行、村镇银行和政策性融资担保机构县域全覆盖，以及贵州股权金融资产交易中心市（州）全覆盖。

② "十延伸十服务"：支持贵阳银行农村金融服务站、邮储银行、交通银行、农村商业银行、农村信用社、村镇银行、证券公司、保险公司的机构网点向县、乡、村和园区延伸；创新推广"易地扶贫搬迁项目贷款""特惠贷""贵工贷"等十类产品服务到户、到企业。

金拨付到位 5.44 亿元。金融机构主动作为，成立了本单位金融扶贫工作领导小组。两家地方城市商业银行机构设置实现县域全覆盖。全省形成了人民银行牵头推动，以农字号金融机构为主体，多类型机构共同参与的金融大扶贫格局。

（二）贫困人口金融服务受益面不断扩大

2018 年 9 月末，全省精准扶贫贷款余额 4824.4 亿元，较上年同期增长 32.9%，当年累计发放 1481 亿元。其中，全省个人精准扶贫贷款余额 510 亿元，59.5 万户有信贷需求又有一定还款能力的建档立卡贫困人口获得了较低成本的贷款支持。

（三）金融扶贫融资成本持续降低

各级人民银行通过扶贫再贷款成倍撬动优惠利率贷款，金融机构发放的扶贫贷款加权平均利率为 5.11%，明显低于普通涉农贷款利率。农发行、国开行省分行利用抵押补充贷款资金，以 4.5% 左右的利率发放了 1094 亿元抵押补充贷款。省内扶贫企业成功发行全国首批、贵州首只 10 亿元扶贫票据，发行利率 5.39%，比同类一般票据低 0.3 个百分点，后续扶贫中期票据注册金额再增 100 亿元。

（四）金融精准扶贫产品不断丰富

围绕贫困地区、贫困人口需求，搭建起多层次、广覆盖的金融扶贫产品体系。针对贫困地区基础设施建设，创设"美丽乡村贷""农村危房贷""金特贷""安农贷"等信贷产品；针对扶贫产业发展特点和农业经营主体融资需求，创设"旅游扶贫贷""工扶贷""爽农扶贫贷""电商贷"等信贷产品；针对贫困人口发展生产、生活、就业医疗等需求，创设"惠农脱贫贷""教育扶贫贷""社保养老贷""医疗扶贫贷""富民支农贷"等信贷产品。

（五）金融精准扶贫新模式持续涌现

"典型引领、先行先试"金融扶贫模式。在全省启动 10 个省级金融精准扶贫示范县创建工作，力争打造一批具有先进示范借鉴作用的金融扶贫样板。目前，10 个金融精准扶贫示范县构建起蹲点调研、数据共享、政银企合作、按月调度等工作机制，创新推出"迁企贷""金牛贷""安居乐""金田贷"等金融产品 40 余个。

▼ 专栏1

"信贷4 +"助推打造金融精准扶贫 "松桃模式"

——金融精准扶贫示范县创建工作实例

松桃县以金融助推脱贫攻坚春季攻势为契机,紧紧围绕"六个有"的创建要求,形成了涵盖范围广、内生动力强、产业发展实暨增进民生福祉为核心的"信贷4 +"金融扶贫示范县创建"松桃模式",被中央电视台财经频道、人民网、经济网等新闻媒体宣传报道,引起社会广泛关注。

松桃县金融系统主要围绕以下四个方面开展金融精准扶贫示范县创建:一是"信贷 +财政资金"。按照政银合作共担风险的原则,以 8:2 的补偿比例设立风险补偿基金 9730 万元。注入农业担保资金 2000 万元、农业保险基金 2000 万元,整合今后 3 年村级资产、全县涉农项目资金、锰矿资源开发利用生态补偿费的 50% 等资金作为担保抵押。二是"信贷 +扶贫产业"。制订金融助推产业脱贫实施方案,建立扶贫产业发展项目库。以"三社一中心"为平台,大力支持龙头企业做大做强,完善农业经营主体和农户的紧密型利益联结机制。通过加大对高标准农田建设项目、省级农业示范园区、林业产业发展的信贷支持,推动农业供给侧结构性改革,带动贫困人口脱贫致富。三是"信贷 +贫困群体"。松桃县银行业金融机构针对贫困户创新了"精扶贷""合作贷""惠农脱贫贷"等信贷产品;探索出了"5311"金融助推产业扶贫模式、绿头野鸭金融生态扶贫模式,提升了贫困群众创业能力。四是"信贷 +涉农保险"。将水稻、玉米、能繁母猪、公益林均纳入政策性保险。引入涉农保险保障机制,推广"农户贷款 +农业保险"模式。

扶贫小额"特惠贷"模式。积极运用扶贫再贷款引导金融机构发放"5 万元以下、3 年期以内、优惠利率、财政贴息、免抵押担保"的"特惠贷",截至 2018 年 9 月末,共为 79.94 万户建档立卡贫困户发放 403.87 亿元。

"金融 +三变"模式。"资源变资产、资金变股金、农民变股东"的贵州"三变"改革被纳入 2017 年中央一号文件。金融促进贫困户与扶贫主体利益联结,加大对入股企业的支持,帮助农户获得稳定分红和务工收入。2018 年 9

月末，已发放"三变"贷款74.23亿元。

易地扶贫搬迁围绕"五个三"做好"四个加"金融服务模式。惠水县"五个三"着力解决贫困户搬出后怎么办的难题，得到国务院领导的高度肯定。人民银行贵阳中心支行以金融扶贫示范县创建为抓手，探索出了"政府主导＋金融助推""扶持产业＋吸纳就业""信贷优惠＋自我发展""服务创新＋普惠金融"的"四个加"金融服务模式，并逐步向全省推广。

▼ 专栏2

开启"迁企政银"扶贫融合新模式

——易地扶贫搬迁金融服务工作实例

　　基于被党中央、省委、省政府高度肯定的惠水易地扶贫搬迁后续扶持"五个三"经验，2018年初，惠水县金融系统以省级金融精准扶贫示范县创建为契机，联合开展易地扶贫搬迁金融服务，成功打造易地扶贫搬迁后续扶持金融服务"四个加"的"惠水模式"，得到人民银行总行领导的充分肯定。

　　一是"政府主导＋金融助推"，以联动机制形成合力，实现各参与主体的资源联结。通过当地政府建立易地扶贫搬迁后续扶持及建档立卡贫困户信贷风险补偿基金，"五个三"领域的信贷供给得到明显增强，已向安置点周边优势产业发放贷款近7亿元，带动近万名搬迁移民和贫困群众就业；投入超10亿元贷款解决医院、学校改扩建项目的融资需求。推动惠水县政府与当地银行成功设立总规模为10亿元的县级扶贫攻坚投资基金，有效解决易地扶贫搬迁附属设施建设缺乏后续配套资金支持的难题。

　　二是"扶持产业＋吸纳就业"，以产业带动就业，实现"迁企银"的利益联结。指导农商行首创推出"迁企贷"信贷产品，实行阶梯式降低贷款利率浮动幅度的"先、增、降"信贷优惠措施，在安置点周边产业园区累计发放"迁企贷"1.66亿元，有效带动922名贫困群众就业。通过创新"迁企贷"，有力促进当地政府对该类企业实施扶贫奖补政策的配套助推和有效融合。

三是"信贷优惠＋自我发展"，以信贷创新激发发展意愿，实现信贷优惠措施与扶持对象的精准联结。指导农商行为搬迁移民量身设计"迁户贷"信贷产品，执行基准利率，单户信用贷款可达 20 万元。2018 年 9 月末已发放 1253 万元，支持 321 名搬迁移民通过发展生产经营增收创收。同时，指导当地村镇银行创新推出"养老贷""安置贷"，解决搬迁移民基本生活需求。

四是"服务创新＋普惠金融"，以打造良好金融环境服务贫困群众，实现弱势群体对金融资源的共享联结。在安置点创新启动"信用引领精准扶贫示范点"工作，创建"搬迁安置信用社区"，设立"蒲公英"金融维权服务站及农村金融服务站，举办大型"移民金融夜校"，开展入户问效活动，实行移民办理银行业务全免手续费等优惠政策，让搬迁移民充分享受到普惠金融带来的获得感，切实提升搬迁移民的幸福感。

三、金融扶贫存在的困难和挑战

贵州仍有部分贫困村、贫困户无产业支撑，产业链条较短，金融支持产业扶贫见效难。城乡建设用地规划与信贷资金还款期限或存在错配问题，易地扶贫搬迁贷款还款安排有待明确。在深度贫困地区缺乏更多的合格融资主体和金融服务深度贫困地区的能力不足，成为金融支持可持续发展的主要障碍。针对金融扶贫的激励约束机制相对欠缺、金融扶贫长效机制构建难、扶贫信贷资金使用效率有待提高等问题，需通盘考虑扶贫各种融资渠道资金的使用，降低地方债务风险压力。

四、工作启示与建议

（一）金融扶贫要注重顶层设计与基层创新有机结合

我国脱贫攻坚取得了显著成绩，但要实现 2020 年全面建成小康社会仍然面临巨大挑战。通过一段时间的工作部署，金融扶贫工作在组织发动、政策支持、信息技术系统的建设方面做了很多的工作。新时期还要有新思路，顶层设计要与时俱进，需根据实际情况，既注重总结已取得的认识成果、实践成果和制度成果，又创新金融扶贫体制机制，进一步丰富和完善精准扶贫的方式和模式。基层创新要注重金融扶贫产品和服务方式的创新，根据各地特点进行特色化研究和探索，形成百花齐放、百家争鸣的工作氛围。

（二）金融扶贫要坚持精准扶贫精准脱贫基本方略

贫困地区面广、人多，交通、生态条件各异。脱贫攻坚贵在精准、重在精准，成败之举在于精准。要打牢精准扶贫基础，就要根据致贫原因有针对性地采取办法，对不同领域不同类型的扶贫采取不同措施。一是聚焦重点，精准对接支持基础设施建设、易地扶贫搬迁、产业扶贫、教育医疗住房等领域需求；二是聚焦目标，形成保障优先、资金优先、费率优惠、服务优良的工作局面；三是聚焦时间，制定时间表、路线图；四是聚焦攻略，将精准贯穿于工作始终，因人因户因村因镇因县施策。

（三）坚持产业扶贫引领的工作思路，突出产业扶贫金融供给

产业扶贫是阻断贫困发生的内生力量和重要动能。大量的成功经验表明，贫困地区和贫困农户能否实现真正可持续的脱贫，关键是脱贫的"造血"功能是否具备，这是金融扶贫的重中之重。其中，最关键的是要配合当地党政发展适合贫困地区特色的主导产业，培育能够带动区域经济发展和安置贫困户就业的龙头企业、专业合作社、家庭农场等新型经营主体，这样才能巩固和提高扶贫成果。如贵州省探索出了"东油西薯、南药北茶、中部蔬菜、面上干果牛羊"的扶贫产业格局，金融机构可顺势而为，突出构建"金融＋公司＋专业合作社＋农户＋保险"等合作模式。

（四）金融扶贫要按照市场的基本分工，充分发挥各金融机构助推脱贫攻坚的主体作用

开发性、政策性金融机构要继续聚焦项目扶贫领域，对于资金投入大、投资回收期长的扶贫项目给予融资支持，同时注重发挥政策性金融在市场中的引导作用，对地方特色产业项目给予支持，增强地方经济发展能力。鼓励中型商业银行稳定和优化县域基层网点，下沉服务重心，提供综合性金融服务。强化农村中小金融机构支农市场定位，发挥其金融精准扶贫的主力军作用，做好贫困人口生产生活的金融服务。积极支持在贫困地区发起设立村镇银行，强化其差异化定位，开展针对贫困农户的特色化服务。鼓励和引导证券、保险等金融机构帮助贫困地区拓宽企业融资渠道。探索引入网络银行、投资基金等新型金融业态支持精准扶贫。

（五）金融基础服务要与信贷支持协同推进，切实提高贫困地区金融服务可获得性

金融扶贫在推动信贷扶持的同时需要加强农村支付网点建设、信用体系建设、金融知识宣传教育、金融能力建设等基础金融服务，一起抓可事半功倍。特别是在农村信用环境建设中，要强化金融扶贫与财政扶贫的本质区别，避免金融扶贫成为"免费午餐"的现象发生，注重财政贴息、风险分担补偿的协同共进，加强风险防范，实现金融扶贫资金用得好、还得上的可持续发展。

云南省金融精准扶贫实践经验

——创新思路　多措并举
积极探索金融精准扶贫新模式

云南省地处祖国西南边陲，总人口4770万人，有少数民族25个，国土面积39.4万平方公里，与老挝、缅甸、越南接壤，边境线长4061公里，具有边疆、民族、山区、贫困等特点。一是贫困面大，贫困程度深。全省129个县（市、区）中有88个国定贫困县，2017年底还有贫困人口331.9万人，贫困县域数量居全国第一，贫困人口数量居全国第二，是国家脱贫攻坚的主战场之一。二是贫困地区资源环境承载能力弱，区域性贫困问题突出。全省山区面积占94%，石漠化现象严重，地震、泥石流等自然灾害多发，因病、因灾、因残等致贫问题较为突出。三是基础设施建设水平低，素质型贫困问题突出。全省有8.08万个自然村不通硬化路，18万户68万贫困人口饮水无保障；医疗资源匮乏，"直过民族"和人口较少民族长期处于封闭状态，部分成年人听不懂国家通用语言。四是边境地区情况复杂，脱贫难度较大。25个边境县（市、区）中有22个属于民族自治地方，有16个跨境民族，7个10万人以下的人口较少民族主要分布在边境沿线，2017年底还有贫困人口79.82万人，贫困发生率为11.67%，群众生产生活存在特殊困难。近年来，人民银行昆明中心支行作为全省金融扶贫的牵头部门，围绕人民银行总行和云南省委、省政府关于脱贫攻坚的决策部署，创新思路、多措并举，积极探索金融精准扶贫的新模式。

一、强化责任、提升站位，引导金融机构加大支持力度

人民银行昆明中心支行把金融支持脱贫攻坚上升到巩固党的执政地位的战略高度，作为学习贯彻党的十九大精神的政治任务，进一步强化责任担当，建立、完善全省金融扶贫工作联席会议制度，联合省级相关部门全力攻克贫困堡

垒。组织召开云南省金融扶贫工作推进电视电话会议,牵头制订《云南省金融支持脱贫攻坚实施方案》《2017年金融助推脱贫攻坚行动方案》《2018年云南省金融支持脱贫攻坚行动方案》《云南省金融支持深度贫困地区脱贫攻坚的实施方案》,强力助推云南省脱贫攻坚目标的实现。借助省委、省政府组织进行扶贫政策培训的契机,对省、州(市)、县约5.5万名政府部门干部进行金融扶贫政策解读,提升基层干部的金融素养。组织全省金融系统开展产业扶贫金融服务、易地扶贫搬迁金融服务、金融服务网点功能和服务拓展等十大专项行动,力促金融扶贫政策落到实处。编发《金融支持扶贫开发有关政策文件汇编》《金融扶贫知识五十问》《云南省金融精准扶贫典型案例》《金融扶贫领域作风问题专项治理督导工作手册》,加强各地金融扶贫工作的交流,提升扶贫开发金融服务水平。

二、建立健全工作机制,稳步推进金融扶贫工作

人民银行昆明中心支行建立金融扶贫工作任务台账管理机制,跟踪掌握人民银行开展金融助推脱贫攻坚专项行动的情况;建立金融扶贫工作调研机制,深入怒江、迪庆等部分深度贫困地区及相关金融机构、龙头企业、建档立卡贫困户进行调查研究,以问题为导向,及时研究解决金融扶贫工作中存在的问题和矛盾;建立金融扶贫工作督查机制,印发《云南省人民银行系统金融精准扶贫工作督导三年(2018—2020)行动方案》《云南省金融机构金融精准扶贫督导两年(2018—2019)工作方案》,督促转变扶贫工作的思想作风和工作作风,提升贯彻金融精准扶贫政策执行力和工作效能,在年初全省人民银行工作会议、年中州市中心支行行长座谈会上,均把金融助推脱贫攻坚作为一项重要任务安排部署,并纳入年度工作目标考核。党委主要负责人及班子成员多次深入基层,定期或不定期对各级人民银行开展金融扶贫工作情况进行督查,促进金融扶贫政策措施的落实;完善金融扶贫工作宣传制度,通过不定期编发《金融扶贫工作专刊》25期,加强各地金融扶贫工作的交流,提升扶贫开发金融服务水平。完善金融精准扶贫专项监测制度,动态掌握金融精准扶贫贷款投放情况,研究解决存在的问题。完善金融精准扶贫政策效果评估制度,定期对各地、各金融机构脱贫攻坚金融服务工作进展及成效进行评估考核,强化政策导向,增强脱贫攻坚金融政策的实施效果。

三、用好用活货币政策工具，加大资金支持力度

继续开展人民银行总行优化运用扶贫再贷款发放贷款定价机制试点工作，有效提升金融机构使用扶贫再贷款的积极性。各级人民银行综合运用扶贫再贷款、支农再贷款等货币政策工具，增强金融机构扶贫能力，引导低成本资金投入扶贫开发，调动金融机构参与扶贫的积极性。结合贫困地区和贫困户的金融需求，探索形成了"人民银行＋信用社＋政府＋'三农'""扶贫再贷款＋政府＋企业（合作社或大户）＋贫困户＋保险"等多种货币政策工具运用模式，实现了人民银行、金融机构、政府资金、企业资金、保险资金的有效结合，助力贫困户脱贫致富。截至 2018 年 9 月末，全省扶贫再贷款余额 93.1 亿元，1－9 月全省扶贫再贷款累计发放 57.13 亿元，贫困地区地方法人金融机构产业扶贫信贷投放能力明显增强。

▼ 专栏1

砚山县"扶贫再贷款＋扶贫小额信贷"精准扶贫模式

文山州砚山县政府高度重视金融精准扶贫工作，砚山县农村信用合作联社牢牢抓住扶贫再贷款发放贷款定价机制试点和扶贫小额信贷政策机遇，协同砚山县政府有效构建了"政府主导、部门联动、合理推进"的工作机制，积极探索出"扶贫再贷款＋扶贫小额信贷"精准扶贫模式。

运行模式及主要特点："一金一贴一机制"使扶贫再贷款和扶贫小额信贷政策有机结合。"一金"，即县政府设立扶贫再贷款风险补偿金，当贷款发生风险时，按照县政府承担 80%、金融机构承担 20% 的比例进行风险补偿；"一贴"，即对运用扶贫再贷款资金向建档立卡贫困户发放的贷款给予财政全额贴息；"一机制"，即农村信用合作联社按照扶贫再贷款利率定价机制模块，科学测算形成合理利率定价机制，实施差别化利率政策，让建档立卡贫困户和扶贫企业享受优惠的贷款利率。目前，砚山县政府在县农村信用合作联社设立贷款风险补偿金专户，按 1：10 的比例存入风险补偿金 852 万元。砚山县农村信用合作联社按照县政府提供的建档立卡贫困户名单，向

人民银行申请使用扶贫再贷款发放扶贫小额信贷，贷款期限 3 年，户均贷款 5 万元，贷款户数 2174 户，贷款资金共计 10311 万元，贷款均给予建档立卡贫困户用于适宜当地的产业投入，主要用于种植蔬菜和石榴，贷款年利率 4.75%，按季结息，县财政全额贴息。

取得的成效："扶贫再贷款＋扶贫小额信贷"珠联璧合、相得益彰。扶贫再贷款资金在精准扶贫中起到了有效的引导和撬动作用，扶贫小额信贷作为精准扶贫、精准脱贫的金融服务品牌，在帮助贫困户发展生产、增收脱贫等方面取得了明显成效。"扶贫再贷款＋扶贫小额信贷"模式在文山州逐步推广实施，实现了多方共赢，有助于建档立卡贫困户降低融资成本、金融机构提高风险防控水平、地方政府早日完成脱贫攻坚目标。

四、推动创新，金融扶贫成效不断提高

人民银行昆明中心支行积极深化农村普惠金融服务工程，将惠农支付服务点打造成集惠农资金补贴、农产品收购、取款、缴款、理财、农户贷款需求信息登记、农村信用体系建设和反假币宣传等功能于一体的一站式综合服务站。截至 2018 年 9 月末，云南省已累计建成惠农支付服务点 2.03 万个，实现了全省 1.26 万个行政村全覆盖。农村信用社创新推出了"农户＋龙头企业＋农民专业合作社＋基地"等信贷支持模式，农行省分行创新推出了"七彩云南·脱贫贷款"产品，富滇银行与孟加拉国格莱珉银行小额信贷技术合作取得积极进展，上海浦东发展银行设立扶贫投资发展基金，也是全国第一只省级扶贫基金。诚泰保险开展了咖啡价格指数保险，并在大理开展政策性农房地震保险试点。中国人寿创新大病保险机制，针对贫困人员降低起付线，提高保险理赔上限，形成大病保险精准扶贫模式。

▼ 专栏 2

大理州"富滇—格莱珉扶贫贷款"精准扶贫模式

2016 年以来，富滇银行积极践行金融扶贫和普惠金融社会责任，与格莱

珉中国合作，引入世界小额信贷先驱——格莱珉银行技术，创新开发"富滇—格莱珉扶贫贷款"项目。2016年5月，该项目试点在大理市太邑乡启动，着力解决贫困地区缺乏产业及项目发展资金的困境，目前该项目进展顺利。

运行模式及主要特点：该项目由格莱珉有限公司负责提供技术支持和日常运营管理，富滇银行负责提供项目运营所需经费和项目实施所需的信贷资金，并协助格莱珉有限公司参与项目的管理运营工作。

一、精准对接贫困户，关注极贫人群信贷需求

项目以贫困妇女和极贫困家庭为信贷支持的主要目标群体，以村委会提供的建档立卡贫困户名单为目标，挨家挨户走访，精准锁定贫困户，反复与贫困户交心建立信任关系，帮助贫困户挖掘潜在致富能力，了解其信贷需求信息，按年化利率10%，提供1000～20000元免抵押担保贷款，期限为50周，还款方式为按周等额还本付息，还款金额达一半后可续贷已还贷款部分。截至2018年9月，"富滇—格莱珉项目"在太邑乡共发展了392名会员，其中贫困户147人。

二、建立组织体系，提供培训交流平台

通过组建小组和中心（5人为1小组、2小组以上组建中心），以"小组＋中心＋银行客户经理"为基础，每周召开会议，落实资金使用和归还情况，并向会员提供技术、信息服务咨询。会员之间通过交流致富信息，形成知识和技术共享。截至2018年9月，共组建中心24个、小组68个。

三、创设扶贫基金，减轻贫困户负担

在保持和尊重格莱珉模式的基础上，富滇银行结合金融精准扶贫的内在要求，与太邑乡政府共同设立"太邑乡富滇—格莱珉扶贫专项基金"，形成项目贷款利息收入和补贴支出、信贷业务流程和风险控制、基金运用管理闭环，使基金在金融助推脱贫攻坚中发挥更有效的作用，减轻建档立卡贫困户贷款利息负担。专项基金的资金来源为贷款利息收入和社会捐赠。截至2018年9月，已分3次向536人次会员奖补利息1652.0080万元，计划再向278户会员奖补利息12.0625万元，至9月末专项基金余额共计39.75万元。

取得的成效："富滇—格莱珉扶贫贷款"及时为贫困人口提供信贷支持，为贫困人口搭建脱贫致富交流平台，成效显著。自项目落地实施至2018年9月末，累计向322名会员发放贷款1180万元，其中，向129户建档立卡贫困户发放贷款485.2万元。2018年1-9月，向会员发放贷款250笔、493万元，其中，向建档立卡贫困户发放贷款86笔、168.5万元。所放贷款的85%用于种养殖业，14%用于经营发展，1%用于添置工具。

▼ 专栏3

保山市城乡居民大病保险精准扶贫试点模式

为充分发挥保险对精准扶贫的支持和促进作用，在保山市卫生和计划生育委员会、人民银行保山市中心支行指导下，中国人寿保险股份有限公司保山分公司在全省率先开展为建档立卡贫困人员提供大病保险精准扶贫理赔试点。

运行模式：2016年新型农村合作医疗保险大病理赔中的建档立卡精准扶贫户运行模式是根据各县区扶贫办提供的建档立卡贫困户名册与大病理赔人员明细表进行筛选后回补支付。2017年城乡居民大病保险理赔中的建档立卡精准扶贫户运行模式是在医院端一站式结算系统中设定参保人员类别为建档立卡精准扶贫户，直接实行一站式减免。

主要特点：（1）出台试点政策，修改大病起付线及可报销比例。根据《保山市新型农村合作医疗领导小组办公室2016年新农合大病补充保险赔付标准会议纪要》第2期，确定了2016年建档立卡精准扶贫户大病保险理赔政策，大病起付线由5000元降至3000元，不予以补偿费用可报销比例由50%提升至70%。（2）推广试点经验，进一步完善相关政策。根据《保山市人力资源和社会保障局　保山市财政局关于进一步完善城乡居民大病保险相关政策的通知》（保人社发〔2017〕60号）精神，对建档立卡精准扶贫户保险年度内住院进入大病报销的起付线下调50%，由8000元调为4000元；精准扶贫户大病保险年度支付限额提高50%，即一个自然年度内由20万元增加至30万元。试点经验经总结后得到上级充分肯定，《云南省金融支持脱贫攻坚实施方案》（云贫开发〔2016〕3号）明确提出"推广保山城乡居民大病保险精准扶贫试点经验"，目前，这一试点经验已推广至全省各州、市。

取得的成效：通过试点降低大病起付线及提高可报销比例后，精准扶贫户大病保险累计赔付金额明显增加，覆盖面明显扩大，保险对精准扶贫户的保障作用得到进一步发挥。2018 年 1－9 月，保山市大病保险理赔金额 1607.21 万元，较年初增长 42.22%；理赔 5951 人次，较年初增长 51.42%。

五、健全体系，信贷投入力度不断加大

2018 年 9 月末，全省 88 个贫困县（市、区）共有县级银行业金融机构 473 个、银行业金融机构网点 2897 个，初步形成政策性金融、商业性金融、合作性金融共同发力的金融精准扶贫新格局，贫困县（市、区）的贷款余额达到 6011.67 亿元，比年初增加 443.86 亿元。全省金融精准扶贫贷款余额 2854.68 亿元，同比增长 14.94%，高于全省各项贷款平均增速 5.92 个百分点，贫困地区信贷投放取得良好成效。

一是加大对基础设施和教育、医疗信贷的投入。2018 年 9 月末，云南省项目精准扶贫贷款余额 1868.9 亿元，比年初新增 101.23 亿元，其中，农村基础设施贷款余额 1448.79 亿元，农田基本建设贷款余额 4.43 亿元，生态环境改造贷款余额 13.88 亿元，分别较年初增加 117.23 亿元、增加 0.23 亿元和减少 2.48 亿元。国开行推动教育医疗扶贫贷款发放，对全省 35 个职教扶贫项目及 24 个医疗扶贫项目累计发放贷款 96.286 亿元。

▼ 专栏 4

设立职教、卫生扶贫补短板工程项目专项贷款

为发挥开发性金融长期大额资金在支持扶贫攻坚中的优势，2016 年 5 月，国家开发银行胡怀邦董事长与云南省委、省政府主要领导举行高层会谈并签订了《开发性金融支持云南省脱贫攻坚合作备忘录》，商定加强支持职

业教育及县级公立医院、特色医院扶贫补短板工作，按照基准利率下浮10%、贷款期限25年，向云南省提供300亿元职业教育、222亿元卫生扶贫专项贷款。2016年底，实现了一期项目202亿元的整体授信承诺，使云南成为唯一获得国开行职教、医疗扶贫专项贷款支持的省份。12月17日，陈豪书记批示："很好！感谢国开行对云南教育、卫生事业扶贫补短板和发展的支持。"

运行模式：一期项目采用政府购买服务模式实施，由省教育厅、省卫计委作为政府采购服务的采购主体，分别与承接主体云南省医疗投资管理有限公司签订《政府购买服务协议》。国开行统一按照"省级统贷、整体承诺、分项核准、分笔签约"的原则，对一期项目进行整体授信，并根据子项目成熟度，按照"成熟一批、核准一批、发放一批"的原则，及时、足额提供贷款资金用于全省38个职教学校（园区）及30个县级公立医院和妇女儿童医院的建设。

主要特点：职教、医疗扶贫补短板项目是省委、省政府确定的全省脱贫攻坚重点和特色工作，是对云南省脱贫攻坚补短板采取的针对性措施。国开行充分发挥开发性金融在政府与市场之间的桥梁作用，探索教育、医疗领域的金融扶贫机制，给予了倾斜性的政策支持，贷款额度大、期限长、利率低、审批快，并给予专项贷款规模，确保项目建设资金需求。

取得的成效：2018年9月末，一期项目已累计签订59个子项目，合同金额180.214亿元，累计发放贷款96.286亿元。其中，职教项目35个，发放贷款68.9255亿元；医疗项目24个，发放贷款27.3605亿元。职教、卫生扶贫补短板工程一二期项目全部建成后，可覆盖云南省88个国家级贫困县和滇东北乌蒙山片区、滇东南石漠化片区、滇西边境片区、迪庆藏区四个集中连片特困地区县（市、区），惠及3407.7万人口，其中贫困人口512.7万人，服务的贫困人口占比15.05%。

二是支持易地扶贫搬迁。2018年9月末，全省易地扶贫搬迁贷款余额401.8亿元，其中，农业发展银行和国家开发银行云南省分行对易地扶贫搬迁贴息贷款授信总金额227.5亿元，已发放贷款175亿元。易地扶贫搬迁贷款共惠及全省3157个集中搬迁安置点、21.61万户85.7万人（其中，建档立卡贫困人口 16.11 万户 64.89 万人），已搬迁入住 12.24 万户 49.56 万人。

三是扶持贫困地区的产业发展。全省各级人民银行根据产业精准扶贫规划，与当地扶贫办、农业局联合制定新型农业生产经营主体融资需求清单，累计召开贫困县（市、区）级金融产业扶贫银企对接会 86 次，对接资金 199.42 亿元，支持贫困地区发展高原粮仓、山地牧业、淡水渔业、高效林业等高原特色农业的优质农业项目，推进"企业 + 基地 + 农户"的新型种养殖业，通过订单收购、合作经营、联产联利、股份合作等方式与贫困户建立紧密的利益联结机制。2018 年 9 月末，云南省产业精准扶贫贷款余额 597.02 亿元，比年初增加 47.42 亿元，带动贫困人口 54.51 万人次，取得了较好的经济效益和社会效益。

▼ 专栏 5

"农特贷"助推鲁甸县花椒产业发展

鲁甸县是国家扶贫开发重点县，也是"8·03"地震灾后恢复重建重点县，先后有四位中央政治局常委亲临鲁甸指导工作。2015 年初，习近平总书记来到鲁甸地震灾区视察时提到"小小花椒树、致富大产业"，对鲁甸产业发展特别是高原特色农业发展给予了高度评价。昭通市政府 2016 年 9 月出台了《昭龙绿色产业示范带建设实施方案》，昭龙绿色产业示范带建设是省委省政府、市委市政府针对鲁甸地震灾区产业恢复重建，建设美丽新家园的重要举措。农发行云南省分行结合当地资源禀赋和产业发展潜力，推出"农特贷"金融服务方案，以 8000 万元信贷资金支持鲁甸花椒特色产业发展。

运行模式："农特贷"采用"六位一体"的运作模式。"六位一体"指政府及相关部门、产业扶贫公司、新型农业经营主体、农户、保险公司、农发行等银行业金融机构。"六位一体"产业扶贫的信贷支持模式为：政府主导，产业扶贫公司实施，新型农业经营主体参与，农户受益，保险保障，农发行等信贷支持。具体操作模型如下图所示。

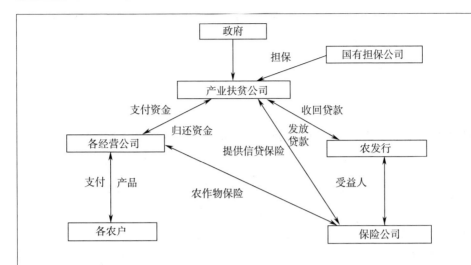

主要特点：一是建立有效的风险共担机制；二是金融扶贫对象更加精准，成效更加突出；三是由政府主导，项目推进更加高效。

取得的成效：一是有效支持产业发展。通过政策性金融支持，有效解决涉农企业和新型农业经营主体融资难问题。发放的 8000 万元农村土地规模经营短期贷款，有效解决了三家涉农企业花椒收购所需流动资金不足问题。二是突破实体经济融资瓶颈。通过"六位一体"模式，有效解决融资担保、防控风险和监管等问题。在利率上采取对标同业、适当优惠的政策性金融利率政策，承贷主体和经营公司的融资成本相应降低。三是金融扶贫更加精准。8000 万元土地规模经营短期贷款项目实施过程中，办贷时明确要求将所在区域的建档立卡贫困户优先纳入收购对象和规模经营对象，花椒产业基地规模化经营后，能够带动周边乡镇，促进农村经济发展和农民增收，其中，能带动建档立卡贫困户 803 人，建档立卡贫困户每年可实现增收 176.6 万元，人均增收 2200 元。

四是加大对贫困人口的信贷支持。涉农金融机构发挥网点多、覆盖面广、贴近贫困户的优势，将金融扶贫资金这股活水引向贫困县、贫困乡、贫困村、贫困户，让有贷款需求的建档立卡贫困人口尽可能获得金融支持。2018 年 9 月末，全省建档立卡贫困人口及已脱贫人口贷款余额 388.76 亿元，比年初增加 40.6 亿元，惠及建档立卡贫困户 79.36 万人，基本做到了对有贷款需求的贫困户应贷尽贷，助推 2017 年全省 115 万贫困人口脱贫。

▼ 专栏6

楚雄州"互联网 + 党建 + 金融"模式助力脱贫攻坚

为进一步做好金融精准扶贫工作，破解农户难贷款、贷款难问题，楚雄州以"互联网 + 党建 + 金融"模式助推全州脱贫攻坚，形成了"农民赢实惠、农业赢发展、信用社赢实效"的多赢局面。

组织方式："互联网 + 党建 + 金融"模式以"云岭先锋综合服务平台"为载体，由农信社与县委组织部签订合作协议，在"云岭先锋综合服务平台"上加载"农信贷款"金融服务模块，挂载"农户借款申请推荐表"，开设农户小额贷款申请受理窗口。县委组织部与各村委会的"云岭先锋综合服务平台"管理员签订工作协议和保密协议，并向其提供工作经费。平台管理员对有信贷需求的农户进行信息采集和调查，初审后录入平台贷款系统。

操作流程：农户向村委会提出贷款申请→平台管理员实地调查→农户填制申请表→平台管理员初审→信息录入平台→农信社信贷员复审，可发放贷款则以手机短信方式通知借款人到农信社办理贷款；如不符合放款条件，则返回且不予发放回执。

取得的成效："互联网 + 党建 + 金融"模式，一是将贷款申请受理服务触角延伸至村委会，为农户提供了手续便捷、渠道畅通的金融服务，农户足不出村即可办理贷款申请，获贷时间由传统的 20 多天缩短至 3～4 天，大幅降低了贷款交易成本。农户可通过该模式申请 10 万元以内、无抵押无担保的小额信用贷款，缓解了贷款难问题，提高了农户申贷积极性。二是充分发挥了基层村委会干部熟悉农户家庭情况、生产情况的优势，由平台管理员初审贷款申请人信息，精准识别有生产力的农户及建档立卡贫困户的信贷需求，更好地实现了信贷精准扶贫。三是农信社借助该模式实现了农户信贷申请批量受理、审核、审批，减少了分散贷款调查的工作量，有效缓解了信贷人员少与农贷需求笔数多、金额小的矛盾，降低了小额贷款发放成本，大幅提高了信用社放贷效率。截至 2018 年 9 月末，楚雄州 10 家农信社、136 个网点深入推广了该项金融服务，通过该模式累计发放贷款 55697 笔，累放金额 30.8 亿元，其中对建档立卡贫困户累计发放贷款 15209 笔，累放金额 7.1 亿元。该模式为楚雄州金融扶贫打开了新思路，成为扶贫攻坚的一个里程碑。

西藏自治区金融精准扶贫实践经验

——落实特殊优惠金融政策
提升精准扶贫服务质效
全力助推西藏脱贫攻坚

受特殊历史、自然条件的影响和达赖集团的长期干扰破坏，西藏经济社会发展相对滞后，全区 74 个县中深度贫困县有 44 个，涉及建档立卡贫困人口 39.6 万人，分别占全区总县数的 59% 和建档立卡贫困人口总数的 82.7%；深度贫困乡镇 445 个、贫困村 3772 个，分别占全区乡镇总数的 65% 和总村数的 69%；贫困发生率平均为 24%，是全国的 6 倍。西藏聚集中连片特困地区、民族地区、边疆地区于一体，是全国贫困发生率最高、贫困程度最深、扶贫成本最高、脱贫难度最大的区域，脱贫攻坚任务异常艰巨。但是，自 2015 年脱贫攻坚以来，在人民银行总行的特殊关怀和大力支持下，人民银行拉萨中心支行紧紧围绕打赢西藏集中连片特困地区脱贫攻坚战这一核心要求，提高认识、服务大局、多措并举，狠抓落实，构建了金融服务西藏集中连片特困地区的新格局，精准扶贫信贷投放的力度持续加大，金融精准扶贫各项工作有效推进，为助推西藏脱贫攻坚提供了强有力的金融支持。

一、金融助推西藏脱贫攻坚的主要做法

（一）加强组织领导，完善工作机制

一是人民银行拉萨中心支行作为西藏金融扶贫的牵头部门，在脱贫攻坚之初就组织西藏原银监局、证监局、原保监局及辖区所有金融机构成立了西藏金融精准扶贫领导小组，组长由人民银行拉萨中心支行行长担任，深入贯彻落实"主要负责同志亲自抓，分管同志具体做"的指示要求。领导小组下设西藏金融精准扶贫办公室，把能干事、会干事的优秀人才派到金融扶贫的岗位上集中办公，专职负责西藏金融精准扶贫工作。二是建立金融助推脱贫攻坚例会制

度，每月对全区金融精准扶贫工作进行梳理分析，总结经验、解决问题，不断督导金融助推脱贫攻坚各项工作迈上新的台阶。自开展脱贫攻坚以来，西藏金融精准扶贫领导小组已召开例会 50 余次，有力推动了西藏金融助推深度贫困地区脱贫攻坚伟大事业的发展。

（二）完善政策体系，强化政策保障

一是牵头出台《关于金融支持精准扶贫工作的实施意见》（拉银发〔2016〕65 号），明确西藏"十三五"时期金融扶贫总体规划，为打赢脱贫攻坚战提供了强有力的金融支撑。二是研究制定《关于进一步落实精准扶贫金融政策和信贷资金安排的意见》（拉银发〔2016〕118 号），为金融助推脱贫攻坚各项具体信贷措施提供了政策依据，进一步完善了精准扶贫政策体系。三是研究制定《关于切实加强易地扶贫搬迁贷款资金管理的意见》（拉银发〔2016〕65 号）、《关于切实加强产业扶贫开发贷款资金管理的意见》（拉银发〔2017〕69 号）、《西藏自治区金融对接扶贫产业项目工作指引（试行）》（拉银发〔2017〕71 号）等专项政策，有力地支持了西藏易地扶贫搬迁和扶贫产业项目发展。四是出台《关于金融支持西藏自治区深度贫困地区脱贫攻坚实施的意见》（拉银发〔2017〕134 号），为进一步做好西藏深度贫困地区金融服务工作奠定了基础。制订《西藏金融精准扶贫"八个全覆盖"工作实施方案》（拉银发〔2018〕76 号）、《金融结对帮扶推进精准扶贫工作的实施方案》（拉银发〔2018〕65 号）等从自治区到地市到县区到村居可执行、可操作的金融精准扶贫具体实施方案。金融精准扶贫政策多位一体、有机结合、精准对应，实现了能人大户、农村经合组织、产业项目、易扶贫地搬迁、建档立卡贫困户扶贫金融政策全覆盖。

至此，人民银行拉萨中心支行有针对性地丰富和完善了自治区金融助推脱贫攻坚政策框架，"多位一体"的金融政策互为补充、精准对应，覆盖了所有建档立卡贫困户，实现了产业扶贫、搬迁扶贫、到户扶贫等对应的各类主体应贷尽贷，为西藏精准扶贫、精准脱贫提供了强大的金融扶贫政策保障，为全区 59 万贫困人口脱贫致富构建了全方位、多角度的金融服务体系。

（三）强化信息对接共享，夯实金融精准扶贫的信息基础

根据《中国人民银行　国务院扶贫办　银监会　证监会　保监会关于加强金融精准扶贫信息对接共享工作的指导意见》，及时建立并完善金融精准扶贫信息系统，并出台了《中国人民银行拉萨中心支行办公室关于设立西藏金

融精准扶贫信息系统协调机制的通知》（拉银办发〔2016〕171号），有力推动了建档立卡贫困户、扶贫龙头企业等基础信息和金融信息的对接共享。结合《中国人民银行关于推广试用金融精准扶贫信息系统有关事宜的通知》（银发〔2016〕184号）要求，及时研究制定《西藏金融精准扶贫逐笔贷款统计监测制度》（拉银发〔2016〕103号）和《西藏金融精准扶贫信息系统数据报送制度》（拉银发〔2016〕107号），明确了自治区金融精准扶贫信息系统建设的相关制度安排，并组织人民银行各地市中心（口岸）支行和辖区各银行业金融机构开展了"金融精准扶贫信息系统综合培训"，对相关政策和业务进行系统介绍和专题学习，提高了西藏金融工作者精准扶贫业务水平，确保了全国金融精准扶贫信息系统如期上线和正常运行。

（四）深入调研、加强督导，对金融扶贫工作精准摸底

一是协同各地市中心支行加强对全区金融扶贫工作的调研。西藏金融精准扶贫办公室工作人员先后赴拉萨市堆龙德庆区、达孜县、尼木县、林周县、曲水县、墨竹工卡县、当雄县，日喀则市仁布县、南木林县、吉隆县，那曲地区比如县，阿里地区改则县，山南市扎囊县及隆子县玉麦乡等地开展实地调研。通过组织召开与县级政府部门、扶贫部门、村委班子的座谈会，深入了解各县脱贫攻坚的基本情况、扶贫特点以及金融服务能够参与助推脱贫攻坚的渠道与形式，研究解决扶贫过程中出现的新情况、新问题，督促指导辖区银行业金融机构落实金融扶贫各项政策。

二是为进一步掌握精准扶贫到户贷款、扶贫产业贷款、易地扶贫搬迁贷款政策落实情况及金融服务工作开展情况，人民银行拉萨中心支行行长郭振海同志带队先后多次赴阿里、那曲、昌都、林芝、日喀则等地深入各县、乡、村开展调研。通过与各县政府相关部门、农行基层营业网点召开座谈会和实地调研的方式，深入了解农牧区金融扶贫工作开展情况，查找存在的问题，为基层扶贫战线工作人员、基层营业网点信贷人员讲解金融扶贫政策，出主意、想办法。同时，督促指导人民银行各地市中心支行和农行各级分支机构切实抓好精准扶贫各项金融政策的落实，使金融真正成为推动西藏经济社会发展的强大支撑和动力。

（五）加大培训宣传教育力度，提高扶贫脱贫的意识和能力

一是在脱贫攻坚伊始，及时召开"一行三局"金融支持西藏经济社会发展意见新闻发布会，详细介绍"十三五"时期自治区金融助推脱贫攻坚相关

政策及已经开展的工作情况，扩大了金融精准扶贫工作的影响力。

二是西藏金融精准扶贫办公室多次借助自治区扶贫指挥部举办的打赢脱贫攻坚战专题研讨班、培训班、产业扶贫政策培训班、全国扶贫日等机会，在多种场合以通俗易懂的方式讲解"十三五"时期自治区金融助推脱贫攻坚相关政策，普及金融扶贫知识。

三是积极与地方党政加强沟通联系，选派金融系统干部到市、县任职。连续两年与拉萨市、林芝市、日喀则市等地市政府联合举办金融知识培训班，增强了地方党政领导干部、各级扶贫工作人员的金融意识，提升了运用金融撬动经济发展的能力。

四是设计并印刷《中国人民银行拉萨中心支行金融精准扶贫工作手册》3000册、《西藏自治区金融精准扶贫政策宣传手册》（藏汉双语）50万册，做到建档立卡贫困户一户一册。依托农村综合服务站、各村扶贫专干、驻村工作队等基层组织，加大宣传自治区扶贫开发特殊金融优惠政策的力度，使地（市、县、乡）相关扶贫职能部门及广大贫困群众及时了解政策、掌握政策，帮助其提升运用金融扶贫政策扶贫脱贫的意识和能力。

五是扎实推进定点扶贫和金融扶贫开发，探索"驻村队＋大学生村官（第一书记）＋银行信贷员＋村两委＋贫困户"的模式，大力支持农村合作经济组织，扩大生产规模，提升经济效益，着力完善驻村点基础设施建设，在贫困村建立金融综合服务站，充分发挥其扎根基层、贴近群众的优势，切实加强对基层干部扶贫金融政策、扶贫信贷产品、扶贫农业保险、普惠金融服务等方面的宣传培训，扶志扶智，重点保证让贫困户听得懂、听得进。为建档立卡贫困群众出主意、想办法，着力解决建档立卡贫困户摆脱贫困、谋求发展过程中遇到的各种问题，共同推进脱贫攻坚。针对当地基层教师队伍建设发展瓶颈，2018年7月，协调清算总中心出资30余万元，举办了土布加乡骨干教师赴京专题培训班，组织20名基层乡村教师到北京参加了为期13天的培训，为教育脱贫助力。

（六）建立统计监测和政策效果评估制度，确保金融扶贫政策落地见效

一是建立健全精准扶贫贷款统计监测制度。根据《中国人民银行关于建立金融精准扶贫贷款专项统计制度的通知》精神，指导辖区金融机构明确建档立卡贫困户、带动贫困户就业的产业企业以及重点扶贫项目贷款的统计口径，建立包括货币政策运用效果、信贷投放、信贷产品、利率和基础金融服务

信息的指标体系，并依托金融精准扶贫信息系统，动态监测分析金融精准扶贫工作进展，为金融精准扶贫相关决策提供数据和信息支持。

二是建立主办银行制度，明确国家开发银行、农业发展银行和农业银行等在藏金融机构在金融助推脱贫攻坚工作中应承担的责任。督促各主办行建立专门的精准扶贫贷款管理机制，设置精准扶贫贷款总账和明细账，确保发放的贷款明确到村、到户、到人，到企业、到项目，对贷款情况实行动态管理，并由金融扶贫办定期收集了解贷款数据及相关情况。

三是根据《关于开展金融精准扶贫政策效果评估的通知》及时研究制定了《西藏金融精准扶贫政策效果评估实施细则》（拉银发〔2017〕72号），完善了西藏金融精准扶贫政策效果评估框架，并按年度对各地（市）县（区）各银行业金融机构精准扶贫金融服务工作进展及成效进行评估考核。丰富评估结果运用方式，对评估结果进行通报，并纳入人民银行综合评价和宏观审慎管理框架，作为货币政策工具使用、新设金融机构加入人民银行分支机构金融管理与服务体系、实施差异化金融监管及财政奖补资金发放等的重要参考因素，有效增强了精准扶贫金融政策的导向效果。

（七）加强窗口指导，狠抓工作落实

一是积极督导各银行业金融机构本着讲站位、讲政治的高度，把思想和行动统一到习近平总书记指示精神上来、统一到总行党委的决策部署上来，根据《西藏自治区2017年产业精准扶贫项目汇编》，重点扶持一批在产业发展上能够起到龙头作用，在就业上能够起到吸纳转移作用，在利益联结上能够起到与贫困人口紧密挂钩作用的企业，积极主动地帮扶指导，及时高效地对接扶贫产业项目融资需求。二是紧紧围绕西藏供给侧结构性改革相关要求，建设金融助推产业脱贫项目库。充分依靠驻村工作队等基层组织，在乡镇、村级遴选一批致富带头人；坚持市场导向，在县区级扶持带动种养殖大户、培育农牧区经合组织，形成成熟的扶贫产业龙头和有市场前景的扶贫产业基础；做大做强优势产业集团，在地市和自治区级发展有竞争力的扶贫产业集群。三是每年年初研究制订金融支持西藏脱贫攻坚年度工作计划，督导各行根据相关计划扎实推进金融助推西藏脱贫攻坚具体工作，将相关工作开展情况通过周报及时报送至西藏金融扶贫办。一要根据"主要负责同志亲自抓，分管同志具体做"的精神，将"一把手"和分管行长每周在金融扶贫方面的工作动态和深入一线等情况，在周报中专设版面予以体现。二要根据强化分类实施推进的要求，本着宜农则农、宜牧则牧的原则，在明确扶贫责任和与建档立卡贫困户利益联结机制的前提下，因地制宜做好培育扶贫产业项目的金融服务工作。

二、取得的成效

（一）金融服务建档立卡贫困群众开创新局面

西藏作为全国唯一一个集中连片的特困省区，作为扶贫工作的重点领域，长期以来一直坚持不懈地推动扶贫事业，金融扶贫也在较早的历史时期就已探索开展。最初的西藏金融扶贫工作主要由人民银行西藏分行开展，自1995年人行、农行两行分设后，人民银行基层网点划归农业银行，金融扶贫特别是对建档立卡贫困群众的金融服务工作主要由农行西藏分行开展。

为解决西藏农牧民贷款担保难的问题，2001年，在人民银行拉萨中心支行的推动下，农行西藏分行正式推出了《农行西藏分行〈农牧户贷款证〉管理暂行办法》，创设了服务贫困农牧民群众的《农牧户贷款证》，推广了"金银铜"卡信贷产品，"三卡"贷款最高额度分别为：金卡10000元、银卡6000元、铜卡3000元。《农牧户贷款证》伴随农牧区经济社会发展和农牧民生活水平提高衍生的信贷需求增长而不断丰富完善，新创设钻石卡并分别在2003年、2010年、2012年、2014年和2016年提高了"钻、金、银、铜"四卡贷款额度，并创设了"金融精准扶贫贷款证"信贷产品。目前，"四卡"贷款授信额度分别为："钻石卡"贷款，一星15万元、二星20万元、三星30万元；"金、银、铜"卡贷款，信用县范围内金卡10万元、银卡8万元、铜卡7万元，信用乡（镇）、村范围内金卡8万元、银卡7万元、铜卡6万元，非信用县、乡（镇）、村范围内金卡7万元、银卡6万元、铜卡5万元。"金融精准扶贫贷款证"则主要用于为西藏建档立卡贫困群众发放"5万元、3年期、执行西藏特殊优惠扶贫贴息贷款利率"的扶贫小额信贷。

根据2017年人民银行拉萨中心支行组织金融系统对全区58.87万人、14.87万户建档立卡贫困户的经济金融情况进行的摸底调查，西藏有9.89万人、3.72万户因年龄过大、伤残、重大疾病、无生产能力等致贫，通过其他方式脱贫，不纳入金融精准扶贫范畴，另有1万多户暂无贷款需求，余下的9.39万户有信贷需求。人民银行拉萨中心支行随即组织金融机构为这部分建档立卡贫困户量体裁衣、确定方案，提供精准适用的金融服务。除去"春贷秋收"等季节性波动因素，据农行西藏分行了解，西藏精准扶贫到户贷款对有信贷需求建档立卡贫困群众的覆盖率近90%，户均余额超过3万元，位于全国前列，且到户贷款资金基本用于发展生产脱贫致富，"户贷企用"现象不普遍，也不存在发生系统性风险的隐患。截至2018年9月末，建档立卡贫困户贷款余额27亿元，不良率仅0.15%。

▼ 专栏1

山南市中心支行把脉"农牧民"金融服务需求，使农牧区感受到金融"温度"

一、基本情况

山南市地处西藏南部边境，属全国集中连片贫困区域，贫困人口多、面广、程度深，金融市场不完善，金融意识薄弱。近年来，人民银行山南市中心支行积极行动，及时响应总行金融扶贫工作指示，在人民银行拉萨中心支行正确领导下，以"政府放心、金融机构安心、农牧民群众称心"为宗旨，积极贯彻落实西藏特殊优惠政策，把准农牧民金融服务需求，因地制宜施谋设计，定制金融扶贫举措，取得了一系列实质成效，为促进辖区农牧民脱贫致富贡献了一己之力。

二、主要做法

（一）把脉农牧区金融需求，为精准扶贫做好调研准备

为切实摸清农牧户金融需求，精准开展扶贫工作，山南市中心支行创新组建了调研专班，邀请村级扶贫专干和金融机构基层网点人员，扑下身子入户调研，全面掌握农牧户真实金融需求。通过调研任务责任包干、走村入户按需分派、需求梳理督导考核等调研手段，截至2018年9月末，全市已圆满实现金融服务需求建档工作、农牧区金融服务工作及12县区金融调研工作全覆盖，合计建档立卡贫困户19191户，采集57844人次贫困人口个性化金融需求。与此同时，调研专班还积极整理采写第一手调研材料，为金融扶贫工作建言献策，年内7篇调研分析报告得到市委市政府领导肯定性批示，有关调研成果还迅速落地转化，玉麦乡等边境小康示范村"金融撬动"方案成功实施。

（二）把脉贫困户金融意识短板，精准实施金融扶智模式

面对山南市农牧区群众文化水平参差不齐现状，中心支行创新探索了"分类宣传、分层突破"的模式：针对"识字农牧民"群体，通过编发"特色宣传册""政策明白卡"等，借助强基办驻村工作队送至行政村最基层一线；针对有文化障碍的农牧民，启动"萤火虫工程"，通过组建藏语讲师团，创办"金融讲堂""金融夜校"、制作双语政策宣传片等普及金融知识；针对持有移动电话且网络畅通地区贫困户，通过推送"金融精准扶贫订阅号"新闻、"微信视频讲政策"等新手段实时排忧解难。截至2018年9月末，中心支行金融宣传工作已实现辖区全覆盖，金融知识宣传教育的"山南模式"已初步显现。

（三）把脉农牧区融资困境，精准推进普惠金融供给

面对山南市金融市场欠完善、农牧民用好用足用活金融能力欠佳等短板，中心支行实施差异化金融服务供给策略：对有效信贷农牧户，积极引导金融机构向上级争取差异化信贷政策；对满足部分准入条件的农牧户，实施"风险补偿基金＋抵押担保"等金融产品组合手段；对抵押担保难的农牧户，联合政府开展确权颁证工作；对成熟的特色农产品，通过"互联网＋电商"模式打通产品销路瓶颈，直接增加农牧民收入。截至2018年9月末，山南市建档立卡贫困户贷款余额近4.3亿元，农牧区到户贷款获得率和满足率已超过96%。

2017年以来，受金融扶贫政策召唤，山南市农牧民纷纷返乡发展，初步实现了顾家、创业两不误，其中，2016年辖内乃东区脱贫摘帽；2017年琼结、洛扎、曲松、错那、加查、桑日6县脱贫摘帽，172个村（居）整村退出，6130户、18418名建档立卡贫困群众实现脱贫。脱贫阶段性任务顺利完成，金融助力可持续"造血式"扶贫取得良好成效。山南市的积极探索和成功尝试为西藏推进金融精准扶贫工作积累了可复制、可推广的经验和做法，使农牧民切身感受到了金融精准扶贫的"温度"。

（二）金融支持易地扶贫搬迁工作走向新阶段

人民银行拉萨中心支行积极与相关部门沟通协调易地扶贫搬迁贷款发放及提款等相关事宜，督促指导国开行西藏分行和农发行西藏分行于2016年4月底完成了"十三五"时期152.38亿元易地扶贫搬迁专项贷款投放工作，为易

地扶贫搬迁总投资提供了90%的资金并实现了资金一次性到位。同时，督促指导两家银行对各地（市）易地搬迁项目进行信贷支持，保证全区易地搬迁工作实现应搬尽搬、合理安置、有序跟进。易地扶贫搬迁贷款资金于2017年上半年全额拨付完毕，截至2018年9月末，易地扶贫搬迁贷款余额149.58亿元，受益26.6万贫困人口，占贫困总人口的45%。目前已竣工搬迁点550个，11.7万建档立卡贫困人口实现了搬迁入住，项目进度符合规划预期。

（三）金融助推西藏产业脱贫攻坚迈上新台阶

2018年以来，人民银行拉萨中心支行及时制定了《关于切实加强产业扶贫开发贷款资金管理的意见》和《西藏自治区金融对接扶贫产业项目工作指引（试行）》，对扶贫产业贷款各类要素予以明确，对金融系统如何根据《西藏自治区2017年产业精准扶贫项目汇编》有效对接扶贫产业项目进行安排。截至2018年9月末，西藏金融系统完成了汇编中所有1540个产业项目的对接工作，经过初步筛选，共635个扶贫产业项目有贷款需求，金融部门为其中符合条件的565个项目发放贷款超过10亿元，覆盖面近90%。西藏产业精准扶贫贷款余额82.5亿元，同比增长0.87%，重点扶持了一批在产业发展上能够起到龙头作用，在就业上能够起到吸纳转移作用，在利益联结上能够起到与贫困人口紧密挂钩作用的企业。项目精准扶贫贷款余额1311亿元，同比增长32.47%。

为进一步加强金融政策与产业政策的协调配合，坚持以实现双向互动、合作共赢为突破口，深化银企对接，消除沟通不畅、对接不准、体制不顺壁垒，人民银行拉萨中心支行借脱贫攻坚经验交流展这一难得机会组织辖区银行业金融机构主动作为，就金融支持产业脱贫积极与参展七地市扶贫办领导及重点扶贫产业企业代表80余人沟通研究讨论。人民银行拉萨中心支行在深入了解各参展企业发展状况的基础上，及时收集整理了各地市需要金融部门支持的扶贫产业项目清单和融资需求，并根据罗布顿珠常务副主席在自治区重点扶贫产业项目点评会议上的重要指示精神，督导各行积极开展对脱贫攻坚经验交流展重点扶贫产业项目的金融支持工作。在深入对接和认真遴选的基础上，截至2018年9月末，辖区银行业金融机构共对接277家企业，完成签约的有113家，落地78家，其中落地的实体经济企业有50家，贷款金额367833万元，扶贫企业有28家，贷款金额62849万元。项目对接但未落地贷款的共性原因主要包括还在进一步接洽准备贷审会，贷款资料尚未补齐，规划、土地、环评等行政审批正在办理，财务制度不健全、会计报表不完善等；个性原因包括信贷资金需求超出实际经营情况过大等。另外，国开行表示还将通过批发转贷的形式支持扶贫产业项目，并已与西藏银行等积极对接产业扶贫转贷款授信工作。

▼ 专栏 2

昌都市中心支行筑牢金融根基抓精准创新产业扶贫求实效

一是精准解读，确保政策落实。为确保产业扶贫政策落到实处，多次以视频讲解、党校授课、入户宣传等方式，面向社会各界精准解读产业扶贫政策，推动政策宣传全覆盖；深入基层走访企业、银行，并与地方政府座谈，了解政策落实中出现的困难，强化政策指导；设立金融产业扶贫试点县及示范企业，以微信美篇等方式加大案例采集和宣传力度，发挥典型示范带动作用。

二是精准摸底，摸清扶贫对象。主动与政府部门沟通协调，认真梳理扶贫产业项目金融服务需求，构建市、县、村三级扶贫项目清单，做好项目储备工作。采用一企一案、一案一复的方式逐一对每个项目的对接情况进行记录并形成单独档案，适时向每个项目主体及相关政府部门反馈对接情况，帮助有信贷需求的企业尽快完善相关资料；建立项目进度表，实时督导贫困产业项目进度，成熟一个放贷一个，确保有效信贷需求应贷尽贷。

三是精准施策，灵活运用产品。第一，针对能人大户信贷需求周期短、资金量小、时间急的特点，以发放农牧民钻石卡信用贷款的方式帮助其发展农牧区特色餐饮、手工合作社、特产专卖等小产业。截至 2018 年 9 月末，共计发放钻石卡 892 张，贷款余额 2.59 亿元。第二，针对农牧民自创小企业规模小、链条短、内部管理不完善等特点，采取以企业主为贷款主体发放农村个人生产经营贷款的方式，逐步培育其发展壮大，扩大生产规模，强化产业带动能力。2017 年累计发放农村个人生产经营扶贫贷款 37 笔，贷款金额达 0.75 亿元，主要支持民族服装厂、唐卡制作、藏药生产等民族手工业发展。第三，创建"政府增信＋银行信贷"金融产业扶贫新模式。辖内 11

个县（区）政府已与农行各县支行签订合作协议，以政府设立产业扶贫风险补偿基金、银行发放产业扶贫贷款的方式，积极支持辖区扶贫龙头企业、特色旅游业、农牧林特色产品深加工等企业发展壮大，吸纳带动更多建档立卡贫困户就业脱贫。2017年，辖区累计发放扶贫小微企业贷款49笔，贷款金额4.84亿元。第四，针对辖区交通不便、基础设施落后等现状，加大基础设施项目扶贫贷款发放力度。2017年，累计发放项目扶贫贷款25笔，贷款金额17.46亿元，农牧区产业扶贫发展环境得到进一步改善。

2017年以来，昌都市金融机构累计发放产业、项目扶贫贷款111笔、23.03亿元，直接带动7000户农牧民增产增收。截至2018年9月，昌都市精准扶贫产业项目贷款余额为38.92亿元，同比增长30.94%。

截至2018年9月末，西藏全区金融精准扶贫贷款余额1458亿元，同比增长28.07%；全区扶贫贴息贷款余额达到539.87亿元，较2010年末增加520.22亿元，增长26.48倍。根据统计局相关数据，2017年末西藏自治区GDP为1310亿元，金融精准扶贫贷款是GDP的1.1倍，位列全国各省区金融精准扶贫投入力度之首。实践证明，西藏金融精准扶贫政策和金融助推脱贫攻坚实践，充分调动了各在藏银行业金融机构的积极性，极大地降低了脱贫攻坚各类市场主体的融资成本，有力地保障了西藏精准扶贫重点项目建设。金融已成为西藏自治区专项扶贫、行业扶贫、社会扶贫、金融扶贫、援藏扶贫、法治扶贫协同推进的大扶贫格局中政策支持最大、资金投入最多的一方，全面推动了西藏脱贫攻坚事业的发展，为西藏经济社会发展和长治久安提供了强有力的支撑。

在《中共中国人民银行拉萨中心支行委员会关于上半年金融精准扶贫工作开展情况的报告》（拉银发〔2017〕26号）上，西藏自治区党委书记吴英杰同志批示"人行拉萨中支工作积极主动，倾心为我区各项事业提供金融支持，所提建议应予重视，当前迫切需要研究解决打通中间环节"；西藏自治区政府主席齐扎拉同志批示"感谢金融业对西藏扶贫工作的支持，望再接再厉"；罗布顿珠常务副主席批示"人行工作务实高效"。自治区主要领导同志对金融扶贫工作的认可与肯定，极大地鼓舞了西藏金融助推脱贫攻坚的士气，坚定了西藏金融工作者打赢脱贫攻坚战的信心和决心。

甘肃省金融精准扶贫实践经验

——加强协作联动 发挥政策合力
全面深入开展金融扶贫攻坚行动

甘肃是全国典型的贫困省份，是全国唯一地处青藏、黄土和内蒙古三大高原交汇处的省份，是典型的"十年九旱"省份，70%以上都是山地、沙漠和高原。自然条件差、贫困面积大、贫困人口多、贫困程度深，是甘肃现阶段最基本的省情，也是一直制约甘肃经济社会发展的重大瓶颈。2013年，习近平总书记视察甘肃省时作出重要指示，要求甘肃加快脱贫致富步伐，努力与全国一道进入全面小康社会。2015年中央扶贫开发工作会议以来，按照人民银行总行金融精准扶贫工作安排和甘肃脱贫攻坚行动部署，人民银行兰州中心支行认真贯彻落实各项金融扶贫政策措施，综合运用多种货币政策工具，加强和改进信贷政策指导，完善金融精准扶贫机制，引导辖内金融机构创新金融扶贫产品、提升金融服务水平、加大扶贫信贷投入，切实发挥了金融在全省脱贫攻坚中的服务保障和资金支撑作用。截至2018年9月末，全省金融精准扶贫贷款余额达到2493亿元，居全国前列。

一、甘肃贫困省情及脱贫攻坚总体情况

（一）甘肃贫困省情

甘肃省是全国重点扶贫省份，也是集中连片特困地区较为集中的省份之一。2011年，国家新的扶贫开发十年纲要将全国14个集中连片特困地区作为新时期扶贫攻坚主战场。甘肃有58个县区被纳入六盘山、秦巴山、四省藏区三个集中连片特困地区，17个县区被列入省定贫困县，贫困县区占全省86个县区的87%。2011年，新时期扶贫战略实施初期，甘肃省有贫困人口842万人，贫困发生率高达40.5%；2013年，国家要求各省（自治区、直辖市）对贫困人口建档立卡，甘肃共有552万贫困人口实现建档立卡，以建档立卡贫困

人口测算，2013 年末贫困发生率为 26.6%，贫困人口和贫困发生率均位居全国前列，脱贫攻坚任务十分艰巨。

（二）甘肃脱贫攻坚总体情况

贫困是甘肃现阶段最基本的省情，也是一直制约甘肃经济社会发展的重大瓶颈。2013 年初，习近平总书记在视察甘肃时特别强调，甘肃贫困面大、贫困程度深在全国都是典型的，连片特困地区党委和政府的工作重点要放在扶贫开发上，把扶贫开发摆在更加突出的位置。"十二五"以来，甘肃省立足系统性贫困、区域性贫困、整体性贫困的实际，围绕促进扶贫对象、目标、内容、方式、考评、保障"六个精准"，谋划并实施了联村联户为民富民行动、"1236"扶贫攻坚行动和"1＋17"精准扶贫行动等三大行动，不断拓展扶贫开发新路径，努力提升扶贫脱贫精准性，以超常规的举措和办法推进精准扶贫迈上一个新的台阶。通过实施上述三大行动，甘肃贫困地区生活生产条件显著改善，贫困人口收入增加明显提速（年均收入增速较全省农民人均收入增速高 2 个百分点）。全省贫困人口从 2011 年末的 842 万人减少到 2017 年末的 189 万人，年均减贫过百万人；贫困发生率从 40.5% 下降为 9.6%。但由于历史的、自然的、社会的诸多方面因素，贫困地区发展慢、扶贫成本高、相对贫困凸显、返贫问题严重的状况仍然没有从根本上得到改变。按照扶贫部门最新标准测算，甘肃深度贫困县有 35 个，其中国定"三区三州"深度贫困县 17 个，省定深度贫困县 18 个，未脱贫人口占全省未脱贫总人口的三分之二。甘肃深度贫困县基本上都位于干旱少雨、山大沟深、高寒阴湿之地，自然条件差、贫困人口多、贫困程度深、返贫率高，如期完成脱贫攻坚、同步全面建成小康社会任务更加艰巨。

二、甘肃金融精准扶贫的探索与实践

甘肃是我国最早开展金融扶贫工作的省份之一。从 20 世纪 80 年代的"三西"地区扶贫到新一轮的集中连片扶贫，金融系统为全省扶贫开发提供了大量的资金支持和有效的金融服务，金融扶贫成为甘肃脱贫攻坚最有力的政策举措。甘肃金融精准扶贫工作先后得到汪洋副总理、总行及省委、省政府多位领导的充分肯定，三次在全国金融扶贫工作会议交流，连续七年荣获人民银行金融市场司金融扶贫工作优秀奖。2016 年 6 月，人民银行在兰州召开"全国金融精准扶贫现场会议"，向全国金融系统交流推介了甘肃金融精准扶贫的典型做法和经验。

（一）强化政策引导，探索金融扶贫新路子

为切实加强和改善甘肃脱贫攻坚金融服务，全面落实总行各项金融扶贫政策措施，人民银行兰州中心支行不断加强对全省金融精准扶贫工作的顶层设计，组织实施金融扶贫攻坚行动和"1384"金融精准扶贫工程，研究制定金融支持县域富民产业、电商扶贫等行业，以及革命老区、陇南秦巴山区等区域扶贫政策，督促辖内各银行业金融机构制定"十三五"金融扶贫规划，明确金融扶贫重点领域和具体任务，推动金融机构因地施策、因行施策，全省金融扶贫工作的规划性、协调性和整体带动性明显提升。研究建立了金融扶贫主办行制度，在14个贫困县创建"金融扶贫示范县"，协调金融机构与贫困地区建立对口帮扶与合作机制，积极推动国家开发银行、甘肃银行等金融机构与贫困地区政府签订脱贫攻坚战略合作协议，努力推进开发式产业金融扶贫模式，使各项金融扶贫政策在片区得到较好的贯彻落实。积极履行六盘山片区金融扶贫联动协调机制牵头行和秦巴山片区、四省藏区金融扶贫联动协调机制协作行工作职责，按照"分级负责、片区联动、多方合作"的原则，建立片区金融扶贫横向协作联动机制，统筹推进片区金融精准扶贫工作。

▼ 专栏1

金融精准扶贫工程助力全省脱贫攻坚

为贯彻落实《中共中央　国务院关于打赢脱贫攻坚战的决定》精神和人民银行等七部委《关于金融助推脱贫攻坚的实施意见》要求，2016年，人民银行兰州中心支行联合扶贫、财政等部门，在全省组织实施了"1384"金融精准扶贫工程，核心内容是开展八个专项行动：一是实施精准扶贫小额贷款专项行动，精准对接贫困户发展生产、脱贫致富信贷需求，力争为所有有信贷需求、有发展生产能力的建档立卡贫困户提供5万元以内的扶贫小额贴息贷款支持；二是实施易地扶贫搬迁贷款专项行动，精准对接需改善生存条件的贫困户信贷需求，力争"十三五"期间完成175亿元的易地扶贫搬迁贷款投放，支持50万建档立卡贫困人口易地搬迁；三是实施创业贷款专项行动，精准对接贫困人口就业就学金融需求，努力为所有符合条件的就业困难人员和家庭贫困学生提供创业担保贷款和生源地助学贷款支持；四是实施基础设施建设贷款专项行动，精准对接贫困地区改善发展环境金融需求，推动开发性、政策性金融为贫困地区交通、水利、电力、能源、生态环境建设等基础设施和文化、医疗、卫生等基本公共服务项目建设提供信贷支持；五是实施金融扶贫主办行专项行动，精准对接特色产业发展金融需求，推动金融机构与所有符合条件的新型农业经营主体建立稳定的主办行关系，提供全方位的金融服务；六是实施普惠金融服务专项行动，精准对接贫困地区基础金融服务需求，力争2017年底将金融服务延伸到58个特困县所有有网络覆盖的行政村，2018年底前延伸至全省所有有网络覆盖的行政村；七是实施政策资金支持专项行动，精准对接贫困地区信贷资金投放需求，积极为75个贫困县区争取优惠金融扶持政策，加大扶贫再贷款支持；八是实施信用体系建设专项行动，精准对接贫困地区金融生态环境建设，力争2018年底前实现建档立卡贫困户信用信息采集全覆盖。

（二）强化部门联动，构建金融扶贫新机制

"财政资金撬动、政府责任联动、保险保障推动"的银政保联动机制，是甘肃金融精准扶贫工作的重要经验。针对贫困地区基础设施建设、扶贫产业发展、贫困户创业生产、移民搬迁等领域金融需求，加强与财政、发展改革、扶贫、金融监管等多部门的协调合作，制定出台一系列引导性政策文件，从政策支持、配套环境、保障措施等多方面引导金融机构精准对接。推动地方政府在财政十分困难的情况下，筹措60多亿元资金为贫困县区建立政策性融资担保机构。在精准扶贫小额贷款工作中，推动省、县两级财政和经办银行共同建立20多亿元风险补偿金，有效分散了精准扶贫贷款风险。督促政府部门推进贫困地区融资环境建设，压实贫困县级政府联动责任，打消金融机构参与扶贫开发的风险顾虑。强化银政企合作，推动多家金融机构与各级政府签订扶贫战略合作协议，深入参与贫困地区开发建设。强化保险保障工作，探索农业保险"精准滴灌"扶贫模式，在全国首推中药材产值保险，大力发展养殖种植保险、扶贫小额贷款保证保险、农房保险，探索开发蔬菜价格保险和苹果种植综合保险等特色险种，帮助贫困农户增强风险承受能力，巩固扶贫成果。

▼ 专栏2

中药材产值保险助力定西产业扶贫

定西市地处六盘山片区核心区域，是全国"三西"扶贫策源地之一，有"中国药都"和"千年药乡"之称，辖内所产的党参、当归、黄芪等药材享誉全国。为助力中药材产业带动脱贫，帮助贫困药农稳定增收，定西市创新推出了"中药材产值保险"险种，有效防范化解了"药贱伤农"等问题。中药材产值保险由人保财险公司与中华联合财险公司按照55:45的比例进行共保，保险费率为6%，保额为每亩2000～3300元，保费120～198元不等，地方财政承担约占60%，药农自缴约占40%。中药材产值保险为政策性保险，办理过程中优先满足建档立卡贫困药农的参保需求。参保的中药材品种以党参、黄芪、当归为主。2014年试点开办以来，累计收缴保费8000多万元，累计承保中药材种植面积40多万亩，累计给付保险赔款6000多万元，累计参保农户10多万户（其中贫困户5万多户）、参保企业（合作社）100多家。

（三）贴近扶贫需求，创新金融扶贫模式

坚持产业扶贫和普惠发展理念，创新推出以贫困户为主要支持对象的"双联"惠农贷款、"牛羊蔬菜"产业贷款等扶贫贴息贷款产品十多种，确保信贷资金精准对接特色产业和农户需求。2015年以来，全省金融机构累计发放各类扶贫贴息贷款700多亿元，惠及100多万贫困农户。2015年配合财政、扶贫等部门推出的精准扶贫专项贷款，为建档立卡贫困户量身定做了每户5万元以内、期限3年、免抵押担保、财政全额贴息的小额贴息贷款支持，贷款累计投放437.6亿元，基本实现符合条件贫困农户全覆盖。组织全省人民银行系统开展县域产业发展专项调研，召开金融支持县域产业发展专题会议，研究制定金融支持县域产业发展指导意见，配合财政等部门推出特色产业专项贷款，精准对接县域富民产业。各金融机构也积极探索金融精准扶贫新模式，如工行的"联村联户助农贷"、中行的"益农贷"、建行的"农耕文明"涉农贷款、邮储银行的新型农业经营主体贷款等，都为脱贫攻坚提供了多元化的信贷支持。推进农户基础信用信息与建档立卡贫困户信息的共享和对接，推动涉农金融机构将农户信用评级与信贷投放挂钩，累计发放无抵押、免担保的农户小额信用贷款超过 1000 亿元，实现了贫困地区信用与信贷联动。

▼ 专栏 3

精准扶贫小额贷款助力贫困户脱贫致富

为贯彻落实国务院扶贫办等五部委《关于创新发展扶贫小额信贷的指导意见》要求，配合甘肃"1＋17"精准扶贫行动，2015 年，由财政部门牵头，人民银行、扶贫等部门配合，创新推出全额贴息的精准扶贫专项贷款，为全省 101 万户、417 万名建档立卡贫困户提供户均 5 万元以下、3 年以内、执行基准利率、财政全额贴息的无担保、免抵押小额信用贷款。为防范信贷风险，省级财政和承贷银行按 4:1 比例共同出资 20 亿元设立风险补偿基金，县级政府对贷款承担主体责任，并通过开展小额贷款保证保险、政策性农业保险、补贴贷款户购买人身意外保险保费等手段为贫困户增信。贷款由农行甘肃省分行、甘肃银行、省农信社、兰州银行四家金融机构划片承贷。截至 2017 年底，贷款累计投放 437.6 亿元，惠及 94.6 万户贫困户、近 400 万贫困人口，对符合条件的建档立卡贫困户基本实现全覆盖。

（四）强化工具使用，增强贫困地区金融扶贫资金实力

综合运用各项货币政策工具，认真落实差别存款准备金政策，加大支农（扶贫、支小）再贷款、再贴现等央行资金倾斜支持力度，支持金融机构扩大扶贫、涉农和小微企业等领域贷款投放，有效发挥金融扶贫政策和央行资金的政策引导和资金支持作用。2015 年以来，人民银行兰州中心支行通过创建支农（扶贫）再贷款示范区等途径，累计使用支农（扶贫）再贷款近千亿元，其中扶贫再贷款 340 多亿元，推动使用央行资金的金融机构创新推出多种"支农再贷款＋""扶贫再贷款＋""支小再贷款＋"模式，为贫困户、县域富民产业、农村居民和小微企业提供大量低成本小额贷款支持。为解决农村地区基础设施建设资金短缺问题，鼓励开发性、政策性金融机构申请使用央行抵押补充贷款和专项金融债资金超过 1000 亿元，为全省棚户区改造、易地扶贫搬迁

和农田水利、县乡道路等基础设施建设提供期限长、成本低的信贷资金支持，帮助80多万城乡居民改善居住条件。

▼ 专栏4

以再贷款示范区建设"撬动"金融精准扶贫

2015年以来，人民银行兰州中心支行探索创建了近100个支农（扶贫）再贷款示范区，将示范区建设与金融精准扶贫有效结合起来，实现再贷款资金精准对接脱贫攻坚。人民银行兰州中心支行印发示范区创建实施方案，明确示范区创建目标任务，指导各市州（各县区）级人民银行结合辖内经济发展特点和区域特色，制订具体实施方案和工作措施。各示范区按照"因地制宜、抓住特色、找准定位"的原则，将创建工作与金融支持新型农业经营主体、金融精准扶贫、农村金融产品和服务方式创新、农村信用体系建设等工作相结合，以重点支持农户发展规模种植业、养殖业为着力点，通过严格筛选，将养殖、种植户以及个体工商户较集中，发展前景较好的特色优势产业建成示范区，优先将再贷款资金用于发放特色产业贷款和精准扶贫小额贷款，支持贫困地区农业产业化龙头企业，带动贫困户脱贫致富。示范区创建以来，累计投放支农（扶贫）再贷款近千亿元，支持全省农村合作金融机构新增涉农贷款投放超过1000亿元，达到了"金融支持一地、基地引领一批、产业带动一片"的效果，实现了央行低成本支农和扶贫资金与富民产业、贫困农户的精准对接。

（五）创新普惠服务，提升金融扶贫服务水平

按照精准、普惠理念，组织实施普惠金融工程，着力构建全方位、多层次、广覆盖的金融精准扶贫组织体系、产品体系和服务体系。与银联合作建立"普惠金融共享家园"移动服务平台，2017年9月实现全省上线运行，推动普惠金融向数字化、便利化和专业化方向发展。探索建立金融扶贫主办行制度，推动120多家金融机构与4000多个新型农业经营主体签订主办行合作协议，通过支持新型农业经营主体发展带动贫困农户增收。强力推动金融服务进村到户，通过支持金融机构增设物理网点、网络服务、流动服务等便民措施，将金

融服务延伸到所有"双通"（通电通网）的行政村，有效解决了贫困地区金融服务"最后一公里"问题。依托网络平台，包括农业银行甘肃省分行的"四融"平台、建设银行甘肃省分行的"善融商务"、兰州银行的"三维商城"、农村产权信息化综合服务平台等，开辟了金融扶贫新领域。在甘南藏区探索建立 357 个"村级惠农金融服务站"，为偏远藏区农牧民提供一站式、零距离的金融服务。全省各地多家金融机构创新助农取款服务点、金融流动服务车、电话银行、手机银行等服务手段，极大地提高了贫困地区金融服务的综合性、便利性和可得性。

▼ 专栏5

普惠金融工程助力贫困地区基础金融服务水平提升

为贯彻落实国务院《推进普惠金融发展规划（2016—2020 年）》要求，2017 年，人民银行兰州中心支行在全省组织实施了普惠金融工程，以精准扶贫、县域经济、小微企业和城乡居民基础金融服务为重点，明确提出构建以信贷产品、金融服务、信用信息、互联平台、宣传保护和智库决策六大体系为框架的普惠金融服务体系。一是构建以"财政 + 金融"为核心的信贷产品体系，基本实现了符合条件建档立卡贫困农户扶贫小额信贷全覆盖、贫困家庭高校学生生源地信用助学贷款全覆盖、纳税记录良好小微企业银税互动信用贷款全覆盖。二是构建"传统 + 现代"相补充的金融服务体系，全面消除金融服务空白乡镇，将基础金融服务延伸到所有"双通"（通电通网）行政村。三是构建以"农户 + 企业"为两翼的信用信息体系，推广全省统一的"甘肃省农（牧）户信用信息管理系统"，创新开展甘肃股权交易中心企业信用贷款试点，为 80% 以上的贫困农户建立信用档案。四是构建"数字 + 普惠"相融合的互联平台体系，建成基于互联网的甘肃普惠金融服务平台——"普惠金融共享家园"微信服务平台，平台包括"支付服务""在线查询""金融宣传"三大类共计 42 小项业务，截至 2017 年末关注用户超过 36 万人。五是构建"教育 + 保障"同推进的宣传保护体系，构建省、市、县三级金融消费权益保护工作机制，加强监督检查与评估，畅通投诉受理和处理渠道；首推中药材产值保险，全面开展"两保一孤"保险，扶贫产业和贫困户风险保障水平大幅提升。六是构建银政学为一体的智库决策体系，成立普惠金融专业委员会、丝路普惠金融30人论坛和丝路普惠金融研究中心三个智库决策机构，为全省普惠金融发展提供智力支撑。

三、金融精准扶贫工作体会和思路

总体来看，甘肃金融精准扶贫工作取得了明显成效，但受诸多因素影响，仍然面临一些困难和制约，突出表现在贫困地区经济发展水平落后，特别是产业化水平低，使得金融资源集聚和承载能力弱、金融资源配置和使用效率不高，同时还存在贫困地区基础金融服务水平不高、金融生态环境有待改善、非涉农金融机构主动参与扶贫的意识有待增强、金融扶贫创新动力不足等问题。在金融精准扶贫实践中，有以下体会和认识：坚持产业扶贫方向，凝聚财政金融合力是金融精准扶贫的关键举措；坚持扶贫需求导向，完善创新金融服务是金融精准扶贫的核心任务；坚持风险分散原则，优化金融生态环境是金融精准扶贫的重要保障；坚持可持续发展，促进健全市场机制，是金融精准扶贫的内在动力。

（一）坚持精准施策，着力提高金融扶贫的瞄准性

精准扶贫，重在精准，贵在精准。只有全面、细致掌握各贫困县区、各贫困村镇、各贫困农户的贫困原因、资源禀赋等情况，找准致贫的"穷根"，才能确保信贷投向精准、金融服务精准，有效增加金融供给，真正把金融扶贫做到点上、扶到根上。要发挥各类金融扶贫优惠政策和支农（扶贫）再贷款等央行资金引导激励作用，督促金融机构将金融精准扶贫各项政策落到实处、落在贫困地区和贫困人口身上，根据帮扶项目特点和贫困户资金需求，提供差异化的金融服务，充分发挥政策效应。

（二）坚持政府主导，着力发挥财政金融的协调联动效应

贫困地区自然条件恶劣，经济发展水平普遍不高，财政自给率较低，支出主要依靠转移支付，金融风险保障机制不健全，制约了金融扶贫资金的投入。要积极争取地方政府的大力支持，通过整合财政资金、建立扶贫信贷担保机制、加大财政贴息和风险补偿力度，充分发挥财政资金的杠杆撬动作用，有效

防范道德风险，引导金融资源向贫困地区和贫困群众倾斜。

（三）坚持因地制宜，着力提升产业扶贫带动作用

习近平总书记在提出发展生产脱贫一批时强调："要立足当地资源，宜农则农、宜林则林、宜牧则牧、宜商则商、宜游则游，通过扶持发展特色产业，实现就地脱贫。"产业发展是实现可持续脱贫的关键。金融扶贫不仅要直接支持建档立卡贫困户自主发展，更要通过支持特色产业和县域经济发展带动建档立卡贫困户脱贫致富。

（四）坚持优化环境，着力提升金融扶贫的可持续性

良好的融资环境和健全的信用体系是金融扶贫可持续发展的基本保障。金融机构既要增强金融精准扶贫工作的责任感和使命感，也要处理好金融机构商业可持续和履行社会责任之间的关系，从绩效考核、内部授权、资源配置等方面，不折不扣地把金融扶贫政策措施落到实处。同时要积极发挥地方政府、监管部门等多方合力，加快推进农村信用体系建设，积极探索金融扶贫信息与建档立卡贫困户信息的对接，强化地方政府在信用体系建设中的责任，为金融深度参与扶贫创造良好的金融生态环境。

青海省金融精准扶贫实践经验

——打造"12345"青海金融精准扶贫模式
推动金融精准扶贫工作有序开展

2015年以来，人民银行西宁中心支行认真贯彻落实党中央、国务院扶贫工作精神，按照人民银行总行、青海省委省政府精准扶贫工作相关部署，从建立健全金融扶贫政策体系、探索创新金融扶贫"三级联动"和"六个一"工作机制等方面入手，着力抓工作牵头、抓全面推动、抓规划实施、抓工作督导、抓政策宣传、抓银证保协同联动、抓考核评估问责，全面推进产业扶贫、区域扶贫、易地搬迁、扶贫小额贷款等精准扶贫金融服务工作。三年多的实践中，在构建机制、完善政策、强化落实等方面开展了大量创新工作，形成了具有青海特色的金融精准扶贫模式，产生了良好的社会效应。

一、立足实际，打造"12345"青海金融精准扶贫模式

青海省地处青藏高原东北部，全省均处于青藏高原范围内，总面积72.23万平方公里，平均海拔3000米以上。截至2017年末，全省常住人口598万人，少数民族人口286万人，占全省总人口的47.8%，建档立卡贫困人口较2015年减少27万人，贫困发生率较2015年下降5.1个百分点。地理气候条件差、人口居住分散、少数民族人口占比多、贫困发生率高、扶贫难度大是青海省的特点。党中央作出开展精准扶贫重大部署以来，针对青海地区实际，人民银行西宁中心支行在尊重地区发展实际、尊重金融客观运行规律的前提下，早动手、勤调研、细谋划，构建了"12345"青海金融精准扶贫模式。

（一）构建一个核心工作机制，形成有效底层制度框架

2015年中共中央、国务院出台《关于打赢脱贫攻坚战的决定》，同年人民银行西宁中心支行与省扶贫局、财政厅联合制订金融精准扶贫青海行动方案，在全省建立了到村到户的"六个一"精准扶贫金融服务核心工作机制。扶贫

局、主办银行、村干部确定一位掌握相关政策的人员，分别担任每个贫困村的精准扶贫金融服务联络员、服务员、协管员，省委组织部向贫困村选派的驻村"第一书记"担任指导员，并为贫困户建立一份金融服务档案，颁发一份贫困户特殊信用证，形成四员一证一档案的"六个一"精准扶贫金融服务工作机制。以"六个一"工作机制为基础，人民银行西宁中心支行牵头相继建立了扶贫小额贷款主办银行制度、三级联动机制、贷款贴息机制和风险防控机制等配套工作机制。在金融机构自主、自愿的基础上，在全省每个县确定了 1～2 家主办银行作为金融扶贫的主力。与财政、扶贫等部门共同建立扶贫贷款贴息和风险防控机制，增强金融机构工作积极性。建立三级联动机制，对贫困区域进行分级包干，将责任落实到人民银行和金融机构，确保贫困户、贫困村、贫困县的各类金融服务问题有人过问、有人解决。

（二）开展两项工程，发挥金融扶智作用

根据党中央扶贫与扶智扶志相结合的要求，在中国金融教育基金会的支持下，2015 年人民银行西宁中心支行会同省财政厅、省金融办，在黄南藏族自治区州试点开展"金惠工程"，2016 年在全省推广"金惠工程"。2017 年，针对实践中贫困户因不良信用记录影响其自我发展能力的问题，人民银行西宁中心支行开展信用修复工程，对有发展项目、有一定还款能力、有劳动技能，但因历史遗留问题存在征信不良记录的贫困户，按照"政府帮一点、银行让一点、贫困户拿一点"的思路，探索构建"谅解 + 救济"信用修复重建机制。

（三）推动三类贷款发放，增强金融支持能力

开展金融精准扶贫工作以来，人民银行西宁中心支行立足自我发展脱贫、产业带动脱贫、易地搬迁脱贫，把扶贫小额信贷、产业扶贫贷款、易地搬迁贷款作为金融支持的重点，相继出台了专门的指导意见和政策措施，指导金融机构在风险可控的前提下，按照保本微利的原则加大对这三类贷款的投放力度，实现精准施策、精准发力。

（四）实现四个方面全覆盖，提升贫困地区金融服务能力

受地理气候、发展起步晚等因素的影响，青海省贫困地区基础金融服务薄弱、贫困人口金融知识较为匮乏。在关注贫困人口资金需求的同时，人民银行西宁中心支行将提升整体金融服务水平作为金融精准扶贫的重要内容之一。在推进金融精准扶贫过程中，提出实现惠农金融服务点全覆盖、政策宣传全覆盖、小额信贷服务地区全覆盖、督导检查全覆盖四项工作要求，以此提升贫困

地区的整体金融服务水平。

（五）制定五步走规划，按步骤推进金融精准扶贫工作

2016 年，人民银行西宁中心支行提出脱贫攻坚期开展金融精准扶贫五步走战略——2016 年为机制建设年，重点是建机制、打基础；2017 年为强化服务年，重点任务是进一步落实各项政策，强化金融扶贫服务；2018 年为攻坚深化年，加大对深度贫困地区的金融支持力度，做好已脱贫人口的后续支持工作；2019 年为巩固提升年，持续加大对贫困地区金融支持力度；2020 年为优化收官年，查漏补缺，确保金融扶贫攻坚工作顺利收官。

二、统筹各方力量，保障金融精准扶贫工作有序开展

在打造"12345"青海金融精准扶贫模式的过程中，人民银行总行和青海省委省政府给予了大力支持和科学指导，人民银行西宁中心支行在各方支持下，加强与相关部门的统筹协作，为确保金融精准扶贫工作有序开展提供了有力保障。

一是成立青海省金融精准扶贫协调工作领导小组，把金融精准扶贫工作纳入全省脱贫攻坚的总体战略部署当中。在青海省扶贫开发工作领导小组的领导下，2016 年成立了青海省金融精准扶贫协调工作领导小组（以下简称领导小组）。领导小组牵头单位为人民银行西宁中心支行，协作单位为青海银监局、证监局、保监局（银监局、保监局现已合并为银保监局），成员单位为各银行业金融机构和各省级保险公司。在领导小组的统筹协调下，金融部门与政府相关部门之间的协调配合和沟通效率有效加强。2015 年以来，人民银行西宁中心支行联合相关部门制定和下发了金融扶贫政策措施、行动方案、指导意见等文件 40 余份，形成了较为完整的金融精准扶贫政策体系，为开展金融精准扶贫提供了制度保障。

二是科学制定金融精准扶贫工作规划，确保各项工作的连续性和统一性。2016 年，人民银行西宁中心支行制定了金融精准扶贫五年规划，并且要求各金融机构每年制订当年的扶贫工作计划。2018 年制定了青海省深度贫困地区金融精准扶贫三年规划。通过制定规划和计划，合理确定总体工作要求，明确每一个工作年度的工作目标和任务，为实现工作目标的统一性和连续性提供了有力保障。

三是加大扶贫再贷款发放力度，确保金融精准扶贫资金供给充裕。2016 年以来，青海辖区各级人民银行累计发放扶贫再贷款 166 亿元，严格执行应用扶贫再贷款发放的贷款利率不超过 4.35% 的规定。通过扶贫再贷款的政策导向作用和低成本优势，有力地增强了金融机构服务贫困地区的能力，提高了金

融机构发放扶贫贷款的积极性，确保扶贫信贷资金供给总体充裕，引导扶贫贷款利率整体处于较低水平。

四是牵头区域联动，加大对深度贫困地区的金融支持力度。2013年以来，人民银行西宁中心支行牵头青海、四川、甘肃、云南四省十个藏族自治州建立扶贫开发金融服务联动协调机制，定期召开联席会议，加强区域合作和经验交流，对区域内存在的问题共同探讨解决方法、共商解决方案，将金融扶贫好的经验和做法在四省藏区推广应用，藏区深度贫困地区的金融服务获得性和获得率显著提升。截至2018年9月末，青海省藏区贷款余额784.55亿元，同比增长6.5%，高出全省平均水平2.63个百分点。

五是坚持问题导向动态调整政策体系，确保金融精准扶贫政策符合群众需求。脱贫攻坚是一个动态过程，在坚持大原则、明确总体方向的前提下，人民银行西宁中心支行坚持问题导向，根据贫困户需求对相关政策进行精准调整，不断完善和丰富细节。例如，2016年人民银行西宁中心支行参照一般商业原则和传统信用评级模式制定了针对贫困户的信用评级办法，但贫困户信用评定比例较低，影响扶贫小额贷款发放，因此2016年下半年中心支行根据督导调研中发现的问题，把信用评级调整为信用评定，确保大多数贫困户能够成为信用户。又如，在实践中，商业银行贷款终身责任制影响基层信贷人员发放扶贫贷款的积极性，为此人民银行西宁中心支行协调监管部门和金融机构，制定了针对扶贫贷款的差异化考核机制，对金融精准扶贫贷款实施尽职免责考核。

三、充分发挥工作机制作用，金融精准扶贫工作成效显现

在"12345"青海金融精准扶贫模式的推动下，各项工作机制顺利有序运行，形成了各个工作机制有机配合、系统发力、精准扶持的效果。

一是利用体系化的工作机制夯实金融精准扶贫工作的基础。从实践来看，以"六个一"机制为基础的工作体系，在很大程度上解决了村级层面银行和贫困户信息不对称、贫困地区信贷人员紧缺、信用信息不完善等问题，在推动扶贫贷款发放方面起到了重要的基础性作用，实现了定点发力、靶向精准的目标。2016年6月末，全省全面完成建档立卡贫困户金融服务档案的建立工作，覆盖面达到100%；2018年9月末，完成了对全省贫困户的信用评定工作，其中信用贫困户12.36万户，为扶贫贷款发放工作打下了坚实基础。

二是普惠金融政策目标和市场规律之间形成了有机统一。青海省自开展金

融精准扶贫工作以来，在政策设计和任务目标上就充分考量了政策性目标与市场规律的统一，所有工作机制的建立都遵循了坚持政策导向、尊重市场的原则，明确扶贫贷款要按照保本微利要求，切实让利于民；明确贷款投放要有风险防控和熔断机制，避免贫困人口因过度负债导致脱贫难度加大。截至2018年9月，建档立卡贫困人口及已脱贫人口贷款余额为26亿元，同比增长32%，6.85万户建档立卡及已脱贫贫困户获得贷款支持，占建档立卡贫困户总数的43%；累计支持10.7万贫困人口完成易地搬迁，占全部贫困人口的21%。

三是扶贫信贷产品创新有力契合了贫困人口需求。青海省各金融机构按照因地制宜的原则，针对贫困户的切实需求，不断改进信贷管理模式、丰富信贷产品，有效缓解了传统信贷产品不契合贫困户需求的问题。据统计，截至2018年9月末，青海省各类扶贫信贷产品67种，涵盖了贫困户创业、贫困户临时性流动资金需求、扶贫企业发展等各类资金需求，并涌现出了"福农卡""循环贷""拉面贷""致富贷"等深受群众好评的产品，形成了国开农贷、代格模式、拉格日模式等具有示范效应的信贷模式。

四是发挥"金惠工程"作用确保政策宣传不留死角。开展"金惠工程"以来，青海省省级财政投入90万元宣传经费，由人民银行西宁中心支行牵头省金融办、省扶贫局等部门在全省制作和印发60多万份汉藏双语的各类宣传资料，确保全省16万户贫困户每一户至少收到一份宣传资料。人民银行西宁中心支行牵头全省金融机构派出各类志愿者2000人次，确保政策普及覆盖全省1622个贫困村。在全国率先开通了"12363"金融扶贫政策热线，确保贫困户能够方便、高效地了解金融扶贫政策。此外，人民银行西宁中心支行机关在海东市民和县甲子山村、黄南藏族自治州泽库县羊玛日村建立了两个志愿者服务基地，轮流派出青年干部开展驻村助力精准扶贫工作。

五是应用信用修复工程增强贫困人口的发展能力。根据信用修复工程的要求，金融机构按照"谁贷款、谁排查"的原则，对与贫困户有信贷关系、有历史欠债的信贷情况开展全面摸排，精准识别征信不良记录产生的原因，逐户分析，着重筛选有不良记录、欠款已还清和非主观恶意导致不良记录的贫困户进行信用修复重建。逐步探索建立了"小额信贷+第三方信保"机制、"贫困信用户+贫困户"整村信贷帮扶模式和贷款行减免利息、执行三次用信的观察期等有征信不良记录贫困户的信用修复重建方法，有效增强了贫困户自我发展能力。截至2018年9月末，青海省累计对3086户贫困信用户开展信用修复重建，1781 户贫困户信用得到修复重建，其中向 1551 户信用得到修复重建的贫困户发放贷款 5143.78 万元，有效解决了有不良信用记录贫困户因数量微小的欠贷欠息而导致不能贷款的问题。

六是四个全覆盖有效提升贫困地区基础金融服务。2015 年以来，通过定期督导、联合检查、不定期抽查等方式，实现了对全省各县的督导全覆盖，成为推动金融精准扶贫工作的有力抓手。截至 2018 年 9 月末，全省各村设立 4904 个村级惠农金融服务点，海拔 4000 米以上的服务点 90 个，遍及 3062 个行政村，符合惠农金融服务点设立条件的村级覆盖率达 100%。在逐户发放金融精准扶贫宣传资料的基础上，辖区各级人民银行通过制作动漫、宣传片等方式在自媒体上进行金融知识宣传，并通过移动、联通、电信三大运营商对金融精准扶贫进行全覆盖的短信宣传。2017 年，要求金融机构对"三有一无"贫困户开展建台账、列清单、销号管理的针对性服务，并要求在 2018 年前实现金融服务全覆盖。

七是发挥领导小组统筹协调作用积极推进保险扶贫。为充分发挥保险的增信作用，降低贫困地区因灾、因病返贫率和扶贫金融风险，青海原保监局与人民银行西宁中心支行联合下发了《关于做好保险业助推青海省脱贫攻坚工作的实施意见》《关于开展精准扶贫小额贷款保证保险业务有关事项的通知》，积极推动农村小额贷款保证保险业务发展，共支持金融机构发放贷款 2000 多万元。此外，在藏区深度贫困县（果洛藏族自治州玛沁县）三乡试点开展藏系羊牦牛降雪量气象指数保险，解决了 1100 多户农户的后顾之忧。对农村低保户、优抚对象、五保户、贫困重度残疾人等四类人群农房保险进行财政全额补贴。针对西宁地区 2.18 万户 7.3 万名建档立卡贫困人口提供"菜单化"保险服务，防止因大病或意外致贫、返贫。

▼ 专栏

青海省金融精准扶贫案例

一、"基地（合作社）＋贫困户＋银行"模式

针对藏区贫困农牧户无致富项目的困境，2016 年贵德县建立"基地（合作社）＋贫困户＋银行"模式。该模式下，贫困户加入基地（合作社），由基地（合作社）向银行申请贷款，银行对基地（合作社）经营状况、经营能力及项目带动贫困户情况进行综合评价后发放贷款，支持贫困户发展养殖产业。在江仓麻高原生态综合养殖基地与吸纳的建档立卡贫困户签订畜牧养殖协议并传授其技术、咨询服务知识的基础上，2017 年贵德县农村信用合作联社向该养殖基地发放产业扶贫贷款 700 万元，支持加工销售藏香猪肉、牛羊肉（风干）、土鸡、优质土鸡蛋、乳制品等特色农副产品，目前基地带动贵德县常牧镇都秀村的建档立卡贫困户 153 户年人均增收 621 元，并为贫困人口提供 43 个就业岗位。

二、扶贫龙头企业金融服务带动模式

为做到产业带动扶贫，在青海玉树等地探索建立了扶贫龙头企业金融服务带动模式，各金融机构精准对接和选择带动农牧民贫脱效果好的企业，利用产业扶贫政策和金融扶贫政策，通过发展特色优势产业带动农牧民就业，实现精准扶贫。例如，2016 年青海银行玉树分行为省级扶贫龙头企业索南达民族服饰有限公司发放贷款 2000 万元，支持企业吸纳 51 名建档立卡贫困农牧民。2017 年，农行称多支行为玉树藏族自治州龙头企业称多县高原牦牛畜产品公司发放贷款 800 万元，支持该公司吸纳 50 户建档立卡贫困农牧户就业，在每年牦牛出栏季，解决 1000 多户牧民销畜问题。

三、拉格日"产业扶贫示范村＋扶持资金＋信贷支持"模式

拉格日地处青海省黄南藏族自治州泽库县西部，辖 4 社、167 户、864 人。2010 年全村人均纯收入仅为 2512 元，贫困人口占全村的 70%，是远近闻名的贫困村。拉格日村引入生态畜牧业的发展理念，利用农信社发放的151 万元项目贷款，建设畜牧业有机畜棚，并以合作社为载体，集合全村畜牧、草场等资源，形成了以劳力专业分工、生产指标量化、用工按劳取酬、利润按股分红为主的生产经营模式。开展金融精准扶贫工作以来，金融机构已累计向该村投入贷款 1800 余万元，支持该社建立畜棚 12 座，并依托草场发展旅游餐饮、民俗产品等相关产业。2016 年末，合作社创收 948.5 万元，人均分红 5182 元。

四、"公司＋牧业合作社＋牧户＋财政资金担保"模式

玛尔洛乳食品有限公司成立于 2013 年，是果洛藏族自治州一家专门生产加工牦牛乳制品的私营企业。玛尔洛乳食品公司与辖内3个合作社，即甘德县下贡麻乡俄尔金生态畜牧业合作社、玛沁县大武乡哈隆村生态畜牧业合作社、玛沁县大武镇玛尔洛牧业养殖专业合作社签订了奶源供应协议，涉及牧户118户，其中贫困农牧户占一半以上。果洛农村信用合作联社在财政担保的基础上，根据带动贫困户情况向该公司发放贷款350万元，支持其升级采购设备、建立奶源储备。截至2017年9月末，玛尔洛乳食品公司销售额达585万元，实现利润170万元，带动了辖内近100名农牧民增收致富。

五、金融支持扶贫产业园模式

2013年，海南藏族自治州同德县建立了省级扶贫产业园，聚集财政资金、信贷资金、自有资金，吸引优质企业入驻园区。园内企业以带动贫困户脱贫为目标，在大量吸收贫困户做产业工人的同时，注重对贫困户劳动技能的培训。2015年以来，按照《金融支持精准扶贫青海行动方案》，金融机构向扶贫产业发放扶贫贴息贷款2216万元，支持发展了青稞炒面、民族传统实木家具、民族服饰等一系列特色产业，为贫困户提供了生产脱贫平台，教会其一技之长，也为当地培养了专业人才。截至2017年9月末，同德县省级扶贫产业园区吸纳贫困户就业1180余人，人均年收入2.4万元。

四、开展金融精准扶贫工作的几点体会

开展金融精准扶贫工作以来，人民银行西宁中心支行在总行的指导下，较好地履行了工作职责，取得了一些成效。这些成效来源于中央政策的科学指导，来源于各部门的协作配合，来源于基层金融工作者的辛苦努力。总结起来，以下几点经验对进一步做好金融精准扶贫工作具有一定借鉴意义。

（一）机制建设和政策扶持是关键

在各级领导的高度重视下，青海省建立了契合地方实际的"12345"青海金融精准扶贫模式，通过构建有效的工作模式，将各类扶持政策进行整合，形成多维度的帮扶是提高贫困人口金融资源可获得性的关键。

（二）金融精准扶贫要"有规有矩"

要确保金融精准扶贫工作的有序开展，必须"有规可依，有矩可循"。要根据各地特点，制定特色金融扶持政策，使金融扶贫在政策框架内有序运行。

（三）金融精准扶贫要"摸清底细"

只有摸清贫困户真实合理的金融服务需求和生产经营状况，将责任落实到人，才能做到扶持的"准"和服务的"精"。

（四）金融精准扶贫要"让利于民"

综合运用降低贷款利率、财政贴息等扶持政策，减轻贫困户利率负担，才能实现脱贫政策目标与商业可持续原则的有机结合。

（五）金融精准扶贫无"后顾之忧"

通过设立风险防控资金，对扶贫贷款给予风险补偿和分担，才能解除"后顾之忧"，有效调动金融机构积极性。

（六）金融精准扶贫无"服务死角"

金融扶贫领域宽、范围广，要调动全部金融机构参与，要做到金融服务"无死角"，才能有效助力脱贫攻坚。

（七）金融精准扶贫要"加强督导"

金融扶贫牵扯的部门较多，需要多部门的联合督导和现场检查，金融精准扶贫政策才能真正落地生效。

（八）金融精准扶贫要"宣传到位"

通过多途径、广覆盖的宣传，让贫困群众了解金融扶贫措施、方式，是用足、用好金融扶贫政策的前提。

宁夏回族自治区金融精准扶贫实践经验

——发挥金融引导作用
全力助推金融扶贫示范区创建

宁夏是少数民族聚居区，分布有西部欠发达革命老区、集中连片特困区等贫困区域。在过去的 30 多年间，宁夏多措并举全力攻坚，实现减贫人口近 330 万人，贫困发生率由 2012 年底的 25.6% 下降到 2017 年底的 6%，农民人均纯收入也持续增长，减贫成效显著。宁夏金融系统以高度的责任感和大局意识，认真贯彻落实中央"精准扶贫、精准脱贫"要求，以打赢脱贫攻坚战为目标，以金融扶贫示范区创建为平台，以提高金融服务渗透率为抓手，摸索"定位高起点、政策广覆盖、部门严把关、政府责任担、金融重服务、典范优则先、创新点面带"的金融精准扶贫实践，助力脱贫攻坚。

一、金融精准扶贫的宁夏做法

（一）定位高起点：从"高"定位金融精准扶贫，以党的事业高度落实金融引领作用

党的十八大以来，以习近平同志为核心的党中央把脱贫攻坚摆在前所未有的突出位置，党的十九大从党和国家事业长远发展全局高度，将打赢脱贫攻坚战作为决胜全面建成小康社会的一场硬仗来攻克。2017 年 6 月，习近平总书记在深度贫困地区脱贫攻坚座谈会上，进一步强调金融要做优主业、做精专业，加强对偏远地区的金融服务，推进金融精准扶贫。人民银行银川中心支行组织金融机构全面学习党中央、国务院、人民银行总行关于金融扶贫的系列安排部署、会议精神，引导金融机构从国家战略和政治高度充分认识金融扶贫的重要意义，金融扶贫连续 5 年被列为宁夏回族自治区"三重一大"工作任务、全行重点创新工作；组织成立区、市、县三级金融精准扶贫协调平台，督导金融机构成立推进领导小组，落实部门牵头责任，正确处理商业利益和履行社会

责任之间的关系，本着金融资源优先支持贫困地区原则，制订服务计划和"十三五"金融扶贫规划，明确 32 项"十三五"金融产品设计和服务承诺，推动机构下沉、服务下沉、资金下沉，着力提升贫困户金融服务获得感。

（二）政策广覆盖：从"实"制定完善政策体系，以针对性政策确定发力重心

2013 年以来，人民银行银川中心支行发挥地方金融扶贫牵头责任，从银行、保险、证券"大金融"角度出发，发挥部门联动效应、建立"普惠＋特惠"推进主线，全力推进金融扶贫由"输血式"支持向提升贫困地区"造血"功能转变。特别是银川会议以来，以"精准扶贫、精准脱贫"为指引，先后制定印发集中连片特困地区金融服务、金融扶贫行动计划、金融精准扶贫产品和模式推广、金融扶贫示范区创建、深度贫困地区金融服务等一揽子金融扶贫措施，推动金融机构精准扶贫。

（三）部门严把关：从"严"落实各方责任，以贫困县为基础增强精准扶贫部门合力

政府相关部门、证监、保监等从各自职能出发，印发《农村金融改革创新试点推广方案》《关于创新财政支农方式加快发展农业特色优势产业的意见》《关于加快资本市场发展助力脱贫攻坚的意见》《宁夏保险业服务扶贫开发工作指导意见》等文件，提出目标、分解任务、压实责任。在全辖范围内形成"区、市、县、乡"四级政府联动，各级财政、扶贫、银行、保险、担保等合力推进格局。金融机构优化专业机构设置：农业发展银行专设扶贫业务处，在无机构贫困县设立工作组，实现业务全覆盖；农业银行、交通银行分别设立扶贫和普惠金融事业部；邮储银行增设三农事业部，下设扶贫小额事业部；宁夏银行设立金融扶贫工作办公室。金融机构以贫困县为基础，"一县一品""一行一策""一保一县"明确金融产品设计、服务承诺，支持脱贫攻坚。

（四）政府担责任：从"严"控风险促协调，以政府信誉实现资金撬动和对口协作

一是不断完善风险防控机制。督促各级财政积极整合涉农、扶贫资金，在市、县（区）成立政府背景的担保公司，设立各类扶贫担保基金。截至 2017 年末，宁夏 20 个扶贫任务县全部建立风险补偿基金或担保基金。截至 2018 年 10 月末，风险补偿基金规模达到 9.5 亿元，同比增长 41.8%。二是继续深化闽宁对口帮扶协作。在闽宁互学互助对口协作第二十一次联席会议召开期间，

农发行宁夏回族自治区分行与农发行福建省分行正式签署《东西部扶贫协作战略合作协议》。双方将按照"统筹规划、有序推进、互学互助、结合实际、用好政策"的原则，建立定期磋商、融资合作、政策制度共享等友好协作机制，重点围绕脱贫攻坚目标、闽宁合作发展规划、东西扶贫协作项目、人力资源管理等方面，大力推进精准帮扶工程，积极推动产业精准扶贫，加大信贷支持力度，深化人才交流。

（五）金融重服务：从"重"夯实基础服务，以完善服务促农户获得感提升

一是重信用创建培育。建立农户信用信息档案，推进"信用户""信用村""信用乡（镇）"评定，增强贫困户信用意识。支持宁夏银行、宁夏黄河农村商业银行等将同业信用评级结果作为评级参照，简化评级环节，有效促进了贫困地区信用与信贷联动，便利了信用农户融资。针对信用不良名单户，根据形成原因，凡不属于恶意拖欠的，采取二次信用评级、信用重建等方式分类释放。二是重基础金融服务延伸。金融机构向贫困地区增设或恢复机构网点设置，中国银行在中宁、固原、盐池新增设置，建设银行在彭阳设立支行，宁夏银行固原分行开业。截至2018年9月末，贫困县（区）设立银行网点235个，每万人拥有服务网点1.11个，人均持卡量达到3张，设立助农取款服务点1530个，其中182个加载了电子商务功能，基础金融服务基本实现全覆盖。三是重农村产权交易平台搭建。全辖建成13个县级农村产权交易平台，为农村产权流转、抵押贷款、抵押物转让等提供信息发布、抵押物登记、价值评估、交易鉴证等服务。"两权"抵押贷款5个试点县（区）均建立了农村产权流转交易中心。截至2018年9月末，5家交易平台累计成交3.53万笔、33.39亿元。四是重脱贫保障。创新"扶贫保"系列保险产品，包括家庭意外伤害保险、大病补充保险、借款人意外伤害保险、优势特色产业保险等，实现建档立卡贫困人口全覆盖。

（六）典范优则先：从"实"创新特色做法，以典型模式复制推广促扶贫成效提升

研究出台《宁夏金融精准扶贫模式和信贷产品推广方案》，涉及全辖18家金融机构48种扶贫信贷产品，指导金融机构主动对接政府支持措施、深化现有专属精准扶贫信贷产品，主动对接典型带动模式，结合业务实际从优选择复制推广，有力地促进了以"631"评级授信、互助资金、千村信贷、资金捆

绑、企业参与、惠民微贷为核心的"盐池模式"，以"银行＋合作社（农村能人）＋农户"为核心的"蔡川模式"，重财政资金、信贷资金联动的"固原做法"，重土地资源价值利用的"同心特色"等典型模式的复制推广。组织实施金融助推脱贫攻坚行动计划，各机构明确"十三五"金融扶贫产品设计和投资计划，通过向其总行争取支农转贷业务、批发贷款业务、信贷转授权、单列信贷计划等持续增加金融扶贫投入。

（七）创新点面带：从"准"聚焦服务对象，点面结合精准对接服务需求

精准对接金融扶贫关键领域和环节，实现服务有目标。一是精准对接贫困地区信贷需求。用足用好扶贫再贷款政策，灵活把握扶贫再贷款投放时机，力争匹配农业生产周期。自扶贫再贷款开办以来，累计向贫困县（区）地方法人金融机构发放扶贫再贷款 32.48 亿元，撬动金融机构发放金融精准扶贫贷款 60.6 亿元。鼓励银行争取总行业务转授权，对贫困地区单列信贷计划。二是对接建档立卡贫困户需求。针对不同地域、不同贫困户特点，因村因户施策，创新信贷产品及服务，形成"金扶贷""移民贷""农地贷""农房贷"等专项信贷产品。贫困地区扶贫小额信贷覆盖率达到 81% 以上。三是对接产业发展需求。把增强贫困户的"造血"功能作为金融扶贫的着力点，从农业特色产业发展中找准金融支持扶贫切入点，以做大特色产业为依托，支持发展"公司＋基地＋农户"和"公司＋专业合作社＋农户"等多种企业参与、多个主体互动模式。截至 2018 年 9 月末，产业精准扶贫贷款余额 130.45 亿元，同比增长 4.7%。四是盯住易地扶贫搬迁。实施业务主办行制度，引导国家开发银行宁夏回族自治区分行、农业发展银行宁夏回族自治区分行积极做好与扶贫办、财政厅、发展改革委、扶贫开发投融资公司等部门的对接工作，指导两家业务主办行开通易地扶贫搬迁贷款绿色通道，简化贷款程序，缩短贷款环节。截至 2018 年 9 月末，易地扶贫搬迁户贷款余额 28.4 亿元。

二、宁夏经验的主要成效

（一）金融精准扶贫贷款增速快于全辖平均水平

截至 2018 年 9 月末，全区金融精准扶贫贷款（含已脱贫人口）余额 630.1 亿元，同比增长 4%。建档立卡贫困人口贷款余额 85.6 亿元，同比增长 74.3%；产业精准扶贫贷款余额 130.45 亿元，同比增长 4.7%，其中 47% 为中长期贷款；项目精准扶贫贷款余额 414.2 亿元，88.7% 的资金投向农村基础

设施建设。国定贫困县金融精准扶贫贷款（含已脱贫人口）余额 156.7 亿元，同比增长 16.9%，高于全区 12.9 个百分点。

（二）特困地区融资成本显著降低

支农、支小再贷款等信贷政策支持再贷款的投入扩大了涉农贷款、扶贫贷款总量，还带动金融机构有效降低涉农贷款、扶贫贷款成本。2018 年第三季度，建档立卡贫困户贷款加权平均利率为 4.71%，较上年同期下降 0.49 个百分点；已脱贫人口贷款加权平均利率为 4.72%，较上年同期下降 0.48 个百分点；产业精准扶贫贷款加权平均利率为 4.98%，项目精准扶贫贷款加权平均利率为 4.94%。建档立卡贫困户及产业、项目精准扶贫贷款加权平均利率分别低于全区一般贷款平均水平 2.29 个、2.02 个和 2.06 个百分点。

（三）特色做法获中央肯定并被复制推广

2016 年 1 月，国务院常务会议提出对宁夏盐池县给予督查表扬，并享受"免督查"和六项激励措施；时任国务院副总理汪洋充分肯定蔡川村金融扶贫模式并作出"值得推广"的重要批示；盐池模式中的"631"评级授信在全辖推广，"固原做法""同心实践"等典型模式发挥积极带动效应。其中，重点贫困县盐池县坚持"信用 + 产业 + 金融"联动，助推盐池县贫困发生率由 2014 年的 23.7% 下降到 2017 年的 0.66%，农民人均纯收入实现年均 12.3% 的增速，顺利通过国务院扶贫开发领导小组的贫困县退出专项评估，率先在宁夏实现脱贫摘帽。

（四）贷款额度、期限优化，较好满足了农业生产需求

根据宁夏金融精准扶贫信息系统数据，2018 年 1－9 月，新发放建档立卡贫困户（含已脱贫人口）人均贷款额度为 5 万元，比上年同期增加 5600 元。9 月末，建档立卡贫困户（含已脱贫人口）3 年以上（含 3 年）期限贷款占比为 37.1%，同比提高 5.9 个百分点。

三、下一步工作思路

下一步，人民银行银川中心支行将按照总行会议精神和要求，结合宁夏金融精准扶贫工作实际，将产业精准扶贫工作作为重中之重，畅通连接机制，联合相关部门，切实发挥好区、市、县、乡联动功能，打好各部门协同发力的"组合拳"，选取具备产业发展基础的贫困地区，积极引导金融机构加大产业培育力度，确保金融资源向产业集聚，以产业带动建档立卡贫困户脱贫致富，

走可持续发展道路。同时，积极防控金融扶贫领域风险，摸排不良贷款情况，规范发展扶贫小额信贷，认真开展全辖金融扶贫领域作风问题专项治理工作，着力构建金融扶贫领域作风建设长效机制。

▼ 专栏

宁夏金融扶贫示范区创建的六个典型做法

一、"盐池实践"：五项举措缓解融资难题

以"信用＋产业＋金融"（即信用建设＋产业基础＋金融支撑）为精髓，五项举措支持贫困农户融资。一是以"互助资金"为支点，培植整体信用环境。互助资金项目实现贫困村全覆盖，借用资金农户按时还款积累良好信用，实现好借好还、再借不难的贷款良性循环。二是以"千村信贷"为支点，主动对接互助资金。贫困户在互助社借款仍不能满足发展需求的，农村信用社给予互助社借款金额1～10倍的贷款支持。三是以"资金捆绑"为支点，对接财政"双到"资金。创新财政资金支持模式，采取财政支持资金与互助资金捆绑使用方式，将财政支持资金注入互助社作为入股资金。符合条件的社员可获得相应资金支持。四是以"企业参与"为支点，对接特色产业基地农户。银行依托龙头企业担保和产业项目，为农户提供滩羊养殖专项贷款。五是推行"631"评级授信模式（诚信度占比60%，资产状况占比30%，农户家庭基本情况占比10%），以"富农卡"专项信贷产品为依托，根据农户评级授信级别给予不同额度支持。2016年1月，国务院常务会议提出对宁夏盐池县给予督查表扬，并享受"免督查"和六项激励措施。

二、"固原经验"：形成扶贫攻坚合力

以"财政＋金融"联动为精髓，建立"政府＋人民银行＋商业银行＋担保公司＋农村资金互助社＋保险公司"的"六位一体"的扶贫组织体系和协调机制，形成扶贫合力，推出了一系列金融扶贫专属信贷产品，如邮储银行的"蔡川模式"，固原农商行的"张易模式""小额扶贫贷""六盘山文旅贷""彭阳辣椒贷"等专属信贷产品，为贫困户提供产品化、一站式服务。

三、"蔡川模式"：发挥基层组织引领和致富带头人示范作用

以"银行＋合作社（农村能人）＋农户"联动扶贫为精髓。邮政储蓄银行宁夏分行以蔡川村为攻坚重点，在发放小额联保贷款的成熟条件下，为破解抵押、担保缺失的农户贷款难题，以合作社和农村能人带动户为主要贷款对象，采用"银行＋合作社（农村能人）＋农户"模式，为合作社和能人大户提供信贷支持，逐步摸索出"小贷跟着穷人走、穷人跟着能人走、能人跟着产业走"的扶贫模式。截至2018年第三季度末，已累计发放1.86万笔8.72亿元。时任国务院副总理汪洋充分肯定蔡川村金融扶贫模式并作出"值得推广"的重要批示。

四、"同心特色"：盘活土地资源资产价值

以全国农村承包土地经营权抵押贷款试点为契机，在同心县土地经营权反担保贷款实践基础上，进一步完善机制，搭建平台，创新实施"抵押＋反担保"贷款模式，以村为单位，成立土地承包经营权流转合作社，大部分农户以承包地加入合作社成为社员，通过合作社为其提供反担保获得融资，部分农户以土地经营权证为抵押获得贷款支持。沉睡的土地资源成为农户获得融资的手段，有效盘活农户土地资源资产价值意义重大。截至2018年9月末，同心县农地抵押贷款余额4.03亿元。

五、首创"扶贫保"：为脱贫攻坚构筑防线

探索保险精准扶贫有效途径，先行先试，在全国首创针对建档立卡贫困户的"扶贫保"专项产品。在贫困地区全面普及保障性兜底产品——家庭成员意外伤害保险、大病补充医疗保险，生产性兜底性产品——借款人意外伤害保险和优势特色产业保险等四项险种，形成保人生、保大病、保收入、保信贷一揽子保险措施，既兜住了因病因灾返贫底线，又防止了过度保险。探索建立风险调节机制，鼓励各县、区利用财政资金、捐赠资金等多渠道筹措，设立风险分散补偿金，建立盈亏互补机制，保障保险公司投保积极性和理赔及时性。截至目前，"扶贫保"已实现建档立卡贫困人口全覆盖。

新疆维吾尔自治区金融精准扶贫实践经验

——聚焦目标　综合施策　精准发力
扎实推进金融扶贫工作

新疆现共有 92 个县（市），其中贫困县 35 个（32 个国家级贫困县、3 个省级贫困县），有建档立卡贫困户的非贫困县（插花县）42 个；根据自治区对建档立卡贫困户信息的最新核查结果，建档立卡贫困户为 82.8 万户，贫困人口数量为 330.2 万人。新疆是全国脱贫攻坚重点区域之一，做好新疆金融扶贫工作对打赢新疆脱贫攻坚战具有重要作用。人民银行乌鲁木齐中心支行紧紧围绕党中央、人民银行总行以及自治区党委、政府对新疆扶贫开发工作的部署和要求，创新工作思路、强化协作配合、探索扶贫模式和方法，有效发挥了金融在扶贫工作中的重要支撑作用。截至 2018 年 9 月末，新疆金融精准扶贫贷款余额 939.23 亿元，同比减少 6.25%。其中，个人金融精准扶贫贷款余额 190.05 亿元，同比减少 1.09%；产业精准扶贫贷款余额 283.95 亿元，同比增长 38.19%；项目精准扶贫贷款余额 465.24 亿元，同比减少 23.1%。

一、完善机制，全方位保障金融扶贫工作有序推进

一是充分发挥自治区、地州市、县三级金融支持脱贫攻坚工作领导小组的牵头作用，统筹推进金融扶贫各项工作。二是严格贯彻执行自治区党委政府出台的《关于认真学习贯彻习近平总书记重要讲话精神加快推进深度贫困地区脱贫攻坚的意见》等系列文件，按照《金融支持新疆脱贫攻坚"十三五"规划（2016—2020 年）》《自治区扶贫小额信贷贴息资金及风险补偿金管理办法》《关于转发自治区财政厅扶贫小额信贷金融机构分县承担及损失分担方案的通知》《关于促进扶贫小额信贷健康发展的通知》等政策文件的要求，明确了新疆金融扶贫工作的目标及具体措施，解决了金融机构扶贫成本高、风险

大、积极性低、权责不清晰等现实问题。三是根据党中央、自治区关于扶贫工作的系列会议精神，积极向自治区领导和相关部门提出关于金融支持现代特色农业发展、旅游乡村建设、南疆水利设施建设等建设性意见。截至2018年9月末，新疆各项贷款余额1.85万亿元，同比增长8.29%，低于全国4.01个百分点。其中，35个贫困县各项贷款余额1183亿元，同比减少6.27%。

二、突出重点，以"两免"扶贫小额信贷助推建档立卡贫困户精准脱贫

一是继续做好"两免"扶贫小额信贷发放管理的督促指导工作，切实发挥其为建档立卡贫困户量身定制金融产品的作用。二是细化并推广村乡县三级联审模式，细化审核流程，联合出台《新疆维吾尔自治区扶贫小额信贷实施细则（试行）》，加强贷前信息核实、贷中监督、贷后催收工作，把每个贫困户的精准方案与脱贫产业链捆绑结合，在解决好建档立卡贫困户发展生产资金难题的同时，尽量减少金融风险。三是补足风险补偿资金，针对扶贫贷款风险高的问题，协调金融机构推动相关部门补足风险补偿资金，截至2018年9月末，扶贫小额信贷风险补偿金达到10.89亿元。四是持续督导划片承包金融机构扶贫小额信贷资金发放工作，按照脱贫攻坚期间扶贫小额信贷政策不变的原则督促农业银行新疆维吾尔自治区分行、邮政储蓄银行新疆维吾尔自治区分行及自治区农村信用社做好承包地区的扶贫小额信贷的发放工作。截至2018年9月末，全疆（自2016年6月16日起）累计发放"两免"扶贫小额信贷35.8万户、126.96亿元，基本实现了有贷款需求的建档立卡贫困户扶贫小额贷款全覆盖。

三、产业带动，发挥产业链脱贫的突出作用

（一）加大贫困地区产业的金融支持力度

一是紧紧抓住新疆发展纺织服装产业的战略机遇，以"三城七园一中心"为重点，督促各家银行业金融机构加大对贫困地区纺织服装产业的信贷投入力度，提高纺织服装产业化水平。截至2018年9月末，全疆纺织服装产业贷款余额217.6亿元，较年初增加14.9亿元，同比增长10.1%。二是鼓励辖区金融机构立足贫困县资源禀赋、产业特色，重点支持具有新疆特色、绿色有机品

牌的特色林果业及林下经济，支持休闲农业、设施农业、观光农业等乡村旅游产业，支持森林、草原等生态旅游业。

（二）打造金融精准脱贫示范工程

充分利用新疆开展的"访惠聚"驻村工作及"民族团结一家亲"活动等工作机制，广泛宣传普及金融扶贫政策，"一对一"帮助贫困户发展生产脱贫致富。其中乌鲁木齐中心支行依托"访惠聚"驻村工作点优势，打造"两地五方"① 畜禽养殖专业合作社、标准化生态枣园、饲草料种植等金融精准脱贫示范工程，成功带动当地贫困户脱贫增收。

（三）探索一批金融支持产业脱贫新模式

推动县级政府统筹规划辖区贫困户生产发展项目，扶持和培育一批具有市场竞争力、有示范引领作用的扶贫龙头企业、专业合作社，发挥龙头企业的带动作用，将不同生产能力的贫困户编入产业链进行金融支持，带动贫困户脱贫致富。为加大对不同类型建档立卡贫困户的金融支持力度，乌鲁木齐中心支行选取 11 个县辖内的 13 个村作为突破口，结合各地实际，因地制宜，探索将建档立卡贫困户编入产业链进行金融支持的有效模式。其中，阿克苏地区"金融＋企业＋农户"、牛羊托养所的新型农村经营模式带动贫困户脱贫致富的成效明显；喀什地区结合叶城县产业发展特点，设计"政府＋银行＋龙头企业＋贫困户"模式，以核桃加工龙头企业为试点，延伸叶城县核桃加工产业链，提高农产品附加值，充分调动当地贫困户发展生产经营的主动性和创造性，切实帮助贫困户增收致富。

▼ 专栏1

支持高标准农田建设　土地流转带动贫困户脱贫

为加快农业现代化建设步伐，发挥金融助推脱贫攻坚作用，沙雅县创新开展农村土地流转和规模化经营项目建设，探索形成了"金融＋企业＋农户"的新型农村经营模式，助推县域农业产业扶贫发展。

---

① "两地五方"："杨凌＋民丰"和"陕西杨凌国家农业高科技产业示范区＋西北农林科技大学＋民丰县政府＋人民银行乌鲁木齐中心支行＋天津市援疆指挥办公室"。

一、主要做法

新疆阿克苏地区沙雅县计划利用两年时间，以新疆 50 万亩农业高效节水增收试点工作为依托，开展农村土地平整、流转和规模化经营工作，预计 2 万户农户将加入土地流转中，可带动 1500 余户贫困户脱贫致富。沙雅县选定实力强的沙雅利华现代农业有限公司（以下简称利华农业）为承办主体，向其发放农村土地流转贷款 61550 万元，贷款期限 10 年。利华农业获得贷款后，将基本农田清理平整为现代化高标准机耕田，把流转土地建成优质棉良种繁育和新技术培育基地，提高种植效益。同时，与贫困户签订劳动合同，让贫困户参与到土地平整、播种、田间管理中实现再就业。参与土地流转的农户每年能够获得土地流转费 800 元/亩，同时通过参加棉田生产户均还可增收 3.6 万元/年；土地少的农户在获得土地流转费的同时，还可以通过外出打工增加收入，预计每年可以增加收入 2.4 万元/年。

二、取得的成效

截至 2018 年 5 月末，沙雅县通过农村土地流转及规模化经营的新型农村经营模式，已流转 20.17 万亩农村集体土地，清理平整后建成 22.83 万亩现代化高标准农田，共带动 8 个乡镇 11005 户农户增收、脱贫致富，直接带动了县域内 757 户建档立卡贫困户就业，户均增收 3.6 万元/年。企业通过为期 10 年的"种、水、肥、药、械"五统一的规模化经营，原有籽棉产量在 100～200 公斤每亩的低产棉田将被打造成籽棉产量 400 公斤以上每亩的高产棉田，棉花种植效益将显著提高。10 年后合同到期，流转土地无偿归还给农户。农户在归还后的土地上继续种植棉花将实现增产、增收。土地流转成为沙雅县精准有效推动贫困户增收脱贫、持续巩固提升脱贫成果的有力抓手。

▼ 专栏2

牛羊托养所模式　专业化养殖助力贫困户脱贫

阿克苏地区库车县齐满镇贫困户购买畜禽后，因养殖不合理、预防疾病等措施欠缺等原因，畜禽减重及死亡，致使原本贫困的现状更加恶化。为帮助这一部分贫困户解决此类问题，库车县齐满镇通过惠民肉羊养殖农民专业合作社（即牛羊托养所），开创了帮助贫困户脱贫新举措。

一、主要做法

库车县齐满镇惠民肉羊养殖农民专业合作社（以下简称合作社）占地 67 亩，投入资本 200 万元，共有 12 个羊圈和 1 个牛圈（每个羊圈容纳 300~500 只羊，每个牛圈容纳 100 头牛）。目前，合作社共养殖羊 1500 只、牛 25 头。其中，吸纳建档立卡贫困户共计 86 户，贫困户托养羊 1286 只、牛 13 头。经县扶贫办、齐满镇政府牵头，针对齐满镇一部分无劳动能力、有资无路、创业无门、增收无保障的贫困户，形成了"政府 + 扶贫小额信贷 + 托养所 + 贫困户"的畜养扶贫小额信贷模式，助力贫困户通过畜禽养殖拓宽增收渠道。

该金融扶贫模式主要采用牛羊托养管理的运营模式和计重方式计算差额法的收益方式帮助贫困户发展生产、增收脱贫。贫困户在获得扶贫小额贷款后，将购买的牛羊放置在合作社，放置之前先进行称重，后期每只羊按 150 元每年标准给贫困户，贫困户的羊一共在合作社养殖 3 年，三年每只羊共计付给贫困户 450 元；三年期满后，再次对贫困户购买的牛羊进行称重，与三年前的重量进行比对，如减少则合作社按牛羊肉每公斤市场均价给贫困户补贴，如增加则贫困户按牛羊肉每公斤市场均价给合作社补贴，若在合作社养殖期间牛羊生育产崽，则牛羊产崽归属合作社。所有购买牛羊均同时购买保险，一旦发生死亡，由保险公司全额赔偿。

二、取得的成效

齐满镇政府与信用社沟通后，信用社主动简化小额信贷办理程序，做好扶贫小额信用贷款的发放工作，因地制宜，发挥自身优势，帮助贫困户结合自己的实际情况，找出一条适合自己的扶贫开发之路，实现脱贫梦想。泥牙孜·那丝为齐满镇村民，有强烈的劳动意愿和生产能力，因生产资金不足，2018 年 1 月在信用社申请扶贫小额贷款，贷款用途为养殖业，现在主要经营种地和养殖，家中土地由之前的 20 亩扩大到 40 亩，牛和羊已有 20 余只，目前已走上脱贫致富的道路。

▼ 专栏3

紧贴特色产业扶贫　辐射带动贫困户脱贫增收

为有效带动贫困户脱贫致富，人民银行喀什地区中心支行紧扣金融支持产业发展带动扶贫的思路，结合辖区产业特色，在新疆县域种植核桃面积最大的"核桃之乡"叶城县，以核桃加工龙头企业美嘉核桃加工企业为试点，通过"政府＋银行＋龙头企业＋贫困户"模式，延伸叶城县核桃加工产业链，提高农产品附加值，充分调动当地贫困户发展生产经营的主动性和创造性，切实帮助贫困户增收致富。

一、主要做法

为确保贫困户与特色加工企业可持续发展，在人民银行喀什地区中心支行的积极沟通协调下，信用社、县政府等多部门联动，合力促进企业发展和贫困户脱贫。叶城县信用社向美嘉核桃加工企业投放1200万元贷款，主要用于核桃收购和深加工，并根据企业实际需求进行贷款展期。叶城县政府向企业发放350元/平方米的厂房补贴、向贫困户发放每人600元用工补贴、对企业贷款实行基准利率补贴。"政府＋银行"的合力作用，有效降低了企业成本，扩大了企业核桃收购覆盖面，使贫困户种植的核桃卖得出、收入有保障，增强了贫困户"造血"功能，同时提升了企业吸纳贫困户就业能力，进一步保障"龙头企业＋贫困户"可持续发展，为贫困户就业增收创造有利条件。

二、取得的成效

在金融精准支持与特色产业发展相结合下，叶城县美嘉核桃加工企业通过收购核桃辐射带动1.5万户以上核桃种植户增收。目前已建成核桃初加工点21个，建立核桃卫星工厂9个，每年9月至次年3月直接吸纳当地季节性贫困户工人1000～2000人，吸纳长期性贫困户工人25人，实现贫困户工人人均增收1000元/月，带动运输、装卸、仓储、粗加工等2万余人就业，有效解决了当地贫困户就业难题，帮助贫困户实现脱贫增收。

四、普惠并举，满足贫困户多元化融资需求

一是督促指导政策性金融机构做好易地搬迁项目的精准对接，及时足额发

放符合项目建设周期的易地扶贫搬迁贷款。截至 2018 年 9 月末,国开行和农发行新疆维吾尔自治区分行已投放易地扶贫搬迁贷款 38.5 亿元。二是精准对接贫困户创业就业,加大对贫困地区创业担保贷款的政策倾斜,联合自治区人社厅等部门出台创业担保贷款实施细则,支持贫困地区符合条件的就业重点群体和困难人员创业就业,增强贫困户内生动力。截至 2018 年 9 月末,创业担保贷款余额 15.05 亿元。三是精准对接教育脱贫需求,扎实推动助学贷款业务,解决经济困难家庭学生就学资金困难。截至 2018 年 9 月末,助学贷款余额 2482.74 万元。四是加快推动落实中小微企业 "4321"[1] 银政担风险补偿融资模式,积极支持中小微企业发展,带动贫困户脱贫致富。截至 2018 年 9 月末,小微企业贷款余额 2882.3 亿元,同比增长 11.2%。

五、工具引导,保障金融机构扶贫资金投入

充分发挥存款准备金率、再贷款、再贴现等货币政策工具的正向激励作用。用足用好扶贫再贷款政策,引导和鼓励金融机构加大对贫困县的信贷支持,确保金融扶贫再贷款用得出、用得好、用得准、有效果。截至 2018 年 9 月末,新疆扶贫再贷款限额 105.9 亿元,余额 57.74 亿元,同比增长 20.48%。其中南疆四地州扶贫再贷款限额占全疆总额度的 87.3%,余额 57.7 亿元,同比减少 4.15%。

六、强化督导,提升金融扶贫政策执行效果

一是及时组织新疆金融支持脱贫攻坚领导小组成员单位在南疆召开金融支持脱贫攻坚工作座谈会,有针对性地与当地政府商讨金融扶贫具体措施。通过总结先进经验,推广创新模式,为全疆脱贫攻坚树立风向标。召开自治区金融支持脱贫攻坚领导小组会议、新疆银行业扶贫开发金融服务工作推进会,会同有关单位深入分析金融支持脱贫攻坚工作中存在的新情况、新问题,并对进一步做好金融扶贫工作进行安排部署。二是建立定期督导机制。组织自治区财政厅、扶贫办、农业银行等单位,先后对深度贫困地区相关县市进行 "两免"

---

① 《自治区中小微企业政银担风险补偿资金管理暂行办法》(新政办发〔2016〕150 号)规定,由承保担保公司、自治区再担保有限公司、承贷金融机构、企业所在地政府分别按照 40%、30%、20%、10% 的比例,共同承担小微企业贷款风险。

扶贫小额信贷工作的调研督导，及时纠正政策执行过程中的错误认知，多方协调解决存在的问题，确保政策落到实处。多次深入南疆四地州，特别是 22 个深度贫困县中问题较多、工作推动较慢的县（市），围绕"两免"扶贫小额信贷各环节工作开展情况、建档立卡贫困户编入产业链进行金融支持情况、扶贫再贷款使用情况等内容开展督导。通过督导，查清了情况、宣讲了政策、促进了交流、解决了问题，有效推动了全疆扶贫工作的开展。

七、加强宣传，做好金融扶贫总结和评估

一是组织金融政策宣讲团，积极开展"金融知识进乡村、入百姓"活动。从农村个体商户、种养大户中选聘农村金融知识义务宣传员，打造金融知识宣传队伍。通过宣传折页、互联网、电视广播等主流媒介，大力宣传金融扶贫相关政策，提升政策知晓度。二是因地制宜，充分挖掘各具特色的宣教模式。积极依托新媒体、探索新形式，开展形式多样的"金融知识进农村、进社区"活动，建立"农村金融消费者教育示范基地"① 以及脱贫攻坚金融服务站，有效提高了贫困地区金融扶贫政策的知晓程度。三是开展了对 2017 年度金融精准扶贫的效果评估总结工作，进一步督促提升了金融精准扶贫效能。四是不定期以金融扶贫简报、专报等形式及时向自治区党委和政府、金融支持脱贫攻坚领导小组成员单位等报送金融扶贫工作推进情况，主动在报纸杂志上进行金融扶贫政策解读及成效宣传，其中《开展奖学助学活动培植重视教育观念》《提高金融扶贫质量在"精准"上下功夫》《撬动资金流向贫困地区和贫困人口》被《新疆日报》刊载，《金融扶贫成新疆脱贫攻坚"助推器"》《扎实推进脱贫攻坚》在《新疆经济报》刊登，《新疆金融扶贫取得阶段性成效》在《乌鲁木齐晚报》刊登，《人行乌鲁木齐中支抓党建促脱贫攻坚》等 13 篇文章在《金融时报》刊登，《麦盖提县"安格斯牛"项目为脱贫增"牛气"》《农机合作社给农民生活添新彩》在天山网刊载。

---

① 位于伊宁市潘津镇，为"访惠聚"驻村点。

国家开发银行金融精准扶贫实践经验

——开发性金融引领，服务打好脱贫攻坚战

《中共中央　国务院关于打赢脱贫攻坚战的决定》明确提出，要发挥好政策性、开发性金融的作用。2015 年中央扶贫开发工作会议召开以来，国家开发银行坚决贯彻党中央、国务院决策部署，在人民银行等部委的大力支持和指导下，坚持以党建统领脱贫攻坚，以扶智建制为重点，在思路、方法、制度等方面下大力气，不断强化体制机制建设和创新，按照"融制、融资、融智"的"三融"扶贫策略，"易地扶贫搬迁到省、基础设施到县、产业发展到村（户）、教育资助到户（人）"的"四到"思路方法，通过绘制"路线图"、组建"集团军"、签订"军令状"、设立"合作办"、评定"示范点"，奠定了开发性金融支持脱贫攻坚的坚实基础。

国家开发银行不断加大脱贫攻坚融资力度，并通过规划编制、咨询服务、人才培养等方式加强融智服务。2015 年中央扶贫开发工作会议召开以来，截至 2018 年 9 月底，国家开发银行累计发放精准扶贫贷款 8634 亿元，贷款余额 1.1 万亿元，并向贫困地区投放专项建设基金 501 亿元，覆盖 1118 个贫困县，有效缓解了贫困地区资金瓶颈制约，促进了贫困地区的经济社会发展和贫困群众的生产生活条件改善，诠释了"国是担当、开创共赢、行稳致远"的国家开发银行使命。

一、使命篇

习近平总书记指出，要做好金融扶贫这篇文章。作为开发性金融机构，国家开发银行有责任在金融扶贫中发挥主力军作用，这既是义不容辞的职责和使命，也是主动承担社会责任、促进社会发展，在全面建成小康社会中争当金融先锋的战略抉择。

一是提高政治站位，强化责任担当。国家开发银行党委坚持深入学习贯彻

习近平总书记系列重要讲话精神，牢固树立"四个意识"，以习近平总书记关于扶贫工作的重要论述为指导，在脱贫攻坚战中勇于担当、真抓实干。特别是党的十九大召开后，国家开发银行把学习贯彻落实党的十九大精神摆在首要位置，用习近平新时代中国特色社会主义思想武装头脑，增强思想自觉、行动自觉和政治担当。深刻领会党的十九大、中央经济工作会议、中央农村工作会议、全国扶贫开发工作会议关于脱贫攻坚的新部署新要求，进一步增强责任感和使命感，瞄准特定贫困群众和深度贫困地区，尽锐出战，精准施策，加大攻坚力度，举全行之力决战脱贫攻坚。

二是加强组织推动，夯实工作基础。中央扶贫开发工作会议召开后，国家开发银行立即召开了全行支持脱贫攻坚动员会，学习贯彻会议精神，并成立了以党委书记、董事长任组长，党委副书记、行长任副组长，总行11个部门为成员的脱贫攻坚领导小组。总行党委委员采取分片包干、分工负责的方式，加强对分行工作的指导。全行形成了"一把手"负总责，上下联动、齐抓共管的脱贫攻坚工作机制。中央扶贫工作会议召开以来，国家开发银行先后召开16次全行性专题会议，就脱贫攻坚进行安排部署和组织推动，频率之高、力度之大在国家开发银行历史上前所未有。总行党委班子成员先后带队深入贫困地区调研扶贫工作30余次，看真贫、查实情，全面了解分析困难和问题，厘清支持脱贫攻坚的思路。

三是签署扶贫"军令状"，落实主体责任。习近平总书记强调："越是进行脱贫攻坚战，越是要加强和改善党的领导。"国家开发银行坚持"党建带扶贫，扶贫促党建"，把开展"两学一做"学习教育与打赢脱贫攻坚战紧密结合起来，使"两学一做"学习教育有载体、有实践、有检验。为进一步强化责任担当，国家开发银行党委与36家分行党委签订脱贫攻坚责任书，立下"军令状"，各分行党委书记、行长作为支持当地脱贫攻坚第一责任人，承担起脱贫攻坚的主体责任。

二、融制篇

"脱贫攻坚要取得实实在在的效果，关键是要找准路子，构建好的体制机制。"习近平总书记的指示为全国决战脱贫攻坚指明了方向，也为国家开发银行金融扶贫工作提供了遵循。国家开发银行在脱贫攻坚战中探路子、建机制、寻方法，取得良好成效。

一是组建新机构。《中共中央 国务院关于打赢脱贫攻坚战的决定》明确要求国家开发银行设立扶贫金融事业部。国家开发银行扶贫金融事业部于2016年5月31日正式挂牌运行。事业部下设综合业务局、基础设施局、区域开发局，各分行成立事业部分部，通过专业分工、统筹协作，发挥"集团军"优势和作用，为支持打赢脱贫攻坚战提供支撑和保障。事业部建立了授信初审机制，保障项目符合精准扶贫政策，并先后制定了办公管理、风险内控等20项管理制度，实现了对国家开发银行全行扶贫业务的统一归口管理。目前，扶贫金融事业部已顺利实现了扶贫业务的专账单独核算和经营，各项业务运行良好，建立起了以事业部制、"集团军"服务国家战略的新模式。

二是创造新思路。瞄准脱贫攻坚的薄弱环节，国家开发银行加强组织推动与调查研究，探索创新开发性金融支持脱贫攻坚的思路和方法。经过不断的调研和摸索，扎根精准扶贫、精准脱贫的基本方略，国家开发银行提出"融制、融资、融智"的"三融"扶贫策略，以及"易地扶贫搬迁到省、基础设施到县、产业发展到村（户）、教育资助到户（人）"的"四到"思路方法，凝结着对"金融扶贫怎么做"的深刻洞察，为开发性金融脱贫攻坚指明了方向、提供了行动指南。同时，研究制定"十三五"脱贫攻坚实施规划，按年度、行业、地区分解贷款目标，优先保障贷款规模，提出差异化支持政策，确保为脱贫攻坚提供最优惠金融支持。

三是拓展新合作。国家开发银行充分发挥开发性金融优势与作用，聚合政府、市场、企业、社会各方力量，构建公众受益、公众参与、公众监督的大扶贫格局。特别是加强与中央农办、财政部、人民银行、银保监会、国务院扶贫办等部门的汇报和沟通，积极参与金融扶贫政策研究，并与国家发展改革委、教育部、交通部、水利部、国家林业局、国家旅游局等多家部委加强汇报与合作，共同研究推动易地扶贫搬迁、教育、交通、水利、林业、旅游等重点行业领域的脱贫攻坚工作，取得了良好成效。

四是建立新机制。国家开发银行积极推动省市县三级扶贫开发金融合作办公室建设，创新脱贫攻坚工作机制，在内蒙古、黑龙江、安徽等省份建立各级合作办154个。此外，根据习近平总书记关于脱贫攻坚要重视发挥典型引路作用的指示精神，以探索创新为驱动，国家开发银行开展开发性金融精准扶贫示范点创建工作，组织评定出陕西商洛市、甘肃陇南市等8个首批精准扶贫示范点，形成了一批具有开发性金融特色的扶贫开发融资模式。

三、融资篇

习近平总书记指出，"金融是现代经济的血液。血脉通，增长才有力"。贫困地区发展离不开金融的支持。作为金融扶贫主力军，国家开发银行瞄准贫困地区的难点痛点，精准发力，精准授信，开发性金融已成为破解脱贫攻坚融资瓶颈的利器。

——以易地扶贫搬迁为切入点，打好脱贫攻坚第一战。对 1000 万建档立卡贫困人口实施易地扶贫搬迁是脱贫攻坚的首战，任务艰难，意义非凡。面对易地扶贫搬迁复杂的形势，国家开发银行积极筹谋，理顺机制，稳妥推进，积极协助 22 个省（区、市）政府建立起省级扶贫投融资主体，就投融资主体的主要职责、运作模式以及资金来源等为地方政府提出意见建议、提供咨询服务。主动研究资金上下贯通的省、市、县三级资金管理体系，打通资金借、用、管、还各环节，所提建议被国家有关主管部门采纳。承办"全国易地扶贫搬迁投融资工作专题培训班"，推进各省投融资工作有序开展。

按照省级扶贫投融资主体"统一贷款、统一采购、统一还款"的融资模式，截至 2018 年 9 月底，累计发放贷款 1092 亿元，投放专项建设基金 199 亿元，支持约 312 万建档立卡贫困人口实施易地扶贫搬迁。同时，易地扶贫搬迁不能"一搬了之"，国家开发银行明确提出，要将后续产业发展作为支持重点，增强搬迁群众后续发展能力，为"搬得出、稳得住、逐步能致富"探索新路子。

——以贫困村提升工程为发力点，加快基础设施改善。经过多年发展，我国的通村路已基本实现全覆盖，但是，贫困村的村组道路仍然十分落后。"看到屋，走到哭""晴天一身土，雨天一身泥"是一些贫困地区交通状况的真实写照。一些贫困村吃水仍要靠肩挑背扛，乡村环境脏乱差，农村学校设施也十分简陋。由于贫困地区经济实力弱，仅靠自身财政难以改变贫困落后的面貌。12.8 万个建档立卡贫困村大多基础设施落后，公共服务欠缺，是脱贫攻坚的"坚中之坚"。

2016 年 4 月，国务院办公厅印发《关于支持贫困县开展统筹整合使用财政涉农资金试点的意见》后，国家开发银行经过深入调查，研究提出通过整合财政涉农资金撬动信贷资金的创新性举措，围绕村组道路、安全饮水、环境整治、校安工程等难点和短板，在不增加地方财政负担的前提下，为贫困县建档立卡贫困村基础设施建设找到了一种新的融资方式。此外，国家开发银行在资产质量分类、信用评级、考核等方面研究制定支持贫困村提升工程的差异化政策，进一步加大支持力度。

运用这种模式，截至 2018 年 9 月底，国家开发银行已向全国 23 个省份承诺农村基础设施建设贷款 2533 亿元，发放 1696 亿元，可以支持建设村组道路 31 万公里、校安工程 4762 个，解决 2316 万人的安全饮水和 2.4 万个建档立卡贫困村的环境整治问题，惠及 541 个贫困县约 4 万个建档立卡贫困村 1895 万贫困人口，极大地改善了贫困地区的生产生活条件，让贫困群众有了直接获得感，激发了他们的内生发展动力，并为产业发展奠定了基础，为实现持久脱贫创造了条件。

此外，国家开发银行与有关部委大力合作，签订合作协议，联合发布意见，支持交通、水利、电力等大型基础设施建设，解决贫困地区"难在路上、困在水上、缺在电上"等问题。截至 2018 年 9 月底，累计发放贷款 8427 亿元，使贫困地区区域发展环境明显改善，发展能力显著提升。

——以产业扶贫为着力点，增强贫困地区"造血"能力。贫困地区的产业发展是多年来阻碍广大贫困户脱贫致富的"痛点"，也同样是我国金融扶贫工作的难点。针对贫困农户和企业小而散、贷款难的特点，国家开发银行大力推广龙头企业带动模式、按照有关要求不断完善国家开发银行传统的与地方政府合作开展的批发统贷模式，大力开展扶贫转贷模式等。中央扶贫开发工作会议召开以来，国家开发银行发放产业扶贫贷款 1084 亿元，带动 36.9 万建档立卡贫困人口走上脱贫致富之路。特别是创新储备林建设融资机制，发放贷款 80 亿元，通过林地租赁、吸纳就业等方式切实带动贫困户增收脱贫，把小而散的造林项目和产业扶贫项目整合起来，将储备林扶贫工程打造成产业扶贫的精品工程。

——以教育扶贫为根本点，阻断贫困的代际传递。以提高素质、增强就业和创业能力为宗旨，大力开展教育扶贫，助力阻断贫困的代际传递。国家开发银行发挥助学贷款主力银行作用，按照"应贷尽贷"原则，不断提高助学贷款业务覆盖的深度和广度，实现高校、科研院所、党校、行政学院、会计学院等培养单位全覆盖，全日制普通本专科生、研究生、预科生全覆盖。全面提升服务水平，简化建档立卡户、城乡低保户等学生办贷手续，探索实现"家门口办贷款""电子化办贷款"。截至 2018 年 9 月底，累计发放助学贷款 1360 亿元，覆盖全国 26 个省份、2240 个区县和 2830 所院校，累计支持家庭经济困难学生 1039 万人。通过努力，助学贷款回收率连续 5 年在 97% 以上。

"积财千万，不如薄技在身"。国家开发银行积极探索中职教育助学贷款模式，在四川古蔺率先开展试点，并在阿坝 11 个县区推广，为家庭贫困的中职学生提供能够覆盖住宿费和生活费的信用贷款，目前已经发放 433 万元，支持 874 名"两后"贫困学生接受职业教育，为实现脱贫提供了保障。支持职业学校和农民工培训基地建设，增强贫困人口就业和创业能力。此外，国家开发银行通过举办招聘会、开办青年创业贷款和小额贷款支持助学贷款贫困家庭学生就业创业，累计在云南等 18 个省份联合 1.4 万家企业举办 42 场专场招聘会，提供岗位约 20 万个，惠及学生 34 万人次。

国家开发银行与教育部门合作，加大对贫困地区教育基础设施建设的支持力度，在青海、山西、内蒙古等地区，累计发放 270 亿元贷款，新建、改造中小学校舍 4975 万平方米，使 450 万名中小学生直接受益。在开发性金融的支持下，越来越多贫困家庭的孩子可以在明亮的校舍中得到知识的滋养，获得摆脱贫困的能力与机会，在更广阔的平台实现人生价值，切断贫困的代际传递。

——聚焦重点难点，大力实施脱贫攻坚"三大行动"。为更好地发挥开发性金融对脱贫攻坚的先锋先导作用，大力实施深度贫困地区脱贫攻坚、定点扶贫、东西部扶贫协作"三大行动"。这是开发性金融决战脱贫攻坚的又一超常规举措，建立起了整合资源、凝聚合力的大扶贫格局。

一是开展深度贫困地区脱贫攻坚行动。深入学习贯彻习近平总书记在深度贫困地区脱贫攻坚座谈会上的重要讲话精神，在对深度贫困地区进行深入调研的基础上，研究制定了《关于开发性金融支持深度贫困地区脱贫攻坚的实施意见》和《关于印发进一步支持深度贫困地区脱贫攻坚实施方案的通知》。在四川凉山举办深度贫困地区脱贫攻坚推进会，发布《开发性金融支持深度贫困地区脱贫攻坚行动计划》，按照"信贷政策最优、贷款定价最优、审批流程最优、资源配置最优、服务方式最优"的"五个最优"工作原则，全面加大支持力度，未来三年计划向"三区三州"深度贫困地区发放精准扶贫贷款不低于 3000 亿元。截至 2018 年 9 月底，累计向 23 个省份确定的深度贫困县发放贷款 4057 亿元，向"三区三州"深度贫困地区发放贷款 2001 亿元。

二是推动实施东西部扶贫协作行动。根据习近平总书记在东西部扶贫协作座谈会上的指示精神，大力探索金融支持东西部扶贫协作的方式方法，制定加大东西部扶贫协作支持力度的意见和相关项目开发评审指导文件,将东西部扶贫协作工作纳入考核,明确要求东部分行每年在西部地区落地至少1~2家龙头企业,引导东部分行支持企业赴西部投资并给予优惠贷款支持。连续两年召开开发性金融支持东西部扶贫协作推进会,与东部地区政府联合举办8场"开发性金融支持东西部扶贫协作在行动"活动,正在筹备6场,共对接264家龙头企业,促成244个项目达成合作意向。目前,东部14家分行与西部16家分行均已建立协作机制,累计发放东西部扶贫协作项目贷款169亿元,为推进东西部扶贫协作提供有力支持。如甘肃省分行与天津市分行携手支持天津天士力集团在定西开展中药材加工项目,共同贷款6000万元,每年可带动1.5万贫困人口增收。广西壮族自治区分行积极支持东部企业在桂投资,贷款1.88亿元支持深圳农产品公司建设广西海吉星农产品国际物流中心,惠及百色、河池等20多个贫困市县建档立卡贫困户超过5000户。

三是积极推进定点扶贫行动。把定点扶贫工作作为重要政治任务来抓,成立定点扶贫工作领导小组,不断加大对贵州务川、正安、道真和四川古蔺4个定点县的帮扶和支持力度。在农村基础设施、易地扶贫搬迁、产业扶贫等方面,向4个定点县累计发放精准扶贫贷款76亿元,有力地支持了当地基础设施改善、公共服务提升和特色产业发展。累计安排捐赠资金4570万元,派驻扶贫挂职干部和驻村"第一书记"13人次。积极为定点县产业发展出谋划策,开展产业对接,并为4个县分别编制脱贫攻坚融资规划。针对定点县驻村干部理论与实践的需求,先后举办四期培训班,为定点县培训545名驻村干部,涉及330个贫困村。截至2017年底,累计帮助4个县脱贫7.2万户29.1万人,172个贫困村达到脱贫标准,在2017年首次中央单位定点扶贫工作考核中,国家开发银行被评定为"好"。

在做好自身定点扶贫工作的同时,国家开发银行主动与中央国家机关和单位对接合作,共同完成好定点扶贫这项政治任务,履行好政治责任。与中央国家机关工委在2017年联合举办中央国家机关扶贫挂职干部培训班,为89个单位的160名定点县挂职干部提供培训,搭建交流沟通平台,凝聚各方帮扶合力。目前,与中央政策研究室、中央党校、国家外汇管理局等91个中央国家机关和单位建立合作关系,在联合调研、项目推动、地方干部培训、捐赠帮扶等方面加大合作力度;与135个县的中央国家机关派驻干部建立稳定联系机制,为87个县编制扶贫开发规划,为133个县设计融资方案,累计向200多

个中央国家机关定点县发放贷款 1310 亿元，向 45 个定点县捐赠资金 4500
万元。

四、融智篇

扶贫先扶志，扶贫必扶智。为贫困地区提供融智服务，以此提升内生发展
动力，推动构建永续脱贫机制，已成为开发性金融支持脱贫攻坚的鲜明特色和
重要优势。

一是扶贫金融专员，为脱贫攻坚提供一线战力。为解决贫困地区金融人才
不足的问题，国家开发银行选派 183 名综合素质好、责任意识强、业务能力过
硬的业务骨干到 832 个国家级和集中连片特困地区贫困县所在的 174 个地市州
专职开展扶贫工作。扶贫金融专员作为国家开发银行和贫困地区的桥梁纽带，
在政策宣传、规划编制、扶贫项目策划、融资模式设计、理顺资金运行机制等
方面发挥了重要作用，被称为扶贫开发的"宣传员、规划员、联络员"。除扶
贫金融专员外，国家开发银行向全国 21 个贫困村派驻了 15 名"第一书记"、
35 名驻村干部，并向 8 个贫困县派驻扶贫挂职干部 8 名，为贫困地区脱贫攻
坚提供了有力的人才智力支持。

这些扎根一线、坚守一线的国家开发银行青年，不畏艰难、不辞辛苦，走
村入户，和贫困群众交朋友、拉家常、谋发展，帮贫困地区摸情况、找思路、
出主意。有的专员借助互联网力量，发起网络众筹，为贫困村发展甜橙等特色
产业开展宣传、筹集资金；有的专员帮助农户引入优质品种，更新种植技术，
并协助筹集资金，发展葡萄种植产业，同时通过引进葡萄酒生产商和电商平台
解决销路，为村子脱贫致富提供了全面服务。他们运用开发性金融原理和方
法，走进深山荒漠，积极探索开发性金融支持脱贫攻坚的新模式和新举措，为
贫困地区打赢脱贫攻坚战提供融智支持。

二是坚持规划引领，助力贫困地区科学发展。脱贫攻坚是一项复杂的系统
性工程，要从根本上改变一个地区长期形成的贫穷状态，需要以长远眼光统筹
全局，通过科学规划找到正确的发展路径和长久的脱贫机制。多年来，国家开
发银行发挥在专家、行业等方面的优势，因地施策、量体裁衣，通过编制规划
和咨询报告，为贫困地区提出差异化发展思路和融资支持方案，逐步形成了从
片区、省级规划到市县、乡村规划，从行业发展规划到系统性融资规划的多维
度、多领域的扶贫规划体系，建立了规划引领扶贫业务发展的新模式，使规划

成为开发性金融支持脱贫攻坚的一个重要亮点。

截至 2018 年 9 月底，国家开发银行通过深入调研，考察扶贫项目、走访贫困群众、听取政府意见，研究分析当地资源优势和制约因素，协助 22 个省份编制省级脱贫攻坚规划，与 22 个国家级贫困县开展融资规划编制合作试点，组织开展武陵山片区等 28 项扶贫融资规划的编制工作，并为集中连片特困地区、深度贫困地区的市县编制扶贫融资规划和规划咨询报告 54 份，切实做到因人因地施策，因贫困原因施策，因贫困类型施策，精准滴灌、靶向扶贫。

三是开展研讨培训，提升脱贫攻坚干部队伍能力。脱贫攻坚关键在党，关键在人。广大干部处在脱贫攻坚第一线，干部素质的高低、能力的强弱，直接关系扶贫工作的成败。怎样才能帮助贫困地区地方干部更好地了解国家脱贫攻坚的方针政策，掌握金融扶贫先进理念和方法，拓宽带领贫困群众脱贫致富的思路和举措？国家开发银行在地方干部培训方面下了不少功夫，取得了很好的成效。

围绕脱贫攻坚主题为贫困地区干部举办培训班，是国家开发银行贯彻党中央打赢脱贫攻坚战决策部署、推进脱贫攻坚的重要体现，也是国家开发银行深化银政合作、提升融智服务的重要方式和内容。中央扶贫开发工作会议召开以来，国家开发银行先后举办培训班 34 期，为 14 个集中连片特困地区和"三区三州"深度贫困地区地方干部开展培训，累计培训地方干部 2878 人次，有效增强了贫困地区地方干部对扶贫政策的理解，提高了运用金融手段推进脱贫攻坚的意识和能力。

2016 年 11 月，国务院审定批准了《国家开发银行章程》，要求国家开发银行充分运用"服务国家战略、依托信用支持、市场运作、保本微利"的开发性金融功能，加大对重点领域和薄弱环节的支持力度，促进经济社会持续平稳健康发展，开启了开发性金融服务国家战略的新征程。"十三五"期间，国家开发银行将发放 1.5 万亿元精准扶贫贷款，运用开发性金融原理和方法，打好脱贫攻坚的每一场战役，以金融扶贫的丰硕战果向实现"两个一百年"的伟大目标献礼。"纷繁世事多元应，击鼓催征稳驭舟"，脱贫攻坚，任重道远。国家开发银行将深入学习贯彻党的十九大精神，以习近平新时代中国特色社会主义思想为指导，在党中央、国务院的坚强领导下，在人民银行等部委的支持和指导下，以"增强国力，改善民生"为使命，镌刻初心，砥砺前行，在打赢脱贫攻坚战的伟大征程中，继续书写风樯阵马、拔地倚天的金融扶贫辉煌篇章！

中国农业发展银行金融精准扶贫实践经验

——秉承家国情怀　强化责任担当
努力成为政策性金融扶贫的先锋、主力和模范

习近平总书记在 2015 年中央扶贫开发工作会议上强调，"加大对脱贫攻坚的金融支持力度，特别是要重视发挥好政策性金融和开发性金融在脱贫攻坚中的作用"。作为我国唯一的农业政策性银行，农发行长期根植"三农"、服务"三农"，持续支持农村贫困地区扶贫开发。特别是 2015 年农发行新一届党委成立以来，以习近平扶贫开发思想为引领，加强党委对扶贫工作的领导，秉承家国情怀，强化政治担当，提升站位，主动作为，确立了以服务脱贫攻坚统揽业务全局的战略部署，明确了在打赢脱贫攻坚战中成为金融扶贫的先锋、主力和模范的目标定位，在全国金融系统率先成立扶贫专门机构，以支持易地扶贫搬迁为突破口，深入研究并快速启动支持易地扶贫搬迁信贷业务，全面推进金融精准扶贫实践和探索。目前，全行以服务脱贫攻坚统揽业务全局的顶层设计基本完成，扶贫组织体系、政策体系、产品体系、精准管理体系初步建立，扶贫贷款台账系统、统计系统、单独核算系统、贷后管理系统、考核评价系统等五大基础工程基本形成，扶贫合作的领域和空间进一步打开，扶贫银行的品牌形象深入人心，政策性金融扶贫的作用和成效更加彰显。

——在全国金融系统做到了"七个率先"。率先在全国金融系统成立扶贫金融事业部；率先投放首笔易地扶贫搬迁贷款；率先制定政策性金融扶贫五年规划；率先与国务院扶贫办、与省级人民政府创建政策性金融扶贫实验示范区；率先向县级延伸扶贫金融服务机构并实现对国家级贫困县全覆盖；率先在银行间债券市场成功发行扶贫专项金融债和普通扶贫债；率先推出扶贫批发、光伏扶贫、旅游扶贫、教育扶贫、网络扶贫等精准扶贫信贷产品。

——扶贫贷款投放力度持续加大。2015 年中央扶贫开发工作会议以来，累计发放精准扶贫贷款 16345.71 亿元，2018 年 9 月末精准扶贫贷款余额

13350.46亿元，较2015年末净增加7699.31亿元，贷款余额居全国金融系统首位，扶贫贷款增速为全行各项贷款平均增速的2.93倍。累计发放易地扶贫搬迁贷款3139.01亿元，其中易地扶贫搬迁专项贴息贷款份额同业占比52.43%。累计向"三区三州"深度贫困地区投放贷款1915.73亿元，较2015年末净增加974.05亿元，贷款增幅达到287.64%，是全行各项贷款平均增速的6.18倍。

——信贷产品和业务模式不断创新落地。全面对接《中共中央　国务院关于打赢脱贫攻坚战的决定》中的金融需求，积极研发光伏扶贫、旅游扶贫、教育扶贫、网络扶贫、生态扶贫、扶贫过桥等专项扶贫贷款产品，有力地支持了国家专项扶贫行动。不断创新产业扶贫支持模式，"吕梁模式"（建立产业扶贫贷款风险补偿基金）、"寿县模式"（支持网络扶贫）、"蒙城模式"（支持农业产业联合体），以及扶贫批发、支农转贷等新模式不断创新落地。扶贫过桥贷款方式在扶贫各个领域广泛应用，重点支持了贫困地区教育、健康、农村路网、贫困村提升工程等领域。

——精准管理水平有效提高。设立专门机构统一归口管理全行精准扶贫工作，精准扶贫贷款认定、清单制管理、非现场监测扎实建立，扶贫贷款精准度得到有效提升，有力推动了扶持对象、帮扶政策、资源配置、扶贫成效精准到位。

——定点扶贫工作深入推进。总行搭台、省行推进，集全系统资源多方位对接定点县需求的机制逐步形成，定点扶贫银政企对接推进效果明显。派驻"三人小组"的做法得到国务院扶贫办等有关部委的充分认可，成为农发行支持定点扶贫的一张名片。成功协办中央国家机关定点扶贫工作成果展，是90家参展单位中唯一协办方，得到了中央国家机关工委的表扬和肯定。

——扶贫合作效果不断增强。作为唯一一家金融机构成为网络扶贫部际协调小组成员单位，参加第四届世界互联网大会并作主旨发言。会同发展改革委、农业部、人民银行、原银监会、国务院扶贫办等部委多次开展联合调研，"万企帮万村"、致富带头人、贫困村提升工程等精准扶贫行动扎实推进，银政企合力攻坚的力度进一步加大。

——社会认可度持续提升。荣获《金融时报》"2016年度最佳脱贫攻坚银行奖"，《半月谈》杂志社2016年度、2017年度"中国金融扶贫突出贡献奖"，农发行"金融扶贫"被人民日报社《民生周刊》评为全国"2017年民生示范工程"，支持西藏脱贫攻坚获中国银行业协会颁发的中国银行业"最佳社会责任实践案例奖"。西藏自治区分行原党委书记、行长胡世财同志荣获"2016年全国脱贫攻坚奖"，是当年全国性金融机构和西藏自治区唯一获奖者；总行扶贫金融事业部副总裁徐一丁荣获"2017年全国脱贫攻坚奖"，是中央国家机关300多个单位和全国金融机构的唯一代表，汪洋副总理亲自颁奖。

农发行坚决贯彻落实党中央、国务院脱贫攻坚战略部署，坚持以服务脱贫攻坚作为重大政治责任统揽全局，切实发挥了政策性金融扶贫的骨干引领作用，得到国务院领导同志和有关部门的高度评价。李克强总理2017年1月17日在农发行有关材料上作出重要批示："2016年，农发行真抓实干，开拓进取，在支农惠农、助力脱贫攻坚、支持补短板等方面取得新成绩。"汪洋副总理2017年1月16日作出批示："农发行讲政治、讲大局，务实创新，对服务'三农'、打赢脱贫攻坚战提供了有力支持。希望新的一年做出新的贡献。"汪洋副总理2016年5月19日在农发行有关材料上批示："认识深刻，措施得力，带了好头。抓好落实，必有大为。"

一、健全体制机制，形成以服务脱贫攻坚统揽全局的大扶贫工作格局

（一）作出了以脱贫攻坚统揽全局的战略部署

一是统筹部署脱贫攻坚全局性工作。2016年5月召开全行脱贫攻坚工作会议，解学智董事长、国务院扶贫办刘永富主任作了重要讲话，明确了农发行"以服务脱贫攻坚统揽全局，尽心竭力助推全面建成小康社会"的战略定位，提出了"构建全行扶贫、全力扶贫"的工作格局，进一步统一了全行的思想认识。2017年又组织召开全行脱贫攻坚工作会议、助推定点县脱贫攻坚对接推进会、支持深度贫困地区脱贫攻坚现场会3次全行性工作会议，全面部署、不断推进脱贫攻坚各项重点工作。二是研究制定农发行金融扶贫五年规划。依据《中共中央　国务院关于打赢脱贫攻坚战的决定》明确的扶贫任务、国家相关扶贫规划以及与有关部委对接情况，按照国家精准扶贫、精准脱贫基本方略，编制了《中国农业发展银行政策性金融扶贫五年规划》，明确了全行扶贫工作的总体思路、目标任务和工作措施，规划了"十三五"期间金融扶贫的重点领域、重点区域。三是确定了行领导分片包干扶贫的工作机制。总行行领导包片负责22个重点扶贫省份省级分行和中央确定的农发行4个定点扶贫县、

1 个对口支援县所在地省级分行的扶贫工作。省级分行对辖内 832 个国家级贫困县建立分片包干制度，将脱贫攻坚工作纳入各级行领导班子和领导干部的考核评价体系。

（二）建立健全扶贫金融事业部组织体系

一是成立由董事长任组长、行长任副组长的总行脱贫攻坚工程领导小组，负责对全行支持脱贫攻坚工程的组织领导。各省级分行也相应成立了脱贫攻坚领导机构。二是健全扶贫金融事业部组织架构。总行成立由 5 个一级职能部门组成的扶贫金融事业部，具体从事扶贫业务推动和管理。同时，成立扶贫金融事业部执行委员会，主要负责贯彻落实总行党委重大决策和议定事项。三是完善全行扶贫金融组织体系，在 22 个向中央签署脱贫攻坚责任书的省份设立扶贫业务处，二级分行设立扶贫业务部，在 832 个国家级贫困县有农发行机构的设立扶贫金融事业部，没有机构的设立扶贫工作组，实现了贫困地区政策性金融服务全覆盖。

（三）积极构建外部协作发力的大扶贫格局

一是作为国务院扶贫开发领导小组受邀单位，出席国务院扶贫开发领导小组全体会议 7 次；受邀出席了世界互联网大会、亚太农协执委会会议等。二是与国务院扶贫办签署《政策性金融扶贫合作协议》，联合下发《政策性金融扶贫实验示范区工作方案》；会同国家能源局、国务院扶贫办等部门深入研究光伏扶贫政策，联合出台了《关于实施光伏发电扶贫工作的意见》；与国家发展改革委签订《全面支持网络扶贫框架协议》，与江西、贵州、重庆等政府签订网络扶贫合作协议。三是与住建部、交通部和水利部等有关部委座谈交流"十三五"交通、水利扶贫专项规划与工作思路，互通脱贫攻坚工作信息和业务进展；与住建部共同调研特色小镇发展，联合下发《关于改善贫困村人居卫生条件的指导意见》；与交通部联合下发《关于合力做好交通扶贫脱贫攻坚工作的通知》；与水利部共同开展西藏自治区水利项目调研，共同推进基础设施领域脱贫攻坚工作。四是与国务院扶贫办、原银监会联合调研政策性金融支持致富带头人工作，制订金融服务方案，研究对接支持政策。与农业部、国家发展改革委联合调研农业科技园区和农民工返乡下乡创业等工作，下发《关于做好支持农村大众创业万众创新工作的意见》，部署加大对农业科技园区建设和返乡创业的支持力度。推动与国家旅游局、国家体育总局签订《支持乡村旅游扶贫工程合作协议》《推进体育旅游融合发展战略合作协议》。五是强化东西部扶贫协作，建立责任处室对口推进机制，多次对各行东西部扶贫协作对接情况摸底指导，积极推动东西部扶贫协作地区互访交流，促进项目精准对接和落地实施。

二、坚持精准扶贫精准脱贫方略，多措并举支持脱贫攻坚

（一）聚焦精准发力，持续加大对脱贫攻坚重点领域和薄弱环节的支持力度

1. 全力支持易地扶贫搬迁。一是积极参与政策研究和规划制定。2015 年6 月，农发行对贵州、湖北、陕西等 10 个省区易地扶贫搬迁工作开展了深入的实地调研和全面摸底，掌握了易地扶贫搬迁的基本情况和资金需求特点，形成了支持易地扶贫搬迁的基本思路和信贷操作模式，拟订了《易地扶贫搬迁金融服务方案》，为制定"十三五"易地扶贫搬迁政策提供了重要参考。连续两次召开全系统易地扶贫搬迁信贷工作会议，传达党中央、国务院关于脱贫攻坚的重要精神，对易地扶贫搬迁信贷工作进行动员部署，统一全行思想，明确任务要求。各级行积极行动，结合本地区实际，充分发挥政策性银行优势，主动介入地方政府"十三五"易地扶贫搬迁规划编制工作，协助制订融资方案，为易地扶贫搬迁工作提供融资融智服务。二是迅速出台专门贷款产品。在充分调研基础上，针对部分地区易地扶贫搬迁项目已开工建设，资金需求迫切的实际情况，农发行 2015 年 8 月正式出台了《易地扶贫搬迁贷款管理办法（试行)》和《易地扶贫搬迁地方政府补助资金专项贷款管理办法（试行)》，明确了"政府主导、精准扶贫、专款专用、保本经营"的贷款原则，采取了"办贷优先、规模倾斜、利率特惠、期限延长"等特惠政策。当年 8 月 14 日，农发行在全国金融机构中率先投放首笔易地扶贫搬迁贷款。三是理顺易地扶贫搬迁资金运作机制。积极配合 22 个省（自治区、直辖市）完成易地扶贫搬迁省级投融资主体组建工作，协助起草公司章程、资金管理等重要制度。研究地方政府债、专项建设基金、贴息专项贷款等各渠道资金的衔接机制，帮助理顺省级投融资主体与市县项目实施主体的资金渠道，为易地扶贫搬迁专项资金顺利落地奠定基础。四是积极对接中央财政贴息专项贷款和专项建设基金规模。国家累计下达贴息贷款规模共计 2013.66 亿元，目前农发行已与 21 个省份对接贴息贷款规模 1766.39 亿元，占下达总规模的 87.72%，已投放中央财政贴息专项贷款 1196.18 亿元。国家下达易地扶贫搬迁专项建设基金总规模 500 亿

元，农发行对接获得 273.3 亿元，占基金总规模的 54.7%，目前已投放基金 242.7 亿元。五是研究明确省级统筹同步搬迁融资信贷支持政策，协助各地政府加快推动同步搬迁实施进程。促成广西、山西、河北等省级政府对同步搬迁人口实行省级政府购买服务、省级公司统贷统还。六是切实加强贷款管理。通过完善政策，进一步严格项目准入和评审标准，确保支持精准；发挥好银行把关作用，落实国家对贫困搬迁户住房建设面积的控制标准；切实加强资金监管，严防挤占挪用。

2. 积极推动产业扶贫。一是完善产业扶贫信贷政策。根据各地实际需求，研究印发《关于创新产业扶贫模式的意见》，创新产业扶贫六大业务模式，鼓励各行结合实际加大对产业扶贫支持力度；先后研究制定了《关于创新支持农村一二三产业融合发展的意见》《关于农业产业化龙头企业贷款客户准入管理的通知》《关于做好支持农村大众创业万众创新工作的意见》《政策性金融支持致富带头人金融服务方案》等，明确政策导向，加大支持特色产业扶贫、农民工返乡创业和致富带头人产业发展。二是大力推动支持产业扶贫的"吕梁模式"。积极推动地方政府财政出资建立扶贫贷款风险补偿基金，农发行按一定倍数提供信贷资金，切实发挥政府的组织优势、地缘优势和政策性银行的融资优势、专业优势，形成政府和银行联合筛选企业、贷款风险银政企三方共担的产业扶贫支持模式。目前，山西吕梁已到位风险补偿基金 1.29 亿元，农发行配套支持企业 35 家，发放贷款 2.07 亿元；已入库企业 98 家，拟申请贷款 2.788 亿元。贵州、湖南、安徽、江西、青海等地正在推动"吕梁模式"落地，加大对产业扶贫的支持力度。三是积极支持"万企帮万村"。加强与全国工商联等部门合作开展"万企帮万村"精准扶贫行动，有 24 个省级分行采取不同形式与当地工商联、扶贫办和光彩会正式建立了合作机制。制定"万企帮万村"专门信贷支持政策，推动工作持续深入开展。目前已有 925 家企业纳入农发行支持"万企帮万村"精准扶贫行动项目库。2017 年国家扶贫日论坛上，农发行支持的 30 家客户获得了"万企帮万村"精准扶贫行动先进民营企业称号，占获奖企业总数的 26%。截至 2018 年 9 月末，纳入农发行支持"万企帮万村"精准扶贫行动项目库企业贷款余额 945.84 亿元。四是大力支持贫困地区粮棉油收储和农业产业化经营。在粮棉主产区的贫困县增设收储库点，确保不出现资金供应"空白点"；优先支持对建档立卡人口有较好辐射带动作用的大型龙头加工企业的订单收购业务，将支持特色农产品的种植和收购作为产业扶贫的重要突破口，支持贫困地区利用资源禀赋发展特色优势产业和特色产品品牌；支持贫困地区农业产业化发展，推动种养加扶贫，带动建档立卡人口长期稳定增收。五是将农村土地流转和规模经营与扶贫工作紧密结合，探索安徽蒙城现代农业产业联合体支持模式等，统筹带动新型农业经营主体发展规模化经营，积极开展生产基地扶贫。截至2018年9月末，土地流转和规模经营扶贫贷款余额173.60亿元。

3. 大力推进专项扶贫。一是加快推动专项扶贫贷款产品落地。积极对接国家重大专项扶贫行动和贫困地区需求，及时研发推出光伏扶贫、旅游扶贫、教育扶贫、网络扶贫、扶贫批发等贷款办法，并适时对相关办法和政策进行调整完善；加强与国家相关部委沟通协调，研究起草健康扶贫贷款办法、支持贫困村提升工程指导意见，积极支持专项扶贫工作开展。2018年9月末，各专项贷款余额合计240.17亿元。二是积极推动扶贫过桥贷款方式在扶贫各个领域应用，重点支持了贫困地区教育、健康、农村路网、贫困村提升工程等与精准扶贫、稳定脱贫紧密相关的领域。2018年9月末，扶贫过桥贷款余额749.36亿元。三是积极支持贫困地区林业生态建设，加快推进生态扶贫。通过建设国家储备林、经济林基地、森林公园、湿地公园等方式，带动项目周边贫困人口增收。四是积极探索"互联网＋政策性金融＋精准扶贫"新模式，支持电商企业开辟贫困地区特色农产品网上销售平台，建立与合作社、种养大户等种养主体的直采直供关系；支持电子商务产业园建设，建立便捷实惠的现代农村商品流通和服务网络。

4. 积极支持贫困地区基础设施建设。聚焦贫困地区交通出行、公共服务均等化、人居环境改善等加强顶层设计，加大信贷投入力度，2018年9月末，基础设施扶贫贷款余额达到6621.87亿元。及时开发特色小镇业务品种，优先满足贫困地区特色小镇区域化、整体化建设资金需要，实现扶贫攻坚和城乡一体化建设协调统一、相互促进；积极营销地方大型国有企业、央企等高端客户，推进农业农村基础设施建设项目的市场化运作。

（二）突出重点区域，彰显农发行在农村金融体系中的主体和骨干作用

1. 切实加大深度贫困地区政策支持力度。第一时间深入学习贯彻2017年6月23日习近平总书记在深度贫困地区脱贫攻坚座谈会上的讲话精神，加大对深度贫困地区的政策倾斜和信贷支持。一是行领导先后8次赴新疆及四省藏区等深度贫困地区开展相关调研工作，深入了解深度贫困地区脱贫攻坚规划和

业务发展需求，共同探讨支持重点领域和业务推动模式。二是研究政策性金融支持深度贫困地区相关政策，在金融系统内率先印发《关于重点支持深度贫困地区打赢脱贫攻坚战的意见》，明确支持深度贫困地区的指导思路、支持重点及工作措施。特别是农发行积极推动深度贫困地区实现"三个高于"目标，为人民银行制定相关政策提供了重要参考。农发行对深度贫困地区的支持政策得到了人民银行、国务院扶贫办等部门的充分肯定。三是组织召开专题会议，全面安排部署支持深度贫困地区脱贫攻坚工作。研究深度贫困地区产业支持政策，要求各行率先在深度贫困地区推动建立扶贫贷款风险补偿基金，发挥银政合力支持特色产业扶贫。

2. 全力做好定点扶贫工作。一是将定点扶贫作为服务脱贫攻坚的重中之重。成立总行定点扶贫工作专门机构，制定《中国农业发展银行关于加强定点扶贫工作的意见》，结合定点县资源禀赋、财政支撑能力和实际金融需求，逐县因地制宜编制金融支持方案，切实加大对定点扶贫的政策支持力度。二是向定点县派驻扶贫工作"三人小组"（总行2人、所在省1人），专门负责定点县扶贫工作的协调、推动与落实。挂职干部"三人小组"与定点县的县级机构相互配合、互为补充，成为农发行帮扶定点县脱贫攻坚的一线战斗堡垒和一张亮丽名片。三是创新捐赠资金使用方式，设立农发行专项扶贫捐赠资金，"十三五"期间每年拿出农发行捐赠指标的一半无偿用于支持定点县公益性、基础性、救济性项目，已捐助项目111个、捐助资金3848.63万元。四是组织召开定点县脱贫攻坚对接推进会，将发达地区资金、技术、经验优势与西部地区资源、环境、生态优势精准对接，发展脱贫产业，强化脱贫产业支撑。东部发达区县共支援定点县财政帮扶资金7129万元，提供就业岗位5118个，免费培训2636人次，帮助建档立卡贫困劳动力转移就业5247人；东部企业投资意向约为39.86亿元。五是加大培训帮扶力度，对定点县的县、乡、村各级干部连续3年开展培训。2017年已成功举办3期培训班，培训扶贫干部230人。与中组部、中国扶贫开发协会联合开展贫困村大学生村官培训，已培训4期800人，为贫困村大学生村官授课4次。六是持续加大投入力度，全力做好金融服务工作，确保定点县脱贫资金及时投放、尽快见效。两年来，农发行在定点县累计发放贷款68.38亿元。

3. 加强政策性金融实验示范区建设。坚持把创建实验示范区作为重要平台和抓手，积极探索创新政策性金融扶贫模式。一是与国务院扶贫办联合推动广西百色、河北保定、贵州毕节、陕西安康四个实验示范区建设，完善地方政府、扶贫办、农发行三方协同机制，积极探索财政资金与政策性金融扶贫资金合力扶贫、精准扶贫的有效模式。二是推动与贵州、重庆、安徽等十余个省级政府合作创建省级政策性金融扶贫实验示范区，在省市级公司统贷、建立省级政策性担保公司实施政府增信、推动精准扶贫信贷产品落地、完善实验示范组织领导机制建设等方面积极进行探索。目前，贵州、江西、山西、安徽等实验区在模式探索、新产品推进等方面已经发挥出先行先试作用。

三、夯实管理基础，确保扶贫业务健康可持续发展

一是强化扶贫贷款精准认定管理。设立专门处室对全行精准扶贫贷款认定等工作实行统一归口管理；完善认定管理办法，根据人民银行精准扶贫贷款认定要求，明确全行扶贫贷款的认定标准、认定依据、认定流程、认定材料，做到"精准认定"有据可依、有章可循。组织全系统开展精准扶贫贷款专项核查，扶贫贷款的精准度有效提升。二是强化扶贫信贷制度建设。将扶贫信贷制度纳入农发行信贷制度统一管理，制定《中国农业发展银行扶贫信贷政策指引》《中国农业发展银行扶贫贷款贷后管理实施细则》，加强扶贫贷款贷后管理。印发《关于调整扶贫贷款利率定价政策的通知》，规范扶贫贷款利率定价政策。三是强化扶贫贷款台账及统计监测系统建设。建立精准扶贫贷款电子化台账体系；完善全行精准扶贫贷款统计监测体系；建立全行扶贫业务经营分析制度，形成季、月、周常态化监测分析机制，发挥决策支持作用。四是加强扶贫贷款单独核算。制定《中国农业发展银行扶贫金融事业部单独核算和报告办法（试行）》，真实、完整地反映扶贫金融事业部财会信息；合理设定贷款科目，为实现扶贫业务独立核算、单独反映奠定了基础。五是进一步完善脱贫攻坚考核办法。建立覆盖总行机关部门、省级分行、扶贫业务条线三个维度的脱贫攻坚考核体系，首次在总行机关部门绩效考评中加入脱贫攻坚考核内容，充分发挥考核指挥棒和引导作用，推动各项扶贫工作顺利开展。

附录

全国金融精准扶贫
主要专项政策汇编

中共中央　国务院印发
《中国农村扶贫开发纲要（2011—2020年）》

国务院公报 2011 年第 35 号

为进一步加快贫困地区发展，促进共同富裕，实现到 2020 年全面建成小康社会奋斗目标，特制定本纲要。

序　言

（一）扶贫事业取得巨大成就。消除贫困、实现共同富裕，是社会主义制度的本质要求。改革开放以来，我国大力推进扶贫开发，特别是随着《国家八七扶贫攻坚计划（1994—2000 年）》和《中国农村扶贫开发纲要（2001—2010 年）》的实施，扶贫事业取得了巨大成就。农村贫困人口大幅减少，收入水平稳步提高，贫困地区基础设施明显改善，社会事业不断进步，最低生活保障制度全面建立，农村居民生存和温饱问题基本解决，探索出一条中国特色扶贫开发道路，为促进我国经济发展、政治稳定、民族团结、边疆巩固、社会和谐发挥了重要作用，为推动全球减贫事业发展作出了重大贡献。

（二）扶贫开发是长期历史任务。我国仍处于并将长期处于社会主义初级阶段。经济社会发展总体水平不高，区域发展不平衡问题突出，制约贫困地区发展的深层次矛盾依然存在。扶贫对象规模大，相对贫困问题凸显，返贫现象时有发生，贫困地区特别是集中连片特殊困难地区（以下简称连片特困地区）发展相对滞后，扶贫开发任务仍十分艰巨。同时，我国工业化、信息化、城镇化、市场化、国际化不断深入，经济发展方式加快转变，国民经济保持平稳较快发展，综合国力明显增强，社会保障体系逐步健全，为扶贫开发创造了有利环境和条件。我国扶贫开发已经从以解决温饱为主要任务的阶段转入巩固温饱成果、加快脱贫致富、改善生态环境、提高发展能力、缩小发展差距的新阶段。

（三）深入推进扶贫开发意义重大。扶贫开发事关巩固党的执政基础，事关国家长治久安，事关社会主义现代化大局。深入推进扶贫开发，是建设中国特色社会主义的重要任务，是深入贯彻落实科学发展观的必然要求，是坚持以人为本、执政为民的重要体现，是统筹城乡区域发展、保障和改善民生、缩小发展差距、促进全体人民共享改革发展成果的重大举措，是全面建设小康社会、构建社会主义和谐社会的迫切需要。必须以更大的决心、更强的力度、更有效的举措，打好新一轮扶贫开发攻坚战，确保全国人民共同实现全面小康。

一、总体要求

（四）指导思想。高举中国特色社会主义伟大旗帜，以邓小平理论和"三个代表"重要思想为指导，深入贯彻落实科学发展观，提高扶贫标准，加大投入力度，把连片特困地区作为主战场，把稳定解决扶贫对象温饱、尽快实现脱贫致富作为首要任务，坚持政府主导，坚持统筹发展，更加注重转变经济发展方式，更加注重增强扶贫对象自我发展能力，更加注重基本公共服务均等化，更加注重解决制约发展的突出问题，努力推动贫困地区经济社会更好更快发展。

（五）工作方针。坚持开发式扶贫方针，实行扶贫开发和农村最低生活保障制度有效衔接。把扶贫开发作为脱贫致富的主要途径，鼓励和帮助有劳动能力的扶贫对象通过自身努力摆脱贫困；把社会保障作为解决温饱问题的基本手段，逐步完善社会保障体系。

（六）基本原则

——政府主导，分级负责。各级政府对本行政区域内扶贫开发工作负总责，把扶贫开发纳入经济社会发展战略及总体规划。实行扶贫开发目标责任制和考核评价制度。

——突出重点，分类指导。中央重点支持连片特困地区。加大对革命老区、民族地区、边疆地区扶持力度。根据不同地区经济社会发展水平，因地制宜制定扶贫政策，实行有差异的扶持措施。

——部门协作，合力推进。各相关部门要根据国家扶贫开发战略部署，结合各自职能，在制定政策、编制规划、分配资金、安排项目时向贫困地区倾斜，形成扶贫开发合力。

——自力更生，艰苦奋斗。加强引导，更新观念，充分发挥贫困地区、扶贫对象的主动性和创造性,尊重扶贫对象的主体地位,提高其自我管理水平和发展能力,立足自身实现脱贫致富。

——社会帮扶,共同致富。广泛动员社会各界参与扶贫开发,完善机制,拓展领域,注重实效,提高水平。强化政策措施,鼓励先富帮后富,实现共同富裕。

——统筹兼顾,科学发展。坚持扶贫开发与推进城镇化、建设社会主义新农村相结合,与生态建设、环境保护相结合,充分发挥贫困地区资源优势,发展环境友好型产业,增强防灾减灾能力,提倡健康科学生活方式,促进经济社会发展与人口资源环境相协调。

——改革创新,扩大开放。适应社会主义市场经济要求,创新扶贫工作机制。扩大对内对外开放,共享减贫经验和资源。继续办好扶贫改革试验区,积极探索开放式扶贫新途径。

二、目标任务

(七)总体目标。到 2020 年,稳定实现扶贫对象不愁吃、不愁穿,保障其义务教育、基本医疗和住房。贫困地区农民人均纯收入增长幅度高于全国平均水平,基本公共服务主要领域指标接近全国平均水平,扭转发展差距扩大趋势。

(八)主要任务

——基本农田和农田水利。到 2015 年,贫困地区基本农田和农田水利设施有较大改善,保障人均基本口粮田。到 2020 年,农田基础设施建设水平明显提高。

——特色优势产业。到 2015 年,力争实现 1 户 1 项增收项目。到 2020 年,初步构建特色支柱产业体系。

——饮水安全。到 2015 年,贫困地区农村饮水安全问题基本得到解决。到 2020 年,农村饮水安全保障程度和自来水普及率进一步提高。

——生产生活用电。到 2015 年,全面解决贫困地区无电行政村用电问题,大幅度减少西部偏远地区和民族地区无电人口数量。到 2020 年,全面解决无电人口用电问题。

——交通。到 2015 年,提高贫困地区县城通二级及以上高等级公路比例,除西藏外,西部地区 80% 的建制村通沥青(水泥)路,稳步提高贫困地区农村客运班车通达率。到 2020 年，实现具备条件的建制村通沥青（水泥）路，推进村庄内道路硬化，实现村村通班车，全面提高农村公路服务水平和防灾抗灾能力。

——农村危房改造。到 2015 年，完成农村困难家庭危房改造 800 万户。到 2020 年，贫困地区群众的居住条件得到显著改善。

——教育。到 2015 年，贫困地区学前三年教育毛入园率有较大提高；巩固提高九年义务教育水平；高中阶段教育毛入学率达到 80%；保持普通高中和中等职业学校招生规模大体相当；提高农村实用技术和劳动力转移培训水平；扫除青壮年文盲。到 2020 年，基本普及学前教育，义务教育水平进一步提高，普及高中阶段教育，加快发展远程继续教育和社区教育。

——医疗卫生。到 2015 年，贫困地区县、乡、村三级医疗卫生服务网基本健全，县级医院的能力和水平明显提高，每个乡镇有 1 所政府举办的卫生院，每个行政村有卫生室；新型农村合作医疗参合率稳定在 90% 以上，门诊统筹全覆盖基本实现；逐步提高儿童重大疾病的保障水平，重大传染病和地方病得到有效控制；每个乡镇卫生院有 1 名全科医生。到 2020 年，贫困地区群众获得公共卫生和基本医疗服务更加均等。

——公共文化。到 2015 年，基本建立广播影视公共服务体系，实现已通电 20 户以下自然村广播电视全覆盖，基本实现广播电视户户通，力争实现每个县拥有 1 家数字电影院，每个行政村每月放映 1 场数字电影；行政村基本通宽带，自然村和交通沿线通信信号基本覆盖。到 2020 年，健全完善广播影视公共服务体系，全面实现广播电视户户通；自然村基本实现通宽带；健全农村公共文化服务体系，基本实现每个国家扶贫开发工作重点县（以下简称重点县）有图书馆、文化馆，乡镇有综合文化站，行政村有文化活动室。以公共文化建设促进农村廉政文化建设。

——社会保障。到 2015 年，农村最低生活保障制度、五保供养制度和临时救助制度进一步完善，实现新型农村社会养老保险制度全覆盖。到 2020 年，农村社会保障和服务水平进一步提升。

——人口和计划生育。到 2015 年，力争重点县人口自然增长率控制在 8‰ 以内，妇女总和生育率在 1.8 左右。到 2020 年，重点县低生育水平持续稳定，逐步实现人口均衡发展。

——林业和生态。到 2015 年，贫困地区森林覆盖率比 2010 年底增加 1.5

个百分点。到 2020 年，森林覆盖率比 2010 年底增加 3.5 个百分点。

三、对象范围

（九）扶贫对象。在扶贫标准以下具备劳动能力的农村人口为扶贫工作主要对象。建立健全扶贫对象识别机制，做好建档立卡工作，实行动态管理，确保扶贫对象得到有效扶持。逐步提高国家扶贫标准。各省（自治区、直辖市）可根据当地实际制定高于国家扶贫标准的地区扶贫标准。

（十）连片特困地区。六盘山区、秦巴山区、武陵山区、乌蒙山区、滇桂黔石漠化区、滇西边境山区、大兴安岭南麓山区、燕山—太行山区、吕梁山区、大别山区、罗霄山区等区域的连片特困地区和已明确实施特殊政策的西藏、四省藏区、新疆南疆三地州是扶贫攻坚主战场。加大投入和支持力度，加强对跨省片区规划的指导和协调，集中力量，分批实施。各省（自治区、直辖市）对所属连片特困地区负总责，在国家指导下，以县为基础制定和实施扶贫攻坚工程规划。国务院各部门、地方各级政府要加大统筹协调力度，集中实施一批教育、卫生、文化、就业、社会保障等民生工程，大力改善生产生活条件，培育壮大一批特色优势产业，加快区域性重要基础设施建设步伐，加强生态建设和环境保护，着力解决制约发展的瓶颈问题，促进基本公共服务均等化，从根本上改变连片特困地区面貌。各省（自治区、直辖市）可自行确定若干连片特困地区，统筹资源给予重点扶持。

（十一）重点县和贫困村。要做好连片特困地区以外重点县和贫困村的扶贫工作。原定重点县支持政策不变。各省（自治区、直辖市）要制定办法，采取措施，根据实际情况进行调整，实现重点县数量逐步减少。重点县减少的省份，国家的支持力度不减。

四、专项扶贫

（十二）易地扶贫搬迁。坚持自愿原则，对生存条件恶劣地区扶贫对象实行易地扶贫搬迁。引导其他移民搬迁项目优先在符合条件的贫困地区实施，加强与易地扶贫搬迁项目的衔接，共同促进改善贫困群众的生产生活环境。充分考虑资源条件，因地制宜，有序搬迁，改善生存与发展条件，着力培育和发展后续产业。有条件的地方引导向中小城镇、工业园区移民，创造就业机会，提高就业能力。加强统筹协调，切实解决搬迁群众在生产生活等方面的困难和问题，确保搬得出、稳得住、能发展、可致富。

（十三）整村推进。结合社会主义新农村建设，自下而上制定整村推进规划，分期分批实施。发展特色支柱产业，改善生产生活条件，增加集体经济收入，提高自我发展能力。以县为平台，统筹各类涉农资金和社会帮扶资源，集中投入，实施水、电、路、气、房和环境改善"六到农家"工程，建设公益设施较为完善的农村社区。加强整村推进后续管理，健全新型社区管理和服务体制，巩固提高扶贫开发成果。贫困村相对集中的地方，可实行整乡推进、连片开发。

（十四）以工代赈。大力实施以工代赈，有效改善贫困地区耕地（草场）质量，稳步增加有效灌溉面积。加强乡村（组）道路和人畜饮水工程建设，开展水土保持、小流域治理和片区综合开发，增强抵御自然灾害能力，夯实发展基础。

（十五）产业扶贫。充分发挥贫困地区生态环境和自然资源优势，推广先进实用技术，培植壮大特色支柱产业，大力推进旅游扶贫。促进产业结构调整，通过扶贫龙头企业、农民专业合作社和互助资金组织，带动和帮助贫困农户发展生产。引导和支持企业到贫困地区投资兴业，带动贫困农户增收。

（十六）就业促进。完善雨露计划。以促进扶贫对象稳定就业为核心，对农村贫困家庭未继续升学的应届初、高中毕业生参加劳动预备制培训，给予一定的生活费补贴；对农村贫困家庭新成长劳动力接受中等职业教育给予生活费、交通费等特殊补贴。对农村贫困劳动力开展实用技术培训。加大对农村贫困残疾人就业的扶持力度。

（十七）扶贫试点。创新扶贫开发机制，针对特殊情况和问题，积极开展边境地区扶贫、地方病防治与扶贫开发结合、灾后恢复重建以及其他特困区域和群体扶贫试点，扩大互助资金、连片开发、彩票公益金扶贫、科技扶贫等试点。

（十八）革命老区建设。国家对贫困地区的革命老区县给予重点扶持。

五、行业扶贫

（十九）明确部门职责。各行业部门要把改善贫困地区发展环境和条件作为本行业发展规划的重要内容，在资金、项目等方面向贫困地区倾斜，并完成本行业国家确定的扶贫任务。

（二十）发展特色产业。加强农、林、牧、渔产业指导，发展各类专业合作组织，完善农村社会化服务体系。围绕主导产品、名牌产品、优势产品，大力扶持建设各类批发市场和边贸市场。按照全国主体功能区规划，合理开发当地资源，积极发展新兴产业，承接产业转移，调整产业结构，增强贫困地区发展内生动力。

（二十一）开展科技扶贫。积极推广良种良法。围绕特色产业发展，加大科技攻关和科技成果转化力度，推动产业升级和结构优化。培育一批科技型扶贫龙头企业。建立完善符合贫困地区实际的新型科技服务体系，加快科技扶贫示范村和示范户建设。继续选派科技扶贫团、科技副县（市）长和科技副乡（镇）长、科技特派员到重点县工作。

（二十二）完善基础设施。推进贫困地区土地整治，加快中低产田改造，开展土地平整，提高耕地质量。推进大中型灌区续建配套与节水改造和小型农田水利建设，发展高效节水灌溉，扶持修建小微型水利设施，抓好病险水库（闸）除险加固工程和灌溉排水泵站更新改造，加强中小河流治理、山洪地质灾害防治及水土流失综合治理。积极实施农村饮水安全工程。加大牧区游牧民定居工程实施力度。加快贫困地区通乡、通村道路建设，积极发展农村配送物流。继续推进水电新农村电气化、小水电代燃料工程建设和农村电网改造升级，实现城乡用电同网同价。普及信息服务，优先实施重点县村村通有线电视、电话、互联网工程。加快农村邮政网络建设，推进电信网、广电网、互联网三网融合。

（二十三）发展教育文化事业。推进边远贫困地区适当集中办学，加快寄宿制学校建设，加大对边远贫困地区学前教育的扶持力度，逐步提高农村义务教育家庭经济困难寄宿生生活补助标准。免除中等职业教育学校家庭经济困难学生和涉农专业学生学费，继续落实国家助学金政策。在民族地区全面推广国家通用语言文字。推动农村中小学生营养改善工作。关心特殊教育，加大对各级各类残疾学生扶助力度。继续实施东部地区对口支援中西部地区高等学校计划和招生协作计划。贫困地区劳动力进城务工，输出地和输入地要积极开展就业培训。继续推进广播电视村村通、农村电影放映、文化信息资源共享和农家书屋等重大文化惠民工程建设。加强基层文化队伍建设。

（二十四）改善公共卫生和人口服务管理。提高新型农村合作医疗和医疗救助保障水平。进一步健全贫困地区基层医疗卫生服务体系，改善医疗与康复服务设施条件。加强妇幼保健机构能力建设。加大重大疾病和地方病防控力度。继续实施万名医师支援农村卫生工程，组织城市医务人员在农村开展诊疗服务、临床教学、技术培训等多种形式的帮扶活动，提高县医院和乡镇卫生院的技术水平和服务能力。加强贫困地区人口和计划生育工作，进一步完善农村计划生育家庭奖励扶助制度、"少生快富"工程和计划生育家庭特别扶助制度，加大对计划生育扶贫对象的扶持力度，加强流动人口计划生育服务管理。

（二十五）完善社会保障制度。逐步提高农村最低生活保障和五保供养水平，切实保障没有劳动能力和生活常年困难农村人口的基本生活。健全自然灾害应急救助体系，完善受灾群众生活救助政策。加快新型农村社会养老保险制度覆盖进度，支持贫困地区加强社会保障服务体系建设。加快农村养老机构和服务设施建设，支持贫困地区建立健全养老服务体系，解决广大老年人养老问题。加快贫困地区社区建设。做好村庄规划，扩大农村危房改造试点，帮助贫困户解决基本住房安全问题。完善农民工就业、社会保障和户籍制度改革等政策。

（二十六）重视能源和生态环境建设。加快贫困地区可再生能源开发利用，因地制宜发展小水电、太阳能、风能、生物质能，推广应用沼气、节能灶、固体成型燃料、秸秆气化集中供气站等生态能源建设项目，带动改水、改厨、改厕、改圈和秸秆综合利用。提高城镇生活污水和垃圾无害化处理率，加大农村环境综合整治力度。加强草原保护和建设，加强自然保护区建设和管理，大力支持退牧还草工程。采取禁牧、休牧、轮牧等措施，恢复天然草原植被和生态功能。加大泥石流、山体滑坡、崩塌等地质灾害防治力度，重点抓好灾害易发区内的监测预警、搬迁避让、工程治理等综合防治措施。

六、社会扶贫

（二十七）加强定点扶贫。中央和国家机关各部门各单位、人民团体、参照公务员法管理的事业单位和国有大型骨干企业、国有控股金融机构、国家重点科研院校、军队和武警部队，要积极参加定点扶贫，承担相应的定点扶贫任务。支持各民主党派中央、全国工商联参与定点扶贫工作。积极鼓励、引导、支持和帮助各类非公有制企业、社会组织承担定点扶贫任务。定点扶贫力争对重点县全覆盖。各定点扶贫单位要制定帮扶规划，积极筹措资金，定期选派优秀中青年干部挂职扶贫。地方各级党政机关和有关单位要切实做好定点扶贫工作，发挥党政领导定点帮扶的示范效应。

（二十八）推进东西部扶贫协作。东西部扶贫协作双方要制定规划，在资金支持、产业发展、干部交流、人员培训以及劳动力转移就业等方面积极配合，发挥贫困地区自然资源和劳动力资源优势，做好对口帮扶工作。国家有关部门组织的行业对口帮扶，应与东西部扶贫协作结对关系相衔接。积极推进东中部地区支援西藏、新疆经济社会发展，继续完善对口帮扶的制度和措施。各省（自治区、直辖市）要根据实际情况，在当地组织开展区域性结对帮扶工作。

（二十九）发挥军队和武警部队的作用。坚持把地方扶贫开发所需与部队所能结合起来。部队应本着就地就近、量力而行、有所作为的原则，充分发挥组织严密、突击力强和人才、科技、装备等优势，积极参与地方扶贫开发，实现军地优势互补。

（三十）动员企业和社会各界参与扶贫。大力倡导企业社会责任，鼓励企业采取多种方式，推进集体经济发展和农民增收。加强规划引导，鼓励社会组织和个人通过多种方式参与扶贫开发。积极倡导扶贫志愿者行动，构建扶贫志愿者服务网络。鼓励工会、共青团、妇联、科协、侨联等群众组织以及海外华人华侨参与扶贫。

七、国际合作

（三十一）开展国际交流合作。通过走出去、引进来等多种方式，创新机制，拓宽渠道，加强国际反贫困领域交流。借鉴国际社会减贫理论和实践，开展减贫项目合作，共享减贫经验，共同促进减贫事业发展。

八、政策保障

（三十二）政策体系。完善有利于贫困地区、扶贫对象的扶贫战略和政策体系。发挥专项扶贫、行业扶贫和社会扶贫的综合效益。实现开发扶贫与社会保障的有机结合。对扶贫工作可能产生较大影响的重大政策和项目，要进行贫困影响评估。

（三十三）财税支持。中央和地方财政逐步增加扶贫开发投入。中央财政扶贫资金的新增部分主要用于连片特困地区。加大中央和省级财政对贫困地区的一般性转移支付力度。加大中央集中彩票公益金支持扶贫开发事业的力度。

对贫困地区属于国家鼓励发展的内外资投资项目和中西部地区外商投资优势产业项目，进口国内不能生产的自用设备，以及按照合同随设备进口的技术及配件、备件，在规定范围内免征关税。企业用于扶贫事业的捐赠，符合税法规定条件的，可按规定在所得税税前扣除。

（三十四）投资倾斜。加大贫困地区基础设施建设、生态环境和民生工程等投入力度，加大村级公路建设、农业综合开发、土地整治、小流域与水土流失治理、农村水电建设等支持力度。国家在贫困地区安排的病险水库除险加固、生态建设、农村饮水安全、大中型灌区配套改造等公益性建设项目，取消县以下（含县）以及西部地区连片特困地区配套资金。各级政府都要加大对连片特困地区的投资支持力度。

（三十五）金融服务。继续完善国家扶贫贴息贷款政策。积极推动贫困地区金融产品和服务方式创新，鼓励开展小额信用贷款，努力满足扶贫对象发展生产的资金需求。继续实施残疾人康复扶贫贷款项目。尽快实现贫困地区金融机构空白乡镇的金融服务全覆盖。引导民间借贷规范发展，多方面拓宽贫困地区融资渠道。鼓励和支持贫困地区县域法人金融机构将新增可贷资金70%以上留在当地使用。积极发展农村保险事业，鼓励保险机构在贫困地区建立基层服务网点。完善中央财政农业保险保费补贴政策。针对贫困地区特色主导产业，鼓励地方发展特色农业保险。加强贫困地区农村信用体系建设。

（三十六）产业扶持。落实国家西部大开发各项产业政策。国家大型项目、重点工程和新兴产业要优先向符合条件的贫困地区安排。引导劳动密集型产业向贫困地区转移。加强贫困地区市场建设。支持贫困地区资源合理开发利用，完善特色优势产业支持政策。

（三十七）土地使用。按照国家耕地保护和农村土地利用管理有关制度规定，新增建设用地指标要优先满足贫困地区易地扶贫搬迁建房需求，合理安排小城镇和产业聚集区建设用地。加大土地整治力度，在项目安排上，向有条件的重点县倾斜。在保护生态环境的前提下支持贫困地区合理有序开发利用矿产资源。

（三十八）生态建设。在贫困地区继续实施退耕还林、退牧还草、水土保持、天然林保护、防护林体系建设和石漠化、荒漠化治理等重点生态修复工程。建立生态补偿机制，并重点向贫困地区倾斜。加大重点生态功能区生态补偿力度。重视贫困地区的生物多样性保护。

（三十九）人才保障。组织教育、科技、文化、卫生等行业人员和志愿者到贫困地区服务。制定大专院校、科研院所、医疗机构为贫困地区培养人才的鼓励政策。引导大中专毕业生到贫困地区就业创业。对长期在贫困地区工作的干部要制定鼓励政策，对各类专业技术人员在职务、职称等方面实行倾斜政策，对定点扶贫和东西部扶贫协作挂职干部要关心爱护，妥善安排他们的工作、生活，充分发挥他们的作用。发挥创业人才在扶贫开发中的作用。加大贫困地区干部和农村实用人才的培训力度。

（四十）重点群体。把对少数民族、妇女儿童和残疾人的扶贫开发纳入规划，统一组织，同步实施，同等条件下优先安排，加大支持力度。继续开展兴边富民行动，帮助人口较少民族脱贫致富。推动贫困家庭妇女积极参与全国妇女"双学双比"活动，关注留守妇女和儿童的贫困问题。制定实施农村残疾人扶贫开发纲要（2011—2020 年），提高农村残疾人生存和发展能力。

九、组织领导

（四十一）强化扶贫开发责任。坚持中央统筹、省负总责、县抓落实的管理体制，建立片为重点、工作到村、扶贫到户的工作机制，实行党政一把手负总责的扶贫开发工作责任制。各级党委和政府要进一步提高认识，强化扶贫开发领导小组综合协调职能，加强领导，统一部署，加大省县统筹、资源整合力度，扎实推进各项工作。进一步完善对有关党政领导干部、工作部门和重点县的扶贫开发工作考核激励机制，各级组织部门要积极配合。东部地区各省（直辖市）要进一步加大对所属贫困地区和扶贫对象的扶持力度。鼓励和支持有条件的地方探索解决城镇化进程中的贫困问题。

（四十二）加强基层组织建设。充分发挥贫困地区基层党组织的战斗堡垒作用，把扶贫开发与基层组织建设有机结合起来。选好配强村级领导班子，以强村富民为目标，以强基固本为保证，积极探索发展壮大集体经济、增加村级集体积累的有效途径，拓宽群众增收致富渠道。鼓励和选派思想好、作风正、能力强、愿意为群众服务的优秀年轻干部、退伍军人、高校毕业生到贫困村工作，帮助建班子、带队伍、抓发展。带领贫困群众脱贫致富有突出成绩的村干部，可按有关规定和条件优先考录为公务员。

（四十三）加强扶贫机构队伍建设。各级扶贫开发领导小组要加强对扶贫开发工作的指导，研究制定政策措施，协调落实各项工作。各省（自治区、直辖市）扶贫开发领导小组每年要向国务院扶贫开发领导小组报告工作。要进一步强化各级扶贫机构及其职能，加强队伍建设，改善工作条件，提高管理水平。贫困程度深的乡镇要有专门干部负责扶贫开发工作。贫困地区县级领导干部和县以上扶贫部门干部的培训要纳入各级党政干部培训规划。各级扶贫部门要大力加强思想、作风、廉政和效能建设，提高执行能力。

（四十四）加强扶贫资金使用管理。财政扶贫资金主要投向连片特困地区、重点县和贫困村，集中用于培育特色优势产业、提高扶贫对象发展能力和改善扶贫对象基本生产生活条件，逐步增加直接扶持到户资金规模。创新扶贫资金到户扶持机制，采取多种方式，使扶贫对象得到直接有效扶持。使用扶贫资金的基础设施建设项目，要确保扶贫对象优先受益，产业扶贫项目要建立健全带动贫困户脱贫增收的利益联结机制。完善扶贫资金和项目管理办法，开展绩效考评。建立健全协调统一的扶贫资金管理机制。全面推行扶贫资金项目公告公示制，强化审计监督，拓宽监管渠道，坚决查处挤占挪用、截留和贪污扶贫资金的行为。

（四十五）加强扶贫研究和宣传工作。切实加强扶贫理论和政策研究，对扶贫实践进行系统总结，逐步完善中国特色扶贫理论和政策体系。深入实际调查研究，不断提高扶贫开发决策水平和实施能力。把扶贫纳入基本国情教育范畴，作为各级领导干部和公务员教育培训的重要内容、学校教育的参考材料。继续加大扶贫宣传力度，广泛宣传扶贫开发政策、成就、经验和典型事迹，营造全社会参与扶贫的良好氛围。同时，向国际社会展示我国政府保障人民生存权、发展权的努力与成效。

（四十六）加强扶贫统计与贫困监测。建立扶贫开发信息系统，开展对连片特困地区的贫困监测。进一步完善扶贫开发统计与贫困监测制度，不断规范相关信息的采集、整理、反馈和发布工作，更加及时客观反映贫困状况、变化趋势和扶贫开发工作成效，为科学决策提供依据。

（四十七）加强法制化建设。加快扶贫立法，使扶贫工作尽快走上法制化轨道。

（四十八）各省（自治区、直辖市）要根据本纲要，制定具体实施办法。

（四十九）本纲要由国家扶贫开发工作机构负责协调并组织实施。

中共中央办公厅、国务院办公厅印发 《关于创新机制扎实推进农村扶贫 开发工作的意见》的通知

2013 年 12 月 18 日　中办发〔2013〕25 号

消除贫困，改善民生，实现共同富裕，是社会主义的本质要求。改革开放以来，我国扶贫开发工作取得举世瞩目的成就，走出了一条中国特色扶贫开发道路。但是，贫困地区发展滞后问题没有根本改变，贫困人口生产生活仍然十分困难。全面建成小康社会，最艰巨最繁重的任务在农村特别是在贫困地区。实现《中国农村扶贫开发纲要（2011—2020 年）》（以下简称《纲要》）提出的奋斗目标，必须深入贯彻党的十八大和十八届二中、三中全会精神，全面落实习近平总书记等中央领导同志关于扶贫开发工作的一系列重要指示，进一步增强责任感和紧迫感，切实将扶贫开发工作摆到更加重要、更为突出的位置，以改革创新为动力，着力消除体制机制障碍，增强内生动力和发展活力，加大扶持力度，集中力量解决突出问题，加快贫困群众脱贫致富、贫困地区全面建成小康社会步伐。

一、深化改革，创新扶贫开发工作机制

当前和今后一个时期，扶贫开发工作要进一步解放思想，开拓思路，深化改革，创新机制，使市场在资源配置中起决定性作用和更好发挥政府作用，更加广泛、更为有效地动员社会力量，构建政府、市场、社会协同推进的大扶贫开发格局，在全国范围内整合配置扶贫开发资源，形成扶贫开发合力。

（一）改进贫困县考核机制。由主要考核地区生产总值向主要考核扶贫开发工作成效转变，对限制开发区域和生态脆弱的国家扶贫开发工作重点县（以下简称重点县）取消地区生产总值考核，把提高贫困人口生活水平和减少贫困人口数量作为主要指标，引导贫困地区党政领导班子和领导干部把工作重

点放在扶贫开发上。中央有关部门加强指导，各省（自治区、直辖市）制定具体考核评价办法，并在试点基础上全面推开。同时，研究建立重点县退出机制，建立扶贫开发效果评估体系。（中央组织部、国务院扶贫办、国家统计局等。列在首位的为牵头单位，其他单位按职责分工负责，下同）

（二）建立精准扶贫工作机制。国家制定统一的扶贫对象识别办法。各省（自治区、直辖市）在已有工作基础上，坚持扶贫开发和农村最低生活保障制度有效衔接，按照县为单位、规模控制、分级负责、精准识别、动态管理的原则，对每个贫困村、贫困户建档立卡，建设全国扶贫信息网络系统。专项扶贫措施要与贫困识别结果相衔接，深入分析致贫原因，逐村逐户制定帮扶措施，集中力量予以扶持，切实做到扶真贫、真扶贫，确保在规定时间内达到稳定脱贫目标。（国务院扶贫办、民政部、中央农办、人力资源社会保障部、国家统计局、共青团中央、中国残联等）

（三）健全干部驻村帮扶机制。在各省（自治区、直辖市）现有工作基础上，普遍建立驻村工作队（组）制度。可分期分批安排，确保每个贫困村都有驻村工作队（组），每个贫困户都有帮扶责任人。把驻村入户扶贫作为培养锻炼干部特别是青年干部的重要渠道。驻村工作队（组）要协助基层组织贯彻落实党和政府各项强农惠农富农政策，积极参与扶贫开发各项工作，帮助贫困村、贫困户脱贫致富。落实保障措施，建立激励机制，实现驻村帮扶长期化、制度化。（各省、自治区、直辖市）

（四）改革财政专项扶贫资金管理机制。各级政府要逐步增加财政专项扶贫资金投入，加大资金管理改革力度，增强资金使用的针对性和实效性，项目资金要到村到户，切实使资金直接用于扶贫对象。把资金分配与工作考核、资金使用绩效评价结果相结合，探索以奖代补等竞争性分配办法。简化资金拨付流程，项目审批权限原则上下放到县。以扶贫攻坚规划和重大扶贫项目为平台，整合扶贫和相关涉农资金，集中解决突出贫困问题。积极探索政府购买公共服务等有效做法。加强资金监管，强化地方责任，省、市两级政府主要负责资金和项目监管，县级政府负责组织实施好扶贫项目，各级人大常委会要加强对资金审计结果的监督，管好用好资金。坚持和完善资金项目公告公示制度，积极发挥审计、纪检、监察等部门作用，加大违纪违法行为惩处力度。逐步引入社会力量，发挥社会监督作用。（财政部、国务院扶贫办、国家发展改革委、中央纪委、监察部、审计署等）

（五）完善金融服务机制。充分发挥政策性金融的导向作用，支持贫困地区基础设施建设和主导产业发展。引导和鼓励商业性金融机构创新金融产品和服务，增加贫困地区信贷投放。在防范风险前提下，加快推动农村合作金融发展，增强农村信用社支农服务功能，规范发展村镇银行、小额贷款公司和贫困村资金互助组织。完善扶贫贴息贷款政策，增加财政贴息资金，扩大扶贫贴息贷款规模。进一步推广小额信用贷款，推进农村青年创业小额贷款和妇女小额担保贷款工作。推动金融机构网点向贫困乡镇和社区延伸，改善农村支付环境，加快信用户、信用村、信用乡（镇）建设，发展农业担保机构，扩大农业保险覆盖面。改善对农业产业化龙头企业、家庭农场、农民合作社、农村残疾人扶贫基地等经营组织的金融服务。（中国人民银行、财政部、民政部、中国银监会、中国保监会、国务院扶贫办、人力资源社会保障部、共青团中央、全国妇联、中国残联等）

（六）创新社会参与机制。建立和完善广泛动员社会各方面力量参与扶贫开发制度。充分发挥定点扶贫、东西部扶贫协作在社会扶贫中的引领作用。支持各民主党派中央、全国工商联和无党派人士参与扶贫开发工作，鼓励引导各类企业、社会组织和个人以多种形式参与扶贫开发。建立信息交流共享平台，形成有效协调协作和监管机制。全面落实企业扶贫捐赠税前扣除、各类市场主体到贫困地区投资兴业等相关支持政策。支持军队和武警部队积极参与地方扶贫开发，实现军地优势互补。每5年以国务院扶贫开发领导小组名义进行一次社会扶贫表彰。加强扶贫领域国际交流合作。（国务院扶贫办、定点扶贫牵头组织部门、民政部、财政部、人力资源社会保障部、税务总局、中国残联、全国工商联等）

二、注重实效，扎实解决突出问题

针对制约贫困地区发展的瓶颈，以集中连片特殊困难地区（以下简称连片特困地区）为主战场，因地制宜，分类指导，突出重点，注重实效，继续做好整村推进、易地扶贫搬迁、以工代赈、就业促进、生态建设等工作，进一步整合力量、明确责任、明确目标，组织实施扶贫开发10项重点工作，全面带动和推进各项扶贫开发工作。

（一）村级道路畅通工作。按照《全国农村公路建设规划》确定的目标任务，结合村镇行政区划调整、易地扶贫搬迁、特色产业发展和农村物流等工作，加大对贫困地区农村公路建设支持力度。加强安全防护设施建设和中小危桥改造，提高农村公路服务水平和防灾抗灾能力。到 2015 年，提高贫困地区县城通二级及以上高等级公路比例，除西藏外，西部地区 80% 的建制村通沥青（水泥）路，稳步提高贫困地区农村客运班车通达率，解决溜索等特殊问题。到 2020 年，实现具备条件的建制村通沥青、水泥路和通班车。（交通运输部、国家发展改革委、财政部等）

（二）饮水安全工作。继续全力推进《全国农村饮水安全工程"十二五"规划》实施，优先安排贫困地区农村饮水安全工程建设，确保到 2015 年解决规划内贫困地区剩余的农村居民和学校师生饮水安全问题。到 2020 年，农村饮水安全保障程度和自来水普及率进一步提高。（国家发展改革委、水利部、国家卫生计生委、环境保护部等）

（三）农村电力保障工作。与易地扶贫搬迁规划相衔接，加大农村电网升级改造工作力度。落实《全面解决无电人口用电问题三年行动计划（2013—2015 年)》，因地制宜采取大电网延伸以及光伏、风电光电互补、小水电等可再生能源分散供电方式。到 2015 年，全面解决无电人口用电问题。（国家能源局、国家发展改革委、财政部、水利部等）

（四）危房改造工作。制订贫困地区危房改造计划，继续加大对贫困地区和贫困人口倾斜力度。明确建设标准，确保改造户住房达到最低建设要求。完善现有危房改造信息系统，有步骤地向社会公开。加强对农村危房改造的管理和监督检查。到 2020 年，完成贫困地区存量农村危房改造任务，解决贫困农户住房安全问题。（住房城乡建设部、国家发展改革委、财政部等）

（五）特色产业增收工作。指导连片特困地区编制县级特色产业发展规划。加强规划项目进村到户机制建设，切实提高贫困户的参与度、受益度。积极培育贫困地区农民合作组织，提高贫困户在产业发展中的组织程度。鼓励企业从事农业产业化经营，发挥龙头企业带动作用，探索企业与贫困农户建立利益联结机制，促进贫困农户稳步增收。深入推进科技特派员农村科技创业行动，加快现代农业科技在贫困地区的推广应用。到 2015 年，力争每个有条件的贫困农户掌握 1 至 2 项实用技术，至少参与 1 项养殖、种植、林下经济、花卉苗木培育、沙产业、设施农业等增收项目，到 2020 年，初步构建特色支柱产业体系。不断提高贫困地区防灾避灾能力和农业现代化水平。畅通农产品流通渠道，完善流通网络。推动县域经济发展。（农业部、国家林业局、国务院

扶贫办、商务部、国家发展改革委、科技部、全国供销合作总社等）

（六）乡村旅游扶贫工作。加强贫困地区旅游资源调查，围绕美丽乡村建设，依托贫困地区优势旅游资源，发挥精品景区的辐射作用，带动农户脱贫致富。统筹考虑贫困地区旅游资源情况，在研究编制全国重点旅游区生态旅游发展规划时，对贫困乡村旅游发展给予重点支持。结合交通基础设施建设、农村危房改造、农村环境综合整治、生态搬迁、游牧民定居、特色景观旅游村镇、历史文化名村名镇和传统村落及民居保护等项目建设，加大政策、资金扶持力度，促进休闲农业和乡村旅游业发展。到 2015 年，扶持约 2000 个贫困村开展乡村旅游。到 2020 年，扶持约 6000 个贫困村开展乡村旅游，带动农村劳动力就业。（国家发展改革委、国家旅游局、环境保护部、住房城乡建设部、农业部、国家林业局等）

（七）教育扶贫工作。全面实施教育扶贫工程。科学布局农村义务教育学校，保障学生就近上学。大力发展现代职业教育，办好一批中、高等职业学校，支持一批特色优势专业，培育当地产业发展需要的技术技能人才。完善职业教育对口支援机制，鼓励东部地区职业院校（集团）对口支援贫困地区职业院校。国家制定奖补政策，实施中等职业教育协作计划，支持贫困地区初中毕业生到省内外经济较发达地区中等职业学校接受教育。广泛开展职业技能培训，使未继续升学的初高中毕业生等新成长劳动力都能接受适应就业需求的职业培训。继续推进面向贫困地区定向招生专项计划和支援中西部地区招生协作计划的实施，不断增加贫困地区学生接受优质高等教育机会。到 2015 年，贫困地区义务教育巩固率达到 90% 以上，学前三年教育毛入园率达到 55% 以上，高中阶段毛入学率达到 80% 以上。到 2020 年，贫困地区基本普及学前教育，义务教育水平进一步提高，普及高中阶段教育，基础教育办学质量有较大提升，职业教育体系更加完善，教育培训就业衔接更加紧密，高等教育服务区域经济社会发展能力和继续教育服务劳动者就业创业能力持续提高。（教育部、国家发展改革委、财政部、国务院扶贫办、人力资源社会保障部、公安部、农业部等）

（八）卫生和计划生育工作。进一步健全贫困地区基层卫生计生服务体系，加强妇幼保健机构能力建设，加大重大疾病和地方病防控力度，采取有效措施逐步解决因病致贫、因病返贫问题。加强贫困地区计划生育工作，加大对计划生育扶贫对象的扶持力度。到 2015 年，贫困地区县、乡、村三级卫生计生服务网基本健全，县级医院的能力和水平明显提高，每个乡镇有 1 所政府举办的卫生院，每个行政村有卫生室；新型农村合作医疗参合率稳定在 90% 以上；逐步提高儿童医疗卫生保障水平，重大传染病和地方病得到有效控制。到 2020 年，贫困地区群众获得的公共卫生和基本医疗服务更加均等，服务水平进一步提高，低生育水平持续稳定，逐步实现人口均衡发展。（国家卫生计生委、国家发展改革委、财政部等）

（九）文化建设工作。加强贫困地区公共文化服务体系建设，提高服务效能，积极推进公共数字文化建设。统筹有线电视、直播卫星、地面数字电视等多种方式，提高电视覆盖率。充分利用村级组织活动场所等现有设施，积极开展群众性文化活动。到 2015 年，基本建成以县级公共图书馆、文化馆和乡镇综合文化站为主干的公共文化设施网络。到 2020 年，全面实现广播电视户户通。（文化部、新闻出版广电总局、国家发展改革委、财政部等）

（十）贫困村信息化工作。推进贫困地区建制村接通符合国家标准的互联网，努力消除"数字鸿沟"带来的差距。整合开放各类信息资源，为农民提供信息服务。每个村至少确定 1 名有文化、懂信息、能服务的信息员，加大培训力度，充分利用有关部门现有培训项目，着力提高其信息获取和服务能力。到 2015 年，连片特困地区已通电的建制村，互联网覆盖率达到 100%，基本解决连片特困地区内义务教育学校和普通高中、职业院校的宽带接入问题。到 2020 年，自然村基本实现通宽带。（工业和信息化部、农业部、科技部、教育部、国务院扶贫办等）

三、加强领导，确保各项措施落到实处

各级党委和政府、各有关部门要深刻认识扶贫开发的重大意义，更加重视扶贫开发工作，践行党的群众路线，转变作风，扎实工作，切实帮助贫困地区改变面貌，帮助贫困群众脱贫致富。

（一）明确工作职责。贫困地区各级党委和政府要把扶贫开发工作列入重要议事日程，摆在突出位置，科学确定发展规划和项目，发扬钉钉子精神，一张蓝图干到底。党政主要负责同志要认真履行职责，把工作重点放在扶贫开发上，切忌空喊口号，不提好高骛远的目标，出实招、办实事、求实效。关注少数民族、妇女儿童、残疾人等特殊群体，加大支持力度。中央和国家机关要发挥引领示范作用，认真贯彻扶贫开发政策，落实分工任务，积极选派优秀干部

到贫困地区帮扶。东部各省（直辖市）在做好东西部扶贫协作的同时，进一步加大对本区域内贫困地区和贫困人口的扶持力度，鼓励支持其开展扶贫改革实验，探索解决相对贫困、缩小收入差距、实现共同富裕的有效途径。加大扶贫开发工作考核力度，做到有目标、有计划、有措施、有检查、有奖惩。加快扶贫立法，把扶贫开发工作纳入法治轨道，确保长期化、可持续。

（二）完善管理体制。进一步完善中央统筹、省负总责、县抓落实的管理体制。国务院有关部门负责统筹协调、分类指导，以连片特困地区为重点，组织编制规划，加强政策指导，强化对跨区域重大基础设施建设、生产力布局、经济协作等事项的督促、衔接和协调，公共投资要向贫困地区倾斜。各省（自治区、直辖市）党委和政府要对本区域内贫困地区的扶贫脱贫负总责，逐级建立扶贫开发目标责任制，组织制定贫困县、村脱贫规划和产业发展规划，整合省内资源予以支持。各县（市、区、旗）党委和政府要采取措施，帮扶到村到户到人，把扶贫开发任务和政策逐项落到实处。

（三）加强基层组织。加强服务型党组织建设，健全党员干部联系和服务群众制度，切实发挥基层党组织推动发展、服务群众、凝聚人心、促进和谐的作用。选好配强村级领导班子，突出抓好村党组织带头人队伍建设。鼓励和选派思想好、作风正、能力强、愿意为群众服务的优秀年轻干部、致富带头人、外出务工经商人员、企业经营管理人员、退伍军人、高校毕业生等到贫困村工作，充分发挥驻村工作队（组）作用。发展集体经济，增加村级集体积累。尊重贫困地区群众在脱贫致富中的主体地位，鼓励其发扬自力更生、艰苦奋斗精神，通过自身努力增加收入，改变落后面貌。

（四）强化队伍建设。各级党委和政府要加大贫困地区干部培训力度，提高执行能力，重视扶贫开发队伍建设，提供必需的工作条件和经费保障。各级扶贫开发领导小组要认真履行职责，切实改进作风，深入调查研究，加强工作指导，总结推广经验，统筹各方面资源，发挥牵头协调作用。各级扶贫开发相关部门要加强思想、作风、廉政和效能建设，加强督促检查，认真履职尽责。扶贫任务重的县要加强扶贫开发能力建设，充实工作力量。扶贫任务重的乡镇要有专门干部负责扶贫开发工作。基层扶贫开发队伍建设要适应精准扶贫工作需要。

（五）营造良好环境。进一步加强扶贫开发宣传工作，积极宣传贫困地区广大干部群众自强不息、战胜贫困的先进事迹，总结推广扶贫开发实践中探索的成功经验，大力弘扬中华民族扶贫济困、乐善好施的传统美德，引导和鼓励社会各界更加关注、广泛参与扶贫开发事业，激发贫困地区干部群众脱贫致富的信心和活力。

本意见所确定的牵头单位和各省（自治区、直辖市）要制定具体实施方案，认真组织实施，把各项工作落到实处，并于每年 10 月底前将贯彻落实情况报送国务院扶贫开发领导小组，汇总后报告党中央、国务院。

中共中央　国务院
关于打赢脱贫攻坚战的决定

2015 年 11 月 29 日

确保到 2020 年农村贫困人口实现脱贫，是全面建成小康社会最艰巨的任务。现就打赢脱贫攻坚战作出如下决定。

一、增强打赢脱贫攻坚战的使命感紧迫感

消除贫困、改善民生、逐步实现共同富裕，是社会主义的本质要求，是我们党的重要使命。改革开放以来，我们实施大规模扶贫开发，使 7 亿农村贫困人口摆脱贫困，取得了举世瞩目的伟大成就，谱写了人类反贫困历史上的辉煌篇章。党的十八大以来，我们把扶贫开发工作纳入"四个全面"战略布局，作为实现第一个百年奋斗目标的重点工作，摆在更加突出的位置，大力实施精准扶贫，不断丰富和拓展中国特色扶贫开发道路，不断开创扶贫开发事业新局面。

我国扶贫开发已进入啃硬骨头、攻坚拔寨的冲刺期。中西部一些省（自治区、直辖市）贫困人口规模依然较大，剩下的贫困人口贫困程度较深，减贫成本更高，脱贫难度更大。实现到 2020 年让 7000 多万农村贫困人口摆脱贫困的既定目标，时间十分紧迫、任务相当繁重。必须在现有基础上不断创新扶贫开发思路和办法，坚决打赢这场攻坚战。

扶贫开发事关全面建成小康社会，事关人民福祉，事关巩固党的执政基础，事关国家长治久安，事关我国国际形象。打赢脱贫攻坚战，是促进全体人民共享改革发展成果、实现共同富裕的重大举措，是体现中国特色社会主义制度优越性的重要标志，也是经济发展新常态下扩大国内需求、促进经济增长的重要途径。各级党委和政府必须把扶贫开发工作作为重大政治任务来抓，切实增强责任感、使命感和紧迫感，切实解决好思想认识不到位、体制机制不健

全、工作措施不落实等突出问题，不辱使命、勇于担当，只争朝夕、真抓实干，加快补齐全面建成小康社会中的这块突出短板，决不让一个地区、一个民族掉队，实现《中共中央关于制定国民经济和社会发展第十三个五年规划的建议》确定的脱贫攻坚目标。

二、打赢脱贫攻坚战的总体要求

（一）指导思想

全面贯彻落实党的十八大和十八届二中、三中、四中、五中全会精神，以邓小平理论、"三个代表"重要思想、科学发展观为指导，深入贯彻习近平总书记系列重要讲话精神，围绕"四个全面"战略布局，牢固树立并切实贯彻创新、协调、绿色、开放、共享的发展理念，充分发挥政治优势和制度优势，把精准扶贫、精准脱贫作为基本方略，坚持扶贫开发与经济社会发展相互促进，坚持精准帮扶与集中连片特殊困难地区开发紧密结合，坚持扶贫开发与生态保护并重，坚持扶贫开发与社会保障有效衔接，咬定青山不放松，采取超常规举措，拿出过硬办法，举全党全社会之力，坚决打赢脱贫攻坚战。

（二）总体目标

到 2020 年，稳定实现农村贫困人口不愁吃、不愁穿，义务教育、基本医疗和住房安全有保障。实现贫困地区农民人均可支配收入增长幅度高于全国平均水平，基本公共服务主要领域指标接近全国平均水平。确保我国现行标准下农村贫困人口实现脱贫，贫困县全部摘帽，解决区域性整体贫困。

（三）基本原则

——坚持党的领导，夯实组织基础。充分发挥各级党委总揽全局、协调各方的领导核心作用，严格执行脱贫攻坚一把手负责制，省市县乡村五级书记一起抓。切实加强贫困地区农村基层党组织建设，使其成为带领群众脱贫致富的坚强战斗堡垒。

——坚持政府主导，增强社会合力。强化政府责任，引领市场、社会协同发力，鼓励先富帮后富，构建专项扶贫、行业扶贫、社会扶贫互为补充的大扶贫格局。

——坚持精准扶贫，提高扶贫成效。扶贫开发贵在精准，重在精准，必须解决好扶持谁、谁来扶、怎么扶的问题，做到扶真贫、真扶贫、真脱贫，切实提高扶贫成果可持续性，让贫困人口有更多的获得感。

——坚持保护生态，实现绿色发展。牢固树立绿水青山就是金山银山的理念，把生态保护放在优先位置，扶贫开发不能以牺牲生态为代价，探索生态脱贫新路子，让贫困人口从生态建设与修复中得到更多实惠。

——坚持群众主体，激发内生动力。继续推进开发式扶贫，处理好国家、社会帮扶和自身努力的关系，发扬自力更生、艰苦奋斗、勤劳致富精神，充分调动贫困地区干部群众积极性和创造性，注重扶贫先扶智，增强贫困人口自我发展能力。

——坚持因地制宜，创新体制机制。突出问题导向，创新扶贫开发路径，由"大水漫灌"向"精准滴灌"转变；创新扶贫资源使用方式，由多头分散向统筹集中转变；创新扶贫开发模式，由偏重"输血"向注重"造血"转变；创新扶贫考评体系，由侧重考核地区生产总值向主要考核脱贫成效转变。

三、实施精准扶贫方略，加快贫困人口精准脱贫

（四）健全精准扶贫工作机制。抓好精准识别、建档立卡这个关键环节，为打赢脱贫攻坚战打好基础，为推进城乡发展一体化、逐步实现基本公共服务均等化创造条件。按照扶持对象精准、项目安排精准、资金使用精准、措施到户精准、因村派人精准、脱贫成效精准的要求，使建档立卡贫困人口中有5000万人左右通过产业扶持、转移就业、易地搬迁、教育支持、医疗救助等措施实现脱贫，其余完全或部分丧失劳动能力的贫困人口实行社保政策兜底脱贫。对建档立卡贫困村、贫困户和贫困人口定期进行全面核查，建立精准扶贫台账，实行有进有出的动态管理。根据致贫原因和脱贫需求，对贫困人口实行分类扶持。建立贫困户脱贫认定机制，对已经脱贫的农户，在一定时期内让其继续享受扶贫相关政策，避免出现边脱贫、边返贫现象，切实做到应进则进、应扶则扶。抓紧制定严格、规范、透明的国家扶贫开发工作重点县退出标准、程序、核查办法。重点县退出，由县提出申请，市（地）初审，省级审定，报国务院扶贫开发领导小组备案。重点县退出后，在攻坚期内国家原有扶贫政策保持不变，抓紧制定攻坚期后国家帮扶政策。加强对扶贫工作绩效的社会监督，开展贫困地区群众扶贫满意度调查，建立对扶贫政策落实情况和扶贫成效的第三方评估机制。评价精准扶贫成效，既要看减贫数量，更要看脱贫质量，不提不切实际的指标，对弄虚作假搞"数字脱贫"的，要严肃追究责任。

（五）发展特色产业脱贫。制定贫困地区特色产业发展规划。出台专项政

策，统筹使用涉农资金，重点支持贫困村、贫困户因地制宜发展种养业和传统手工业等。实施贫困村"一村一品"产业推进行动，扶持建设一批贫困人口参与度高的特色农业基地。加强贫困地区农民合作社和龙头企业培育，发挥其对贫困人口的组织和带动作用，强化其与贫困户的利益联结机制。支持贫困地区发展农产品加工业，加快一二三产业融合发展，让贫困户更多分享农业全产业链和价值链增值收益。加大对贫困地区农产品品牌推介营销支持力度。依托贫困地区特有的自然人文资源，深入实施乡村旅游扶贫工程。科学合理有序开发贫困地区水电、煤炭、油气等资源，调整完善资源开发收益分配政策。探索水电利益共享机制，将从发电中提取的资金优先用于水库移民和库区后续发展。引导中央企业、民营企业分别设立贫困地区产业投资基金，采取市场化运作方式，主要用于吸引企业到贫困地区从事资源开发、产业园区建设、新型城镇化发展等。

（六）引导劳务输出脱贫。加大劳务输出培训投入，统筹使用各类培训资源，以就业为导向，提高培训的针对性和有效性。加大职业技能提升计划和贫困户教育培训工程实施力度，引导企业扶贫与职业教育相结合，鼓励职业院校和技工学校招收贫困家庭子女，确保贫困家庭劳动力至少掌握一门致富技能，实现靠技能脱贫。进一步加大就业专项资金向贫困地区转移支付力度。支持贫困地区建设县乡基层劳动就业和社会保障服务平台，引导和支持用人企业在贫困地区建立劳务培训基地，开展好订单定向培训，建立和完善输出地与输入地劳务对接机制。鼓励地方对跨省务工的农村贫困人口给予交通补助。大力支持家政服务、物流配送、养老服务等产业发展，拓展贫困地区劳动力外出就业空间。加大对贫困地区农民工返乡创业政策扶持力度。对在城镇工作生活一年以上的农村贫困人口，输入地政府要承担相应的帮扶责任，并优先提供基本公共服务，促进有能力在城镇稳定就业和生活的农村贫困人口有序实现市民化。

（七）实施易地搬迁脱贫。对居住在生存条件恶劣、生态环境脆弱、自然灾害频发等地区的农村贫困人口，加快实施易地扶贫搬迁工程。坚持群众自愿、积极稳妥的原则，因地制宜选择搬迁安置方式，合理确定住房建设标准，完善搬迁后续扶持政策，确保搬迁对象有业可就、稳定脱贫，做到搬得出、稳得住、能致富。要紧密结合推进新型城镇化，编制实施易地扶贫搬迁规划，支持有条件的地方依托小城镇、工业园区安置搬迁群众，帮助其尽快实现转移就业，享有与当地群众同等的基本公共服务。加大中央预算内投资和地方各级政府投入力度，创新投融资机制，拓宽资金来源渠道，提高补助标准。积极整合交通建设、农田水利、土地整治、地质灾害防治、林业生态等支农资金和社会资金，支持安置区配套公共设施建设和迁出区生态修复。利用城乡建设用地增减挂钩政策支持易地扶贫搬迁。为符合条件的搬迁户提供建房、生产、创业贴息贷款支持。支持搬迁安置点发展物业经济，增加搬迁户财产性收入。探索利用农民进城落户后自愿有偿退出的农村空置房屋和土地安置易地搬迁农户。

（八）结合生态保护脱贫。国家实施的退耕还林还草、天然林保护、防护林建设、石漠化治理、防沙治沙、湿地保护与恢复、坡耕地综合整治、退牧还草、水生态治理等重大生态工程，在项目和资金安排上进一步向贫困地区倾斜，提高贫困人口参与度和受益水平。加大贫困地区生态保护修复力度，增加重点生态功能区转移支付。结合建立国家公园体制，创新生态资金使用方式，利用生态补偿和生态保护工程资金使当地有劳动能力的部分贫困人口转为护林员等生态保护人员。合理调整贫困地区基本农田保有指标，加大贫困地区新一轮退耕还林还草力度。开展贫困地区生态综合补偿试点，健全公益林补偿标准动态调整机制，完善草原生态保护补助奖励政策，推动地区间建立横向生态补偿制度。

（九）着力加强教育脱贫。加快实施教育扶贫工程，让贫困家庭子女都能接受公平有质量的教育，阻断贫困代际传递。国家教育经费向贫困地区、基础教育倾斜。健全学前教育资助制度，帮助农村贫困家庭幼儿接受学前教育。稳步推进贫困地区农村义务教育阶段学生营养改善计划。加大对乡村教师队伍建设的支持力度，特岗计划、国培计划向贫困地区基层倾斜，为贫困地区乡村学校定向培养留得下、稳得住的一专多能教师，制定符合基层实际的教师招聘引进办法，建立省级统筹乡村教师补充机制，推动城乡教师合理流动和对口支援。全面落实连片特困地区乡村教师生活补助政策，建立乡村教师荣誉制度。合理布局贫困地区农村中小学校，改善基本办学条件，加快标准化建设，加强寄宿制学校建设，提高义务教育巩固率。普及高中阶段教育，率先从建档立卡的家庭经济困难学生实施普通高中免除学杂费、中等职业教育免除学杂费，让未升入普通高中的初中毕业生都能接受中等职业教育。加强有专业特色并适应市场需求的中等职业学校建设，提高中等职业教育国家助学金资助标准。努力办好贫困地区特殊教育和远程教育。建立保障农村和贫困地区学生上重点高校的长效机制，加大对贫困家庭大学生的救助力度。对贫困家庭离校未就业的高校毕业生提供就业支持。实施教育扶贫结对帮扶行动计划。

（十）开展医疗保险和医疗救助脱贫。实施健康扶贫工程，保障贫困人口享有基本医疗卫生服务，努力防止因病致贫、因病返贫。对贫困人口参加新型农村合作医疗个人缴费部分由财政给予补贴。新型农村合作医疗和大病保险制度对贫困人口实行政策倾斜，门诊统筹率先覆盖所有贫困地区，降低贫困人口大病费用实际支出，对新型农村合作医疗和大病保险支付后自负费用仍有困难的，加大医疗救助、临时救助、慈善救助等帮扶力度，将贫困人口全部纳入重特大疾病救助范围，使贫困人口大病医治得到有效保障。加大农村贫困残疾人康复服务和医疗救助力度，扩大纳入基本医疗保险范围的残疾人医疗康复项目。建立贫困人口健康卡。对贫困人口大病实行分类救治和先诊疗后付费的结算机制。建立全国三级医院（含军队和武警部队医院）与连片特困地区县和国家扶贫开发工作重点县县级医院稳定持续的一对一帮扶关系。完成贫困地区县乡村三级医疗卫生服务网络标准化建设，积极促进远程医疗诊治和保健咨询服务向贫困地区延伸。为贫困地区县乡医疗卫生机构订单定向免费培养医学类本专科学生，支持贫困地区实施全科医生和专科医生特设岗位计划，制定符合基层实际的人才招聘引进办法。支持和引导符合条件的贫困地区乡村医生按规定参加城镇职工基本养老保险。采取针对性措施，加强贫困地区传染病、地方病、慢性病等防治工作。全面实施贫困地区儿童营养改善、新生儿疾病免费筛查、妇女"两癌"免费筛查、孕前优生健康免费检查等重大公共卫生项目。加强贫困地区计划生育服务管理工作。

（十一）实行农村最低生活保障制度兜底脱贫。完善农村最低生活保障制度，对无法依靠产业扶持和就业帮助脱贫的家庭实行政策性保障兜底。加大农村低保省级统筹力度，低保标准较低的地区要逐步达到国家扶贫标准。尽快制定农村最低生活保障制度与扶贫开发政策有效衔接的实施方案。进一步加强农村低保申请家庭经济状况核查工作，将所有符合条件的贫困家庭纳入低保范围，做到应保尽保。加大临时救助制度在贫困地区落实力度。提高农村特困人员供养水平，改善供养条件。抓紧建立农村低保和扶贫开发的数据互通、资源共享信息平台，实现动态监测管理、工作机制有效衔接。加快完善城乡居民基本养老保险制度，适时提高基础养老金标准，引导农村贫困人口积极参保续保，逐步提高保障水平。有条件、有需求地区可以实施"以粮济贫"。

（十二）探索资产收益扶贫。在不改变用途的情况下，财政专项扶贫资金和其他涉农资金投入设施农业、养殖、光伏、水电、乡村旅游等项目形成的资产，具备条件的可折股量化给贫困村和贫困户，尤其是丧失劳动能力的贫困户。资产可由村集体、合作社或其他经营主体统一经营。要强化监督管理，明确资产运营方对财政资金形成资产的保值增值责任，建立健全收益分配机制，确保资产收益及时回馈持股贫困户。支持农民合作社和其他经营主体通过土地托管、牲畜托养和吸收农民土地经营权入股等方式，带动贫困户增收。贫困地区水电、矿产等资源开发，赋予土地被占用的村集体股权，让贫困人口分享资源开发收益。

（十三）健全留守儿童、留守妇女、留守老人和残疾人关爱服务体系。对农村"三留守"人员和残疾人进行全面摸底排查，建立详实完备、动态更新的信息管理系统。加强儿童福利院、救助保护机构、特困人员供养机构、残疾人康复托养机构、社区儿童之家等服务设施和队伍建设，不断提高管理服务水平。建立家庭、学校、基层组织、政府和社会力量相衔接的留守儿童关爱服务网络。加强对未成年人的监护。健全孤儿、事实无人抚养儿童、低收入家庭重病重残等困境儿童的福利保障体系。健全发现报告、应急处置、帮扶干预机制，帮助特殊贫困家庭解决实际困难。加大贫困残疾人康复工程、特殊教育、技能培训、托养服务实施力度。针对残疾人的特殊困难，全面建立困难残疾人生活补贴和重度残疾人护理补贴制度。对低保家庭中的老年人、未成年人、重度残疾人等重点救助对象，提高救助水平，确保基本生活。引导和鼓励社会力量参与特殊群体关爱服务工作。

四、加强贫困地区基础设施建设，加快破除发展瓶颈制约

（十四）加快交通、水利、电力建设。推动国家铁路网、国家高速公路网连接贫困地区的重大交通项目建设，提高国道省道技术标准，构建贫困地区外通内联的交通运输通道。大幅度增加中央投资投入中西部地区和贫困地区的铁路、公路建设，继续实施车购税对农村公路建设的专项转移政策，提高贫困地区农村公路建设补助标准，加快完成具备条件的乡镇和建制村通硬化路的建设任务，加强农村公路安全防护和危桥改造，推动一定人口规模的自然村通公路。加强贫困地区重大水利工程、病险水库水闸除险加固、灌区续建配套与节水改造等水利项目建设。实施农村饮水安全巩固提升工程，全面解决贫困人口饮水安全问题。小型农田水利、"五小水利"工程等建设向贫困村倾斜。对贫

困地区农村公益性基础设施管理养护给予支持。加大对贫困地区抗旱水源建设、中小河流治理、水土流失综合治理力度。加强山洪和地质灾害防治体系建设。大力扶持贫困地区农村水电开发。加强贫困地区农村气象为农服务体系和灾害防御体系建设。加快推进贫困地区农网改造升级，全面提升农网供电能力和供电质量，制定贫困村通动力电规划，提升贫困地区电力普遍服务水平。增加贫困地区年度发电指标。提高贫困地区水电工程留存电量比例。加快推进光伏扶贫工程，支持光伏发电设施接入电网运行，发展光伏农业。

（十五）加大"互联网＋"扶贫力度。完善电信普遍服务补偿机制，加快推进宽带网络覆盖贫困村。实施电商扶贫工程。加快贫困地区物流配送体系建设，支持邮政、供销合作等系统在贫困乡村建立服务网点。支持电商企业拓展农村业务，加强贫困地区农产品网上销售平台建设。加强贫困地区农村电商人才培训。对贫困家庭开设网店给予网络资费补助、小额信贷等支持。开展互联网为农便民服务，提升贫困地区农村互联网金融服务水平，扩大信息进村入户覆盖面。

（十六）加快农村危房改造和人居环境整治。加快推进贫困地区农村危房改造，统筹开展农房抗震改造，把建档立卡贫困户放在优先位置，提高补助标准，探索采用贷款贴息、建设集体公租房等多种方式，切实保障贫困户基本住房安全。加大贫困村生活垃圾处理、污水治理、改厕和村庄绿化美化力度。加大贫困地区传统村落保护力度。继续推进贫困地区农村环境连片整治。加大贫困地区以工代赈投入力度，支持农村山水田林路建设和小流域综合治理。财政支持的微小型建设项目，涉及贫困村的，允许按照一事一议方式直接委托村级组织自建自管。以整村推进为平台，加快改善贫困村生产生活条件，扎实推进美丽宜居乡村建设。

（十七）重点支持革命老区、民族地区、边疆地区、连片特困地区脱贫攻坚。出台加大脱贫攻坚力度支持革命老区开发建设指导意见，加快实施重点贫困革命老区振兴发展规划，扩大革命老区财政转移支付规模。加快推进民族地区重大基础设施项目和民生工程建设，实施少数民族特困地区和特困群体综合扶贫工程，出台人口较少民族整体脱贫的特殊政策措施。改善边疆民族地区义务教育阶段基本办学条件，建立健全双语教学体系，加大教育对口支援力度，积极发展符合民族地区实际的职业教育，加强民族地区师资培训。加强少数民族特色村镇保护与发展。大力推进兴边富民行动，加大边境地区转移支付力度，完善边民补贴机制，充分考虑边境地区特殊需要，集中改善边民生产生活条件，扶持发展边境贸易和特色经济，使边民能够安心生产生活、安心守边固边。完善片区联系协调机制，加快实施集中连片特殊困难地区区域发展与脱贫攻坚规划。加大中央投入力度，采取特殊扶持政策，推进西藏、四省藏区和新疆南疆四地州脱贫攻坚。

五、强化政策保障，健全脱贫攻坚支撑体系

（十八）加大财政扶贫投入力度。发挥政府投入在扶贫开发中的主体和主导作用，积极开辟扶贫开发新的资金渠道，确保政府扶贫投入力度与脱贫攻坚任务相适应。中央财政继续加大对贫困地区的转移支付力度，中央财政专项扶贫资金规模实现较大幅度增长，一般性转移支付资金、各类涉及民生的专项转移支付资金和中央预算内投资进一步向贫困地区和贫困人口倾斜。加大中央集中彩票公益金对扶贫的支持力度。农业综合开发、农村综合改革转移支付等涉农资金要明确一定比例用于贫困村。各部门安排的各项惠民政策、项目和工程，要最大限度地向贫困地区、贫困村、贫困人口倾斜。各省（自治区、直辖市）要根据本地脱贫攻坚需要，积极调整省级财政支出结构，切实加大扶贫资金投入。从2016年起通过扩大中央和地方财政支出规模，增加对贫困地区水电路气网等基础设施建设和提高基本公共服务水平的投入。建立健全脱贫攻坚多规划衔接、多部门协调长效机制，整合目标相近、方向类同的涉农资金。按照权责一致原则，支持连片特困地区县和国家扶贫开发工作重点县围绕本县突出问题，以扶贫规划为引领，以重点扶贫项目为平台，把专项扶贫资金、相关涉农资金和社会帮扶资金捆绑集中使用。严格落实国家在贫困地区安排的公益性建设项目取消县级和西部连片特困地区地市级配套资金的政策，并加大中央和省级财政投资补助比重。在扶贫开发中推广政府与社会资本合作、政府购买服务等模式。加强财政监督检查和审计、稽查等工作，建立扶贫资金违规使用责任追究制度。纪检监察机关对扶贫领域虚报冒领、截留私分、贪污挪用、挥霍浪费等违法违规问题，坚决从严惩处。推进扶贫开发领域反腐倡廉建设，集中整治和加强预防扶贫领域职务犯罪工作。贫困地区要建立扶贫公告公示制度，强化社会监督，保障资金在阳光下运行。

（十九）加大金融扶贫力度。鼓励和引导商业性、政策性、开发性、合作性等各类金融机构加大对扶贫开发的金融支持。运用多种货币政策工具，向金

融机构提供长期、低成本的资金，用于支持扶贫开发。设立扶贫再贷款，实行比支农再贷款更优惠的利率，重点支持贫困地区发展特色产业和贫困人口就业创业。运用适当的政策安排，动用财政贴息资金及部分金融机构的富余资金，对接政策性、开发性金融机构的资金需求，拓宽扶贫资金来源渠道。由国家开发银行和中国农业发展银行发行政策性金融债，按照微利或保本的原则发放长期贷款，中央财政给予90%的贷款贴息，专项用于易地扶贫搬迁。国家开发银行、中国农业发展银行分别设立"扶贫金融事业部"，依法享受税收优惠。中国农业银行、邮政储蓄银行、农村信用社等金融机构要延伸服务网络，创新金融产品，增加贫困地区信贷投放。对有稳定还款来源的扶贫项目，允许采用过桥贷款方式，撬动信贷资金投入。按照省（自治区、直辖市）负总责的要求，建立和完善省级扶贫开发投融资主体。支持农村信用社、村镇银行等金融机构为贫困户提供免抵押、免担保扶贫小额信贷，由财政按基础利率贴息。加大创业担保贷款、助学贷款、妇女小额贷款、康复扶贫贷款实施力度。优先支持在贫困地区设立村镇银行、小额贷款公司等机构。支持贫困地区培育发展农民资金互助组织，开展农民合作社信用合作试点。支持贫困地区设立扶贫贷款风险补偿基金。支持贫困地区设立政府出资的融资担保机构，重点开展扶贫担保业务。积极发展扶贫小额贷款保证保险，对贫困户保证保险保费予以补助。扩大农业保险覆盖面，通过中央财政以奖代补等支持贫困地区特色农产品保险发展。加强贫困地区金融服务基础设施建设，优化金融生态环境。支持贫困地区开展特色农产品价格保险，有条件的地方可给予一定保费补贴。有效拓展贫困地区抵押物担保范围。

（二十）完善扶贫开发用地政策。支持贫困地区根据第二次全国土地调查及最新年度变更调查成果，调整完善土地利用总体规划。新增建设用地计划指标优先保障扶贫开发用地需要，专项安排国家扶贫开发工作重点县年度新增建设用地计划指标。中央和省级在安排土地整治工程和项目、分配下达高标准基本农田建设计划和补助资金时，要向贫困地区倾斜。在连片特困地区和国家扶贫开发工作重点县开展易地扶贫搬迁，允许将城乡建设用地增减挂钩指标在省域范围内使用。在有条件的贫困地区，优先安排国土资源管理制度改革试点，支持开展历史遗留工矿废弃地复垦利用、城镇低效用地再开发和低丘缓坡荒滩等未利用地开发利用试点。

（二十一）发挥科技、人才支撑作用。加大科技扶贫力度，解决贫困地区特色产业发展和生态建设中的关键技术问题。加大技术创新引导专项（基金）对科技扶贫的支持，加快先进适用技术成果在贫困地区的转化。深入推行科技特派员制度，支持科技特派员开展创业式扶贫服务。强化贫困地区基层农技推广体系建设，加强新型职业农民培训。加大政策激励力度，鼓励各类人才扎根贫困地区基层建功立业，对表现优秀的人员在职称评聘等方面给予倾斜。大力实施边远贫困地区、边疆民族地区和革命老区人才支持计划，贫困地区本土人才培养计划。积极推进贫困村创业致富带头人培训工程。

六、广泛动员全社会力量，合力推进脱贫攻坚

（二十二）健全东西部扶贫协作机制。加大东西部扶贫协作力度，建立精准对接机制，使帮扶资金主要用于贫困村、贫困户。东部地区要根据财力增长情况，逐步增加对口帮扶财政投入，并列入年度预算。强化以企业合作为载体的扶贫协作，鼓励东西部按照当地主体功能定位共建产业园区，推动东部人才、资金、技术向贫困地区流动。启动实施经济强县（市）与国家扶贫开发工作重点县"携手奔小康"行动，东部各省（直辖市）在努力做好本区域内扶贫开发工作的同时，更多发挥县（市）作用，与扶贫协作省份的国家扶贫开发工作重点县开展结对帮扶。建立东西部扶贫协作考核评价机制。

（二十三）健全定点扶贫机制。进一步加强和改进定点扶贫工作，建立考核评价机制，确保各单位落实扶贫责任。深入推进中央企业定点帮扶贫困革命老区县"百县万村"活动。完善定点扶贫牵头联系机制，各牵头部门要按照分工督促指导各单位做好定点扶贫工作。

（二十四）健全社会力量参与机制。鼓励支持民营企业、社会组织、个人参与扶贫开发，实现社会帮扶资源和精准扶贫有效对接。引导社会扶贫重心下移，自愿包村包户，做到贫困户都有党员干部或爱心人士结对帮扶。吸纳农村贫困人口就业的企业，按规定享受税收优惠、职业培训补贴等就业支持政策。落实企业和个人公益扶贫捐赠所得税税前扣除政策。充分发挥各民主党派、无党派人士在人才和智力扶贫上的优势和作用。工商联系统组织民营企业开展"万企帮万村"精准扶贫行动。通过政府购买服务等方式，鼓励各类社会组织开展到村到户精准扶贫。完善扶贫龙头企业认定制度，增强企业辐射带动贫困户增收的能力。鼓励有条件的企业设立扶贫公益基金和开展扶贫公益信托。发挥好"10·17"全国扶贫日社会动员作用。实施扶贫志愿者行动计划和社会

工作专业人才服务贫困地区计划。着力打造扶贫公益品牌，全面及时公开扶贫捐赠信息，提高社会扶贫公信力和美誉度。构建社会扶贫信息服务网络，探索发展公益众筹扶贫。

七、大力营造良好氛围，为脱贫攻坚提供强大精神动力

（二十五）创新中国特色扶贫开发理论。深刻领会习近平总书记关于新时期扶贫开发的重要战略思想，系统总结我们党和政府领导亿万人民摆脱贫困的历史经验，提炼升华精准扶贫的实践成果，不断丰富完善中国特色扶贫开发理论，为脱贫攻坚注入强大思想动力。

（二十六）加强贫困地区乡风文明建设。培育和践行社会主义核心价值观，大力弘扬中华民族自强不息、扶贫济困传统美德，振奋贫困地区广大干部群众精神，坚定改变贫困落后面貌的信心和决心，凝聚全党全社会扶贫开发强大合力。倡导现代文明理念和生活方式，改变落后风俗习惯，善于发挥乡规民约在扶贫济困中的积极作用，激发贫困群众奋发脱贫的热情。推动文化投入向贫困地区倾斜，集中实施一批文化惠民扶贫项目，普遍建立村级文化中心。深化贫困地区文明村镇和文明家庭创建。推动贫困地区县级公共文化体育设施达到国家标准。支持贫困地区挖掘保护和开发利用红色、民族、民间文化资源。鼓励文化单位、文艺工作者和其他社会力量为贫困地区提供文化产品和服务。

（二十七）扎实做好脱贫攻坚宣传工作。坚持正确舆论导向，全面宣传我国扶贫事业取得的重大成就，准确解读党和政府扶贫开发的决策部署、政策举措，生动报道各地区各部门精准扶贫、精准脱贫丰富实践和先进典型。建立国家扶贫荣誉制度，表彰对扶贫开发作出杰出贡献的组织和个人。加强对外宣传，讲好减贫的中国故事，传播好减贫的中国声音，阐述好减贫的中国理念。

（二十八）加强国际减贫领域交流合作。通过对外援助、项目合作、技术扩散、智库交流等多种形式，加强与发展中国家和国际机构在减贫领域的交流合作。积极借鉴国际先进减贫理念与经验。履行减贫国际责任，积极落实联合国2030年可持续发展议程，对全球减贫事业作出更大贡献。

八、切实加强党的领导，为脱贫攻坚提供坚强政治保障

（二十九）强化脱贫攻坚领导责任制。实行中央统筹、省（自治区、直辖市）负总责、市（地）县抓落实的工作机制，坚持片区为重点、精准到村到

户。党中央、国务院主要负责统筹制定扶贫开发大政方针，出台重大政策举措，规划重大工程项目。省（自治区、直辖市）党委和政府对扶贫开发工作负总责，抓好目标确定、项目下达、资金投放、组织动员、监督考核等工作。市（地）党委和政府要做好上下衔接、域内协调、督促检查工作，把精力集中在贫困县如期摘帽上。县级党委和政府承担主体责任，书记和县长是第一责任人，做好进度安排、项目落地、资金使用、人力调配、推进实施等工作。要层层签订脱贫攻坚责任书，扶贫开发任务重的省（自治区、直辖市）党政主要领导要向中央签署脱贫责任书，每年要向中央作扶贫脱贫进展情况的报告。省（自治区、直辖市）党委和政府要向市（地）、县（市）、乡镇提出要求，层层落实责任制。中央和国家机关各部门要按照部门职责落实扶贫开发责任，实现部门专项规划与脱贫攻坚规划有效衔接，充分运用行业资源做好扶贫开发工作。军队和武警部队要发挥优势，积极参与地方扶贫开发。改进县级干部选拔任用机制，统筹省（自治区、直辖市）内优秀干部，选好配强扶贫任务重的县党政主要领导，把扶贫开发工作实绩作为选拔使用干部的重要依据。脱贫攻坚期内贫困县县级领导班子要保持稳定，对表现优秀、符合条件的可以就地提级。加大选派优秀年轻干部特别是后备干部到贫困地区工作的力度，有计划地安排省部级后备干部到贫困县挂职任职，各省（自治区、直辖市）党委和政府也要选派厅局级后备干部到贫困县挂职任职。各级领导干部要自觉践行党的群众路线，切实转变作风，把严的要求、实的作风贯穿于脱贫攻坚始终。

（三十）发挥基层党组织战斗堡垒作用。加强贫困乡镇领导班子建设，有针对性地选配政治素质高、工作能力强、熟悉"三农"工作的干部担任贫困乡镇党政主要领导。抓好以村党组织为领导核心的村级组织配套建设，集中整顿软弱涣散村党组织，提高贫困村党组织的创造力、凝聚力、战斗力，发挥好工会、共青团、妇联等群团组织的作用。选好配强村级领导班子，突出抓好村党组织带头人队伍建设，充分发挥党员先锋模范作用。完善村级组织运转经费保障机制，将村干部报酬、村办公经费和其他必要支出作为保障重点。注重选派思想好、作风正、能力强的优秀年轻干部到贫困地区驻村，选聘高校毕业生到贫困村工作。根据贫困村的实际需求，精准选配第一书记，精准选派驻村工作队，提高县以上机关派出干部比例。加大驻村干部考核力度，不稳定脱贫不撤队伍。对在基层一线干出成绩、群众欢迎的驻村干部，要重点培养使用。加快推进贫困村村务监督委员会建设，继续落实好"四议两公开"、村务联席会等制度，健全党组织领导的村民自治机制。在有实际需要的地区，探索在村民小组或自然村开展村民自治，通过议事协商，组织群众自觉广泛参与扶贫开发。

（三十一）严格扶贫考核督查问责。抓紧出台中央对省（自治区、直辖市）党委和政府扶贫开发工作成效考核办法。建立年度扶贫开发工作逐级督查制度，选择重点部门、重点地区进行联合督查，对落实不力的部门和地区，国务院扶贫开发领导小组要向党中央、国务院报告并提出责任追究建议，对未完成年度减贫任务的省份要对党政主要领导进行约谈。各省（自治区、直辖市）党委和政府要加快出台对贫困县扶贫绩效考核办法，大幅度提高减贫指标在贫困县经济社会发展实绩考核指标中的权重，建立扶贫工作责任清单。加快落实对限制开发区域和生态脆弱的贫困县取消地区生产总值考核的要求。落实贫困县约束机制，严禁铺张浪费，厉行勤俭节约，严格控制"三公"经费，坚决刹住穷县"富衙"、"戴帽"炫富之风，杜绝不切实际的形象工程。建立重大涉贫事件的处置、反馈机制，在处置典型事件中发现问题，不断提高扶贫工作水平。加强农村贫困统计监测体系建设，提高监测能力和数据质量，实现数据共享。

（三十二）加强扶贫开发队伍建设。稳定和强化各级扶贫开发领导小组和工作机构。扶贫开发任务重的省（自治区、直辖市）、市（地）、县（市）扶贫开发领导小组组长由党政主要负责同志担任，强化各级扶贫开发领导小组决策部署、统筹协调、督促落实、检查考核的职能。加强与精准扶贫工作要求相适应的扶贫开发队伍和机构建设，完善各级扶贫开发机构的设置和职能，充实配强各级扶贫开发工作力度。扶贫任务重的乡镇要有专门干部负责扶贫开发工作。加强贫困地区县级领导干部和扶贫干部思想作风建设，加大培训力度，全面提升扶贫干部队伍能力水平。

（三十三）推进扶贫开发法治建设。各级党委和政府要切实履行责任，善于运用法治思维和法治方式推进扶贫开发工作，在规划编制、项目安排、资金使用、监督管理等方面，提高规范化、制度化、法治化水平。强化贫困地区社会治安防控体系建设和基层执法队伍建设。健全贫困地区公共法律服务制度，切实保障贫困人口合法权益。完善扶贫开发法律法规，抓紧制定扶贫开发条例。

让我们更加紧密地团结在以习近平同志为总书记的党中央周围，凝心聚力，精准发力，苦干实干，坚决打赢脱贫攻坚战，为全面建成小康社会、实现中华民族伟大复兴的中国梦而努力奋斗。

中国人民银行 财政部 银监会 证监会 保监会 扶贫办 共青团中央关于全面 做好扶贫开发金融服务工作的指导意见

2014 年 3 月 25 日 银发〔2014〕65 号

为贯彻落实党的十八大、十八届三中全会、中央经济工作会议和中央城镇化工作会议精神，按照《中国农村扶贫开发纲要（2011—2020 年）》和《中共中央办公厅 国务院办公厅印发〈关于创新机制扎实推进农村扶贫开发工作的意见〉的通知》（中办发〔2013〕25 号）的有关要求，进一步完善金融服务机制，促进贫困地区经济社会持续健康发展，现就全面做好扶贫开发的金融服务工作提出以下意见：

一、总体要求

（一）指导思想。

以邓小平理论、"三个代表"重要思想、科学发展观为指导，认真落实党中央、国务院关于扶贫开发的总体部署，合理配置金融资源，创新金融产品和服务，完善金融基础设施，优化金融生态环境，积极发展农村普惠金融，支持贫困地区经济社会持续健康发展和贫困人口脱贫致富。

（二）总体目标。

按照党的十八大明确提出的全面建成小康社会和大幅减少扶贫对象的目标要求，全面做好贫困地区的金融服务，到 2020 年使贫困地区金融服务水平接近全国平均水平，初步建成全方位覆盖贫困地区各阶层和弱势群体的普惠金融体系，金融对促进贫困地区人民群众脱贫致富、促进区域经济社会可持续发展的作用得到充分发挥。

1. 信贷投入总量持续增长。力争贫困地区每年各项贷款增速高于当年贫困地区所在省（区、市）各项贷款平均增速，新增贷款占所在省（区、市）

贷款增量的比重高于上年同期水平。

2. 融资结构日益优化。信贷结构不断优化，直接融资比例不断上升。通过加强对企业上市的培育，促进贫困地区上市企业、报备企业及重点后备上市企业的规范健康发展，资本市场融资取得新进展。推动债券市场产品和制度创新，实现直接融资规模同比增长。

3. 金融扶贫开发组织体系日趋完善。政策性金融的导向作用进一步显现，商业性金融机构网点持续下沉，农村信用社改革不断深化，新型农村金融机构规范发展，形成政策性金融、商业性金融和合作性金融协调配合、共同参与的金融扶贫开发新格局。

4. 金融服务水平明显提升。到2020年，具备商业可持续发展条件的贫困地区基本实现金融机构乡镇全覆盖和金融服务行政村全覆盖，建成多层次、可持续的农村支付服务体系和完善的农村信用体系，贫困地区金融生态环境得到进一步优化。

（三）基本原则。

1. 开发式扶贫原则。坚持以产业发展为引领，通过完善金融服务，促进贫困地区和贫困人口提升自我发展能力，增强贫困地区"造血"功能，充分发挥其发展生产经营的主动性和创造性，增加农民收入，实现脱贫致富。

2. 商业可持续原则。坚持市场化和政策扶持相结合，以市场化为导向，以政策扶持为支撑，充分发挥市场配置资源的决定性作用，健全激励约束机制，在有效防范金融风险的前提下，引导金融资源向贫困地区倾斜。

3. 因地制宜原则。立足贫困地区实际，根据不同县域的产业特点、资源禀赋和经济社会发展趋势，结合不同主体的差异化金融需求，创新扶贫开发金融服务方式，让贫困地区农业、农村和农民得到更高效、更实惠的金融服务。

4. 突出重点原则。加强与贫困地区区域发展规划和相关产业扶贫规划相衔接，重点支持贫困地区基础设施建设、主导优势产业和特色产品发展，保护生态环境，着力提供贫困人口、特别是创业青年急需的金融产品和服务，破除制约金融服务的体制机制障碍，努力寻求重点领域新突破。

（四）实施范围。

本意见的实施范围为《中国农村扶贫开发纲要（2011—2020年）》确定的六盘山区、秦巴山区、武陵山区、乌蒙山区、滇桂黔石漠化区、滇西边境山区、大兴安岭南麓山区、燕山—太行山区、吕梁山区、大别山区、罗霄山区等区域的连片特困地区和已经明确实施特殊政策的西藏、四省藏区、新疆南疆三地州，以及连片特困地区以外的国家扶贫开发工作重点县，共计832个县。

二、重点支持领域

（一）支持贫困地区基础设施建设。加大贫困地区道路交通、饮水安全、电力保障、危房改造、农田水利、信息网络等基础设施建设的金融支持力度，积极支持贫困地区新农村和小城镇建设，增强贫困地区经济社会发展后劲。

（二）推动经济发展和产业结构升级。积极做好对贫困地区特色农业、农副产品加工、旅游、民族文化产业等特色优势产业的金融支持，不断完善承接产业转移和新兴产业发展的配套金融服务，促进贫困地区产业协调发展。

（三）促进就业创业和贫困户脱贫致富。积极支持贫困农户、农村青年致富带头人、大学生村官、妇女、进城务工人员、返乡农民工、残疾人等群体就业创业，加大对劳动密集型企业、小型微型企业及服务业的信贷支持，努力做好职业教育、继续教育、技术培训的金融服务，提升就业创业水平。

（四）支持生态建设和环境保护。做好贫困地区重要生态功能区、生态文明示范工程、生态移民等项目建设的金融服务工作，支持结合地方特色发展生态经济，实现贫困地区经济社会和生态环境可持续发展。

三、重点工作

（一）进一步发挥政策性、商业性和合作性金融的互补优势。充分发挥农业发展银行的政策优势，积极探索和改进服务方式，加大对贫困地区信贷支持力度。鼓励国家开发银行结合自身业务特点，合理调剂信贷资源，支持贫困地区基础设施建设和新型城镇化发展。继续深化中国农业银行"三农金融事业部"改革，强化县事业部"一级经营"能力，提升对贫困地区的综合服务水平。强化中国邮政储蓄银行贫困地区县以下机构网点功能建设，积极拓展小额贷款业务，探索资金回流贫困地区的合理途径。注重发挥农村信用社贫困地区支农主力军作用，继续保持县域法人地位稳定，下沉经营管理重心，真正做到贴近农民、扎根农村、做实县域。鼓励其他商业银行创新信贷管理体制，适当放宽基层机构信贷审批权限，增加贫困地区信贷投放。积极培育村镇银行等新型农村金融机构，规范发展小额贷款公司，支持民间资本在贫困地区优先设立金融机构，有效增加对贫困地区信贷供给。继续规范发展贫困村资金互助组织，在管理民主、运行规范、带动力强的农民合作社基础上培育发展新型农村合作金融组织。

（二）完善扶贫贴息贷款政策，加大扶贫贴息贷款投放。充分发挥中央财政贴息资金的杠杆作用。支持各地根据自身实际需求增加财政扶贫贷款贴息资金规模。完善扶贫贴息贷款管理实施办法，依照建档立卡认定的贫困户，改进项目库建设、扶贫企业和项目认定机制，合理确定贷款贴息额度。优化扶贫贴息贷款流程，支持金融机构积极参与发放扶贫贴息贷款。加强对扶贫贴息贷款执行情况统计和考核，建立相应的激励约束机制。

（三）优化金融机构网点布局，提高金融服务覆盖面。积极支持和鼓励银行、证券、保险机构在贫困地区设立分支机构，进一步向社区、乡镇延伸服务网点。优先办理金融机构在贫困地区开设分支机构网点的申请，加快金融服务网点建设。各金融机构要合理规划网点布局，加大在金融机构空白乡镇规划设置物理网点的工作力度，统筹增设正常营业的固定网点、定时服务的简易服务网点（或固定网点）和多种物理机具，并在确保安全的前提下，开展流动服务车、背包银行等流动服务。严格控制现有贫困地区网点撤并，提高网点覆盖面，积极推动金融机构网点服务升级。加大贫困地区新型农村金融机构组建工作力度，严格执行新型农村金融机构东西挂钩、城乡挂钩、发达地区和欠发达地区挂钩的政策要求，鼓励延伸服务网络。

（四）继续改善农村支付环境，提升金融服务便利度。加快推进贫困地区支付服务基础设施建设，逐步扩展和延伸支付清算网络的辐射范围，支持贫困地区符合条件的农村信用社、村镇银行等银行业金融机构以经济、便捷的方式接入人民银行跨行支付系统，畅通清算渠道，构建城乡一体的支付结算网络。大力推广非现金支付工具，优化银行卡受理环境，提高使用率，稳妥推进网上支付、移动支付等新型电子支付方式。进一步深化银行卡助农取款和农民工银行卡特色服务，切实满足贫困地区农民各项支农补贴发放、小额取现、转账、余额查询等基本服务需求。鼓励金融机构柜面业务合作，促进资源共享，加速城乡资金融通。积极引导金融机构和支付机构参与农村支付服务环境建设，扩大支付服务主体，提升服务水平，推动贫困地区农村支付服务环境改善工作向纵深推进。

（五）加快推进农村信用体系建设，推广农村小额贷款。深入开展"信用户"、"信用村"、"信用乡（镇）"以及"农村青年信用示范户"创建活动，不断提高贫困地区各类经济主体的信用意识，营造良好农村信用环境。稳步推进农户、家庭农场、农民合作社、农村企业等经济主体电子信用档案建设，多渠道整合社会信用信息，完善信用评价与共享机制。促进信用体系建设与农户小额信贷有效结合，鼓励金融机构创新农户小额信用贷款运作模式，提高贫困地区低收入农户的申贷获得率，切实发挥农村信用体系在提升贫困地区农户信用等级、降低金融机构支农成本和风险、增加农村经济活力等方面的重要作用。积极探索多元化贷款担保方式和专属信贷产品，大力推进农村青年创业小额贷款和妇女小额担保贷款工作。

（六）创新金融产品和服务方式，支持贫困地区发展现代农业。各银行业金融机构要创新组织、产品和服务，积极探索开发适合贫困地区现代农业发展特点的贷款专项产品和服务模式。大力发展大型农机具、林权抵押、仓单和应收账款质押等信贷业务，重点加大对管理规范、操作合规的家庭农场、专业大户、农民合作社、产业化龙头企业和农村残疾人扶贫基地等经营组织的支持力度。稳妥开展农村土地承包经营权抵押贷款和慎重稳妥推进农民住房财产权抵押贷款工作，进一步拓展抵押担保物范围。结合农户、农场、农民合作社、农业产业化龙头企业之间相互合作、互惠互利的生产经营组织形式新需求，健全"企业＋农民合作社＋农户"、"企业＋家庭农场"、"家庭农场＋农民合作社"等农业产业链金融服务模式，提高农业金融服务集约化水平。

（七）大力发展多层次资本市场，拓宽贫困地区多元化融资渠道。进一步优化主板、中小企业板、创业板市场的制度安排，支持符合条件的贫困地区企业首次公开发行股票并上市，鼓励已上市企业通过公开增发、定向增发、配股等方式进行再融资，支持已上市企业利用资本市场进行并购重组实现整体上市。鼓励证券交易所、保荐机构加强对贫困地区具有自主创新能力、发展前景好的企业的上市辅导培育工作。加大私募股权投资基金、风险投资基金等产品创新力度，充分利用全国中小企业股份转让系统和区域性股权市场挂牌、股份转让功能，促进贫困地区企业融资发展。鼓励和支持符合条件的贫困地区企业通过发行企业（公司）债券、短期融资券、中期票据、中小企业集合票据及由证券交易所备案的中小企业私募债券等多种债务融资工具，扩大直接融资的规模和比重。

（八）积极发展农村保险市场，构建贫困地区风险保障网络。贫困地区各保险机构要认真按照《农业保险条例》（中华人民共和国国务院令第 629 号）

的要求，创新农业保险险种，提高保险服务质量，保障投保农户的合法权益。鼓励保险机构在贫困地区设立基层服务网点，进一步提高贫困地区保险密度和深度。鼓励发展特色农业保险、扶贫小额保险，扩大特色种养业险种。积极探索发展涉农信贷保证保险，提高金融机构放贷积极性。加大农业保险支持力度，扩大农业保险覆盖面。支持探索建立适合贫困地区特点的农业保险大灾风险分散机制，完善多种形式的农业保险。拓宽保险资金运用范围，进一步发挥保险对贫困地区经济结构调整和转型升级的积极作用。

（九）加大贫困地区金融知识宣传培训力度。加强对贫困地区县以下农村信用社、邮储银行、新型农村金融机构及小额信贷组织的信贷业务骨干进行小额信贷业务和技术培训，提升金融服务水平。对贫困地区基层干部进行农村金融改革、小额信贷、农业保险、资本市场及合作经济等方面的宣传培训，提高运用金融杠杆发展贫困地区经济的意识和能力。各相关部门、各级共青团组织、金融机构、行业组织、中国金融教育发展基金会等社会团体要加强协同配合，充分发挥"金融惠民工程"、"送金融知识下乡"等项目的作用，积极开展对贫困地区特定群体的专项金融教育培训。鼓励涉农金融机构加强与地方政府部门及共青团组织的协调合作，创新开展贫困地区金融教育培训，使农民学会用金融致富，当好诚信客户。

（十）加强贫困地区金融消费权益保护工作。各金融机构要重视贫困地区金融消费权益保护工作，加强对金融产品和服务的信息披露和风险提示，依法合规向贫困地区金融消费者提供服务。公平对待贫困地区金融消费者，严格执行国家关于金融服务收费的各项规定，切实提供人性化、便利化的金融服务。各金融机构要完善投诉受理、处理工作机制，切实维护贫困地区金融消费者的合法权益。各相关部门要统筹安排金融知识普及活动，建立金融知识普及工作长效机制，提高贫困地区金融消费者风险识别和自我保护的意识和能力。

四、保障政策措施

（一）加大货币政策支持力度。进一步加大对贫困地区支农再贷款支持力度，合理确定支农再贷款期限，促进贫困地区金融机构扩大涉农贷款投放，力争贫困地区支农再贷款额度占所在省（区、市）的比重高于上年同期水平。对贫困地区县内一定比例存款用于当地贷款考核达标的、贷款投向主要用于"三农"等符合一定条件的金融机构，其新增支农再贷款额度，可在现行优惠支农再贷款利率上再降1个百分点。合理设置差别准备金动态调整公式相关参数，支持贫困地区法人金融机构增加信贷投放。继续完善再贴现业务管理，支持贫困地区农村企业尤其是农村中小企业获得融资。

（二）实施倾斜的信贷政策。积极引导小额担保贷款、扶贫贴息贷款、国家助学贷款等向贫困地区倾斜。进一步完善民族贸易和民族特需商品贷款管理制度，继续对民族贸易和民族特需商品生产贷款实行优惠利率。各金融机构要在坚持商业可持续和风险可控原则下，根据贫困地区需求适时调整信贷结构和投放节奏，全国性银行机构要加大系统内信贷资源调剂力度，从授信审查、资金调度、绩效考核等方面对贫困地区给予优先支持，将信贷资源向贫困地区适当倾斜。贫困地区当地地方法人金融机构要多渠道筹集资本，增加信贷投放能力，在满足宏观审慎要求和确保稳健经营的前提下加大对贫困地区企业和农户的信贷支持力度。

（三）完善差异化监管政策。要充分借鉴国际监管标准，紧密结合贫困地区实际，不断完善农村金融监管制度，改进监管手段和方法，促进农村金融市场稳健发展。适当放宽贫困地区现行存贷比监管标准，对于符合条件的贫困地区金融机构发行金融债券募集资金发放的涉农、小微企业贷款，以及运用再贷款再贴现资金发放的贷款，不纳入存贷比考核。根据贫困地区金融机构贷款的风险、成本和核销等具体情况，对不良贷款比率实行差异化考核，适当提高贫困地区金融机构不良贷款率的容忍度，提高破产法的执行效率，在有效保护股东利益的前提下，提高金融机构不良贷款核销效率。在计算资本充足率时，按照《商业银行资本管理办法（试行）》（中国银行业监督管理委员会令2012年第1号发布）的规定，对于符合规定的涉农贷款和小微企业贷款适用75%的风险权重。使用内部评级法的银行，对于符合规定的涉农贷款和小微企业贷款可以划入零售贷款风险暴露计算其风险加权资产。

（四）加大财税政策扶持力度。加强金融政策与财政政策协调配合，有效整合各类财政资金，促进形成多元化、多层次、多渠道的投融资体系，充分发挥财政政策对金融业务的支持和引导作用。推动落实农户贷款税收优惠、涉农贷款增量奖励、农村金融机构定向费用补贴等政策，降低贫困地区金融机构经营成本，调动金融机构布点展业的积极性。支持有条件的地方多渠道筹集资金，设立扶贫贷款风险补偿基金和担保基金，建立健全风险分散和补偿机制，有效分担贫困地区金融风险。鼓励和引导有实力的融资性担保机构通过再担保、联合担保以及担保与保险相结合等多种形式，积极提供扶贫开发融资担保。

五、加强组织领导

（一）加强部门协调。各有关部门要认真履行职责，加强协调配合，建立人民银行牵头、多部门共同参与的信息共享和工作协调机制。人民银行各分支机构要加强统筹协调，灵活运用多种货币信贷政策工具，努力推动相关配套政策落实，确保贫困地区金融服务工作有序、有效开展；财政部门要支持各地立足本地实际，逐步增加财政扶贫贷款贴息资金；银行业监管部门要完善银行业金融机构差异化监管政策和准入制度，实行绿色通道，完善融资性担保机构部际联席会议机制，促进融资性担保机构在扶贫开发金融服务中发挥积极作用；证券监管部门要积极支持和培育贫困地区企业上市，并通过资本市场融资；保险监管部门要积极推进农村保险市场建设，不断增强贫困地区风险保障功能；扶贫部门要完善精准扶贫工作机制，建立健全贫困户、项目库等信息系统，做好优质项目、企业的推荐工作；共青团组织要加大农村青年致富带头人的培养力度，发挥其在贫困地区脱贫致富中的带动作用。

（二）完善监测考核。建立和完善贫困地区金融服务的统计分析制度，及时了解工作进展和存在问题。创新开展贫困地区县域法人金融机构一定比例存款用于当地贷款考核和金融支持贫困地区发展的专项信贷政策导向效果评估，并将考核和评估结果作为实施差别准备金动态调整和再贷款（再贴现）政策、银行间市场业务准入管理、在银行间债券市场开展金融产品创新试点、新设金融机构加入人民银行金融管理与服务体系、差异化监管及费用补贴的重要依据，促进金融政策在贫困地区得到有效贯彻落实。

请人民银行上海总部，各分行、营业管理部、省会（首府）城市中心支行会同所在省（区、市）财政部门、银监局、证监局、保监局、扶贫部门、共青团组织将本意见联合转发至辖区内相关机构，并协调做好本意见的贯彻实施工作。

中国人民银行 国家发展改革委 财政部银监会 证监会 保监会 扶贫办关于金融助推脱贫攻坚的实施意见

2016 年 3 月 21 日 银发〔2016〕84 号

为贯彻落实《中共中央 国务院关于打赢脱贫攻坚战的决定》（中发〔2015〕34 号）和中央扶贫开发工作会议精神，紧紧围绕"精准扶贫、精准脱贫"基本方略，全面改进和提升扶贫金融服务，增强扶贫金融服务的精准性和有效性，现提出如下实施意见。

一、准确把握金融助推脱贫攻坚工作的总体要求

（一）深入学习领会党中央、国务院精准扶贫、精准脱贫基本方略的深刻内涵，瞄准脱贫攻坚的重点人群和重点任务，精准对接金融需求，精准完善支持措施，精准强化工作质量和效率，扎实创新完善金融服务体制机制和政策措施，坚持精准支持与整体带动结合，坚持金融政策与扶贫政策协调，坚持创新发展与风险防范统筹，以发展普惠金融为根基，全力推动贫困地区金融服务到村到户到人，努力让每一个符合条件的贫困人口都能按需求便捷获得贷款，让每一个需要金融服务的贫困人口都能便捷享受到现代化金融服务，为实现到2020 年打赢脱贫攻坚战、全面建成小康社会目标提供有力有效的金融支撑。

二、精准对接脱贫攻坚多元化融资需求

（二）精准对接贫困地区发展规划，找准金融支持的切入点。人民银行分支机构要加强与各地发展改革、扶贫、财政等部门的协调合作和信息共享，及时掌握贫困地区特色产业发展、基础设施和基本公共服务等规划信息。指导金融机构认真梳理精准扶贫项目金融服务需求清单，准确掌握项目安排、投资规模、资金来源、时间进度等信息，为精准支持脱贫攻坚奠定基础。各金融机构

要积极对接扶贫部门确定的建档立卡贫困户，深入了解贫困户的基本生产、生活信息和金融服务需求信息，建立包括贫困户家庭基本情况、劳动技能、资产构成、生产生活、就业就学状况、金融需求等内容的精准扶贫金融服务档案，实行"一户一档"。

（三）精准对接特色产业金融服务需求，带动贫困人口脱贫致富。各金融机构要立足贫困地区资源禀赋、产业特色，积极支持能吸收贫困人口就业、带动贫困人口增收的绿色生态种养业、经济林产业、林下经济、森林草原旅游、休闲农业、传统手工业、乡村旅游、农村电商等特色产业发展。有效对接特色农业基地、现代农业示范区、农业产业园区的金融需求，积极开展金融产品和服务方式创新。健全和完善扶贫金融服务主办行制度，支持带动贫困人口致富成效明显的新型农业经营主体。大力发展订单、仓单质押等产业链、供应链金融，稳妥推进试点地区农村承包土地的经营权、农民住房财产权等农村产权融资业务，拓宽抵质押物范围，加大特色产业信贷投入。

（四）精准对接贫困人口就业就学金融服务需求，增强贫困户自我发展能力。鼓励金融机构发放扶贫小额信用贷款，加大对建档立卡贫困户的精准支持。积极采取新型农业经营主体担保、担保公司担保、农户联保等多种增信措施，缓解贫困人口信贷融资缺乏有效抵押担保资产问题。针对贫困户种养殖业的资金需求特点，灵活确定贷款期限，合理确定贷款额度，有针对性改进金融服务质量和效率。管好用好创业担保贷款，支持贫困地区符合条件的就业重点群体和困难人员创业就业。扎实开展助学贷款业务，解决经济困难家庭学生就学资金困难。

（五）精准对接易地扶贫搬迁金融服务需求，支持贫困人口搬得出、稳得住、能致富。支持国家开发银行、农业发展银行通过发行金融债筹措信贷资金，按照保本或微利的原则发放低成本、长期的易地扶贫搬迁贷款，中央财政给予90%的贷款贴息。国家开发银行、农业发展银行要加强信贷管理，简化贷款审批程序，合理确定贷款利率，做好与易地扶贫搬迁项目对接。同时，严格贷款用途，确保贷款支持对象精准、贷款资金专款专用，并定期向人民银行各分支机构报送易地扶贫搬迁贷款发放等情况。开发性、政策性金融与商业性、合作性金融要加强协调配合，加大对安置区贫困人口直接或间接参与后续产业发展的支持。人民银行各分支机构要加强辖内易地扶贫搬迁贷款监测统计和考核评估，指导督促金融机构依法合规发放贷款。

（六）精准对接重点项目和重点地区等领域金融服务需求，夯实贫困地区经济社会发展基础。充分利用信贷、债券、基金、股权投资、融资租赁等多种融资工具，支持贫困地区交通、水利、电力、能源、生态环境建设等基础设施和文化、医疗、卫生等基本公共服务项目建设。创新贷款抵质押方式，支持农村危房改造、人居环境整治、新农村建设等民生工程建设。健全和完善区域信贷政策，在信贷资源配置、金融产品和服务方式创新、信贷管理权限设置等方面，对连片特困地区、革命老区、民族地区、边疆地区给予倾斜。对有稳定还款来源的扶贫项目，在有效防控风险的前提下，国家开发银行、农业发展银行可依法依规发放过桥贷款，有效撬动商业性信贷资金投入。

三、大力推进贫困地区普惠金融发展

（七）深化农村支付服务环境建设，推动支付服务进村入户。加强贫困地区支付基础设施建设，持续推动结算账户、支付工具、支付清算网络的应用，提升贫困地区基本金融服务水平。加强政策扶持，巩固助农取款服务在贫困地区乡村的覆盖面，提高使用率，便利农民足不出村办理取款、转账汇款、代理缴费等基础金融服务，支持贫困地区助农取款服务点与农村电商服务点相互依托建设，促进服务点资源高效利用。鼓励探索利用移动支付、互联网支付等新兴电子支付方式开发贫困地区支付服务市场，填补其基础金融服务空白。在农民工输出省份，支持拓宽农民工银行卡特色服务受理金融机构范围。

（八）加强农村信用体系建设，促进信用与信贷联动。探索农户基础信用信息与建档立卡贫困户信息的共享和对接，完善金融信用信息基础数据库。健全农村基层党组织、"驻村第一书记"、致富带头人、金融机构等多方参与的贫困农户、新型农业经营主体信用等级评定制度，探索建立针对贫困户的信用评价指标体系，完善电子信用档案。深入推进"信用户"、"信用村"、"信用乡镇"评定与创建，鼓励发放无抵押免担保的扶贫贴息贷款和小额信用贷款。

（九）重视金融知识普及，强化贫困地区金融消费者权益保护。加强金融消费者教育和权益保护，配合有关部门严厉打击金融欺诈、非法集资、制售使用假币等非法金融活动，保障贫困地区金融消费者合法权益。畅通消费者投诉的处理渠道，完善多元化纠纷调解机制，优化贫困地区金融消费者公平、公开共享现代金融服务的环境。根据贫困地区金融消费者需求特点，有针对性地设计开展金融消费者教育活动，在贫困地区深入实施农村金融教育"金惠工程"，提高金融消费者的金融知识素养和风险责任意识，优化金融生态环境。

四、充分发挥各类金融机构助推脱贫攻坚主体作用

（十）完善内部机构设置，发挥好开发性、政策性金融在精准扶贫中的作用。国家开发银行和农业发展银行加快设立"扶贫金融事业部"，完善内部经营管理机制，加强对信贷资金的管理使用，提高服务质量和效率，切实防范信贷风险。"扶贫金融事业部"业务符合条件的，可享受有关税收优惠政策，降低经营成本，加大对扶贫重点领域的支持力度。

（十一）下沉金融服务重心，完善商业性金融综合服务。大中型商业银行要稳定和优化县域基层网点设置，保持贫困地区现有网点基本稳定并力争有所增加。鼓励股份制银行、城市商业银行通过委托贷款、批发贷款等方式向贫困县（市、区）增加有效信贷投放。中国农业银行要继续深化三农金融事业部改革，强化县级事业部经营能力。鼓励和支持中国邮政储蓄银行设立三农金融事业部，要进一步延伸服务网络，强化县以下机构网点功能建设，逐步扩大涉农业务范围。各金融机构要加大系统内信贷资源调剂力度，从资金调度、授信审批等方面加大对贫困地区有效支持。鼓励实行总、分行直贷、单列信贷计划等多种方式，针对贫困地区实际需求，改进贷款营销模式，简化审批流程，提升服务质量和效率。

（十二）强化农村中小金融机构支农市场定位，完善多层次农村金融服务组织体系。农村信用社、农村商业银行、农村合作银行等要依托网点多，覆盖广的优势，继续发挥好农村金融服务主力的作用。在稳定县域法人地位、坚持服务"三农"的前提下，稳步推进农村信用社改革，提高资本实力，完善法人治理结构，强化农村信用社省联社服务职能。支持符合条件的民间资本在贫困地区参与发起设立村镇银行，规范发展小额贷款公司等，建立正向激励机制，鼓励开展面向"三农"的差异化、特色化服务。支持在贫困地区稳妥规范发展农民资金互助组织，开展农民合作社信用合作试点。

（十三）加强融资辅导和培育，拓宽贫困地区企业融资渠道。支持、鼓励和引导证券、期货、保险、信托、租赁等金融机构在贫困地区设立分支机构，扩大业务覆盖面。加强对贫困地区企业的上市辅导培育和孵化力度，根据地方资源优势和产业特色，完善上市企业后备库，帮助更多企业通过主板、创业板、全国中小企业股份转让系统、区域股权交易市场等进行融资。支持贫困地

区符合条件的上市公司和非上市公众公司通过增发、配股，发行公司债、可转债等多种方式拓宽融资来源。支持期货交易所研究上市具有中西部贫困地区特色的期货产品，引导中西部贫困地区利用期货市场套期保值和风险管理。加大宣传和推介力度，鼓励和支持贫困地区符合条件的企业发行企业债券、公司债券、短期融资券、中期票据、项目收益票据、区域集优债券等债务融资工具。

（十四）创新发展精准扶贫保险产品和服务，扩大贫困地区农业保险覆盖范围。鼓励保险机构建立健全乡、村两级保险服务体系。扩大农业保险密度和深度，通过财政以奖代补等方式支持贫困地区发展特色农产品保险。支持贫困地区开展特色农产品价格保险，有条件的地方可给予一定保费补贴。改进和推广小额贷款保证保险，为贫困户融资提供增信支持。鼓励保险机构建立健全针对贫困农户的保险保障体系，全面推进贫困地区人身和财产安全保险业务，缓解贫困群众因病致贫、因灾返贫问题。

（十五）引入新兴金融业态支持精准扶贫，多渠道提供金融服务。在有效防范风险的前提下，支持贫困地区金融机构建设创新型互联网平台，开展网络银行、网络保险、网络基金销售和网络消费金融等业务；支持互联网企业依法合规设立互联网支付机构；规范发展民间融资，引入创业投资基金、私募股权投资基金，引导社会资本支持精准扶贫。

五、完善精准扶贫金融支持保障措施

（十六）设立扶贫再贷款，发挥多种货币政策工具引导作用。设立扶贫再贷款，利率在正常支农再贷款利率基础上下调1个百分点，引导地方法人金融机构切实降低贫困地区涉农贷款利率水平。合理确定扶贫再贷款使用期限，为地方法人金融机构支持脱贫攻坚提供较长期资金来源。使用扶贫再贷款的金融机构要建立台账，加强精准管理，确保信贷投放在数量、用途、利率等方面符合扶贫再贷款管理要求。加大再贴现支持力度，引导贫困地区金融机构扩大涉农、小微企业信贷投放。改进宏观审慎政策框架，加强县域法人金融机构新增存款一定比例用于当地贷款的考核，对符合条件的金融机构实施较低的存款准备金率，促进县域信贷资金投入。

（十七）加强金融与财税政策协调配合，引导金融资源倾斜配置。有效整合各类财政涉农资金，充分发挥财政政策对金融资源的支持和引导作用。继续落实农户小额贷款税收优惠、涉农贷款增量奖励、农村金融机构定向费用补贴、农业保险保费补贴等政策，健全和完善贫困地区农村金融服务的正向激励机制，引导更多金融资源投向贫困地区。完善创业担保贷款、扶贫贴息贷款、民贸民品贴息贷款等管理机制，增强政策精准度，提高财政资金使用效益。建立健全贫困地区融资风险分担和补偿机制，支持有条件的地方设立扶贫贷款风险补偿基金和担保基金，专项用于建档立卡贫困户贷款以及带动贫困人口就业的各类扶贫经济组织贷款风险补偿。支持各级政府建立扶贫产业基金，吸引社会资本参与扶贫。支持贫困地区设立政府出资的融资担保机构，鼓励和引导有实力的融资担保机构通过联合担保以及担保与保险相结合等多种方式，积极提供精准扶贫融资担保。金融机构要加大对贫困地区发行地方政府债券置换存量债务的支持力度，鼓励采取定向承销等方式参与债务置换，稳步化解贫困地区政府债务风险。各地中国人民银行省级分支机构、银监局要加强对金融机构指导，推动地方债承销发行工作顺利开展。

（十八）实施差异化监管政策，优化银行机构考核指标。推行和落实信贷尽职免责制度，根据贫困地区金融机构贷款的风险、成本和核销等具体情况，对不良贷款比率实行差异化考核，适当提高贫困地区不良贷款容忍度。在有效保护股东利益的前提下，提高金融机构呆坏账核销效率。在计算资本充足率时，对贫困地区符合政策规定的涉农和小微企业贷款适用相对较低的风险权重。

六、持续完善脱贫攻坚金融服务工作机制

（十九）加强组织领导，健全责任机制。建立和完善人民银行、银监、证监、保监、发展改革、扶贫、财政、金融机构等参与的脱贫攻坚金融服务工作联动机制，加强政策互动、工作联动和信息共享。切实发挥人民银行各级行在脱贫攻坚金融服务工作的组织引导作用，加强统筹协调，推动相关配套政策落实。开展金融扶贫示范区创建活动，发挥示范引领作用。进一步发挥集中连片特困地区扶贫开发金融服务联动协调机制的作用，提升片区脱贫攻坚金融服务水平。

（二十）完善精准统计，强化监测机制。人民银行总行及时出台脱贫攻坚金融服务专项统计监测制度，从片区、县（市、区）、村、建档立卡贫困户等各层次，完善涵盖货币政策工具运用效果、信贷投放、信贷产品、利率和基础金融服务信息的监测体系，及时动态跟踪监测各地、各金融机构脱贫攻坚金融

服务工作情况，为政策实施效果监测评估提供数据支撑。人民银行各分支机构和各金融机构要按政策要求，及时、准确报送脱贫攻坚金融服务的相关数据和资料。

（二十一）开展专项评估，强化政策导向。建立脱贫攻坚金融服务专项评估制度，定期对各地、各金融机构脱贫攻坚金融服务工作进展及成效进行评估考核。丰富评估结果运用方式，对评估结果进行通报，将对金融机构评估结果纳入人民银行分支机构综合评价框架内，作为货币政策工具使用、银行间市场管理、新设金融机构市场准入、实施差异化金融监管等的重要依据，增强脱贫攻坚金融政策的实施效果。

（二十二）加强总结宣传，营造良好氛围。积极通过报纸、广播、电视、网络等多种媒体，金融机构营业网点以及村组、社区等公共宣传栏，大力开展金融扶贫服务政策宣传，增进贫困地区和贫困人口对精准扶贫金融服务政策的了解，增强其运用金融工具的意识和能力。及时梳理、总结精准扶贫金融服务工作中的典型经验、成功案例、工作成效，加强宣传推介和经验交流，营造有利于脱贫攻坚金融服务工作的良好氛围。

中国人民银行关于印发
《易地扶贫搬迁信贷资金筹措方案》的通知

2016 年 3 月 24 日　　银发〔2016〕90 号

国家开发银行、农业发展银行：

　　易地扶贫搬迁是打赢新一轮脱贫攻坚战的标志性工程。为落实中央扶贫开发工作会议、全国易地扶贫搬迁工作电视电话会议精神和《"十三五"时期易地扶贫搬迁工作方案》有关要求，中国人民银行制定了《易地扶贫搬迁信贷资金筹措方案》，现印发给你们，请认真遵照执行。国家开发银行、农业发展银行要结合发展改革委、国务院扶贫办等有关部门核定的易地扶贫搬迁规划和搬迁项目有关政策要求，及时制定出台各自系统内易地扶贫搬迁信贷资金使用管理办法，并于 2016 年 3 月底前报告中国人民银行。

附件：易地扶贫搬迁信贷资金筹措方案

　　国家开发银行和农业发展银行在国家政策确定限额内发放易地扶贫搬迁贷款所需资金通过在银行间债券市场发行易地扶贫搬迁专项金融债券（以下简称扶贫专项金融债）筹措。为做好扶贫专项金融债的发行管理等工作，现制定以下方案：

一、目标任务

　　全面落实中央扶贫开发工作会议、全国易地扶贫搬迁工作电视电话会议精神和《"十三五"时期易地扶贫搬迁工作方案》有关要求，保证扶贫专项金融债顺利发行，加强发债募集资金与搬迁需求的精准对接，全力支持易地扶贫搬迁工作，为实现到 2020 年打赢扶贫攻坚战、全面建成小康社会目标提供有力有效的金融支撑。

二、指导思想

紧紧围绕"精准扶贫、精准脱贫"基本方略，瞄准易地扶贫搬迁建档立卡贫困人口，精准对接金融需求，精准完善支持措施，扎实做好信贷资金筹措和配套金融服务，切实发挥好金融支持易地扶贫搬迁的应有作用。

三、工作原则

（一）定向使用，精准对接。扶贫专项金融债募集资金用于发放易地扶贫搬迁贷款通过相关省（区、市）指定的省级投融资平台承接，定向用于支持建档立卡贫困人口安置建房和安置区基本基础设施、公共服务设施建设。

（二）及时高效，专款专用。国家开发银行、农业发展银行要提高资金使用效率，保证资金及时支付，避免资金挪用、滞留或者长期限沉淀限制。贷款资金专款专用，贷款资金支持项目清单和资金使用台账要如实按季报送贷款项目所在地人民银行分支机构。

（三）严格管理，防范风险。要根据易地扶贫搬迁项目进度安排，密切加强资金使用动态跟踪监测，切实加强贷前审查、贷中管理和贷后信贷资金监管，确保支持对象精准，保证在债券存续期内资金全部真正用于合规易地扶贫搬迁贷款投放，并强化绩效管理，有效防范信贷风险。

四、具体筹措方案

（一）发行额度。国家开发银行和农业发展银行应根据发展改革委、国务院扶贫办等有关部门核定的建档立卡贫困人口易地搬迁规模、易地搬迁项目进展及信贷资金实际需求统筹合理确定发债计划，向人民银行提交扶贫专项金融债发行申请。人民银行及时核定扶贫专项金融债发行额度并根据需要及时协调落实发债有关工作。

（二）发行方式。扶贫专项金融债由国家开发银行、农业发展银行按市场化方式分期发行，发行时可自主灵活选择以下方式：

1. 公开发行，面向承销团成员招标或簿记建档发行。

2. 专场发行，面向意向投资人直接发行。

3. 定向发行，面向特定投资人发行。

每期扶贫专项金融债发行前，国家开发银行、农业发展银行应不迟于2个工作日前向人民银行备案，公开发行扶贫专项金融债时，应至少提前 1 个工作日向市场公告。

（三）发行期限。扶贫专项金融债发行期限可由发行人和投资人协商确定，如果债券发行期限短于易地扶贫搬迁实际发放贷款期限的，债券到期后可以滚动发行。

（四）贷款利率。国家开发银行、农业发展银行综合考虑扶贫专项金融债发行成本、贷款运营相关费用和风险准备计提等因素，按照保本或微利原则自主合理确定贷款利率。

（五）支持措施。扶贫专项金融债可按照有关规定纳入人民银行货币政策操作的抵（质）押品范围。定向发行的扶贫专项金融债应在签署定向发行协议的认购人之间流通转让，并可参与债券质押式回购。鼓励扶贫专项金融债登记托管和交易有关机构对扶贫专项金融债的发行、登记、托管、付息、交易等费用给予适当减免。

中国人民银行
关于开办扶贫再贷款业务的通知

2016 年 3 月 28 日　银发〔2016〕91 号

中国人民银行上海总部，各分行、营业管理部，各省会（首府）城市中心支行，深圳市中心支行：

为贯彻落实党中央、国务院关于脱贫攻坚的重要战略部署，加大金融扶贫力度，引导地方法人金融机构扩大对贫困地区的信贷投放，降低社会融资成本，根据《中国人民银行　国家发展改革委　财政部　银监会　证监会　保监会　扶贫办关于金融助推脱贫攻坚的实施意见》（银发〔2016〕84 号），中国人民银行决定设立扶贫再贷款。现就有关事项通知如下：

一、发放对象

扶贫再贷款的发放对象为《中国人民银行　财政部　银监会　证监会　保监会　扶贫办　共青团中央关于全面做好扶贫开发金融服务工作的指导意见》（银发〔2016〕65 号）确定的 832 个贫困县和未纳入上述范围的省级扶贫开发工作重点县的农村商业银行、农村合作银行、农村信用社和村镇银行等 4 类地方法人金融机构。

二、投向用途

为有效发挥扶贫再贷款的撬动作用，充分体现精准扶贫要求，各分支机构应要求地方法人金融机构将借用的扶贫再贷款资金全部用于发放贫困地区涉农贷款，并结合当地建档立卡的相关情况，优先支持建档立卡贫困户和带动贫困户就业发展的企业、农村合作社，积极推动贫困地区发展特色产业和贫困人口创业就业，促进贫困人口脱贫致富。

三、使用期限

扶贫再贷款期限分为 3 个月、6 个月和 1 年三个档次。借款合同期限最长不得超过 1 年。单笔扶贫再贷款展期次数累计不得超过 4 次，每次展期的期限不得超过借款合同期限，实际使用期限不得超过 5 年。有关分支机构应结合扶贫再贷款政策效果评估情况，审批扶贫再贷款展期。

四、利率水平

扶贫再贷款实行比支农再贷款更为优惠的利率，具体按现行贫困地区支农再贷款利率执行。中国人民银行可结合货币政策调控需要和扶贫实际，适时调整扶贫再贷款利率。地方法人金融机构运用扶贫再贷款资金发放的涉农贷款利率加点幅度执行支农再贷款政策的有关规定。各分支机构要引导地方法人金融机构切实降低贫困地区涉农贷款利率水平，将扶贫再贷款优惠利率传导至贫困地区实体经济。有关分支机构应积极推动有条件的地方政府加大对扶贫贷款的财政贴息力度，以降低贫困地区融资成本。

五、操作管理

（一）额度管理。总行结合货币政策执行情况和金融助推脱贫攻坚工作要求，安排上海总部、各分行、营业管理部、省会（首府）城市中心支行的支农再贷款限额，满足合理的扶贫资金需求。上海总部、各分行、营业管理部、省会（首府）城市中心支行根据实际需要，在总行下达的支农再贷款限额内安排用于支持贫困地区发展的扶贫再贷款限额。在向辖区内有关地市中心支行下达支农再贷款限额时，明确其中包含的扶贫再贷款限额。有关地市中心支行结合当地金融助推脱贫攻坚实际资金需求，向辖区内贫困县（市）支行下达扶贫再贷款限额。

（二）审批发放。贫困地区地方法人金融机构借用扶贫再贷款，必须按照支农再贷款政策及扶贫再贷款相关文件规定的发放条件、程序提出申请。各分支机构要严格按照现行支农再贷款发放条件，认真审核扶贫再贷款申请，对经审核符合要求的，及时发放扶贫再贷款，并与有关地方法人金融机构签订《扶贫再贷款借款合同》。各分支机构要加大对贫困地区扶贫再贷款支持力度，力争贫困地区扶贫再贷款余额占所在省（区、市）支农再贷款余额的比重高于上年同期水平。

（三）账务处理。在"11402 支农再贷款"会计科目下，按金融机构分设扶贫再贷款账户，反映扶贫再贷款的发放、回收等情况。

（四）监测考核。各分支机构要严格按照支农再贷款政策和扶贫再贷款的有关规定，切实加强对运用扶贫再贷款资金发放贷款的台账管理，对扶贫再贷款资金投向、用途、数量、利率等加强监测分析和评估考核，有效提高扶贫再贷款的政策效果。健全扶贫再贷款政策的正向激励机制，对执行扶贫再贷款政策取得良好效果的地方法人金融机构，可适度加大扶贫再贷款支持力度，积极引导地方法人金融机构扩大涉农信贷投放，降低涉农贷款利率水平，支持贫困地区加快发展。各分支机构要采取有效措施，加强扶贫再贷款管理，维护扶贫再贷款债权安全，并于每月 5 日前向总行报送辖区内上月扶贫再贷款限额、余额，每季度第一个月 20 日前报送上季度扶贫再贷款政策效果专题报告。

六、政策宣传

扶贫再贷款是中国人民银行支持改善扶贫开发金融服务的政策措施。各分支机构要积极做好扶贫再贷款政策的宣传解释工作，引导各方面正确认识和理解扶贫再贷款的性质和政策含义，强调贫困地区地方法人金融机构要坚持商业可持续原则，运用扶贫再贷款资金发放涉农贷款，自主经营，自担风险，同时按照《扶贫再贷款借款合同》的约定，到期足额归还扶贫再贷款本息。

中国人民银行关于做好 2016 年易地扶贫搬迁信贷资金筹措及信贷管理服务工作的通知

2016 年 4 月 14 日　银发〔2016〕115 号

中国人民银行上海总部，各分行、营业管理部，各省会（首府）城市中心支行；国家开发银行、中国农业发展银行：

根据国家发展改革委、国务院扶贫办、财政部、中国人民银行《关于下达 2016 年易地扶贫搬迁任务和贴息贷款规模的通知》（发改地区〔2016〕758 号）和易地扶贫搬迁有关政策要求，为了扎实做好 2016 年易地扶贫搬迁信贷资金筹措和信贷管理服务工作，现就有关事项通知如下：

一、根据搬迁资金需求加快落实发债规模。国家开发银行、中国农业发展银行要根据《关于下达 2016 年易地扶贫搬迁任务和贴息贷款规模的通知》明确的相关省（区、市）建档立卡贫困人口易地搬迁规模和贴息贷款规模，结合其易地搬迁项目进展和项目信贷资金实际需求，加紧与相关省（区、市）加强项目衔接，抓紧确定 2016 年易地扶贫搬迁专项金融债券（以下简称扶贫专项金融债）分批次发行的计划安排，并及时向中国人民银行提交发债申请。中国人民银行将及时核定扶贫专项金融债发行额度并协调落实发债有关工作。

二、保证扶贫专项金融债规范顺利发行。国家开发银行、中国农业发展银行在中国人民银行核定的每批次发债额度内可以自主灵活选择通过公开发行、专场发行、定向发行等多种发债方式发行扶贫专项金融债。在核定额度内每期扶贫专项金融债发行前，国家开发银行、中国农业发展银行必须在不迟于两个工作日前向中国人民银行备案。公开发行扶贫专项金融债时，必须至少提前一个工作日向市场公告。每批次扶贫专项金融债在发行前，必须落实对应的发债资金定向使用搬迁项目清单，以保证资金使用可跟踪、可核查。

三、加强发债募集资金与搬迁需求的精准对接。扶贫专项金融债募集资金应定向用于支持建档立卡贫困人口安置建房和安置区基本基础设施、公共服务设施建设。国家开发银行、中国农业发展银行要督促指导系统内各省级分支机构认真做好与各省级投融资平台的资金对接，建立明晰的贷款资金支持易地扶贫搬迁项目清单和信贷资金使用台账，及时真实准确记录使用扶贫专项金融债筹措资金发放易地扶贫搬迁贷款的对象、金额、期限、利率、用途等贷款要素，保证信贷资金及时发放到位。要努力提高资金使用效率，保证资金及时支付，避免资金挪用、滞留或者长期限沉淀闲置。贷款资金支持项目清单和资金使用台账要如实按季报送贷款项目所在地中国人民银行分支机构。

四、合理确定贷款利率和贷款期限。国家开发银行、中国农业发展银行要综合考虑易地扶贫搬迁专项金融债券发行成本、贷款运营相关费用和风险准备计提等因素，按照保本或微利原则合理确定贷款利率。同时，要统筹考虑各省级投融资平台和项目还贷能力、搬迁工程建设进度等，合理确定贷款期限和贷款偿还方式，切实发挥好信贷资金支持建档立卡贫困人口易地扶贫搬迁的应有作用。

五、加强扶贫信贷资金风险管理。国家开发银行、中国农业发展银行要结合发展改革委、国务院扶贫办等有关部门核定的易地扶贫搬迁规划和搬迁项目有关政策要求，及时制定出台各自系统内易地扶贫搬迁信贷资金使用具体管理办法，报送中国人民银行备案并扎实抓好督查落实。要根据易地扶贫搬迁项目进度安排，密切加强资金使用动态跟踪监测，切实加强贷前审查、贷中管理和贷后信贷资金监管，确保支持对象精准、贷款资金专款专用，保证在债券存续期内资金全部真正用于合规易地扶贫搬迁贷款投放，积极强化绩效管理，有效防范信贷风险。

六、全面做好易地搬迁贫困人口安置综合金融服务。中国人民银行各分支机构要督促指导辖区内国家开发银行、中国农业发展银行分支机构及各相关金融机构针对贫困地区实际情况和建档立卡贫困户易地搬迁后多元化融资实际需求特点，因地制宜做好搬迁贫困人口各项金融服务工作。金融机构要勤勉尽责，全面落实好精准扶贫金融政策措施及创业担保贷款、扶贫贴息信贷、小微企业贷款、扶贫小额信用贷款和联保贷款等相关信贷政策措施，并因地制宜积极创新金融产品和服务方式，支持易地扶贫搬迁贫困人口就近就地生产生活和就业创业。

七、加强信贷统计监测分析和政策实施效果督查评估。中国人民银行各级分支机构要设立专门岗位，明确并靠实责任，加强对易地搬迁贷款资金投向、用途、额度、利率、绩效等情况的动态跟踪监测统计，全面及时掌握各省市县搬迁规模、项目进展、资金使用等情况，并做好信贷资金使用及其效果的督查与评估，督促指导相关金融机构真正管好用好易地扶贫搬迁贷款。各地建档立卡贫困人口易地扶贫搬迁信贷需求统计和贷款发放回收绩效监测分析评估结果自 2016 年第二季度开始要按季向上级行报告，将作为扶贫专项金融债持续发行审核和对中国人民银行分支机构年度考核的重要参照。国家开发银行、中国农业发展银行要督促指导系统内各分支机构配合当地中国人民银行分支机构做好信贷资金相关数据动态统计监测和信贷绩效督查评估工作。

中国人民银行　国务院扶贫办　银监会　证监会　保监会关于加强金融精准扶贫信息对接共享工作的指导意见

2016 年 5 月 27 日　银发〔2016〕155 号

中国人民银行上海总部，各分行、营业管理部，各省会（首府）城市中心支行，各副省级城市中心支行；各省、自治区、直辖市、计划单列市扶贫办（局）、银监局、证监局、保监局；国家开发银行，各政策性银行、国有商业银行、股份制商业银行，中国邮政储蓄银行：

为进一步推进扶贫基础信息对接共享，促进金融扶贫信息精准匹配和精准采集，加强对金融精准扶贫工作的数据支持，致力做好金融精准扶贫工作，现提出如下意见：

一、总体要求

（一）指导思想。全面贯彻中央扶贫工作会议精神，深入落实《中共中央国务院关于打赢脱贫攻坚战的决定》（中发〔2015〕34 号）要求，紧紧围绕"精准扶贫、精准脱贫"方略，抓紧建设金融精准扶贫信息对接共享机制，实现金融扶贫信息和扶贫基础信息的精准对接、自动匹配和动态共享，实现金融扶贫信息的精准采集、实时监测和准确评估，夯实科学决策和精准施策的信息基础。

（二）工作目标。2016 年 6 月底前各单位联合建立扶贫信息对接共享机制，组织实施信息对接共享工作。建立金融精准扶贫信息监测制度，准确掌握脱贫攻坚进展。实施金融精准扶贫评估，精准评估扶贫政策执行效果，全力助推到 2020 年全面完成扶贫攻坚任务。2016 年 9 年底前开发完成全国金融精准扶贫信息对接共享系统建设，全面实现与扶贫信息的精准对接。

（三）基本原则。加强合作，明晰职责。各单位要根据工作职能和实际需要，合理确定对接共享信息的范围和内容，按照整合信息资源、提高信息使用效率的要求，大力推进扶贫信息对接共享工作。

全面准确，务实高效。各单位要充分认识信息对接工作的重要性和必要性，按照职责分工、时间进度、信息化水平合理确定扶贫信息对接方式，切实提高信息对接的及时性和有效性，确保信息的真实、准确、安全、完整。

保密守信，保障安全。各单位应承担对接信息的安全保密责任，严格遵守国家法律法规及信息保密规章制度，遵循"谁编制数据，谁负责信息披露"的原则，未经数据生产方或提供方同意，不得将信息提供给第三方或向社会公众披露，严格防止泄密事件发生。

二、主要内容

（一）加快实现信息对接共享。各单位要因地制宜采取纸质传真、刻录光盘、加密电邮、系统对接等方式，尽快对接扶贫基础信息，加快建设金融精准扶贫信息对接共享系统，完成建档立卡贫困户信息、带动吸纳贫困户就业的经营主体及重点项目信息、金融扶贫信息的动态对接共享。

（二）做好扶贫贷款信息的数据采集工作。各金融机构要建立相应的数据采集和报送制度，明确报送责任部门和责任人，按月通过金融精准扶贫信息对接共享系统报送扶贫贷款等信息。"十三五"期间，不因数据标准变化、组织机制变化、人员岗位变化影响信息采集报送工作的持续开展。

（三）拓展金融扶贫信息的运用渠道。各金融机构要以建档立卡贫困户基础信息、扶贫企业信息和扶贫重点项目信息为基础，实现与贫困地区金融服务需求的精准对接。各部门要及时动态掌握建档立卡贫困户和扶贫企业金融服务需求和获得金融服务情况信息，研究制定差别化的金融扶贫政策措施，引导金融机构不断加大对金融扶贫的支持力度。

（四）开展金融扶贫监测评估。人民银行各分支机构会同相关部门，充分运用金融精准扶贫共享基础信息，按照金融精准扶贫政策评估有关要求，对信息对接共享机制成效、金融机构落实金融扶贫政策效果情况等加强监测评估。探索开展对贫困县金融扶贫效果的监测评估和总结，加强与当地扶贫部门的合作，将监测评估结果与当地政府扶贫开发工作成效考核挂钩。

三、组织实施

（一）加强组织领导。人民银行会同相关部门联合成立金融扶贫信息对接工作小组，加强部门协调配合，切实落实党中央、国务院对金融扶贫的各项工作部署和要求，组织各地开展金融扶贫信息对接共享工作，做好后续跟踪指导和评估总结，保证金融扶贫信息对接共享工作有序、有力、有效开展。

（二）制订实施方案。人民银行省级分支机构要联合当地扶贫办（局）、银监局、证监局、保监局，结合各地实际，于6月底前联合制订金融扶贫信息对接共享工作实施方案，明确信息对接共享的内容、方式等事项，指导辖区内有建档立卡贫困人口的市县（含国定贫困县、省定贫困县和插花县）分支机构做好金融扶贫信息对接共享工作。

（三）明确职责分工。人民银行各级分支机构会同地方扶贫办（局）共同推动建立金融精准扶贫信息对接共享系统，汇总交换各部门和各金融机构金融扶贫信息。当地扶贫办（局）负责提供全国扶贫开发信息系统建档立卡贫困户基础信息和扶贫企业名录。当地银监、证监、保监部门分别负责提供银行、证券、保险机构金融扶贫相关信息。

（四）规范信息共享。各单位要指定专人负责金融精准扶贫信息数据的报送和分析整理工作，按照固定规范格式按月向人民银行报送，确保信息数据准确、及时。信息数据对接共享中如遇新情况、新问题，要及时向人民银行总行报告。

（五）做好总结推广。各单位要在摸清底数、做实基础的同时，加强沟通交流，相互学习借鉴，认真总结辖区内信息对接共享工作创新的好经验、好做法，及时向金融扶贫信息对接工作小组报告。金融扶贫信息对接工作小组要适时召开现场会，宣传推广信息对接共享工作进展和典型经验，推动金融扶贫信息共享和金融精准扶贫工作有效开展。

请人民银行各分支机构将本通知转发至辖区内相关金融机构，并做好贯彻落实工作，有关落实情况和问题要及时上报人民银行总行。

中国人民银行　国家发展改革委　银监会 国务院扶贫办关于加快 2016 年易地扶贫 搬迁信贷资金衔接投放有关事宜的通知

2016 年 9 月 28 日　银发〔2016〕258 号

根据国务院易地扶贫搬迁专题会议精神，为加快 2016 年易地扶贫搬迁信贷资金衔接投放工作，保证 2016 年易地扶贫搬迁建设任务如期完成，现就有关事宜通知如下：

一、加快贷款申报审批。各省（区、市）易地扶贫搬迁信贷资金申报主体为省级人民政府指定承接易地扶贫搬迁任务的省级投融资主体。各省级发展改革部门要会同扶贫部门督促指导省级投融资主体加紧与省级政府或其授权部门签订政府购买服务协议，落实 2016 年易地扶贫搬迁任务，加紧向国家开发银行、中国农业发展银行（以下简称易地扶贫搬迁贷款银行）递交易地扶贫搬迁贷款申请。对于符合条件的贷款申请，易地扶贫搬迁贷款银行应及时受理、加快审核并及时与省级投融资主体签订贷款合同，明晰借贷双方相应的权利、义务和责任。人民银行各分行、营业管理部、省会（首府）城市中心支行（以下统称人民银行省级分支机构）会同当地银监局要加紧督促指导辖区内易地扶贫搬迁贷款银行分支机构，按照《关于下达 2016 年易地扶贫搬迁任务和贴息贷款规模的通知》（发改地区〔2016〕758 号文）安排，在 2016 年 10 月中旬以前有效对接落实辖区内贴息贷款规模任务；各省（区、市）贷款投放对接落实过程中的有关情况和问题，要与省级发展改革委和扶贫办（局）及时沟通，并及时向人民银行总行报告。

二、合理确定贷款利率和期限。易地扶贫搬迁贷款银行要坚持保本微利原则，综合考虑易地扶贫搬迁专项金融债券发行成本、贷款运营相关费用等因素，合理确定易地扶贫搬迁贷款利率水平。在统筹考虑相关业务风险、银行财务可持续的基础上，鼓励易地扶贫搬迁贷款银行为支持易地扶贫搬迁提供优惠信贷支持。原则上，易地扶贫搬迁合同贷款利率在易地扶贫搬迁专项金融债券发行成本基础上加点幅度为 1.3 个点，最高不得超过同期限贷款基准利率。易地扶贫搬迁贷款期限一般不超过 20 年。

三、统筹优化贷款管理。易地扶贫搬迁贷款银行要实事求是地平衡好控制贷款风险和简化贷款程序的关系，适当简化贷款手续，理顺资金机制，做到上下贯通，努力为易地扶贫搬迁提供高效务实便捷的贷款服务；同时，也要避免不计成本的降价竞争，并切实有效防范贷款偿还责任虚置、落空或贷款被挤占挪用及用于置换其他资金形成的风险。易地扶贫搬迁贷款银行对省级投融资主体发放的易地扶贫搬迁贷款，不属于政府债务，省级人民政府可通过政府购买市场服务方式对省级投融资主体还贷予以支持。

四、及时拨付贷款资金。易地扶贫搬迁贷款银行对纳入易地扶贫搬迁省级规划（或实施方案）的项目，可以实施综合授信，并根据年度计划，按项目实际进展对信贷资金的需求分期分批向省级投融资主体发放贷款，并下拨给项目实施主体。在审核支付贷款资金时，采取集中安置方式的，项目实施主体原则上必须按规定提供合法有效的相关行政审批文本证明材料。采取分散安置方式且无需办理相关行政审批的，应当由地方人民政府或政府相关部门提供相应合法性、真实性证明材料。各级发展改革部门要会同国土、环保、住建等部门开展联署办公，建立易地扶贫搬迁项目审批绿色通道，加快完善相关审批手续。人民银行省级分支机构会同当地银监局适时组织开展对辖区内易地扶贫搬迁贷款授信、贷款合同签订和贷款资金拨付的及时性及合规性等方面的专项检查。

五、本通知自发布之日起实施。本通知发布前，各省级投融资主体与金融机构已签订生效的协议继续按原协议执行。国家开发银行、中国农业发展银行要结合本通知要求，抓紧制定实施意见，明确系统内各级分支机构易地扶贫搬迁贷款对接进度责任、贷款审批权限、贷款申请审批流程及贷款申报相关文本格式等制度规范性要求，加强贷款动态跟踪管理，务实高效全面做好易地扶贫搬迁信贷投放及配套金融服务。

金融精准扶贫政策效果评估指引（试行）

2017 年 1 月 21 日　银发〔2017〕19 号

第一章　总　则

第一条　为提升金融精准扶贫政策实施效果，完善正向激励机制，根据《中共中央　国务院关于打赢脱贫攻坚战的决定》（中发〔2015〕34 号）、《中国人民银行　国家发展改革委　财政部　银监会　证监会　保监会　扶贫办关于金融助推脱贫攻坚的实施意见》（银发〔2016〕84 号）等有关规定，制定本指引。

第二条　金融精准扶贫政策效果评估是人民银行及各分行、营业管理部、省会（首府）城市中心支行依据金融扶贫政策有关规定对贫困县（市、区）及其辖区内银行业金融机构（包括非法人机构，下同）落实金融扶贫有关情况进行综合评价，并依据评价结果实施激励约束政策的制度安排。

第三条　金融精准扶贫政策效果评估坚持定量与定性评估相结合、存量和增量相结合、政策落实与服务创新相结合、聚焦银行业和着眼大金融相结合的原则。

第四条　本指引的评估对象是限于六盘山区、秦巴山区、武陵山区、乌蒙山区、滇桂黔石漠化区、滇西边境山区、大兴安岭南麓山区、燕山—太行山区、吕梁山区、大别山区、罗霄山区等区域的连片特困地区和已经明确实施特殊政策的西藏、四省藏区、新疆南疆四地州，以及连片特困地区以外的国家扶贫开发工作重点县，共计 836 个县（市、区）（包括新疆阿克苏 6 县 1 市，不包括青海省 3 个行委）及其辖区内银行业金融机构。各省（区、市）级扶贫开发工作重点县（市、区）由所在地人民银行分支机构自主决定是否纳入评估范围。

第五条　人民银行总行负责组织、指导人民银行各分行、营业管理部、省会（首府）城市中心支行开展评估工作。人民银行各分行、营业管理部、省会（首府）城市中心支行负责组织开展 836 个国家贫困县（市、区）及其辖区内银行业金融机构的评估工作。

第六条　金融精准扶贫政策效果评估每年开展一次，评估工作覆盖时限为每年 1 月 1 日至 12 月 31 日。

第二章　评估指标和方法

第七条　金融精准扶贫政策效果评估分别对贫困县（市、区）及其辖区内银行业金融机构进行评估。评估指标均设定定量和定性两类。贫困县（市、区）评估定量指标权重 90%，定性指标权重 10%，辖区内银行业金融机构评估定量指标权重 80%，定性指标权重 20%。

第八条　贫困县（市、区）评估定量指标分银行信贷、直接融资、基础金融服务以及地方配套政策支持情况和金融扶贫政策落实情况四类，共 40 项指标。

第九条　金融机构评估定量指标分为银行信贷、基础金融服务以及金融精准扶贫政策落实情况三类，共 21 项指标。各指标说明及评分规则见附件3、4。

第三章　评估程序

第十条　评估依托金融精准扶贫信息系统开展。定量评估指标数据于每年 1 月 31 日前（遇节假日自动顺延，2016 年定量评估指标数据于 2017 年 2 月 20 日前上报）上报系统，已报送金融精准扶贫信息系统的信贷评估数据不再重复报送。

第十一条　人民银行各分行、营业管理部、省会（首府）城市中心支行围绕评估指标体系中定性指标相关内容分别自行制定贫困县（市、区）和金融机构定性评估问卷，组织辖内人民银行县（市）支行开展定性评估。

第十二条　贫困县（市、区）定性评估问卷由人民银行县（市）支行组织填报。金融机构定性评估问卷由金融机构按要求自评填报，于每年 1 月 15 日前（遇节假日自动顺延，2016 年自评结果于 2017 年 2 月 20 日前报送）将自评结果加盖公章报送人民银行县（市）支行。人民银行县（市）支行根据问卷填报情况分别对贫困县（市、区）及其辖区内银行业金融机构进行定性评估打分，并于每年 1 月 31 日前（遇节假日自动顺延，2016 年定性评估打分于 2017 年 2 月 25 日前上报）上报系统。人民银行各分行、营业管理部、省会（首府）城市中心支行负责审核评估指标数据质量。

第十三条　人民银行各分行、营业管理部、省会（首府）城市中心支行对贫困县（市、区）及其辖区内银行业金融机构金融精准扶贫政策实施情况进行综合评估，并于每年 2 月 15 日前（遇节假日顺延，2016 年评估报告打分于 2017 年 3 月 20 日前上报）将评估报告报人民银行总行。

第四章　评估结果和运用

第十四条　人民银行各分行、营业管理部、省会（首府）城市中心支行根据评估综合得分确定各贫困县（市、区）辖区内银行业金融机构在全省（区、市）范围内的评估等次和得分排序，评估等次分优秀、良好、中等、勉励四档，其中：

得分≥平均值＋标准差，为优秀档；

得分∈［平均值，平均值＋标准差），为良好档；

得分∈［平均值－标准差，平均值），为中等档；

得分＜平均值－标准差，为勉励档。

第十五条　人民银行各分行、营业管理部、省会（首府）城市中心支行在评估得分的基础上，综合考虑各贫困县（市、区）经济发展水平、财政扶贫资金使用、特色产业发展等因素，确定各贫困县（区、市）在全省（区、市）范围内的得分排序。

第十六条　人民银行将采取上报国务院扶贫开发领导小组、通报全国性金融机构、抄送同级人民政府及监管部门、必要时向社会公布等多种方式适时公布评估结果。

第十七条　贫困县（市、区）评估结果作为开展以下工作时的重要参考依据：

（一）开展金融精准扶贫政策创新试点；

（二）金融监管、扶贫等部门实施差别化监管、风险补偿等激励措施；

（三）作为脱贫攻坚工作年度目标考核内容之一。

第十八条　贫困县（市、区）辖区内银行业金融机构评估结果作为开展以下工作时的重要参考依据：

（一）实施宏观审慎评估（MPA）；

（二）参考评估结果发挥扶贫再贷款正向激励作用，建立起使用扶贫再贷款与带动建档立卡贫困人口脱贫的挂钩机制；

（三）在银行间债券市场发行债务融资工具；

（四）在银行间债券市场开展金融产品创新试点；

（五）纳入对金融机构年度综合评价考核重点内容。

第十九条　对不按规定进行自评、弄虚作假填报评估数据和列入勉励档的金融机构，人民银行指出其问题，限期整改，并视情节轻重，采取通报批评、约见金融机构主要负责人谈话等措施，保证金融精准扶贫政策顺畅传导。

第五章　附　则

第二十条　人民银行各分行、营业管理部、省会（首府）城市中心支行依据本指引和金融扶贫有关政策要求，及时制定符合辖区内贫困地区实际的金融精准扶贫政策效果评估实施细则，并组织实施。

第二十一条　本指引由人民银行负责解释和修改。

第二十二条　本指引自印发之日试行。

中国人民银行　银监会　证监会　保监会 关于金融支持深度贫困地区脱贫攻坚的意见

2017 年 12 月 15 日　银发〔2017〕286 号

为深入贯彻落实党的十九大、深度贫困地区脱贫攻坚座谈会和《中共中央办公厅　国务院办公厅印发〈关于支持深度贫困地区脱贫攻坚的实施意见〉的通知》（厅字〔2017〕41 号）精神，集中力量、集中资源，创新金融扶贫体制机制，着力做好深度贫困地区金融服务，现提出如下意见。

一、强化责任、提升站位，金融扶贫资源要更加聚焦深度贫困地区。攻克深度贫困堡垒，是打赢脱贫攻坚战必须完成的任务。做好金融助推深度贫困地区脱贫攻坚工作，是金融系统义不容辞的责任。金融部门要坚持新增金融资金优先满足深度贫困地区、新增金融服务优先布设深度贫困地区，加大对建档立卡贫困户和扶贫产业项目、贫困村提升工程、基础设施建设、基本公共服务等重点领域的支持力度，着力增强深度贫困地区自我发展能力，为深度贫困地区打赢脱贫攻坚战提供重要支撑。

二、综合运用货币政策工具，引导金融机构扩大深度贫困地区信贷投放。加强深度贫困地区扶贫再贷款管理，加大对深度贫困地区的扶贫再贷款倾斜力度，到 2020 年，力争每年深度贫困地区扶贫再贷款占所在省（区、市）的比重高于上年同期水平。引导金融机构加强系统内信贷资源调剂，加大对深度贫困地区的支持力度。2020 年以前，深度贫困地区贷款增速力争每年高于所在省（区、市）贷款平均增速。

三、改进完善差别化信贷管理，更好满足深度贫困地区群众合理融资需求。各银行业金融机构要合理调配信贷资源，优化调整内部授权与绩效考核，适当延长贷款期限，综合确定贷款额度。脱贫攻坚期内，对于精准扶贫贷款，在风险可控的前提下，稳妥办理无还本续贷业务，区别对待逾期和不良贷款。对深度贫困地区发放的精准扶贫贷款，实行差异化的贷款利率。规范发展扶贫小额信贷，着力支持深度贫困地区符合条件的建档立卡贫困户发展生产。在深度贫困地区，适度提高创业担保贷款贴息额度、取消反担保要求。加大国家助学贷款实施力度，支持更多家庭困难学生入学。延长民贸民品优惠利率贷款期限，因地制宜支持民贸民品企业发展，保障少数民族群众生产生活的特殊需求。建立带动建档立卡贫困人口脱贫的挂钩机制，加大对产业扶贫的金融支持力度。对存在不良信用记录的扶贫对象，要通过深入分析金融精准扶贫信息系统和金融机构记录，查找不良信用记录形成原因，开展信用救助，有针对性地帮助其重建良好信用。

四、加强资金筹集使用管理，全力做好深度贫困地区易地扶贫搬迁金融服务。国家开发银行、农业发展银行要根据深度贫困地区搬迁工作进度和资金需求，合理安排易地扶贫搬迁专项金融债券发行时机，筹集信贷资金，确保支持对象精准、贷款资金专款专用，坚决避免资金闲置挪用和因贷款原因影响搬迁进度，人民银行相关分支机构要加强动态监测和监督检查。各银行业金融机构要做好贫困人口安置综合金融服务，支持安置区贫困人口就近就地生产生活。

五、发挥资本市场作用，拓宽深度贫困地区直接融资渠道。对深度贫困地区符合条件的企业首次公开发行股票，加快审核进度，适用"即报即审、审过即发"政策。支持深度贫困地区符合条件的企业在全国中小企业股份转让系统挂牌，实行"专人对接、专项审核"，适用"即报即审，审过即挂"政策，减免挂牌初费。对深度贫困地区符合条件的企业发行公司债、资产支持证券的，实行"专人对接、专项审核"，适用"即报即审"政策。鼓励上市公司支持深度贫困地区的产业发展，支持上市公司对深度贫困地区的企业开展并购重组。对涉及深度贫困地区的上市公司并购重组项目，优先安排加快审核。支持证券经营机构开展专业帮扶，通过组建金融工作站等方式结对帮扶贫困县，提高深度贫困地区利用资本市场促进经济发展的能力。支持深度贫困地区符合条件的企业通过发行短期融资券、中期票据、扶贫票据、社会效应债券等债务融资工具筹集资金，实行会费减半的优惠。

六、创新发展保险产品，提高深度贫困地区保险密度和深度。大力发展商业医疗补充保险、疾病保险、扶贫小额保险、农房保险等保险产品，重点服务深度贫困地区因病、因残致贫的突出困难群体。加大对深度贫困地区建档立卡贫困户投保费补贴力度，积极发展农业保险，适度降低深度贫困地区保险费率。创新发展农产品价格保险和收入保险，提高深度贫困地区农业风险保障水平。到 2020 年底，实现深度贫困地区贫困人群医疗补充保险广覆盖，政策性农业保险乡镇全覆盖。

七、优先下沉深度贫困地区金融网点，更加贴近贫困农户需求。金融机构要结合深度贫困地区实际需求，合理优化网点布局，保持现有网点基本稳定并力争有所增加，提升网点覆盖面，积极推动已有金融机构网点服务升级，适度下放管理权限。地方法人金融机构要继续向深度贫困地区乡村下沉营业网点，扩大业务范围。推动加大财政奖补力度，审慎稳妥扩充助农取款点服务功能，进一步推进支付服务进村设点，鼓励深度贫困地区推广网络支付，力争 2020 年底前实现助农取款服务在深度贫困地区行政村全覆盖，实现"基础金融服务不出村、综合金融服务不出镇"。

八、推进深度贫困地区信用体系建设，加大信用贷款投放力度。全面开展信用乡镇、信用村、信用户创建，到 2020 年实现深度贫困地区建档立卡贫困户信用体系建设全覆盖。结合深度贫困地区实际，探索开展信用培育有效途径，完善信用评价机制。在风险可控、商业可持续的前提下，大力发展信用贷款业务，提高信用贷款金额，促进深度贫困地区信用贷款保持较快增长。

九、继续发挥经理国库职能，提升深度贫困地区国库服务水平。发挥国库的监测分析作用，配合地方财政部门盘活财政资金存量，提高财政扶贫资金使用效率。拓宽国库直接支付惠农资金种类和范围，完善贫困农户直接补贴机制，保障各类补贴资金安全及时足额发放到位。适时开展国债下乡，为深度贫困地区农户提供安全可靠的投资渠道，提高财产性收入水平。

十、加强深度贫困地区金融生态环境建设，有效防范金融风险。在深度贫困地区优先实施农村金融教育"金惠工程"，2020 年以前实现深度贫困地区贫困村金融宣传教育全覆盖。加强对深度贫困地区基层干部的金融知识培训，提升金融风险防范意识和识别能力以及运用金融工具的能力。强化深度贫困地区金融消费者权益保护，严厉打击金融欺诈、非法集资、制售使用假币等非法金融活动，规范金融机构业务行为，净化深度贫困地区金融消费环境。严格扶贫项目贷款审批管理，避免假借扶贫名义违法违规举债融资上其他项目，切实防范金融风险，促进深度贫困地区经济可持续，为贫困群众"真脱贫、脱真贫"提供长远支撑。

十一、优化银行业金融机构监管考核，提升银行业金融机构贷款投放的积极性。适当提高不良贷款容忍度，对深度贫困地区银行业金融机构个人精准扶贫贷款不良率高于自身各项贷款不良率年度目标 2 个百分点以内的，可以在监管部门监管评价和银行内部考核中给予一定的容忍度。加快完善落实尽职免责制度，明确精准扶贫贷款发放过程中的尽职要求，强化正面引导。

十二、加强财税金融结合，撬动金融资源更多投向深度贫困地区。加强与地方政府部门沟通协调，推动落实好扶贫贷款贴息政策。健全融资风险分担和补偿机制，支持深度贫困地区设立贷款担保基金和风险补偿基金。支持深度贫困地区设立政府性融资担保机构，通过资本注入、风险分担、风险补偿等方式，撬动金融资本和社会资金投入扶贫开发。推动地方落实好支持企业融资税收优惠政策，引导金融机构更好支持深度贫困地区农户、小微企业、个体工商户贷款融资。

十三、完善监测考核评价机制，强化金融精准扶贫政策宣传推广。充分利用金融精准扶贫信息系统，加强信息对接共享和专项贷款统计，加强对金融精准扶贫服务情况和精准扶贫贷款异常波动情况的监测分析。改进金融精准扶贫效果评估，丰富评估结果运用方式，推动纳入政府综合扶贫工作效果考核体系，并与扶贫再贷款使用、宏观审慎评估、银行间债券管理、金融产品创新等挂钩。充分利用主流媒体和网络媒体广泛宣传金融扶贫政策、金融知识、金融产品和服务及金融扶贫效果，及时总结推广典型金融扶贫模式和经验，形成金融助推深度贫困地区脱贫攻坚的浓厚氛围。

中国人民银行关于开展金融扶贫领域作风问题专项治理的通知

2018 年 2 月 5 日　银发〔2018〕30 号

中国人民银行上海总部，各分行、营业管理部，各省会（首府）城市中心支行，各副省级城市中心支行；国家开发银行，各政策性银行、国有商业银行、股份制商业银行，中国邮政储蓄银行：

为全面贯彻党的十九大精神，认真落实习近平总书记关于开展扶贫领域腐败和作风问题专项治理的重要指示，按照《国务院扶贫开发领导小组关于开展扶贫领域作风问题专项治理的通知》（国开发〔2017〕10 号）要求，人民银行决定开展金融扶贫领域作风问题专项治理。现通知如下。

一、总体要求

（一）指导思想。全面贯彻党的十九大精神，以习近平新时代中国特色社会主义思想为指导，坚持精准扶贫精准脱贫基本方略，强化目标导向、强化责任担当、强化问题意识，严肃整治金融扶贫领域作风突出问题，系统清除问题形成根源，标本兼治构建金融扶贫领域作风建设长效机制，为如期完成脱贫攻坚目标任务提供有力有效的金融支撑。

（二）总体目标。用 1 年左右时间，集中解决金融扶贫领域存在的认识不够到位、工作不够务实、措施不够扎实、管理不够规范等问题，进一步统一金融扶贫工作思路，强化金融扶贫工作合力，确保金融助推脱贫攻坚取得实效。

（三）实施范围。各银行业金融机构和人民银行各级行。

二、治理重点

（一）认识不够到位。

1. "四个意识"不强，对脱贫攻坚金融服务的重要性艰巨性紧迫性认识不足。

2. 对脱贫攻坚金融政策、措施理解不深刻，把握不全面，贯彻落实不及时、不到位。

3. 对推动落实精准扶贫精准脱贫基本方略认识不充分，不能正确把握区域发展与精准脱贫的关系，偏重"大水漫灌"式的金融扶贫举措，支持措施未精准到贫困人口。

4. 对金融扶贫定位不准，过于强调金融支持作用，不顾风险、片面追求规模和贷款覆盖面；或存在畏难情绪，不积极主动作为。

5. 对定点扶贫工作重视不够，对选派挂职干部、第一书记等缺乏指导、支持和监督；对扶贫资金、项目管理不规范，监督不严格。

（二）工作不够务实。

6. 调查研究不深入实际，对贫困户和贫困地区发展的金融需求了解不充分，没有找准金融助推脱贫攻坚的切入点。

7. 开展工作缺乏问题导向。表态多调门高，行动少落实差，导致金融扶贫工作盲点和瓶颈没有得到充分解决。

8. 工作落实走形式。以会议贯彻会议，以文件落实文件。制定文件抄袭拼凑、文风虚浮。执行政策重安排轻监督，落实政策缺乏跟踪反馈。

9. 金融产品和服务创新简单复制。未能切合本地资源禀赋、产业结构与经济主体需求，针对性不强。

10. 金融扶贫措施宣传解读不到位。银行与企业、贫困户对接不充分，贫困地区企业和农户对金融扶贫政策知晓度不高。

（三）措施不够扎实。

11. 措施不细不实，可操作性不强；或措施没有体现对贫困地区或贫困户的倾斜支持。

12. "产业导向，带动致富"意识不强，新型农业经营主体与建档立卡贫困户的利益联结机制不健全，金融支持的带动脱贫致富效应不强。

13. 支持手段单一或过分依赖间接融资，利用多渠道、多层次融资方式不充分，难以引导金融资源持续流入贫困地区。

14. 与政府和相关部门沟通不足或沟通渠道不畅，未能推动建立必要的风险防范、补偿等配套支持政策，金融扶贫的可持续性不强。

15. 对贫困地区支持对象的持续金融服务需求，跟进不及时或后续支持不足。

（四）管理不够规范。

16. 未按照"一户一档"要求，精准建立和及时完善贫困户金融服务工作台账和档案。

17. 对金融扶贫对象识别不精准，贷前调查不充分，导致金融扶贫未能精准对接困人口。

18. 对金融精准扶贫信息系统和监测统计工作重视不够，金融精准扶贫贷款专项统计制度执行不严不实。

19. 风险意识不强，管理不规范，扶贫小额信贷存在户贷企用、未用于生产等现象。

20. 对扶贫再贷款的使用管理不到位，未严格按照管理规定审批、发放、使用、归还扶贫再贷款资金。

21. 易地扶贫搬迁专项信贷资金被闲置、截留或挪用，易地扶贫搬迁后续金融服务跟进不及时。

22. 开展金融精准扶贫工作检查、督导与评估较随意，导致对工作的督导、评价未能收到应有效果。

三、工作措施

（一）强化学习培训。分级、有计划地组织开展金融扶贫工作人员培训，重点加强基层业务人员培训。培训重点内容为党的十九大关于脱贫攻坚的新部署新要求，中央领导同志关于脱贫攻坚的重要讲话精神，以及金融扶贫政策和业务知识。

（二）深入调查研究。改进调研方式，突出问题导向，通过结合实情、深入基层、解剖麻雀，及时发现并研究解决问题。通过调研分析，及时总结、宣传推广好的经验做法。开展调研活动要严格遵守中央有关规定，轻车简从，不走过场。

（三）加强督导评估。加强对金融精准扶贫工作的专项检查，督促金融扶贫政策的落地生效。开展金融精准扶贫专项评估，丰富评估结果运用方式，拓展运用渠道。

（四）严格问题查处。建立主体责任和监督责任追究机制，对举报案件，严格追究、一查到底。对查实的问题坚决曝光，加强通报。对作风问题频发的单位，严肃追究有关单位和个人的相关责任。

四、组织领导

（一）提高思想认识。金融扶贫是增加扶贫投入的重要渠道，是脱贫攻坚的重要举措。开展金融扶贫领域作风问题专项治理是提高金融助推脱贫攻坚效能的重要抓手。各银行业金融机构和人民银行各级行要紧密结合"不忘初心，牢记使命"主题教育，不断增强"四个意识"，切实转变作风，不折不扣贯彻落实好党中央关于全面从严治党一系列部署和有关部门关于金融精准扶贫的具体要求。

（二）夯实工作责任。人民银行总行统筹负责此次金融扶贫领域作风问题专项治理，择机开展督导检查。各银行业金融机构总部负责组织开展本系统的作风治理工作。人民银行分支机构负责组织开展本辖区人民银行系统和银行业金融机构的作风治理工作。主要负责同志对本地区本部门金融扶贫的重大政策、重大问题要高度重视，做到统筹安排部署，切实把金融扶贫领域作风问题专项治理作为落实管党治党政治责任的具体行动，纳入本单位重点工作。

（三）扎实推进实施。各银行业金融机构总部和人民银行省级分支机构扎实组织开展本系统、本辖区的作风问题专项治理自查工作，结合人民银行总行开展的督导检查反馈问题和意见建议，严肃进行整改。请全国性银行业金融机构总部将本系统治理工作总结报告于12月底前报送人民银行总行，同时抄报银监会；请人民银行省级分支机构将本辖区治理工作总结报告，于12月底前报送总行。报告要文风简洁，问题导向，力求"短实新"。

后　记

　　当前，扶贫工作进入攻坚克难的重要时期，未来两年全国还有 2000 万贫困人口要实现脱贫，时限越来越紧，攻坚任务仍然艰巨。在这样的背景下，我们组织编写了《金融精准扶贫：政策、实践和经验》一书，希望通过本书进一步促进金融精准扶贫工作开展，提高金融扶贫的精准度和可持续性，实现金融助推高质量脱贫目标的顺利实现。

　　本书对近年来全国金融精准扶贫相关政策制度进行了梳理与解读，对各地区及参与金融机构的典型经验进行了总结，对主要政策进行了汇编，可作为工作交流和参考手册。通过本书，我们能够清楚地看到一些省（自治区、直辖市）及金融机构在提高金融扶贫精准度、创造金融扶贫良好环境、推动金融扶贫和产业扶贫融合发展等方面取得的积极成效。

　　本书的编辑出版是中国人民银行总行、分支行和部分金融机构相关人员共同努力的结果。自 2017 年确定出版计划至 2018 年 12 月定稿，历时一年多时间，在框架体系、政策意见、实践经验等方面进行反复完善。中国人民银行潘功胜副行长、朱鹤新副行长高度重视金融精准扶贫工作，亲自担任本书的主编、副主编，对本书的编写给予了大力支持。中国人民银行金融市场司纪志宏司长、马贱阳副司长作为本书执行副主编核定了全书的总体框架，并具体指导了本书的编写和审校。国家发展改革委、财政部、银保监会、证监会、国务院扶贫办等相关部门、各金融机构和各贫困地区卓有成效的工作，为本书编写提供了坚实的写作基础。中国人民银行有关司局和分支行相关负责同志为本书提供了丰富资料和宝贵意见。此外，中国金融出版社的编辑们秉承认真负责的态度对本书进行编辑。本书的执笔人员包括闫丽娟、车士义、邝希聪、叶茜、张立奎、崔宁、戴革、陈嘉男、王子文、王雅琪、刘军、李沛、尹久、戴俊、霍成义、向秋芳、张志东、曾好、赵小虎、古旻、曹增和、王瑞林、赵婧、丁树成、管公明、邱彦华、赵永红、赵继鸿、朱锦、廖鹤琳、冼海钧、王凯明、雷一忠、贺成、许朝阳、贾丽均、王青、王勇、徐剑波、孙常林、郭国强、江浩、张金、熊伟、卢建美、丁彩伦、朱迪恺、王岗、高静、叶少波、郑晓龙、常博闻、董晓亮、张辉、李瑞等同志。在此，对所有关心和帮助本书出版的领导和同志表示衷心感谢！

编写组
二〇一九年一月